U0918398

国家社会科学基金研究项目

哲学基础理论研究丛书

LISHI WEIWU ZHUYI SHIJIEGUAN DE DANGDAI CHANSHI

历史唯物主义世界观的当代阐释

王海锋⊙著

中国社会科学出版社

图书在版编目（CIP）数据

历史唯物主义世界观的当代阐释/王海锋著．—北京：中国社会科学出版社，2016．10
（哲学基础理论研究丛书）
ISBN 978－7－5161－8423－3

Ⅰ．①历…　Ⅱ．①王…　Ⅲ．①历史唯物主义—世界观—研究　Ⅳ．①B03

中国版本图书馆CIP数据核字（2016）第138261号

出 版 人	赵剑英
责任编辑	王　曦
责任校对	周晓东
责任印制	戴　宽
出　　版	中国社会科学出版社
社　　址	北京鼓楼西大街甲158号
邮　　编	100720
网　　址	http：//www.csspw.cn
发 行 部	010－84083685
门 市 部	010－84029450
经　　销	新华书店及其他书店
印刷装订	三河市君旺印务有限公司
版　　次	2016年10月第1版
印　　次	2016年10月第1次印刷
开　　本	710×1000　1/16
印　　张	27
插　　页	2
字　　数	391千字
定　　价	96.00元

凡购买中国社会科学出版社图书，如有质量问题请与本社营销中心联系调换
电话：010－84083683

序　言

怎样理解和阐释马克思恩格斯创建的历史唯物主义？在我看来，一种理论是否具有真理性，首先在于它是否真正地揭示了研究对象的运动规律；一种理论具有怎样的意义和价值，则在于它所揭示的规律对于人类的生存和发展具有怎样的意义和价值。对于人类自身来说，最为重大和艰巨的理论问题，莫过于揭示人类自身的发展规律；对于现代人类来说，最为重大和艰巨的理论问题，莫过于揭示资本主义社会的运动规律。恩格斯在《在马克思墓前的讲话》一文中，作出这样的概括和评价："正像达尔文发现有机界的发展规律一样，马克思发现了人类历史的发展规律"、"发现了现代资本主义生产方式和它所产生的资产阶级社会的特殊的运动规律"。以马克思的"两大发现"为实质内容的马克思主义，不仅使人类自觉到自身的发展规律，而且使人类自觉到"现实的历史"即资本主义的发展规律，从而为创建人类文明新形态提供了伟大的社会理想，揭示了现实的发展道路。离开对人类历史、特别是对资本主义发展规律的认识，现代人类就无法形成真实的社会理想和合理的价值诉求，就无法选择正确的发展道路和创建人类文明的新形态，就会失去凝聚共识和走向未来的理论支撑。这应当是对历史唯物主义进行"当代阐释"的立足点和出发点。

王海锋博士的《历史唯物主义世界观的当代阐释》（以下简称《当代阐释》）一书，具体地呈现了历史唯物主义诞生、确立和完善的历史进程，深入地探讨了历史唯物主义与马克思主义的新世界观、历史唯物主义与马克思主义的政治经济学批判、历史唯物主义与马克思主义哲学的当代意义等重大理论问题，进而以历史唯物主义为指导，对改革开放以来中国道路的探索、马克思主义哲学的创新等重大理论和现实问题进行了具体探索，拓展了历史唯物主义的理论内容，推动了马克思主义哲学的中国化。这里，我着重谈三个问题。

历史唯物主义究竟是否是马克思主义哲学“世界观”？这取决于如何理解马克思的哲学革命及其所形成的新世界观。为此，我们必须深入地探讨三个重大问题：一是马克思所实现的“哲学使命”的革命，二是马克思所实现的“解释原则”的革命，三是马克思所实现的“哲学形态”的革命。首先，从理论旨趣和理论使命上看，马克思主义哲学并不是沿着“独立的哲学”的逻辑追寻“世界何以可能”，而是以承担“创建新世界”的使命去追寻“解放何以可能”。发现历史规律和实现人类解放，既是马克思主义哲学的理论旨趣，又是马克思主义哲学的理论使命。其次，从理论硬核或解释原则上看，马克思的哲学革命是以变革旧唯物主义世界观为基础而实现的对唯心主义世界观的摧毁，因而构成了以“历史”为解释原则的世界观革命。这里的实质问题在于：马克思的历史唯物主义，是把历史作为解释原则而变革了唯物主义，从而实现了一场世界观革命，还是把唯物主义作为解释原则而变革了历史观，从而实现了一场历史观变革？能否理解马克思以历史为解释原则而实现的唯物主义革命，是理解历史唯物主义世界观的实质。再次，从唯物论与辩证法的统一看，马克思的唯物辩证法并不是简单地“把辩证法置于唯物主义的基础上”，而是把黑格尔的思想的内涵逻辑变革为马克思的历史的内涵逻辑，并具体地表现为列宁所说的作为“大字的逻辑”的《资本论》。这就是马克思的以历史为理论硬核和解释原则而实现的唯物论和辩证法相统一的历史唯物主义。马克思主义新世界观的实质内容是新历史观，这种新历史观的真实意义是新世界观。

如何看待历史唯物主义世界观与马克思的社会现实批判、德意志意识形态批判以及政治经济学批判的关系，以及这三个批判之间的关系？这是对历史唯物主义进行“当代阐释”的又一个重大理论问题。《当代阐释》一书认为，梳理历史唯物主义发展的历史进程，我们可以得出这样的结论：马克思哲学革命的变革或历史唯物主义世界观的变革同其在不同历史阶段的社会现实批判、德意志意识形态批判、政治经济学批判紧密相关，这三个批判内在交织构成其思想发展的整体性逻辑体系。《当代阐释》的研究表明，（1）历史唯物主义世界观的诞生根源于马克思对社会现实的批判。通过社会现实批判，马克思将哲学关注的焦点从抽象的思辨概念反思转向对社会现实问题的研究，由此洞察到资本主义的"暂时性和短暂性"，为人类社会的未来发展以及人类的自由和解放找到了一条光明大道。（2）意识形态批判是马克思新世界观诞生的一个重要阶段。通过意识形态批判，马克思彻底地实现了对包括黑格尔思辨哲学在内的一切德国现代意识形态的批判，对一切思辨形而上学及其存在论基础的超越，把"直观的、客体的"唯物主义世界观和"能动方面被抽象发展"的唯心主义的世界观变革为"历史的"、"实践"的历史唯物主义的世界观。（3）政治经济学批判深化和发展了历史唯物主义。在马克思整个思想的变革中，从事政治经济学批判近40年，通过对作为资产阶级意识形态的政治经济学的批判，深入到以"资本"为主轴的资本主义的生产过程之中，把对一般意义上的人类历史的研究推进到对作为"现实历史"的资本主义社会的考察，把"历史"的内涵逻辑深化为"资本"的内涵逻辑，在对资本的内在矛盾、资本主义所有制及其生产方式的批判中重新找到了人类历史发展的规律，为人的自由和全面发展探索到了新的道路，丰富和发展了历史唯物主义世界观。《当代阐释》的上述理解向我们呈现了马克思思想变革的历史进程，绘制了一幅历史唯物主义世界观的思想史画卷，勾勒出作为整体性的历史唯物主义世界观"肖像"。

如何在时代的变迁中使马克思主义哲学始终在场？这是《当代阐释》所论述的又一重大问题。理论生命力向来取决于理论对现实的解释力和变革力，历史唯物主义世界观更不是僵硬、封闭的理论体系。只有在破解时代变迁所遭遇到的现实问题、尤其是当代中国问题和人类性问题的过程中才能彰显理论的生命力，进而丰富和发展其内涵。列宁指出，“马克思主义同‘宗派主义’毫无相似之处，它绝不是离开世界文明发展大道而产生的一种固步自封、僵化不变的学说。”毛泽东曾倡导，我们不能像那些“本本主义”的马克思主义者那样，“只会片面地引用马克思、恩格斯、列宁、斯大林的个别词句”，而是要运用马克思主义的立场、观点和方法，“来具体地研究中国的现状和中国的历史，具体地分析中国革命问题和解决中国革命问题”，并进而形成中国化的马克思主义理论。概括起来，只有积极推进马克思主义哲学中国化，才能使之成为人类文明的活的灵魂。《当代阐释》的目的可能也在于此。

本书是作者在其博士毕业论文《论历史唯物主义世界观》和主持的国家社科基金青年项目成果《历史唯物主义世界观的当代阐释》的基础上整合而成的。前者由我指导，主要立足于“基础开掘”，后者为作者走上工作岗位后的研究成果，主要是着眼于“当代阐释”。这两者的有机整合，比较完整地呈现了历史唯物主义世界观，并比较深入地阐发了历史唯物主义的当代意义，是一部值得一读的学术著作。学术研究从来就不是一件稀松平常的凡事，而是要付出汗水的思想的劳作。希望作者在学术探索的路上时刻保持对学术的热情与敬畏，志存高远也思存高远，书写出浓墨重彩的人生！

是为序。

孙正聿

2016 年 8 月 12 日

目　录

中编　夯实基础理论

下编　拓展当代价值

导　言

思想史与现实双重维度中的历史唯物主义世界观

历史唯物主义是马克思主义的世界观，或者说，历史唯物主义是作为新世界观而诞生的。学术界超越“历史观”而在“世界观”的意义上对历史唯物主义的这个判断，无疑为我们真实地理解马克思主义开辟了道路，并由此拓展并推动了新时期历史唯物主义的理论创新。[①] 但是，究竟在何种意义上历史唯物主义才是马克思主义的世界观？这一世界观在哲学层面所发生的革命究竟什么？如何在今天继续推动历史唯物主义世界观的发展，等等，这些问题依然需要我们去深入探索。在我们看来，要真实地理解历史唯物主义世界观并对其展开当代阐释，一是要从思想诞生的源头着手，考察历史唯物主义世界观形成的思想史和时代背景；二是以历史唯物主义的世界观为方法论原则，真实面对当代各类学术思潮和社会现实或当代中国乃至人类所遭遇到的问题。质言之，就是在思想史和现实的双重维度中真实地理解并发展历史唯物主义世界观，推动马克思主义的中国化，进而创立中国特色、气派、风格的学术话语体系。

一　历史唯物主义世界观研究的方法论原则

学术理论研究，方法论是关键。以什么样的方法论为指导，就

---

① 参见孙正聿《历史唯物主义与马克思主义的新世界观》，《哲学研究》2007 年第 3 期；孙正聿《历史唯物主义的真实意义》，《哲学研究》2007 年第 9 期。

会产生什么样的成果。对于历史唯物主义乃至马克思主义哲学的探索，近些年来形成诸多方法论原则，例如“回到马克思”、“走近马克思”、“文本考证”、“版本分析”、“现实应对”等等。应该说，这些方法论原则的提出在一定程度上推进了马克思主义哲学的研究。但是，随着时间的推移，一些方法论原则却背离了初衷，反倒成为制约学术发展的障碍。因此，重新反思近些年来马克思主义哲学研究的方法论，是我们站在时代和历史的制高点思考和阐释历史唯物主义世界观问题的前提。

大体来看，可以将学术界目前存在问题的研究方法概括为两种方式：一种是文本“考古”式的研究；另一种是问题研究中的“药方”式的研究。

所谓文本研究中的“考古”式的研究方式，主要是指在学术研究中一切都围绕文本展开。客观地讲，学术理论研究不可能离开经典文本，文本是学术理论的积淀成果，是承载着智慧和文明的载体，也是一切研究的思想之源。但是，在实际的研究中，却有一些学者忽略了这点：在研究的依据上，过于强调文本，把文本的版本考证、同一文本以不同语种在不同国家的译本、不同文本之间存在的语句表述上的是否一致等视为研究的重点；更有甚者，把研究的主要精力聚焦于一些细枝末节的名词、概念的辨析却避而不谈具有实质意义的思想分析。

学术研究关注文本无可厚非，但倘若像上面那样做，其结果就是，陷入本本主义。在学术研究中，这种本本主义的主要表现是：在提出问题的方式上，主要是从文本提出问题，而不是从理论或者现实提出问题；在分析问题的方式上，主要是以文本中能否查到、找到相同的表述为依据，而不是借鉴文本提出问题的方式、分析问题的框架、研究问题的方法论原则；在解决问题的方式上，主要是以文本有无对此问题的判断、结论为依据，而不是凭借独立思考找到解决问题的答案，即使找到了答案，也不放心，而是要去翻翻文本，看是否跟文本中的“标准答案”相吻合；在判断问题的标准上，将是否符合文本，是否和文本相一致视为检验的标准；在对理论和现实问题的讨论上，主要是局限于文本中所提及的问题，而不是将理论和现实中所遇到的问题视为研究的重点，等等。在这种研究风气的影响下，一些学术问题的研究呈现出死气沉沉的景象。恰如有学者所批评的："回归文本的旨趣，不管是从思维推向存在还是把存在改造成思维抑或根本就是在传统话语中兜圈子，这种理论活动看起来很学术，实质上，在马克思的神圣肖像面前，除了对某个至高无上的思想顶点仰望以外，就无事可做了。"① 因此，在学术研究中，我们一定要对这种本本主义的研究方式作出反思。

文本研究并不一定导致教条主义，但过分地一切唯文本的做法必然导致教条主义。正如陶德麟所指出的，"教条主义者和马克思主义者的分歧不在于是否重视文本，而在于对文本的意义和作用如何理解"②。在我们看来，文本研究的真实价值在于，通过文本来追溯思想的源头和本真含义，并由此作出新的思考和研究，由此为破解学术和现实问题提供思想资源。因而，对于马克思主义哲学的探索而言，我们"不能把马克思主义局限于马克思（加上恩格斯、或者再加上他们的伟大后继者列宁）说过的东西，不能仅仅以马克思主义创始者说过什么，来判断什么是、什么不是马克思主义。"③ 因而，我们要关注文本，但更要注重文本所包含的问题，要关注文本所蕴含的思想资源对今天乃至未来的指导价值。

所谓问题研究中的"药方"式的方式，是指在学术研究中，当遇到理论或现实的问题时，人们执着于在固有的文本或理论中寻找"标准答案"的研究范式。在历史唯物主义研究中，这种思维方式最典型的表现是，把历史唯物主义视作可以"包治百病"的药方或者可以解决任何问题并随意套用的"公式"，甚至把历史唯物主义简单地视为破解问题的"锦囊"，只要遇到理论或现实中存在的问题，似乎只要从"锦囊"拿出妙计，就能化险为夷。由此导致的结果是，历史唯物主义演变为"药方历史唯物主义"。

以问题研究的"药方"式的方式思考历史唯物主义，主要表

---

① 孙麾：《写在稿纸的边上》，中国社会科学出版社 2011 年版，第 23 页。

② 陶德麟：《对马克思主义中国化研究中两个问题的理解》，《中国社会科学》2009 年第 1 期。

③ 胡绳：《马克思主义是发展的理论》，《中国社会科学》1995 年第 2 期。

现为以下几种情况：（1）以“教条”的方式研究“问题”。在一些学者看来，历史唯物主义作为科学的世界观和方法论，为我们提供了解决理论和现实问题的一切“药方”。因此，一旦遇到具体的理论或现实问题，不是以马克思主义为指导来反思问题，而是试图向历史唯物主义的世界观和方法论“讨要”具体的解决之道。例如，有些学者依然在马克思主义诞生的语境中思考“当代”问题；有些学者将马克思所分析的资本主义等同于今天的资本主义，而不是在“动态”中把握资本主义的新变化和新发展（如阶级结构的变化、资本主义自身的调适等），因而，所谓的对资本主义的批判只能停留在对马克思时代的资本主义的批判上，对于今天的资本主义没有丝毫的观照。从本质上看，这是一种懒人思维，遇到问题，以为只要找到“药方”就能解决问题，殊不知，不同的病症需开不同的药方，即使是同一个药方，不同的药的成分及分量也不一样。（2）以“回溯”的方式研究问题。这种方式主要是一些研究者在遇到问题时，只会去翻文本、查文献，看马克思主义经典作家是怎么说的，要是查到了，就很高兴，寻章摘句，照搬照抄；要是查不到，怎么办？硬往上靠，只要沾点边的，哪怕是有点“像”的语句都被摘抄出来，奉若圣经。于是乎，马克思的城市规划观、马克思的网络发展观、马克思的河流治理观，乃至于马克思的慈善观，等等，都被提了出来。应该说，我们完全可以用马克思主义的立场、观点、方法去分析上述提及的现实中遇到的问题，或者也可以对上述现实问题加以解读，但是，倘若简单地死套硬搬，恐怕解决不了问题，反倒会使马克思主义庸俗化和教条化。（3）以“模仿”的方式研究问题。这点在我国的国外马克思主义的研究中比较常见。应该说，改革开放以来学术界关于国外马克思主义的研究取得了丰硕的成果，大大拓展了我们的理论视野。但是，在学术界，有些人却“剑走偏锋”，简单地“模仿”国外马克思主义的研究方式和成果，并在此基础上对马克思主义哲学作出解读。例如，一些人借鉴国外马克思主义学者对空间问题、消费主义、生产批判、日常生活批判、文化霸权理论等的分析，来“丰富”和“发展”马克思主义哲学。这种研究最大的问题在于，脱离理论产生的具体理论语境和时代背景，例如，在对文化霸权的理解中，一些学者不仅仅分析葛兰西霸权理论的内容，还用其来谈论当代中国的社会主义文化建设，而全然不顾这一理论产生的时代背景。殊不知，不加消化地照搬国外马克思主义所解读的马克思，恰恰是歪曲了的马克思。更为讽刺的是，这种用以研究问题的“药方”式的思维方式思考历史唯物主义，恰恰是一种不符合马克思主义的表现。

总体来看，上述两种思维方式的根本缺陷在于，缺乏以历史唯物主义的世界观和方法论来研究问题，即犯了教条主义的错误。要破解这种局面，我们倡导，应该在思想史和现实的语境中开辟历史唯物主义世界观的新境界。

在思想史和现实的语境中开辟历史唯物主义世界观的新境界，主要包含两个层面：一是回到历史唯物主义世界观诞生、发展时的思想史和时代背景，从而能够在原初语境的意义上理解其本质内涵。一是以历史唯物主义世界观为指导，观照当代的思想史和现实背景，从而在新的视野中拓展历史唯物主义的内容，实现其当代阐释。

哲学史学家梯利提出：“每一种思想体系或多或少地有赖于其所兴起的文明、以前各种思想体系的性质，及其创始者的个性。”①因此，回归理论诞生发展的思想史和现实语境，才能在基础理论的层面上阐释其本质意蕴。为此，我们需要从四个方面着手，（1）考察历史唯物主义世界观创立、发展的思想史背景，即追问历史唯物主义在诞生之时所遭遇到的社会思想思潮、学术观点等，由此揭示马克思主义经典作家是如何继承和批判这些思潮、观点的影响的，进而从中剥离、确立马克思主义的真实内涵。（2）考察历史唯物主义世界观创立、发展的现实背景。主要是追问马克思主义经典作家基于何种社会现实展开思考？他们遭遇到了何种历史的变迁和社会的变革？怎样从理论的层面对这些现实问题作出分析和阐释？（3）从当代人类尤其是当代中国所面对的理论（思想）史和社会

① 梯利：《西方哲学史》上卷，葛力译，商务印书馆1975年版，第9页。

现实背景出发，分析历史唯物主义所面对的学术理论思潮以及处于全球化、社会转型期、全面深化改革的时代背景，从而在回应理论思潮和时代问题中，丰富其时代内容，拓展其理论视野，从而在思想史和社会现实的双重维度中实现对历史唯物主义世界观的“当代阐释”。

在新的历史时代，实现历史唯物主义的当代阐释，是当代马克思主义哲学研究工作者共同的使命和责任。如何完成这一使命，完全取决于我们选择的方法论原则。本本主义、教条主义、公式主义、锦囊主义都不能作为备选的方法论原则。在我们看来，马克思主义经典作家不单单是给我们留下了各类丰富的经典著作，还留下了具有指导意义的世界观和方法论原则。我们不仅要用这些方法论原则去研究理论和现实问题，也要研究马克思主义哲学自身的问题。在这个意义上，在思想史和现实的语境中阐释历史唯物主义世界观，实则是在新的视域中拓展、发展马克思主义。恰如有学者所强调的，“马克思主义的当代性，就在于它的基本理论和思维方法仍然是认识当代世界最强有力的认识工具，而不是我们从文本中能找到多少与时代切合或适用的引语。”① 这进一步启示我们，只有从基础理论的层面着眼，我们才能在理论的突破中推动现实社会的变革，才能在全面深化改革和世界历史发展的进程中建构中国特色的学术话语体系，才能在与世界学术的平等、有尊严的对话中确立中国的学术话语权。

二　历史唯物主义世界观创立的思想史背景

历史唯物主义世界观的诞生、创立和发展有着深厚的思想史背景。按照列宁的理解，马克思主义的形成有三个来源：德国的哲学、英国的政治经济学和法国的社会主义。② 应该说，列宁比较准

① 陈先达：《马克思主义哲学的当代性与文本解读》，《中国社会科学》2007 年第 5 期。

② 参见《列宁选集》第 2 卷，人民出版社 2012 年版，第 310 页。

确地把握到了马克思主义的思想来源。但是，这样的分析是以将马克思主义划分为哲学、政治经济学和科学社会主义三个部分为代价的。在我们看来，作为人类文明的活的灵魂的历史唯物主义，绝不能仅仅将其局限在“某种学科”的视野内加以看待，而是要在“超学科”的意义上以“整体性”的视域加以把握。[①] 因此，在思想史背景中对历史唯物主义的探索，就意味着要揭示其形成的包括哲学在内的各学科（政治的、经济的、文化的等）思想或社会思潮的大背景，以期展示马克思思想诞生的原初思想语境，彰显其科学性。大致来讲，这一思想史背景可以概括为观念论、启蒙思想、政治经济学。

（一）摆脱观念论的桎梏

任何理论都是人类自我意识的产物。因而，任何理论都可归结为观念论。只不过在马克思所生活的时代，哲学层面的观念论达到了顶峰。这集中体现为近代以来唯心主义哲学的发展。自笛卡尔以降，观念论犹如雨后春笋般地发展起来，至黑格尔达到顶峰。因此，在马克思的思想资源中，基于以黑格尔为代表的观念论（或者唯心主义哲学）的思考与反思占据了很大的空间。

认识何以可能？这是整个近代西方认识论哲学的核心问题。当康德在感性—知性—理性的三维向度中将认识归结为先天知性范畴和感性共同作用的结果，并强调认识只能止步于理性世界的时候，不可知论就成为其必然的结果。如何突破主观与客观、主体与客体、知性与理性的二元对立，黑格尔在思辨哲学的层面作出了探索。在黑格尔看来，哲学研究的目的就是用思维和概念去把握真理。因此，黑格尔不屑于像康德那样，在教人进行探究上帝以及事物的本质等问题之前，先对人的认识能力加以考察的做法，而是强调，要揭示思维运行的整个过程，确认思维运行的逻辑和客观事物自身发展的逻辑的一致性，从而在经验与现实的和解中寻求真理。这也就决定了，黑格尔所关心的只能是思想的客观性和逻辑的必然性。为此，黑格尔强调辩证法的重要性，当然，这里的辩证法主要

① 参见孙正聿等《马克思主义基础理论研究》，北京师范大学出版社 2011 年版。

是思维的辩证法，即“认识到思维作为理智必陷于矛盾，必自己否定其自身”①。以此为根基，黑格尔在精神哲学的层面，把对人类精神发展的历史的追溯同人类历史的发展相提并论，“世界历史在一般上说来，便是‘精神’在时间里的发展，这好比‘自然’便是‘观念’在空间里发展一样”②。由此，黑格尔以唯心主义的方式全面地揭示了人的自由本性和人类历史发展的基本规律。

青年马克思及其同时代人，可以说都是在这一哲学思潮的影响下成长的。虽然马克思一再表示自己不喜欢黑格尔哲学离奇古怪的调子，但是在面对“现实的东西和应有的东西”之间的对立的时候，依然“从头到尾阅读了黑格尔的著作”③，并成为青年黑格尔派的成员。黑格尔的思辨哲学为马克思打开了一扇认识现实世界的窗户，透过它，马克思开始反思人的自由本性的问题，观照现实世界的不平等和不公正，例如，探究德谟克利特的自然哲学和伊壁鸠鲁的自然哲学的差别的，拷问普鲁士政府出台的书报检查令，展开对《林木盗窃法》的辩论，等等。所有这些都可以视为马克思在继承以黑格尔为代表的观念论的基础上所做的理论反思。

但是，马克思并没有执迷于这样的观念论，而是在反思中实现了超越。他很快意识到，尽管哲学观念论在一定程度上揭示了人的思维的本质过程，刻画了人的自由本性，但是，这种揭示和刻画是建立在“思维自身”的基础上的，即哲学观念论错误地以为，思想才统治着世界，或者说，“观念、想法、概念迄今一直统治和决定着人们的现实世界，现实世界是观念世界的产物”④。因此，破解观念的禁锢，把人从观念的意识形态之中解放出来，并由此真实地面对现实的生活，以创造属于人自身的生活，才是马克思进行哲学思考的最终目标。

（二）弘扬启蒙精神

站在整个人类思想发展的历史长河中审视哲学观念论，我们会

① 黑格尔：《小逻辑》，贺麟译，商务印书馆 1980 年版，第 51 页。

② 黑格尔：《历史哲学》，王造时译，上海书店出版社 2006 年版，第 66 页。

③ 《马克思恩格斯全集》第 40 卷，人民出版社 1982 年版，第 16 页。

④ 《马克思恩格斯全集》第 3 卷，人民出版社 1960 年版，第 16 页。

发现，它最大的贡献就在于，科学地揭示了人的主体能动性，并由此揭示出，人是具有主观能动性的理性存在物。人不仅能够认识外在的世界，还能够将其改造为属于人自身的世界。这样，在长达上千年的组织化宗教统治之后，人们在观念论的熏陶与影响下，开始从宗教的虔诚信仰和统治中走出来，追求个体自我的自由解放。“人类终于开始意识到，他们的本质就在于自由和自我规定”。[①] 可以说，观念论发展的这一本质目标和启蒙思潮具有异曲同工之妙。

康德指出，启蒙“就是人类脱离自己所加之于自己的不成熟状态”[②]。这意味着，启蒙的实质就是人类理性的自觉，即从蒙昧走向文明，从对上帝（观念、思想）的信仰走向对人类自身理性的信仰。在这个意义上，启蒙的核心和重点在于倡导个体的自由与解放。

在马克思生活的时代，在以观念论（唯心主义思辨哲学）为底色，以宗教的统治为形式的思想乌云的笼罩下，人只能是抽象地蛰居于世界之外的存在物。因此，在马克思看来，坚持、弘扬启蒙理性，展开对统治人类生活的宗教的批判是其他一切批判的前提，破解观念论主导下的唯心主义思辨哲学的意识形态是推动人的解放和社会进步的必由之路。由此可以断定，马克思的哲学思考必然是受到启蒙理性影响并倡导启蒙精神的产物。只不过不同的是，马克思并不是简单地针对启蒙思想作出了批判，而是对其生存的现实基础及各种表现形式作了清理。这既体现为马克思对现实社会各种不公正现象的批判，也体现为对劳动异化、社会分工、资本剥削乃至资本主义的社会生产方式、社会关系、所有制形式等的批判。对于马克思来说，启蒙的本质就是实现人的解放，就是“推翻使人成为被侮辱、被奴役、被遗弃和被蔑视的东西的一切关系”[③]。这一点我们完全可以从马克思在《1844年经济学哲学手稿》中对各种共产主义的批判中，也可以从《资本论》中对资本主义社会及其

① 斯蒂芬·霍尔盖特:《黑格尔导论：自由、真理与历史》，丁三东译，商务印书馆2013年版，第37页。

② 康德:《历史理性批判文集》，何兆武译，商务印书馆1990年版，第22页。

③ 《马克思恩格斯选集》第一卷，人民出版社2012年版，第10页。

制度的批判中看出。

（三）走出政治经济学的迷雾

自近代以来，自然科学的迅猛发展与人文科学的快速衰落形成鲜明的对照。就在此时，伴随着整个西方社会的转型所导致的资本主义发展，政治经济学作为一门新兴的学科发展起来。作为一门研究物质财富的生产、分配和消费规律的科学，国民经济学家们宣称，已经找到了创造财富的基本规律和法则，资本主义社会存在的分工、信用、货币等资产阶级生产关系都是固定的、不变的、永恒的范畴。由此，他们论证得出，资本主义才是为人类创造财富、实现人的解放和自由的唯一社会制度，并且是永恒的制度。这样，国民经济学家们用政治经济学的范畴构建起了一个资本主义的意识形态体系。

对此，马克思持有异议并要求“从国民经济学的各个前提”（私有财产、劳动异化、资本等）以及“当前的经济事实”（劳动异化、工人的贫困等）出发，来透视国民经济学所构建的意识形态“幻象”。他看到，在资本主义社会，工人生产的越多，生产的影响和规模越大，其生活就越贫穷。是什么造成这样的境况？为此，马克思把矛头直指作为资本主义意识形态的国民经济学。在他看来，经济范畴只不过是生产的社会关系的理论表现，因此，它们肯定同其所表现的社会关系一样，是历史的、暂时的产物。这样，马克思彻底揭示了政治经济学的形而上学基础和意识形态本质——以黑格尔为代表的一切思辨哲学的资产阶级意识形态对人的压迫和剥削。由此出发，他全面考察了资本主义的财产私有制，分析了资本主义的生产方式以及资本的本性，揭露了剩余价值产生的来源等等，并在基础上揭示了生产力与生产关系、阶级斗争、人民群众创造历史等一系列人类历史发展的规律，创立了历史唯物主义世界观。

当然，在马克思所生活的时代，观念论、启蒙思想、政治经济学等并不是整个社会思潮的全部，但在一定程度上，这些思想或思潮影响了马克思，我们今天阅读其著作，依然能够真切地感受到马克思是如何在继承与超越中实现思想的创造。事实证明，“任何一种理论都不可能凭空产生，它总是在一个理论家置身于其中的、由人们在传统和现实生活中所使用的话语编织而成的知识基质上诞生出来的。”① 因此，当我们今天想要对历史唯物主义世界观实现彻底的当代阐释的时候，就需要去对以黑格尔为代表的观念论哲学、启蒙思潮和国民经济学等马克思所处时代的理论思潮进行反思。当然，这并不意味着我们对马克思所处的时代置之不理。

三　历史唯物主义世界观创立的时代境遇

任何理论的产生、发展和创新不仅与其所处历史时期的思潮有着关联，还与其所处的时代紧密相关。哲学史家罗素认为，“哲学乃是社会生活与政治生活的一个组成部分：它并不是卓越的个人所做出的孤立的思考，而是曾经有各种体系盛行过的各种社会性格的产物和成因。”② 马克思说：“每个原理都有其出现的世纪。例如，权威原理出现在11世纪。个人主义原理出现在18世纪。……为什么该原理出现在11世纪或18世纪，而不是出现在其他某一世纪，我们就必然要仔细研究一下：11世纪的人们是怎样的？18世纪的人们是怎样的？他们各自的需要、他们的生产力、生产方式以及生产中使用的原料是怎样的？最后，由这一切生存条件所产生的人与人之间的关系是怎样的。”③ 因而，对历史唯物主义世界观原初语境的探索不能仅仅局限于其所诞生、发展时代的思想史背景，更应深入到其所形成的时代背景中，即追问其所产生之时的社会、政治、经济、文化等方面的变革，尤其是关注社会变革与理论之间的内在关联。

第一，对马克思来说，面临的第一个时代变革是，整个西方社会的宗教改革以及随之兴起的宗教批判，并由之带来的旧的社会体

① 俞吾金：《从康德到马克思：千年之交的哲学沉思》，广西师范大学出版社2004年版，第214页。

② 罗素：《西方哲学史》上卷，何兆武、李约瑟译，商务印书馆1963年版，第5页。

③ 《马克思恩格斯文集》第1卷，人民出版社2009年版，第607—608页。

制的瓦解、新的世俗社会（市民社会）的形成。

在整个西方历史发展的进程中，宗教扮演着十分重要的角色。对上帝的信仰，构成整个社会的核心价值基础。信仰为人们构建了一个安全的港湾和精神的家园。正如马克思所言："宗教是这个世界的总理论。"① 因而，在当时的境遇下，宗教是现实世界的根据，也是人自身存在的根据。但是，不可否认的是，整个社会因完全处于宗教的笼罩之下，以宗教为核心所架构的整个旧的社会体制统治着人，并使人成为旧的社会体制的奴隶，必然导致人自身主体性的丧失，限制着人的自由发展。

庆幸的是，伴随着启蒙理性的唤醒，人们认识到了宗教的这一本质。按照费尔巴哈的理解，人和动物的区别就在于，人是有意识的存在。但是，在宗教中，这种意识和自我意识实现了最初的重合。因为，在现实中，感性的对象存在于人之外，而宗教的对象却存在于人之内。因此，宗教本质上就是人类关于自己的意识，即自我意识。在这个意义上，"宗教——至少是基督教——，就是人对自身的关系，或者，说得更确切一些，就是人对自己的本质的关系，不过他是把自己的本质当作一个另外的本质来对待的"②。这就意味着，一方面，宗教来源于人的自我意识；但另一方面，这一源于人的自我意识的存在恰恰成了与人对立的存在，即人与上帝的分离、对立。上帝本来就是人的自我意识的产物，就是人的本质，但是，在宗教中，上帝成为人顶礼膜拜的存在，而人却在这种"仰望和敬拜"中失却了自己，人就成了神的附属。正是基于这一分析，费尔巴哈一针见血地指出，"神学之秘密是人本学"③。马克思同样认识到了这一点，并在此基础上进一步做出了分析。在他看来，"反宗教的批判的根据是：人创造了宗教，而不是宗教创造人。就是说，宗教是还没有获得自身或已经再度丧失自身的人的自我意识和自我感觉。"④ 因此，"揭露具有非神圣形象的自我异化，

① 《马克思恩格斯选集》第一卷，人民出版社 2012 年版，第 1 页。

② 费尔巴哈：《基督教的本质》，荣震华译，商务印书馆 1984 年版，第 44 页。

③ 同上书，第 5 页。

④ 《马克思恩格斯选集》第一卷，人民出版社 2012 年版，第 1 页。

就成了为历史服务的哲学的迫切任务。”[1] 由此可见，马克思对宗教的批判指向并非单纯是要彻底消灭宗教，而是彻底瓦解以宗教为核心所建构的社会体制，由此在批判旧世界中建设新世界，实现人的自由和解放。马克思主张，“首先是宗教，其次是政治；二者是目前德国主要关心的对象。不管这两个对象怎样，我们应当把它们作为出发点。”[2] 因此，对宗教的批判只是第一个层面，更为关键的是对宗教批判之后的社会结构的分析。

基于这样的认识，马克思在宗教批判的基础上，开始分析“上帝死亡之后人的无所依靠状态”，即以宗教为核心的社会体制瓦解之后所形成的市民社会。按照黑格尔的理解，市民社会是在现代世界中形成的，处于家庭和国家之间。“在市民社会中，每个人都是以自身为目的，其他一切在他看来都是虚无。但是，如果他不同别人发生关系，他就不能达到他的全部目的，因此，其他人便成为特殊的人达到目的的手段。”[3] 这客观地为我们呈现了市民社会的基本特征：个人的主体性、建立在物的依赖性基础上的人的独立性，以及建立在人与人之间的密切联系。对于这样的社会，马克思在充满期待的同时保持着警惕。一方面，市民社会的确在很大程度上给予人以独立性和自主性，但另一方面，这种独立性和自主性却是同整个社会的基本建制和结构紧密相关的。最为典型的例子就是工人阶级的处境：较之于之前，从失地农民身份转化为工人身份，意味着获得了一定程度的自由，但是，在资本主义制度下，他们所拥有的自由是可以出卖自己的劳动力的自由，即他可以将劳动力出卖给这个工场主，也可以出卖给另外的工场主的自由，但有一点是不能突破的：为了维持生命，他不得不出卖劳动力。正因为如此，马克思强调：“对天国的批判变成对尘世的批判，对宗教的批判变成对法的批判，对神学的批判变成对政治的批判。”[4] 这种对政治的批判，实则就是对市民社会的批判，就是追问，市民社会的到来

---

① 《马克思恩格斯选集》第一卷，人民出版社 2012 年版，第 2 页。

② 《马克思恩格斯全集》第 47 卷，人民出版社 2004 年版，第 65 页。

③ 黑格尔：《法哲学原理》，范扬、张企泰译，商务印书馆 1961 年版，第 197 页。

④ 《马克思恩格斯选集》第一卷，人民出版社 2012 年版，第 2 页。

能否最终实现人的自由和解放？如果不能，我们应该建构一个怎样的社会？如果能，这样的社会应该具备怎样的条件？因此，对国家与市民社会关系的分析，对市民社会结构和发展的逻辑的分析，对市民社会所有制形式、生产力结构、生产关系状况、政治架构、意识形态以及文化体制等的分析，构成了马克思毕生所从事的事业，并集中体现在对资本主义社会的全面剖析以及对政治经济学的批判中。

第二，对马克思来说，面临的第二个时代变革就是人类历史步入资本主义社会。

在马克思所生活的时代，人类开始由农业社会、手工业社会进入大规模制造的工业化时代，以及商品自由流通的商业化时代。从某种意义上说，这奏响了人类历史进入现代社会的先声。

资本主义社会的兴起是人类进入新时代的重要标志。早期资本主义社会最直接的表现是，由自然科学迅猛发展所推动的大工业化的生产，以及由此所导致的“生产的资本主义逻辑得以建立和扩大”①。当然，与之相伴随的，是整个社会结构的变迁，这既包括政治制度、经济体制、文化制度、社会阶层等显性层面的变化，也包括人的生活方式、思维方式、价值观念等隐性层面的变革。分工、大机器生产、信用、信贷、资本、工人、资产阶级等都成为在理论层面表征其特征的核心范畴和概念。英国学者麦克法兰曾把这种资本主义社会的形成称之为“现代世界的诞生”。这个现代世界表现在五个层面，人口结构、政治支柱、特定的社会结构、全新的财富生产方式以及“科学的”和“世俗的”思维方式。② 归结起来，资本主义社会是以“资本”为核心的社会发展新样态。在资本主义社会，资本既是权力也是关系。资本高高在上，一切都唯其马首是瞻。“资本”就是资本主义社会的标志和特征。恰如马克思所说，“资产阶级在它的不到一百年的阶级统治中所创造的生产

① 波德：《资本主义的历史：从1500年至2010年》，郑方磊等译，上海辞书出版社2011年版，第90页。

② 参见麦克法兰《现代世界的诞生》，清华大学国学研究院主编，上海人民出版社2013年版，第21页。

力，比过去一切世代创造的全部生产力还要多，还要大。”① 资本彻底地变革了人与人、人与自然、人与社会等方面的社会关系，全方位地变革了以往历史发展的基本模式。

那么，这样一种新的社会形态能否使人们过上理想的生活？能否改变旧有的社会现状并彻底实现人的自由和解放？经过认真的研究，马克思给予了否定性的回答。在他看来，伴随着资本主义社会的发展，贫穷、饥饿、奴役、压迫等并没有消失，反倒以新的样式呈现出来。波德对此持同样的看法：“19 世纪的资本主义，在其自身发展的同时，也衍生出了严重的对立状态：即富人和穷困的工人之间的对立，受教育的宽裕阶层与粗陋的困窘阶层之间的对立，权势阶层与绝对从属阶层之间的对立。”② 马克思将其概括为，“在资产阶级社会里，资本具有独立性和个性，而活动着的个人却没有独立性和个性”③。因此，在资本逻辑肆虐的资本主义社会，人依然遭受着抽象的统治。为此，马克思深切地意识到，要彻底推进人的自由和解放，就必须对现有的资本主义社会、尤其是“资本主义生产方式以及和它相适应的生产关系和交换关系”④ 作出透彻的分析与解释。为此，马克思展开了长达 40 多年的政治经济学研究与资本主义批判。马克思对以“资本”为核心的资本主义社会有了全面的把握：对异化的分析、对私有财产制度的剖析、对资本本性的分析、对资本主义所有制形式的分析，对人类历史发展阶段的阐述、对生产力与生产关系、经济基础与上层建筑、商品、剩余价值、资本积累等的分析，都使得马克思坚信：“代替那存在着阶级和阶级对立的资产阶级旧社会的，将是这样一个联合体，在那里，每个人的自由发展是一切人的自由发展的条件。”⑤

第三，对马克思来说，面临的第三个时代性的变革就是世界历

① 《马克思恩格斯选集》第一卷，人民出版社 2012 年版，第 405 页。

② 波德：《资本主义的历史：从 1500 年至 2010 年》，郑方磊等译，上海辞书出版社 2011 年版，第 126 页。

③ 《马克思恩格斯选集》第一卷，人民出版社 2012 年版，第 415 页。

④ 《马克思恩格斯全集》第 44 卷，人民出版社 2001 年版，第 8 页。

⑤ 《马克思恩格斯选集》第一卷，人民出版社 2012 年版，第 422 页。

史的逐步形成，即人类从封闭走向开放，世界开始联结为一体，初步进入全球化时代。

人类社会的发展经历了漫长的历史过程，这是一个从封闭走向开放的过程。这一过程在真正意义上的加速则是15世纪以后的事情，在自然科学迅速发展的支撑下，欧洲通往印度新航路的发现、美洲的发现、环球航行以及其他人类跨地域性活动的开展，更使得人类的交往不再局限于一个地区、国家，而呈现出跨地区、国家的趋势。当然，真正推动人类走向开放社会、步入世界历史时代的，则要归功于生产方式的变革所导致的西方资本主义的崛起。

西方社会进入资本主义是人类历史上一次巨大的变迁。在以资本为核心的资本主义生产的主导下，大机器化时代的工业生产使得生产力水平大大提高，商品极为丰富，资本家要实现利润的最大化，必然要将所生产的产品销售到世界的各个角落。因此，资本的增殖本性驱使资本主义社会天然地推动了人类社会的全球化。列宁清楚地认识到："资本主义市场形成的过程表现在两方面：资本主义向深度发展，即资本主义农业与资本主义工业在现有的、一定的、闭关自守的领土内的进一步发展；资本主义向广度发展，即资本主义统治范围扩展到新的领土。"① 由此导致的结果是：人类历史由此进入世界历史（全球化）的时代。

客观来看，提出人类历史进入世界历史这一观点，并不是马克思的发明。黑格尔就曾在历史哲学和法哲学的意义上对世界历史做了观念论的考察，将世界历史的进展视为"一种合理的过程"②，看作具有自由意识的精神实现自身的过程。因而，历史必然终结于理性层面的"绝对精神"和现实层面的日耳曼民族。对此，马克思提出了新的看法并做了探索。面对资本主义发展所带来的全球化，马克思提出，大工业"首次开创了世界历史，因为它使每个文明国家以及这些国家中的每个人的需要的满足都依赖于整个世

---

① 《列宁选集》第1卷，人民出版社2012年版，第232页。

② 黑格尔：《历史哲学》，王造时译，上海书店出版社2006年版，第9页。

界，因为它消灭了各国以往自然形成的闭关自守的状态。”① 更为关键的是，他看到了在黑格尔等人对世界历史的理解中所隐含的“秘密”：资本主义制度不是人类历史上的过渡阶段，而是社会生产的绝对的、最后的形式，世界历史必将终结于资本主义。为此，马克思提出，对人类历史的探索应该“从直接生活的物质生产出发阐述现实的生产过程”②，并由此把握客观历史现实，揭示人类历史发展的基本规律。

当然，对于马克思来说，探索人类历史发展的规律的目的并不是满足自己的求知欲，而是要在此规律把握的基础上推动人的自由和解放。世界历史的到来意味着，人的自由和解放就不再是狭隘的地域性的或国家性的，而是世界性的或全球性的。这样，马克思所从事的事业要面对的不仅是处于上升期的资本主义社会，更为关键的是要面对人类历史走向世界历史或全球化。因此，全球化时代能否增进人类的幸福？全球化时代是否有利于人类的自由和解放？全球化时代对于工人阶级意味着什么？全球化时代是否最终有助于共产主义的早日到来？等等，诸如此类的问题，都构成马克思终生思考和追问的问题，也构成历史唯物主义世界观的核心问题。

上述事实表明，历史唯物主义世界观的诞生，有着深刻的思想史和时代背景。在思想史的层面，以黑格尔为代表的思辨哲学（或者说传统形而上学）已不能为人类提供理论的终极解释和行动的指南，那种认为“现实世界是观念上世界的产物”的主张已经在现实的生活面前“失效”。在时代背景上，资本主义蓬勃发展，人类进入世界历史，全球化正在到来，等等，这些都时刻促使人们不得不反思：资本主义和世界历史是否能够促成人类过上美好的生活？在一定意义上说，这既是马克思所面对的总问题，也是那个时代乃至今天我们都要面临的问题。

---

① 《马克思恩格斯选集》第一卷，人民出版社 2012 年版，第 194 页。

② 《马克思恩格斯文集》第 1 卷，人民出版社 2009 年版，第 544 页。

余 论

任何理论都有其产生的时代，都有其所面对的重大社会现实。同样，每个时代都有属于自己的理论，有能够指引时代发展并塑造时代精神的理论。因此，我们可以作出这样的断言：正是在理论与现实的双重激荡中产生了伟大的理论，并由此实现了理论的创新和发展。在这个意义上，我们认为，要真正揭示并彰显历史唯物主义世界观的思想价值、创新其内容，并对其作出“当代阐释”，就必须在思想史和现实的双重维度中进行。毛泽东指出：“马克思列宁主义的伟大力量，就在于它是和各个国家具体的革命实践相联系的。……离开中国特点来谈马克思主义，只是抽象的空洞的马克思主义。”① 因而，历史唯物主义世界观的解释力和生命力不仅在于其所具有的真理性和科学性，更在于它能在时代的变迁中同各种学术理论思潮展开对话，回应各类社会思潮以及观照当代中国乃至世界的重大现实问题。

基于此，对历史唯物主义世界观的当代阐释，理所当然地必须“回到”其诞生的思想史和时代背景之中，把握其思想的本质。当然，这种“回到”只是问题的一个方面，在另一个方面，我们还必须审视“当下”和“未来”，即思考当代学术理论思潮、时代背景下历史唯物主义的发展问题。在我们看来，较之于诞生时的境遇，历史唯物主义世界观在当代所面对的学术理论思潮和社会现实的挑战更为严峻。从当前学术发展的态势看，真正对历史唯物主义世界观构成挑战的学术理论思潮大致可概括为三种：以自由主义为底色的西方学术思潮；以保守主义为核心的儒学复兴思潮；以“回归马克思”为指归的国外马克思主义理论思潮。以中国的国外马克思主义研究为例，倘若以1982年由徐崇温主编的《西方马克思主义》一书的出版为标志，中国的国外马克思主义研究已有三十多年的历史。在当代中国学术发展的历史上，中国的国外马克思

① 《毛泽东选集》第二卷，人民出版社1991年版，第534页。

主义研究已是一个标志性的学术事件，其所取得的成果是有目共睹的，并毋庸置疑地构成中国马克思主义哲学研究的有机组成部分。但是，在这一研究中也存在诸多的问题，如，过分注重人物研究而忽略问题研究；只强调国外马克思主义学者讲了什么，而忽略其为什么这样讲，以及这样讲的真实目的何在等背景的关注；未能积极有效地汲取国外马克思主义的思想精华，使其融入到中国化马克思主义的思想库之中，等等，由此导致的结果是，只是就研究而研究，失去了研究的目标和根本宗旨，甚至有可能在研究中因为缺乏“问题意识”和“中国问题”而陷入到国外马克思主义的问题域中，甚或落入其所设置的“陷阱”之中。因此，对于当前的历史唯物主义研究来说，在积极吸取国外马克思主义的思想精华时，必须保持客观的心态，既要从理论源头上反思国外马克思主义兴起的思想史和时代背景，又要在理论内容上把握其与马克思主义之间的关系，在深层逻辑上区分异同，在思想上划清“界限”，正如有学者所主张的，在国外马克思主义研究的研究中倡导“划界意识”，在基础的层面上可以表述为：应当对国外马克思主义研究所涉及的各种流派、人物和观点的客观的学术影响力和现实影响力做出切实而恰当的评估，从而在国外马克思主义研究领域突出重点和核心层；在深层次上可以表述为：在对国外马克思主义研究对象的学术影响力和现实影响力做出评估的基础上，还要进一步对每一具体研究对象的价值取向、基本观点，特别是其同马克思思想的真实关系做出具体的区分性评价，至少要明确一点：关于国外马克思主义流派的研究同关于马克思思想在当代思想界和社会实践中的影响的研究是有区别的。[①] 因此，在国外马克思主义的研究中，我们应当坚持“双重解读逻辑”：一是“理论逻辑”，即要揭示不同理论流派和理论观点的内在的理论逻辑，揭示其同马克思思想的内在逻辑关系；二是“现实逻辑”，即要揭示这些理论观点，包括它们对马克思恩格斯原初观点的创新或修正同特定时代的人类实践的逻辑关

① 衣俊卿：《关于国外马克思主义研究现状的审视》，《马克思主义与现实》2011年第5期。

系。惟其如此，我们才能对国外马克思主义这一重要学术思潮有透彻的把握，才能在与历史唯物主义的对话中推动马克思主义哲学的中国化。

事实证明，国外马克思主义者提供给我们的并不是具体的思想观点，而是他们立足于本国和人类历史发展的现实，以马克思主义为指导，不断拓展马克思主义哲学的问题域，从而推动马克思主义哲学创新的方法论路径。因此，历史唯物主义的“当代”阐释，需要我们与包括国外马克思主义在内的各类学术思潮展开平等的对话。在这个意义上，历史唯物主义要在当代中国学术生态或者学术结构当中保持主流地位，就必须与当代各类学术思潮展开充分的对话。只有在学术思潮交锋当中，我们才能面对提升当代中国学术的水准，才能丰富和发展中国学术的内涵，进而彰显历史唯物主义的批判性。

从当代中国乃至世界发展局势看，历史唯物主义世界观的当代阐释当然也离不开我们对当代中国乃至人类发展的社会现实作出科学的理解。历史唯物主义不只是属于中国，作为人类文明的活的灵魂，它应该是世界的。这就要求我们，以历史唯物主义为方法论原则，对中国改革开放以及人类的伟大实践做出理论的阐释，进而将这一过程所形成的理论置放到历史唯物主义的思想库之中。

列宁指出，“马克思主义同‘宗派主义’毫无相似之处，它绝不是离开世界文明发展大道而产生的一种固步自封、僵化不变的学说。恰恰相反，马克思的全部天才正是在于他回答了人类先进思想已经提出的种种问题。”① 因而，在我们看来，历史唯物主义世界观的当代阐释，最为根本的路径在于，在面对当代中国乃至全球性的问题中拓展其理论的视野，丰富其理论的内涵，开拓其理论的境界。具体言之，有三个主要的问题需要加以阐释：当代中国所面对的社会现实；当代资本主义社会的新发展、新动向；世界历史境遇中的人类未来。在这里，我们以当代中国所面对的社会现实为例加以阐释。概括起来，当代中国问题实则就是改革、发展以及创新的

---

① 《列宁选集》第2卷，人民出版社2012年版，第309页。

问题。改革，就是要变革固有的社会关系，使之与生产力发展的节奏相适应，在这个过程当中的社会阶层关系的再造、公平公正制度的建立、民主法治的推进等等，都极为重要。发展，就是要从“又快又好”变革为“又好又快”发展。这不仅仅是发展内容的变迁，深层的则是思想理念的变革。创新是一个民族发展的不竭动力。只有不断地创新，才能推动社会的全面进步与发展。应该说，当代中国所面临的诸多问题，诸如，市场经济建设、社会转型问题、从传统社会走向现代社会、经济体制改革、法制建设、城乡差距问题、收入分配问题、贫富差距问题、生态环保问题、道德建设问题、当代中国现代性话语的重建，等等，都是需要通过“改革、发展、创新”来解决的问题。质言之，都是要通过全面深化改革、和谐发展和综合创新来解决的问题。这些问题也都是马克思主义理论研究者必须面对的现实问题。如果我们的马克思主义研究置这些问题于不顾，而只是一味地研究“纯学术”问题，作为思想武器的马克思主义就可能在时代的变迁中陷入“钝化”的境地。在我们看来，新时期历史唯物主义世界观的发展和创新，其关键就在于能够在不断回答时代提出的“改革、发展、创新”的问题，即通过理论的创新来推动社会改革和发展的问题。正如陈先达提出的，对中国来说，繁荣和发展哲学社会科学，不是数量的问题。我们面临的是如何总结我国的实践经验，把中国共产党在实践中的创新变为我们哲学社会科学的问题和研究课题。① 这进一步告诉我们，经济社会越是发展，越是需要哲学的理论创新，这需要中国的哲学研究者凝聚智慧，站在马克思主义的立场上以自己的话语方式来提升中国的经验，言说“中国的道路”，讲述中国人自己的“故事”。尤其是在中国特色社会主义事业日益成为全球化发展之不可或缺的部分之时，更不能简单依靠西方的学术理论，更不能妄想西方学者为中国的发展“出谋划策”，我们需要架构中国人自己的学术话语体系。

---

① 陈先达：《哲学研究要以党和人民的最高利益为动力》，《中国社会科学报》2011 年 12 月 27 日。

在《在世纪之交看马克思主义的命运》中，胡绳指出，“没有一种思想是万世永存的”。同样，历史唯物主义世界观也不命中注定就是万古长青的理论。作为超越传统形而上学，开启人类解放新征程的哲学变革的产物，历史唯物主义世界观使人类获得了新的方法论原则，它既不同于思辨唯心主义，也不同于旧唯物主义，它是以“现实的人及其历史发展”为内容，以人与世界的否定性统一关系为焦点，以人的解放和自由为宗旨的学说。今天，我们在思想史和现实的双重维度中对其展开研究，其根本目的在于，客观地揭示这一真理性理论诞生的历史过程，并在时代的变迁中推动其发展。毛泽东曾倡导，我们不能像那些“本本主义”的马克思主义者那样，“只会片面地引用马克思、恩格斯、列宁、斯大林的个别词句”，而是要运用马克思主义的立场、观点和方法，“来具体地研究中国的现状和中国的历史，具体地分析中国革命问题和解决中国革命问题”①，并进而形成中国化的马克思主义理论。由此观之，历史唯物主义世界观当代阐释必然要在“什么是社会主义，怎样建设社会主义”的问题域中，在中华民族实现伟大复兴的中国梦的社会现实中展开。惟其如此，历史唯物主义世界观才能成为人类文明的活的灵魂！

① 《毛泽东选集》第三卷，人民出版社 1991 年版，第 797 页。

上编　追问逻辑历程

在思想史和现实的语境中考察历史唯物主义世界观诞生、确立、发展的过程，我们将发现，历史唯物主义世界观的诞生、确立、发展经历了社会现实批判、意识形态批判和政治经济学批判三个相互交织的阶段。通过对普鲁士政府及资本主义社会现实的批判，马克思将哲学关注的焦点从抽象的思辨概念反思转向对社会现实问题的研究，由此洞察到资本主义的“暂时性和短暂性”，为人类社会的未来发展以及人类的自由和解放找到了一条光明大道。通过意识形态批判（即包括青年黑格尔派的意识哲学、费尔巴哈的人本学唯物主义以及黑格尔思辨哲学等在内的现代德国理论），马克思彻底实现了对包括黑格尔思辨哲学在内的一切德国现代意识形态的批判，实现了对一切思辨形而上学及其存在论基础的超越，创立了历史唯物主义的世界观。通过对作为资产阶级意识形态的政治经济学的批判，马克思深入到以“资本”为主轴的资本主义的生产过程之中，把对一般意义上的人类历史的研究推进到对作为“现实历史”的资本主义社会的考察，把历史的内涵逻辑深化为资本的内涵逻辑，在对资本的内在矛盾、资本主义所有制及其生产方式的批判中重新找到了人类历史发展的规律，为人的自由和全面发展找到了新的道路，丰富和发展了历史唯物主义世界观。

第一章

历史唯物主义世界观的初步探索

马克思主义的世界观就是历史唯物主义，这一结论的得出，并不是主观臆想的结果，而是通过回到马克思的经典文本和时代背景中，对其思想资源加以开掘的结果。通过研究我们将发现，历史唯物主义世界观的诞生根源于马克思对社会现实的批判，并通过这种社会现实的批判，透彻地分析了隐藏在其背后的一系列问题，书报检查制度背后所隐含的思想自由的问题，宗教批判背后所隐含的人的解放问题，资本主义批判背后所藏匿的资本对人的压迫问题。在更为深刻的意义上，通过社会现实批判，马克思洞察到资本主义的“暂时性和短暂性”，为人类社会的未来发展以及人类的解放找到了一条光明大道。由此，历史唯物主义世界观和马克思的社会现实批判内在关联，互为一体。

人们经常说，哲学要面向现实。那么，究竟何为社会现实？哲学怎样以自己的方式来面对社会现实？对这些问题的回答，根本性地决定了一种哲学的性质和秉性。在《〈科隆日报〉第 179 号社论》中，马克思指出：“任何真正的哲学都是自己时代的精神上的精华。”① 黑格尔也指出，哲学“是被把握在思想中的它的时代。妄想一种哲学可以超出它那个时代，这与妄想一个人可以跳出它的时代，跳出罗陀斯岛，是同样愚蠢的”②。由此可见，作为理论形态的人类自我意识，哲学同其所产生的时代息息相关。在我们看

---

① 《马克思恩格斯全集》第 1 卷，人民出版社 1995 年版，第 220 页。

② 黑格尔：《法哲学原理》，范扬、张企泰译，商务印书馆 1961 年版，第 12 页。

来，这个“时代”本质上就是社会现实。那么，这些究竟以何种方式来实现对时代（即社会现实）的把握呢？在马克思看来，唯一的方式就是批判，就是“通过批判旧世界发现新世界”[①]，即通过对社会现实的无情批判，来表征和塑造时代精神，为人类社会的发展探寻新道路。在这个意义上，作为哲学的世界观，就是揭示社会现实中“人与世界的否定性统一关系”，在对社会现实的批判中来解释世界并“改变世界”。

哲学的时代特性决定了，任何哲学都不能也无法脱离其所产生的时代，即无法与现实相脱离。对此，就是作为思辨哲学家的黑格尔也不否认。在黑格尔看来，“哲学的内容就是现实”，“哲学的最高目的就在于确认思想与经验的一致，并达到自觉的理性与存在于事物中的理性的和解，亦即达到理性与现实的和解”。[②] 因此，在他这里，哲学根源于对现实的关注，根源于理性自身的现实情结，这一点我们可以在黑格尔所论述的问题中看到。例如，对市民社会与国家关系的谈论、对政治经济学问题的分析、对实证主义基督教的批判，等等。这些无一例外地表明，黑格尔哲学是最“关注现实”的哲学。恰如伽达默尔所言：“黑格尔通过对主观意识观点进行清晰的批判，开辟了一条理解人类社会现实的道路，而我们今天仍然生活在这样的社会现实中。”[③] 但是，这并不意味着，黑格尔沿着这一“理解人类社会现实的道路”实现了对全部现实问题的“观照”。恰恰相反，因为他的现实只是在头脑中所把握的“思想的现实”，因此所谓对现实问题的解决其实不过是“思想自身内在矛盾的克服”。因而，在黑格尔那里，哲学对现实的揭示与批判就蜕化为对现实“合理性”的论证与维护，因而哲学只能退回到思辨的思想世界，而无法外显为对现实的批判与改变。这样，黑格尔在理性的大旗下大大地推进了哲学，在主客观的把握中实现了思想对时代的把握，却最终未能从思想的泥沼中走出，由此，对“社

---

① 《马克思恩格斯全集》第47卷，人民出版社2004年版，第64页。

② 黑格尔：《小逻辑》，贺麟译，商务印书馆1980年版，第43页。

③ 伽达默尔《哲学解释学》，夏镇平、宋建平译，上海译文出版社2004年版，第113页。

会现实”的观照反倒处于晦暗不明的境地。诚如马克思所揭示的，“黑格尔完成了实证唯心主义。他不仅把整个物质世界变成了思想世界，而且把整个历史也变成了思想的历史”①。因此，在黑格尔那里，社会现实就被抽象为思想的产物，而对现实的改变也被诉诸思想自身的变革，对现实矛盾的解决似乎只有在思想的内部来完成，因此，“和解”只能发生在思想的层面，而现实却岿然不动。这一黑格尔没有完成的任务为马克思所继承。

在《〈黑格尔法哲学批判〉导言》中，马克思指出：“真理的彼岸世界消逝以后，历史的任务就是确立此岸世界的真理。人的自我异化的神圣形象被揭穿以后，揭露具有非神圣形象的自我异化，就成了为历史服务的哲学的迫切任务。于是，对天国的批判变成对尘世的批判，对宗教的批判变成对法的批判，对神学的批判变成对政治的批判。”② 质言之，哲学的任务就是在对“尘世的批判”、“法的批判”以及“政治的批判”中实现对“非神圣形象”的揭露，实现对现实的一切进行无情的批判。这一对社会现实的批判不仅是对普鲁士政府的政治统治的批判，也是对工业革命所带来的资产阶级社会的批判；不仅是对德国现代意识形态的批判，也是对作为资产阶级意识形态的政治经济学的批判；不仅是对人类社会一般历史的探索，也是对作为特殊阶段的“现实历史”的资本主义社会整体结构的研究。正是在这一批判和探索中，马克思超越了一切旧唯物主义和唯心主义的世界观，初步创立了历史唯物主义的世界观。这一世界观力求在批判旧世界中发现新世界，并试图把资本的独立性变革为人的独立性，从而为人的自由和全面发展，为人的解放探寻新的历史道路。在这个意义上，马克思的历史唯物主义世界观就是社会现实批判。

第一节　社会政治批判与人的解放

马克思的哲学探索，不是依赖于简单的概念推演和思想运动，

① 《马克思恩格斯全集》第3卷，人民出版社1960年版，第16页注①。

② 《马克思恩格斯选集》第一卷，人民出版社2012年版，第2页。

而是在对社会现实的批判中来实现的。在《政治经济学批判·序言》中，马克思在回忆自己早期的学术生涯时指出："我学的专业本来是法律，但我只是把它排在哲学和历史之次当作辅助学科来研究。1842—1843 年我作为《莱茵报》的编辑，第一次遇到要对所谓物质利益发表意见的难事。"① 这种对所谓"物质利益发表意见的难事"促使马克思一开始就把哲学的思考定位为对社会现实问题的批判，尤其是对社会政治问题的关注。正是在这一关注中，马克思走上了探索历史唯物主义世界观的理论之路。马克思在《莱茵报》时期对社会政治的批判大致包括三个方面：新闻出版自由与人的自由问题；普遍利益与个人利益的关系问题；政治解放与人的解放问题。

一　新闻出版自由与人的自由问题

麦克莱伦在《卡尔·马克思传》中指出："青年黑格尔派的争论一开始是神学上的，这是很自然的：黑格尔派的大多数成员都首先对宗教感兴趣；普鲁士政府的态度使得政治是一个极为危险的争论的话题。然而同意德国教会的当权和切断宗教与政治的联系，这就不可避免地使宗教批判运动迅速转变为世俗化的政治性反对运动。"② 因此，作为青年黑格尔派的一员，马克思首先展开的并不是纯哲学问题的思考，而是以宗教批判为基础的"世俗化的政治性反对运动"，即对社会政治问题的批判和反思。这一思考始于对书报检查和新闻出版自由问题的探讨。

1842 年 1 月，马克思撰写了《评普鲁士书报检查令》一文，以书报检查令的批判为切入点，揭开了深入社会现实本身，实际地反对现存的世界的序幕。归结起来，马克思批判书报检查令的关节点是：新颁布的书报检查令究竟是保障人的自由，还是侵害人的自由？在马克思看来，即将实施的新的书报检查令并不是对人的自由的保障，而是对人的精神自由的限制，即对人的思想自由的限制。

---

① 《马克思恩格斯全集》第 31 卷，人民出版社 1998 年版，第 411 页。

② 戴维·麦克莱伦：《卡尔·马克思传》，王珍译，中国人民大学出版社 2005 年版，第 25 页。

因为，书报检查所设置的制度障碍就在于，它以普鲁士官方的标准为标准，以书报检查官的意志为标准，这种标准自身的“强制性和主观性”最终导致的结果只能是牺牲“思想的原创性”，导致思想的“同一化和单一化”。马克思质疑：“你们赞美大自然令人赏心悦目的千姿百态和无穷无尽的丰富宝藏，你们并不要求玫瑰花散发出和紫罗兰一样的芳香，但你们为什么却要求世界上最丰富的东西——精神只能有一种存在形式呢？……一片灰色就是这种自由所许可的唯一色彩。”[①] 马克思由此进一步指出：“每一滴露水在太阳的照耀下都闪现着无穷无尽的色彩。但是精神的太阳，无论它照耀着多少个体，无论它照耀什么事物，却只准产生一种色彩，就是官方的色彩！”[②] 这种控诉集中地表明，普鲁士政府的书报检查制度的设立，对思想的自由传播起到了巨大的阻碍作用。由此马克思坚决主张，必须彻底废除这种“恶劣的、比人更有力量”的书报检查制度。

正是基于上述的理解，马克思在这篇政论文中有选择性地逐条分析了《书报检查令》中存在的问题。例如“严肃和谦逊”的问题；宗教与出版自由的问题；书报检查中的“倾向”问题；出版作品的“形式和语调”问题，等等。通过这些分析，马克思认为，新的《书报检查令》并没有为思想的自由传播大开绿灯，反而是设置了重重障碍，这种对自由思想本身的阻碍本身违背人的自由天性，也势必不利于整个人类社会的发展。对这些问题的分析使马克思一开始便“厌倦黑格尔哲学中那种离奇古怪的调子”。而且更为重要的是，“马克思已经被一种远比哲学更强烈的兴趣吸引住了。自从他写了评《书报检查令》的文章以后，他就走上了政治斗争的道路”。[③] 这集中地体现在马克思《关于新闻出版自由和公布省等级议会辩论情况的辩论》一文中，正是在这篇文章中，马克思把哲学的批判和社会政治批判有机地结合起来，最终实现了对普鲁

① 《马克思恩格斯全集》第1卷，人民出版社2002年版，第111页。
② 同上。
③ 弗·梅林：《马克思传》，樊集译，人民出版社1965年版，第48页。

士社会政治现实的批判。

基于对已有的新闻出版自由和思想自由问题的思考，马克思从基督徒兼骑士等级对“自由”的理解出发，对思想的自由问题做了深入的理解。在他看来，基督教徒兼骑士等级不愿把自由看作是理性的普遍阳光赐予人类的自然的礼物，而想把自由看作是明星的特别吉祥的组合带给人们的超自然的礼物，因为他们认为自由仅仅是某些人物和某些等级的个人特性，所以，“他们就不可避免地要得出结论说，普遍理性和普遍自由是有害的思想，是‘有逻辑次序的体系’的幻想。为了拯救特权的特殊自由，他们就斥责人类本性的普遍自由”[①]。因此，他们拒斥普遍意义的自由，而强调具有阶级性的“自由”。但在马克思看来，普遍自由是人类的本性，是理性的本质。因此，基督徒兼骑士等级把自由看作“某些人物和某些等级”的特性的看法抹杀了普遍自由的存在。同时，由于这些先生在现代市民社会中的现实地位远不符合他们想象中的地位，并且他们生活在处于现实世界彼岸的世界里，并且他们用想象力来代替头脑和心脏，因此，“他们就不满意实践，就必然求助于理论，不过这是彼岸世界的理论即宗教”[②]。因此，在这些阶级那里，宗教便成了他们追求自由的唯一途径，而对真正自由的追求他们弃之如敝屣。在这个意义上，基督徒兼骑士等级所追求的自由就不是普遍的自由，而是符合他们的利益、维护他们宗教统治的自由。

那么，这是否意味着马克思就同意他们所谓的“等级自由”呢？回答必然是否定的。马克思坚决主张，“普遍自由才是人类的本性”。从马克思对书报检查制度和新闻出版自由的区分中我们能够清楚地看到这一点。马克思指出：“从观念的角度看来，不言而喻，新闻出版自由和书报检查制度的根据是完全不同的，因为新闻出版自由本身就是观念的体现、自由的体现，就是实际的善；而书报检查制度是不自由的体现，是假象的世界观反对本质的世界观的

---

① 《马克思恩格斯全集》第1卷，人民出版社2002年版，第163页。

② 同上。

一种论战，它只具有否定的本性。”① 为何会出现这种区别呢？原因在于，新闻出版自由本质是基于新闻出版法的自由，即得到法律承认的自由，因为，只有法律本身才是自由体现。这里，尚处在思想探索阶段的马克思似乎受到了黑格尔对法的理解的影响②，因此，在马克思看来，“新闻出版自由就是人类自由的实现。因此，哪里有新闻出版，哪里也就有新闻出版自由”。③ 而书报检查令则不同，它不是法律，它只是一项制度，因而，它只具有“否定的本性”。由此可见，新闻出版自由和书报检查的根本区别在于，是否有法律作为其基础？因此，作为统治阶级给予自身利益而颁布的制度规定的书报检查令也就难以保障人们的自由。退一步来看，此时的马克思似乎依然相信法律的公正和严明，但殊不知，法律在本质上只不过是统治阶级维护其统治的工具而已，主要法律为普鲁士的统治者所设定，其公正性就很难保障，这点在后来马克思对资本主义意识形态的揭示中，在历史唯物主义世界观建立之后得到了改善。因而，此时马克思对法律与自由关系的理解也是不深刻的，这是后话，我们暂且不论。

为了彻底揭示书报检查制度对人的自由的限制，马克思进一步在哲学的高度对自由展开了新的理解和思考。在他看来，“自由确实是人的本质，因此就连自由的反对者在反对自由的现实的同时也实现着自由；因此，他们想把曾被他们当作人类本性的装饰品而屏弃了的东西攫取过来，作为自己最珍贵的装饰品”④。由此可见，追求自由是人类的本性，但是问题在于，怎样才能真正实现自由？对此，他指出：“问题不在于新闻出版自由是否应当存在，因为新闻出版自由向来是存在的。问题在于新闻出版自由是个别人物的特权呢，还是人类精神的特权。问题在于一方面的有权是否应当成为

① 《马克思恩格斯全集》第 1 卷，人民出版社 2002 年版，第 166 页。

② 黑格尔曾指出，“法的基地一般说来是精神的东西，它的确定的地位和出发点是意志。意志是自由的，所以自由就构成法的实体和规定性。”（黑格尔：《法哲学原理》，范扬、张企泰译，商务印书馆 1961 年版，第 10 页。）

③ 《马克思恩格斯全集》第 1 卷，人民出版社 2002 年版，第 166—167 页。

④ 同上书，第 167 页。

另一方面的无权。问题在于‘精神的自由’是否比‘反对精神的自由’享有更多的权利。”① 而正是这一点，决定了马克思的自由观与黑格尔自由观的本质区别。在黑格尔那里，基于理性的自由是普遍的，是理性的人的所有物。但是，在马克思看来，不能笼统地界定自由，而应具体地区分自由，即把自由区分为特权的自由和普遍的自由。由此，马克思揭示了普鲁士政府统治下的自由的现实状况：他们颁布《书报检查令》，限制人们的新闻出版自由，从而剥夺了人们表达自己自由思想和观点的权利。以自由报刊为例，在马克思看来，“自由报刊是人民精神的洞察一切的慧眼，是人民自我信任的体现，是把个人同国家和世界联结起来的有声的纽带，是使物质斗争升华为精神斗争，并且把斗争的粗糙物质形式观念化的一种获得体现的文化……是人民用来观察自己的一面精神上的镜子，而自我审视是智慧的首要条件。自由报刊是国家精神……自由报刊是观念的世界，它不断从现实世界中涌出，又作为越来越丰富的精神唤起新的生机，流回现实世界”②。在这个意义上，报刊的自由才是人民大众自由的真实保障。但是，普鲁士政府却设置重重障碍，阻挡人们自由地出版报刊。

综上可知，在马克思这里，揭示社会政治现实对人性的压抑构成其哲学思考的核心议题。因而，不论是区别新闻出版法和《书报检查令》，还是批判基督徒兼骑士等级所理解的自由；不论是区分特权的自由和普遍的自由，还是论证书报自由与大众自由的关系，马克思对书报检查制度的批判本质上在于，通过对普鲁士政府统治下的社会现实批判，来捍卫广大人民的自由，使自由不致成为少数人的特权，使自由不致受到非法的干预。正如梅林所赞誉的，“马克思用来捍卫出版自由的剑，比以前和以后的任何政论家都更为光彩夺目和锋利。卢格曾好不嫉妒地承认，‘关于出版自由，以及在捍卫出版自由方面，从来没有、甚至也不可能有比这说得更深刻更透彻的了。在我们的时论中，出现了这样真才实学、有气魄、

---

① 《马克思恩格斯全集》第1卷，人民出版社2002年版，第167页。

② 同上书，第179页。

善于清理普通概念混乱的文章，真是值得我们庆幸。’”[①] 因此，在马克思这里，问题的关键其实并不是所谓出版自由的问题，而是“自由本身”的问题，是如何切实保障和维护人民大众的自由问题。由此可见，马克思的高明之处就在于，从社会政治的现实出发，通过对现实政治问题的剖析，从而深化了对自由等理论问题的理解；而通过深化对这些理论问题的理解，又进一步推动了对社会现实的彻底批判。

二　普遍利益与个人利益的关系问题——《关于林木盗窃法的辩论》

如前文所述，新闻出版自由问题的实质就是新闻出版法和书报检查令之间的冲突问题。马克思坚信，法是自由的保证，是自由意志的体现，因此，凡事应当以法为准绳。而书报检查制度的问题就在于，试图用规章制度充当法律，干涉人的新闻出版自由，因此，它就无法保障人的自由，也就无法保障大众的利益。在这个意义上，与其说马克思在讨论书报检查制度和新闻出版自由的问题，倒不如说在讨论人民自由的保障问题。而在这之后，所碰到的对“物质利益问题发表意见的难事”使马克思再次意识到，必须把对社会现实的批判、对广大民众利益的维护放到首要位置。

在《第六届莱茵省议会的辩论·关于林木盗窃法的辩论》（以下简称《关于林木盗窃法的辩论》）中，围绕省议会在《林木盗窃法》的制定过程中的争议问题，马克思进行了详尽的思考。大致来讲这些问题包括：违反林木管理条例的行为是否是盗窃？捡拾枯树枝和盗窃林木是否一样？如何确定被窃林木的价值，以及怎样以其为标准定罪？如何对待习惯法问题？如何确定被盗林木的价值以及是否应当由护林员来担任估价者；护林员是否应该是终身任命？怎样赔偿被盗林木所有者损失？对受惩罚的盗窃林木者如何看管？罚款归谁所有？等等。正是在这些问题的阐释中，马克思有理有据地对问题进行了剖析和说明，充分揭示了省议会以维护“特殊利益者”为其立法的最终目的的立场。在这里，我们选择几个问题

① 弗·梅林：《马克思传》，樊集译，人民出版社 1965 年版，第 53 页。

来看看马克思究竟是怎样思考的，并由此来学习如何以哲学的方式进行社会现实批判。

第一，关于捡拾枯树枝是否就是盗窃林木的问题。

在关于盗窃林木问题的辩论中，省议会的议员们认为，捡拾枯树枝就是盗窃，因为这种行为侵犯了林木所有者的权益。马克思则指出，虽然说捡拾枯树枝和盗窃林木具有相同的规定：占有他人的林木，但是，这两种行为又存在着本质的差别。如果说用暴力去砍伐一棵树或者从别人那里偷盗他人砍伐的林木，显然，这是一种盗窃行为。但是，捡拾枯树枝则不同，因为，“捡拾枯树的情况则恰好相反，这里没有任何东西同财产脱离。脱离财产的只是实际上已经脱离了它的东西。盗窃林木者是擅自对财产作出了判决。而捡拾枯树的人则只是执行财产本性本身所作出的判决，因为林木所有者所占有的只是树木本身，而树木已经不再占有从它身上落下的树枝了”[①]。由此可见，捡拾枯树枝和盗窃林木是本质上不同的两回事。因为它们的对象不同，作用于这些对象的行为也就不同，因而意图也就一定有所不同。马克思进一步指出，如果法律把那种未必能叫作违反林木管理条例的行为称为盗窃林木，那么法律就是撒谎，而穷人就会成为合法撒谎的牺牲品。这样的后果就是，法律成为特权阶层维护其私有财产的专属工具，而穷人则沦为其制裁的对象。正因为省议会抹杀了捡拾枯树枝、违反林木管理条例的行为和盗窃林木这三者之间的差别，才导致他们把“捡拾枯树枝”定性为“偷窃”，以维护林木占有者即有产者的利益。这是典型的资产阶级利益至上的思想。[②]

第二，关于各种习惯法的问题。

在马克思看来，之所以会出现贫民利益受到损害，关键的问题在于，普鲁士政府法律的制定并不是按照穷人的习惯法，而是按照特权者的习惯法、贵族的习惯法制定的。因此，要保障广大穷人的利益，就必须“为穷人要求习惯法，而且要求的不是地方性的习

---

① 《马克思恩格斯全集》第1卷，人民出版社2002年版，第244页。

② 值得注意的是，此时马克思的阶级分析理论已初现端倪。

惯法，而是一切国家的穷人的习惯法。……这种习惯法按其本质来说只能是这些最底层的、一无所有的基本群众的法”①。那么，所谓的“最底层的、一无所有的基本群众的法”，实则就是保护广大群众利益的法。

马克思进一步指出，由于特权阶层和贵族阶层把自己的利益诉诸自己的习惯法，并将这一习惯法升格为具有普遍意义的法，就使得法自身发生了变革，这一变革使法失去了其人类的内容，而变革为法的动物形式，从而也就使人类性的法变革为“纯粹的动物假面具”②。由此导致的结果是，贵族的习惯法从内容上必然是同普通法律的形式的对立。这种对立要求人们，废除那种建立在集团利益基础上的特权、贵族的习惯法，甚至对利用这些习惯法的行为根据情况给以惩罚。由此来保障和维护法的尊严。

而且，习惯法和财产问题紧密相关。由于特权阶层和贵族具有财产的“先占权”，就使得整个贫民阶级从一开始就处在劣势。但是，贫民阶级相信自然力的偶然性。在他们看来，在自然力中，有一种友好的、比人类力量还要人道的力量，这个力量能够满足他们的自然欲望，例如，使属于树木占有者的树上的枯枝掉落到地上，从而夺取那些永远也不会自愿放手的私有财产。这样的话，贫民就能够满足自己的正当需要。从而，捡拾枯树枝、采摘野果、捡拾收割后落在地里的谷穗，都成为贫民的习惯法。在马克思看来，“在贫苦阶级的这些习惯中存在着合乎本能的法的意识，这些习惯的根源是实际的和合法的，而习惯法的形式在这里更是合乎自然的，因为贫苦阶级的存在本身至今仍然只不过是市民社会的一种习惯，而这种习惯在有意识的国家制度范围内还没有找到应有的地位”③。因此，最终的结果就只能是，贫民的利益难以在法的层面得到保护。倘若我们在现代自由主义政治哲学的语境中来阅读马克思的这一批判，就能体会到，所谓的“应得正义”实则就是保护资产阶

① 《马克思恩格斯全集》第1卷，人民出版社2002年版，第248页。

② 同上书，第249页。

③ 同上书，第253页。

级私有财产的正义。对于社会主义正义来说，这恰恰是我们要加以反对的。

第三，关于林木看护官员能否担任估价者的问题。

同样，在对林木盗窃问题的分析中，马克思思考了林木被盗后，依据什么以及由谁来确定被盗林木的价值的问题。因为，只有确定被盗林木的价值，才能根据这个价值来对林木盗窃者作出惩罚。在省议会的议员看来，这个任务应该由护林员来担当。马克思对此作出反驳，在他看来，客观上是不能由林木管理员来担任估价者的。原因在于：（1）作为护林员，他就是护林神的化身。在日常的守护中，护林员基于自身的职责，会切实有效、认真负责和爱护备至地对待自己所保护的对象。对他来说，林木应该是一切，应该具有绝对的价值。甚至在很多时候，护林员会将对林木价值的估计与对自己价值的估计连为一体，即林木的价值就是自身的价值。估价者则恰恰相反，他用怀疑的不信任的态度来对待被窃林木，用敏锐的平淡的目光来评价它，用普通的尺度来衡量它，锱铢必较地计算它的价值。（2）护林员就是告发者。一旦发生林木被盗事件，护林员自然就要告发，这也就决定了在案件的审理中护林员就不能承担林木价值的估价者。（3）这个前来告发的护林员是受林木所有者的雇佣并为林木所有者效力的，不论作为告发者或护林员，他都不宜充当鉴定人。[①] 上述三点决定了，如果护林员担任估价者，他就可能出于自身价值的考虑或者出于对自己雇主（即林木所有者）惧怕而高估被盗林木的价值，使盗窃林木者受到不公正的对待。

综上，《关于林木盗窃法的辩论》实质上是普通利益和特殊利益之争，也是司法公正的讨论。从表面上看，虽然此时“马克思仍然遵循着黑格尔的法哲学和国家学说”，但是他不像“黑格尔的正统派门徒那样颂扬普鲁士国家，把它奉为理想”，而是“从黑格尔的哲学前提中引申出来的理想国家来衡量普鲁士国家”[②]。这一

① 参见《马克思恩格斯全集》第1卷，人民出版社2002年版，第257—258页。

② 弗·梅林：《马克思传》，樊集译，人民出版社1965年版，第57页。

衡量的结果是，马克思不再满意于现有的政治统治，而试图揭示这一政治统治的内在矛盾和剥削本性，并对原有的企图以政治解放来促进的人的自由的方案作出调整，即建立一种真正能够实现人的解放的社会制度。在这个意义上，马克思对普遍利益和特殊利益的分析已经逐步触及现实社会的“本质”，而正是沿着这一路线，马克思把自己的探索进一步推进至对政治解放与人的解放问题的思考之中，乃至制度思考之中。

三　政治解放与人的解放问题

马克思关于新闻出版自由问题、林木盗窃法问题的讨论表明，在普鲁士专制政治的统治下，所谓的自由只能是特殊阶层的专属品，而基于资产阶级利益所建立的法律也只是保护特权阶层的利益。因而，人民的利益，尤其是普通民众的利益和自由是无从说起的。这样的现状促使马克思进一步反思：德意志民族是否能像法国那样，通过一场资产阶级革命，通过政治解放来实现全体人民的自由和解放？由此，马克思借助于对鲍威尔的《犹太人问题》的批判和对黑格尔法哲学的批判，对这一问题作出了探索，并初步讨论了人的解放问题。

马克思的思考首先是从对鲍威尔的批判开始的。在《论犹太人问题》一开始，马克思就明确地指出：“鲍威尔的错误在于：他批判的只是‘基督教国家’，而不是‘国家本身’，他没有探讨政治解放对人的解放的关系，因此，他提供的条件只能表明他毫无批判地把政治解放和普遍的人的解放混为一谈。”① 那么，鲍威尔是如何理解这一问题的？在鲍威尔看来，犹太人要得到解放，首要的是要放弃宗教，以便使犹太人作为公民得到解放；另一方面，他又认为，宗教在政治上的废除就是宗教的完全废除，而这种宗教的完全废除，必然导致人自身的解放。因此，在鲍威尔看来，宗教的解放必然能带来人自身的解放，即宗教解放 = 人的解放。但是，在马克思看来，问题在于，在一些已经完成了政治解放的国家，他们在并没有废除宗教的情况下也实现了人的自由。因而，“宗教的定在

---

① 《马克思恩格斯全集》第3卷，人民出版社2002年版，第167—168页。

和国家的完成是不矛盾的”[①]。这表明，实现人的自由和解放并不必然要消灭宗教，宗教的解放和人的解放之间并不存在一一对应的关系。由此造成的结果是，对普鲁士而言，并不能简单地通过消灭宗教来实现人的解放的问题，而是要通过政治革命来实现人的解放的问题。由此，“政治解放对宗教的关系问题已经成了政治解放对人的解放的关系问题”[②]。即人是否能够实现解放，并不取决于是否消灭宗教，而在于是否要推动政治变革、是否要推翻现有的普鲁士统治。在这个意义上，鲍威尔所谓要通过宗教解放来实现人的解放实际上是在摆弄“障眼法”，他的根本意图在于维护普鲁士政府的现有统治，对此，马克思有着清醒的认识并看到了问题的本质。

此时，深受现实困扰和欧洲其他国家资产阶级革命启发的马克思坚决认为，推翻现有普鲁士统治的政治解放或许才是人的解放的根本所在，“政治解放当然是一大进步；尽管它不是一般人的解放的最后形式，但在迄今为止的世界制度内，它是人的解放的最后形式”[③]。这表明，马克思已经管窥到普鲁士统治下人的解放的基本路径：推翻现有普鲁士政权的统治，建立一个现代民主国家（尽管此时马克思尚未提出社会制度的理论）无疑能够最大限度地实现和保障个人的自由和发展。因而，政治解放的真正命意在于，推翻现有统治，实现人的部分自由和发展。

那么，这是否意味着马克思将政治解放视为唯一的人的解放的道路呢？回答显然是否定的。对此，马克思有着清醒的认识。在他看来，政治解放依然存在着诸多问题。（1）虽然政治解放之后能够实现国家与宗教的分离，即打破原有的政教一体的社会建制，成立现代意义上的国家，但是，纵观欧洲各资产阶级革命之后的国家会发现，其所建立的国家并没有因此卸下套在人们身上的宗教的枷锁。因而，人依旧承受着宗教的统治。（2）尽管资产阶级革命之后所建立的国家废除了由于出身、等级、文化程度、职业等存在的

① 《马克思恩格斯全集》第3卷，人民出版社2002年版，第169页。
② 同上书，第169—170页。
③ 同上书，第174页。

差别，给予个体以足够的自由；但是，新成立的资产阶级国家并没有废除私有财产制度，因而，所谓的解放也只是针对部分有产者的解放，因此，只要政治革命之后建立的现代国家以私有财产为前提，只要存在特殊利益，政治解放就不能实现真正意义上的人的解放。（3）资产阶级革命所建立的政治国家不仅没有实现个人生活和国家生活的统一，反倒使其陷入“分裂”的境地，即政治生活和市民社会的分裂。[①] 对此，马克思尖锐地指出：“完成了的政治国家，按其本质来说，是人的同自己物质生活相对立的类生活。……在政治国家真正形成的地方，人不仅在思想中，在意识中，而且在现实中，在生活中，都过着双重的生活——天国的生活和尘世的生活。前一种是政治共同体中的生活，在这个共同体中，人把自己看作社会存在物；后一种是市民社会中的生活，在这个社会中，人作为私人进行活动，把他人看作工具，把自己也降为工具，并成为异己力量的玩物。”[②] 上述三种理由决定了，政治解放之后所建立的现代社会已经演变为“二元分裂的社会”，一方面是集体的利益、共同体的生活和普遍的自由；另一方面是个人的利益、个人的生活和个体的自由。尤其是伴随着政治国家的建立，人被分裂为私人和公民、个性的人和普遍的人、宗教的信徒和国家的公民，这种身份的二元必然导致其生存陷入无法自拔的困境。这样，作为现实的、实际的解放，政治解放只是整体性地推动了人类社会的进步，但是，在深层次上它并没有根本性地解决人的解放的问题，反倒为人的解放制造了一个无法逾越的“矛盾”：政治国家和市民社会、集体和个人、集体利益和个体利益、普遍自由和个体自由等矛盾。在这个意义上，“政治解放本身并不就是人的解放”[③]。

正是基于上述对于政治解放的理解，马克思倡导，未来的社会应该实现的解放是超越政治解放的人的解放。那么，什么才是真正意义的人类解放呢？马克思指出：“任何解放都是使人的世界和人

---

① 其实，这个问题已经为黑格尔所关注，马克思对这一问题的分析承继了黑格尔对市民社会理论问题的分析。

② 《马克思恩格斯全集》第3卷，人民出版社2002年版，第172—173页。

③ 同上书，第180页。

的关系回归于人自身。”[①] 这表明，真正的解放只能是“以人为目的”的解放，即使人真实地回归人自身，社会的一切活动都是以人为目的。回顾现实可以看到，一方面政治解放把人变革为市民社会的成员，解放为利己的、独立的个体，另一方面把人变革为公民，解放为独立的法人。由此必然会出现市民与国家之间的利益对立。因此，所谓“使人的世界和人的关系回归于人自身”的人的解放，实际上就是实现作为市民社会的成员的个人和其所生存的“共同体”的统一，即弥合尘世市民与政治共同体的分裂，从而实现真实的“以人为目的”的解放。对此，马克思客观地作出预言：“只有当现实的个人把抽象的公民复归于自身，并且作为个人，在自己的经验生活、自己的个人劳动、自己的个人关系中间，成为类存在物的时候，只有当人认识到自身的‘固有的力量’是社会力量，并把这种力量组织起来因而不再把社会力量以政治力量的形式同自身分离的时候，只有到了那个时候，人的解放才能完成。”[②] 因此，人的解放过程本质上是一个实现个人与社会、个人与国家的利益统一的过程，也就是一个历史的生成过程。[③]

在区分政治解放与人的解放、剖析人的解放的内涵的基础上，马克思进一步讨论了人的解放使命的承担问题。马克思指出：“对德国来说，彻底的革命、全人类的解放，不是乌托邦式的梦想，相反，局部的纯政治的革命，毫不触犯大厦支柱的革命，才是乌托邦式的梦想。局部的纯政治的革命的基础是什么呢？就是市民社会的一部分解放自己，取得普遍统治，就是一定的阶级从自己的特殊地位出发，从事社会的普遍解放。”[④] 这表明，实现人的解放的一个重要的前提就是，要有一个承担此一使命的阶级。那么，这样一个阶级必须具备怎样的条件？马克思作出了具体的分析：首先，这个

① 《马克思恩格斯全集》第 3 卷，人民出版社 2002 年版，第 189 页。

② 同上。

③ 如果联系马克思的意识形态批判和政治经济学批判，我们会进一步发现，马克思的“人的解放”就其本身而言，就是指把人从资本的抽象统治中解放出来，使人获得独立性和个性。

④ 《马克思恩格斯选集》第一卷，人民出版社 2012 年版，第 12—13 页。

阶级必须能够有着深厚的社会根基，能够被当作整个社会的总代表。而且，这个阶级的要求和权利会成为社会本身的权利和要求，“它真正是社会的头脑和社会的心脏”①。其次，这个阶级能够清楚地意识到，现实的社会实则是一个阶级对立的社会。在这个社会中，一个是统治者的等级；另一个则是处在奴役地位，但却马上就要变为解放者的等级。最后，这个承担解放全人类的阶级应该具有这样的胸怀：我没有任何地位，但我必须成为一切。② 基于上述思考，马克思强调指出，“德国唯一实际可能的解放是以宣布人是人的最高本质这个理论为立足点的解放。……德国人的解放就是人的解放，这个解放的头脑是哲学，它的心脏是无产阶级。哲学不消灭无产阶级，就不能成为现实；无产阶级不能把哲学变成现实，就不可能消灭自身”③。由此可见，只有无产阶级才能够承担人类解放的历史重任。当然，对于如何实现这个目标，马克思此时并未作出全面分析，但在这里所形成阶级观、无产阶级、人类解放思想等为以后的马克思主义哲学以及科学社会主义的创立做了铺垫。

综上，马克思对新闻出版自由与人的自由、普遍利益与特殊利益以及政治解放与人的解放问题的探索表明，从一开始，马克思的哲学思考并不是沿着西方形而上学总问题的路径进行纯粹的哲学思考，而是把哲学直接引向对其时代和现实问题的关注和思考。马克思由此实现了对哲学研究方式的变革，即哲学需要通过对社会现实的批判，承担起塑造和引领时代精神的任务。具体言之，就是要在批判旧世界中发现新世界，即建立起一个超越资本主义社会的共产主义社会，由此真正实现人的解放。在这个意义上，马克思的世界观一开始就和西方传统形而上学的世界观存在本质的区别，即在社会现实批判中展开哲学的思考。正是沿着此一路径，马克思建立了历史唯物主义世界观。

---

① 《马克思恩格斯选集》第一卷，人民出版社 2012 年版，第 13 页。

② 这一点也符合马克思本人的要求，他最喜爱的格言就是：人所具有的我都具有。参见戴维·麦克莱伦《卡尔·马克思传》，王珍译，中国人民大学出版社 2005 年版，第 430 页。

③ 《马克思恩格斯选集》第一卷，人民出版社 2012 年版，第 16 页。

第二节　法哲学批判与市民社会问题

依波利特在《马克思与黑格尔研究》中曾指出，“马克思是怎样思考哲学的？这个问题不可避免地要转变为另一个问题：他是怎样思考黑格尔主义的？……黑格尔把哲学思想引至其终点，它是‘最后的哲学’，这个哲学的思辨思想浓缩了哲学的全部本质。黑格尔之后，人们不再能真正地进行哲学思考。批判黑格尔，就是批判哲学本身。黑格尔主义的危机就是哲学的一次危机。因而，马克思对黑格尔哲学的细微批判，特别是对法与国家哲学的批判就具有一种非常普遍的意义。”① 这表明，要考察马克思的历史唯物主义世界观，一个重要的问题就是去看马克思是如何看待、对待黑格尔及其“主义”，而这种思考首先是从马克思对黑格尔法哲学的批判开始的。在这里，马克思基于已经掌握的法学理论，借重于费尔巴哈“主宾颠倒”的哲学原则，对黑格尔的神秘主义哲学进行了彻底的批判。只不过不同的是，马克思的批判不是以思辨对抗思辨的方式进行，而是在“还原”思辨哲学的现实背景中，对黑格尔的思辨哲学作出了首次清算，由此呈现出通过社会现实的批判来彰显哲学思想的研究方式。在这里，首先能看到的是，通过对市民社会与法的关系的思考，马克思再次把哲学的批判和社会现实的批判有机地结合起来，从而开辟了哲学思考的新道路。

一　新闻出版自由与法的初步批判

其实，早在普鲁士政府的社会现实批判时期，基于对物质利益关系问题、应有和现有的矛盾的思考，马克思就已经开始了对法学问题研究。围绕新闻出版自由的问题，马克思对法的问题做出了初步的思考。

1841 年5 月23 日至7 月25 日，第六届莱茵省议会在杜塞尔多夫举行，会后在科布伦茨少量刊印了《第六届莱茵省议会会议记

① 依波利特：《马克思与黑格尔研究》，载张世英主编《新黑格尔主义论著选辑》（下卷），商务印书馆2003 年版，第451—452 页。

录》，供省议员个人使用。当年的《杜塞尔多夫日报》也随后全文刊登了这些内容，依据这些材料，马克思撰写了一系列文章。[①] 在第一篇《关于新闻出版自由和公布省等级会议辩论情况的辩论》的文章中，马克思围绕新闻出版自由和新闻出版法进行了深入的思考，这一思考首先是从对新闻出版法和书报检查令的区别着手的。

在马克思看来，新闻出版自由是由新闻出版法来保障的，因此，它能够实现自由。因为，在新闻出版法中，自由是惩罚者。但是，在书报检查令中，自由却是被惩罚者。这样的话，书报检查无疑就是对自由的怀疑，就是对作为“人民自由的圣经”的法典的挑衅。他进一步指出：“新闻出版法是真正的法律，因为它是自由的肯定存在。”[②] 就是说，新闻出版法认为自由是新闻出版的正常状态，新闻出版是自由的存在。因此，新闻出版法只是同那些作为例外情况的新闻出版界的违法行为冲突，它并不和其他的检查令之类的东西发生本质的冲突。因而，作为对新闻出版自由的法律上的认可的新闻出版法就具有不同于书报检查令的“至上性”。而“书报检查制度正如奴隶制一样，即使它千百次地作为法律而存在，也永远不能成为合法的”[③]。因为，它只是一项“制度”和“条令”，它并不具有法律所具有的真实本质。这样，在法的意义上，书报检查令是和新闻出版法不可同日而语的，而普鲁士政府试图通过颁布《书报检查令》来替代新闻出版法，实际上是一种非法的“僭越”。

但是，在《书报检查令》的辩护人看来，新闻出版法和书报检查制度并不存在根本的冲突，因为，新闻出版法是“压制措施”，而《书报检查令》是“预防措施”。因此，他们主张，《书报检查令》并没有干涉人的自由，而是在保障人的自由。对此，马克思指出，法的本质就是人的自由，法并不是限制人的自由，更不是什么以惩罚恫吓为手段来预防罪行的东西，法只能是保障人的

---

① 按照马克思原来的打算，应该有四篇评论文章，即关于新闻出版自由问题、关于普鲁士国际和天主教之间的宗教纠纷问题、关于林木盗窃法问题以及关于莱茵省限制地产析分的法律草案问题。现在能够看到的就是第一篇和第三篇文章。

② 《马克思恩格斯全集》第1卷，人民出版社2002年版，第175页。

③ 同上书，第176页。

自由的。因此，法律不是压制自由，而是承认自由。在这个意义上，并不存在所谓的现实的预防性法律。不仅如此，只有当法律作为命令时才能起预防作用。这一点，黑格尔也曾做出过思考："法的基地一般说来是精神的东西，它的确定的地位和出发点是意志。意志是自由的，所以自由就构成法的实体和规定性。"① 因此，在他看来，法是人的自由意识的体现："法就是作为理念的自由。"② 在这个意义上，法并不是限制人的自由，而是保障自由的。在现实生活中，我们也可以看到，法律只是在受到践踏时才成为实际有效的法律。就是说，只有当一个人干涉他人的自由，侵犯他人的权利的时候，他才会受到法律的制裁。因此，所谓法律限制人的自由的说法不过是一种臆想。基于此，在马克思看来，哪里法律成为实际的法律，即成为自由的存在，哪里法律就成为人的实际的自由存在。因此，"法律是不能预防人的行为的，因为它是人的行为本身的内在的生命规律，是人的生活的自觉反映。所以，法律在人的生活即自由的生活面前是退让的，而且只有当人的实际行为表明人不再服从自由的自然规律时，自然规律作为国家法律才强迫人成为自由的人；同样，只是在我的生命不再是符合生理规律的生命，即患病的时候，这些规律才作为异己的东西同我相对立。可见，预防性法律是一种毫无意义的矛盾。"③ 这样，那种打算把《书报检查令》美化为"预防性"法律的企图就破灭了。

由此可见，马克思对法律问题的理解严格地依照了黑格尔《法哲学原理》中法的理解，这也就印证了，此时的马克思依然是一个青年黑格尔派。而这一点也就证明了，阿尔都塞所谓"马克思从来不是青年黑格尔派"的主张只不过是一种主观的断言。不过值得注意的是，马克思并没有沉陷于黑格尔对法律的理解之中，而是把对法的理解和对现实的批判有机地结合起来，在他这里，问题的焦点不是"法理学"意义上的如何理解法律的问题，而是

① 黑格尔：《法哲学原理》，范扬、张企泰译，商务印书馆1961年版，第10页。

② 同上书，第36页。

③ 《马克思恩格斯全集》第1卷，人民出版社2002年版，第176—177页。

"社会现实"意义上的如何区分新闻出版法和书报检查令的问题，是如何保障公民自由的问题。在这个意义上，马克思对法的问题、自由的问题的思考并不是纯粹的理论问题，而就是现实问题。这一点我们在其对市民社会与国家的理解中会看得更为清楚。[①]

二　国家与市民社会关系问题的探讨[②]

家庭、市民社会、国家，是黑格尔《法哲学原理》中的三个核心概念。在黑格尔看来，只有在现代社会，市民社会和国家的关系问题才正式出现。市民社会形成于直接的或自然的伦理精神的家庭的解体。在根本上，市民社会是"各个成员作为独立的单个人的联合，因而也就是在形式普遍性中的联合，这种联合是通过成员的需要，通过保障人身的财产的法律制度，和通过维护他们特殊利益和公共利益的外部秩序而建立起来的。"[③] 但是，人类并不能因此就停留于市民社会。因为，作为"外部的国家"，由个体的人组

---

① 在这里需要指出的是，马克思这一时期已经逐渐受到费尔巴哈的影响。尤其是费尔巴哈1842年出版的《关于哲学改造的临时纲要》和1843年出版的《未来哲学原理》对马克思产生了深刻的影响。与1841年出版的《基督教的本质》不同。在上述两部著作中，费尔巴哈从思辨神学批判的角度出发，对思辨哲学展开了深入的批判。费尔巴哈的这一批判深刻地影响了马克思，他甚至断言，费尔巴哈的《未来哲学》和《信仰的本质》"无论如何要超过目前德国的全部著作"（《马克思恩格斯全集》第47卷，人民出版社2004年版，第73页。），以至于数年后，恩格斯还心有余悸地说："在我们的狂飙突进时期，费尔巴哈给我们的影响比黑格尔以后任何其他哲学家都大。"（《马克思恩格斯选集》第四卷，人民出版社2012年版，第218页。）这种影响也首次体现在马克思在《黑格尔法哲学批判》（1843年3月—9月）中对国家和市民社会的关系问题的分析之中。

② 毫无疑问，从形式上看，在这部著作中，马克思主要是对黑格尔《法哲学原理》的主要段落《国内法》第261—313节进行了详尽的分析和剖析，绝大多数内容是对内部国家制度本身中的王权、行政权以及立法权的阐释，其中并没有涉及多少市民社会和国家的关系问题。但是，从实质上看，市民社会和国家的关系却构成了其内在的理论焦点，诚如马克思所言："这一节（即第262节）集法哲学和黑格尔整个哲学的神秘主义之大成。"而第262节，其核心内容就是黑格尔把市民社会和国家指认为精神自己的两个理想性的领域，由其足见黑格尔市民社会和国家学说的"本体论"根基，也难怪马克思说："整个法哲学不过是逻辑学的补充。"因此，我们把研究的重点集中在市民社会与国家的关系上。而且，在我看来，理解这一关系是理解马克思与黑格尔、市民社会与历史唯物主义以及马克思的国家观等一些问题的关键之所在。

③ 黑格尔：《法哲学原理》，范扬、张企泰译，商务印书馆1961年版，第173—174页。

成的市民社会是松散的共同体，而只有在实体性的普遍物中，即在国家制度中，才能真正保证人类的公共生活受到普遍性规则的保障。因此，在黑格尔看来，只有国家才是人类的最终归宿，“‘国家’是存在于‘地球’上的‘神圣的观念’”①。对此黑格尔进一步做了分析和阐释，在他看来，家庭是以爱为原则组成的联合体，但爱自身只是一种感觉，不具有稳定性，因此家庭必然将自然而然地通过人格的原则分成多数家庭：在这些家庭中，人们以独立的具体的个人自居，并且相互见外地对待，这样，家庭必然过渡为市民社会。在市民社会中，以特殊性和普遍性为原则，个人既是独立的个体，又是群体中的一员，即私人和社会人。不仅如此，在现代社会，伴随着固有的等级的消解，个体正式成为独立的个体，这也就决定了，“在市民社会中，每个人都以自身为目的，其他一切在他看来都是虚无。但是，如果他不同别人发生关系，他就不能达到他全部的目的。因此，其他人便成为特殊的人达到目的的手段”②。因而，市民社会并不具有稳定性，因为它面临着个体利益与群体利益、个人利益与社会利益的冲突、矛盾。在黑格尔看来，只有国家才能消解这一矛盾。因为，“在现实中国家本身倒是最初的东西，在国家内部家庭才发展成为市民社会，而且也正是国家的理念本身才划分自身为这两个环节的”③。黑格尔甚至将此上升到了神学的高度，给予国家以无上的荣耀，“国家是神的意志，也就是当前的、开展成为世界的现实形态和组织的地上的神”，“当国家或祖国形成一种共同存在的时候，当人类主观的意志服从于法律的时候，——‘自由’和‘必然’间的矛盾便消失了。”④ 这就意味着，只有国家才能消解现代社会建立之后所遭遇到的诸种矛盾和问题，因而不是市民社会决定国家，而是国家决定市民社会。

黑格尔对市民社会、市民社会和国家的关系的分析，对马克思产生了重要的影响。马克思承认，经过资产阶级政治革命所“完

---

① 黑格尔：《历史哲学》，王造时译，上海书店出版社 2006 年版，第 36—37 页。
② 黑格尔：《法哲学原理》，范扬、张企泰译，商务印书馆 1961 年版，第 197 页。
③ 同上书，第 252 页。
④ 同上书，第 271 页。

成了的政治国家”中，市民社会的确存在，并看到了市民社会与国家的对立。在他看来，作为完成了的政治国家，按其本质来说，“是人的同自己物质生活相对立的类生活。这种利己生活的一切前提继续存在于国家范围以外，存在于市民社会之中，然而是作为市民社会的特性存在的”。因此，“在政治国家真正形成的地方，人不仅在思想中，在意识中，而且在现实中，在生活中，都过着双重的生活——天国的生活和尘世的生活。”① 作为前者，人们过着一种政治共同体中的生活：在这个共同体中，人把自己看作社会存在物；作为后者，人们又同时过着一种市民社会中的生活，在这个社会中，人作为个体或私人进行活动，把他人看作工具，把自己也降为工具，并成为异己力量的玩物。正是基于这一思考，马克思对黑格尔在思辨哲学意义上所思考的市民社会和国家的关系问题作出了新的探索。只不过不同的是，马克思不是单纯从理论的层面思考这一问题，而是把这一问题纳入到对“现实的社会”的分析之中。正如亨利希·库诺所说，“黑格尔不是从现实的国家出发，研究其起源和发展，而是从‘完善的’国家的观念出发，这种观念虽则也是建立在对社会和国家之间对立的某种实际认识的基础上的，然而它是通过逻辑辩证的抽象方法来作为辩证的对立概念出现的，这样的真实导致了这样的结论：黑格尔对社会和国家之间的区别从来就没有完全了解，所以他也没有能力在这两者之间划出鲜明的坚实的界限。”② 黑格尔没有做到的，在马克思这里得到了解决，其路径就是解释黑格尔哲学的思辨本性。

基于对黑格尔哲学的把握，马克思得出基本的判断：“家庭和市民社会都是国家的前提，它们才是真正活动着的；而在思辨的思维中这一切却是颠倒的。”③ 这表明，由于黑格尔“在思辨思维中”思考市民社会和国家的关系，因此，作为地上的神和绝对精神之外在化的“国家”就被套上了“神秘主义的光环”。因而，要真正理

---

① 《马克思恩格斯全集》第3卷，人民出版社2002年版，第172页。

② 亨利希·库诺：《马克思的历史、社会和国家》，袁志英译，上海译文出版社2006年版，第238页。

③ 《马克思恩格斯全集》第3卷，人民出版社2002年版，第10页。

解它们的关系，尤其是国家与市民社会的关系，首先的任务就是揭示黑格尔哲学的“思辨本性”。这一任务主要是借助于费尔巴哈的“主宾颠倒”原则完成的。[①] 依据主宾颠倒原则，马克思逐步撕下了笼罩在黑格尔哲学上的神秘主义面纱。

第一，马克思认为，家庭和市民社会都是国家的前提，它们才是真正活动着的；而在思辨的思维中这一关系是被颠倒的。原因就在于，在黑格尔那里，“观念变成了主体，而家庭和市民社会对国家的现实关系被理解为观念的内在想像活动”。进一步讲，“如果观念变成了主体，那么现实的主体，市民社会、国家、情况、任意等等，在这里就变成观念的非现实的、另有含义的客观因素。”[②] 换句话说，由于黑格尔在“思辨思维中”、在“观念的内在想像”中讨论家庭、市民社会和国家的关系，因此，观念成为主体，而现实的主体——市民社会、家庭等——都成为观念的衍生物，成为观念作用的客体。由此，马克思形象地提出，黑格尔使作为观念的主体的东西成为观念的产物、观念的“谓语”。因此，他不是从对象中发展自己的思想，而是按照自身已经构成了的并且在抽象的逻辑领域中已经形成了的思想或观念来发展自己的对象。因而，在他那

---

① 按照笔者的理解，费尔巴哈的“主宾颠倒”原则此时构成马克思批判黑格尔的主要原则。就像麦克莱伦所说的，“对马克思来说，1843 年（他同时代的大多数激进民主主义者也是这样），费尔巴哈是一位哲学家。马克思在 1843 年夏详细论述的对黑格尔政治哲学批判的每一页都显示出了受费尔巴哈方法的影响。事实上，马克思赋予他的批判以一种费尔巴哈所缺少的社会历史维度，但是他们两人的方法有一个共同的核心点：他们都宣称黑格尔颠倒了主词和宾词的正当关系。马克思的基本思想是通过分析实际的政治制度，以此揭示出黑格尔对观念与现实之间关系的理解是错误的。”（戴维·麦克莱伦：《卡尔·马克思传》，王珍译，中国人民大学出版社 2005 年版，第 65 页）那么，什么是费尔巴哈的“主宾颠倒”原则呢？在费尔巴哈看来，“一般思辨哲学的改革宗教的批判方法，与宗教哲学曾经应用过的方法并没有什么不同。我们只要经常将宾词当作主词，将主体当作客体和原则，就是说，只要将思辨哲学颠倒过来，就能得到毫无掩饰的、纯粹的、显明的真理。”（北京大学哲学系外国哲学史教研室编：《十八世纪末—十九世纪初德国哲学》，商务印书馆 1975 年版，第 586 页）按照费尔巴哈的这一观点，思辨哲学的根本性缺陷就在于，把本应是主词的设定为宾词，而把本应是宾词的设定为主词，这种主宾颠倒导致的结果就是，上帝成了主词，而人成为宾词。因此，所谓的“主宾颠倒”原则实则就是指把主词理解为宾词，而将宾词重新设定为主词。

② 《马克思恩格斯全集》第 3 卷，人民出版社 2002 年版，第 10 页。

里，国家就不是一个“现实意义上”的国家，而只是“观念意义上”或思想中所构建的国家。因而，这样的国家也就只能是绝对精神实现自由的一个环节，这样，现实的国家也就变成精神发展的一个环节。“这是露骨的神秘主义。”① 在这个意义上，“整个法哲学只不过是逻辑学的补充”②。

第二，在马克思看来，黑格尔试图通过设置区乡组织和同业工会来实现市民社会和国家的同一不过是一种“虚假的同一”。

为了解决市民社会中所面临的个体性与普遍性的冲突和矛盾。黑格尔设定了一系列的“弥合”这一冲突的方案。其中最具代表性的就是“区乡组织和同业工会”方案的选择。在他看来，在现代社会，可以通过在市民社会和国家之间设定区乡组织、同业工会来消解二者的对立。具体地讲，就是区乡组织、同业公会可以通过选拔自己的代表，让这些代表来代表自己所述的利益群体，实现与国家的“对话”，以实现特殊利益与普遍利益的和解。同时，也可以通过考试等途径使普通市民成为政府的官员，让他们作为自己所属群体的利益代表来实现市民社会与国家的同一。但是，在马克思看来，“黑格尔在市民社会和国家之间所构思的同一，是两支敌对军队的同一”③。主要的原因在于，作为现实的国家，即普鲁士政府，它并不代表广大民众的利益，而只代表统治阶级的利益，就是选举产生的区乡组织、同业公会的代表，也很难和统治阶级进行抗衡，因此，这种“同一”其实只是一种头脑中的幻想。因而，所谓“矛盾”的解决也只能通过一方“吃掉”另一方的方式来实现，即普鲁士政府或资产阶级政权“剥削”、“压迫”广大人民的方式来实现。

第三，马克思揭示了黑格尔作为同一的“中项”，即“各等级”的混乱。在黑格尔看来，实现市民社会和国家的同一，也就是消除个体利益与普遍利益的对立，可以从“各等级”出发，使

---

① 《马克思恩格斯全集》第3卷，人民出版社2002年版，第19页。

② 同上书，第23页。

③ 同上书，第65页。

“各等级”作为“中项”来使“‘国家的和政府的意愿和信念’同‘特殊集团的和单个人的意愿和信念’就会达到一致并结合起来”①。因此，似乎“各等级”是国家和市民社会之间的“合题”。但是，问题在于：各等级应该怎样着手把这两种互相矛盾的信念结合在自身中，黑格尔并没有说明。而且，要使得“各等级”起中介作用以防止“区乡组织、同业公会和个人的特殊利益的孤立”，它们就应该同国家利益妥协或者使自身“孤立的利益”取得“普遍利益”的地位。但实际的情况却是，资产阶级革命之后所建立的政权并不能有效地达到这样的效果，因而，作为中介者的“中项”就只不过“是木制的铁，是普遍性和单一性之间的被掩盖了的对立”②。这个中项不仅不能解决问题，反倒会使问题趋于混乱和荒谬。在这个意义上，只要存在着特权阶层，只要现有的普鲁士统治依然存在，任何试图从“哲学”或“观念”上消除矛盾的“修修补补”都不能解决问题本身。其根本原因在于，黑格尔“把现象的矛盾理解为观念中、本质中的统一”③，因而，一旦遭遇到现实中的问题，在观念中所实现的矛盾的解决只不过是一种“虚无”，对于现实问题的破解没有丝毫的意义。甚至可以说，越是试图通过“消解观念内的矛盾”或在观念的层面来消解矛盾，就会使问题离现实的解决越远。

由此可见，虽然马克思和黑格尔捕捉到了资产阶级革命后整个人类社会发展的动向，即注意到了市民社会的崛起后所引发的问题；但是，由于他们所站的立场不同、出发点不同，尤其是其哲学思考的背景不同，也就决定了，他们对问题解决的方式必然是不同的。黑格尔试图在“思想的内在统一”中实现思想对现实的观照，而马克思则试图“通过批判旧世界来发现新世界”；黑格尔立足于思想内部的矛盾的解决，而马克思则立足于现实社会中的矛盾的解决；黑格尔试图在思想的层面为人类的社会找到新的方案，而马克

---

① 《马克思恩格斯全集》第3卷，人民出版社2002年版，第84页。

② 同上书，第105页。

③ 同上书，第114页。

思则把这一方案的实施建立在“现实运作”的层面。这种区别决定了，马克思和黑格尔必然走向“分手”。这一分手进一步集中地体现在对市民社会的理解之中。

三 市民社会与历史唯物主义

按照学者们的考证，在古代，所谓市民社会往往是政治共同体或城邦国家，其含义与政治社会并无不同，与之相应的则是自然（野蛮）社会的概念。现代市民社会概念是对近代欧洲政治国家和市民社会相分离的现实的反映。它是由黑格尔在吸收了众多思想家的理论成果的基础上提出并由马克思予以完善了的科学概念。20世纪以来，随着人类社会发展变化和西方市民社会理论研究重心的转移，一批学者（如帕森斯、葛兰西、哈贝马斯以及柯亨和阿拉托等人）对市民社会的概念作了新的阐释，他们主张把经济领域从市民社会中分离出去，认为市民社会主要应该由社会和文化领域构成，同时强调它的社会整合和文化传播与再生产功能。① 在这里，我们主要从黑格尔对市民社会的理解（包括市民社会在其整个哲学体系中的地位）、马克思对市民社会问题的理解出发，阐释市民社会与历史唯物主义世界观之间的关系问题。在我们看来，正是通过对市民社会即资产阶级社会的理解，马克思在对作为资产阶级意识形态的政治经济学的批判中，在对资本主义的生产方式、资本主义的生产关系、资本主义的所有制以及资本主义人的存在方式等的剖析中，实现了世界观的变革，并最终确立了历史唯物主义的世界观。

从根本上讲，对市民社会的思考是黑格尔哲学的创举。他第一次清晰地看到，伴随着法国大革命的爆发以及由此而来的资产阶级革命的发展，原有的封建社会必将走向衰落，并由此必然出现一个由原子式的个人所组成的市民社会横亘于个人与国家之间。因此，市民社会是现代资产阶级革命之后的新产物，也是现代性社会的主要标志，在这个意义上，黑格尔是第一位把市民社会作为与政治国家相对立的存在物加以研究的哲学家。《法哲学原理》就是这一理

① 参见何增科《市民社会概念的历史演变》，《中国社会科学》1994 年第 5 期。

论的结晶。在这一著作中，作为完全理论形态的人类自我意识的资产阶级哲学，“它提出了已成熟的社会，充分看到它的不可超越的局限性和社会的积极的、否定的因素”。因此“现代哲学的所有基本概念在《法哲学原理》中被再次运用于社会现实中，所有的概念再次假定了它自身的具体形式”。在这个意义上，黑格尔的所有哲学实则服务于这样一个主题：以思维来把握即将到来的现代社会，对其加以观念的反思和批判，关注社会现实，即反思现代工业社会。只不过，黑格尔首先要做的是通过“思想观念”的变革来实现对社会现实的“深切关注”。从这个层面来看，那种简单地认为黑格尔哲学是“抽象的、思辨的”看法只不过是一种“偏见”。他们不理解这样一回事：正是“黑格尔哲学通过对主观意识观点进行清晰的批判，开辟了一条理解人类社会现实的道路，而我们今天仍然生活在这样的社会现实中”。[①] 马克思继承了黑格尔的这一思路。只不过，马克思直接面对事情本身，即摆脱那种以抽象、思辨的方式言说社会的理论范式，试图在对现实社会即尚未完全进入资本主义时代的市民社会的批判来变革现实社会。这首先集中地体现在马克思对市民社会的分析中。

这一思考首先是从对市民社会概念的反思开始的。在早期，马克思沿用黑格尔的市民社会的概念来指称自己所处的现实社会。但是伴随着研究的深入，马克思和恩格斯意识到，现实的社会既不是贵族占主导地位的君主立宪制社会，也不是理想的“民主社会”，而是资产阶级占主导地位的社会。为此，在1852年9月23日恩格斯致马克思信中，恩格斯指出，“‘资产阶级社会’被译成‘中等阶级社会’，这从语法和逻辑的角度严格说来是不对的，就好象把‘封建社会’译成‘贵族社会’一样。有教养的英国人不这么说，应当说：‘资产阶级社会’，或者根据情况说：‘商业和工业社会’，并且可以加一个注：我们理解的‘资产阶级社会’是指资产阶级、中等阶级、工业和商业资本家阶级在社会和政治方面是统治阶级的

① 伽达默尔：《哲学解释学》，夏镇平、宋建平译，上海译文出版社2004年版，第113页。

社会发展阶段；现在欧洲和美洲的所有文明国家在某种程度上就处于这种阶段。因此，我们建议用‘资产阶级社会’和‘工业和商业社会’这样的说法来表示同一个社会发展阶段……‘商业和工业社会’这个说法更多的是专门指这个社会历史阶段所特有的生产和分配方式。”① 由此可见，马克思所指认的市民社会实际上就是资产阶级社会。按照韩立新的分析，马克思的市民社会概念及其市民社会历史观的形成经历了三个时期：早期、中期、晚期。而且，他基本上是在三重意义上使用市民社会的概念，这三重意义的差别主要体现在它们出现的时间以及所包括的范围上。这三重意义分别是：贯穿整个人类历史的市民社会；伴随着私人所有而出现的市民社会；资产阶级社会。② 在我们看来，这一分析比较全面地概括了马克思对市民社会的称谓。在本质上，马克思的市民社会概念所指代的实际上就是资产阶级社会。③

在1859年撰写的《〈政治经济学批判·第一分册〉序言》中，马克思详细地回忆了其思想发展的整个脉络，并由此解释了从事“市民社会”研究的初衷。他回忆说：“为了解决使我苦恼的疑问，我写的第一部著作是对黑格尔法哲学的批判性的分析。”④ “我的研究得出这样一个结果：法的关系正像国家的形式一样，既不能从它们本身来理解，也不能从所谓人类精神的一般发展来理解，相反，它们根源于物质的生活关系，这种物质的生活关系的总和，黑格尔按照18世纪的英国人和法国人的先例，概括为‘市民社会’。”⑤ 由此可见，市民社会才是马克思开始理解人类社会历史发展规律的真正切入点。对此，普列汉诺夫曾明确指出：“马克思阐明他的唯

---

① 《马克思恩格斯〈资本论〉书信集》，人民出版社1976年版，第74页。

② 参见韩立新《〈德意志意识形态〉中的市民社会概念》，《马克思主义与现实》2006年第4期。

③ 这里及其后面所指的市民社会都是指“资产阶级社会”，只是为了保持称谓的一致，在本节中，仅用“市民社会”这个概念。

④ 《马克思恩格斯全集》第31卷，人民出版社1998年版，第412页。

⑤ 同上。

物主义历史观是从批评黑格尔的法权哲学开始的。"[①] 由此，市民社会的分析构成了马克思历史唯物主义世界观确立的先导问题。

马克思看到，"现代国家的自然基础是市民社会以及市民社会中的人，即仅仅通过私人利益和无意识的自然的必要性这一纽带同别人发生关系的独立的人"。[②] 因而，恰恰是市民社会构成国家的自然基础，而不是相反。其实，在黑格尔那里，他对于国家的理解在某种程度上是有着理想的成分的，"黑格尔所谓的'国家'是政治上有组织的共同体。他心目中的榜样不是弗雷德里希大帝的国家，他对那个国家从来就没有敬佩过，而是古希腊城邦。因此，他的理想不是个体在其中达到某个目的的手段的状态，而实现像活生生的有机体那样的一个共同体，在其中，手段和目的之间的差异得到了扬弃，每个事物既是手段又是目的。换言之，国家将是内在目的论范畴的一个应用"[③]。但遗憾的是，在思辨哲学的内部来思考这一问题，并不能彻底实现对"市民社会与国家的关系"问题的解决。因此，要彻底分析市民社会与国家的关系，必须超越思辨哲学。在我们看来，借助于费尔巴哈的哲学，马克思已经实现了这样的目标。因此，当马克思把对现代资产阶级社会（即市民社会）的分析置于首位的时候，当马克思意识到历史不是精神的发展史，而是人类社会生活过程的发展史的时候，马克思在原则的高度上就超越了黑格尔。这一超越的结果就是历史唯物主义世界观的诞生。"这种历史观就在于：从直接生活的物质生产出发阐述现实的生产过程，把同这种生产方式相联系的、它所产生的交往形式即各个不同阶段上的市民社会理解为整个历史的基础，从市民社会作为国家的活动描述市民社会，同时从市民社会出发阐明意识的所有各种不同理论的产物和形式，如宗教、哲学、道德等等，而且追溯它们产

---

① 《普列汉诺夫选集》第 3 卷，生活 · 读书 · 新知三联书店 1962 年版，第 145 页。

② 《马克思恩格斯全集》第 2 卷，人民出版社 1957 年版，第 145 页。

③ 查尔斯 · 泰勒：《黑格尔》，张国清、朱进东译，译林出版社 2002 年版，第 594 页。

生的过程。"① 正是在这个意义上说，"市民社会是全部历史的真正发源地和舞台"②，对市民社会问题的研究，构成马克思进行社会现实批判以及发现人类社会历史发展规律的重要途径。在这一批判中，马克思从作为社会现实的资本主义的生产方式、资本主义的所有制和作为现实历史的资本主义社会出发，对人类历史发展的规律作出了自己的探索。

综上所述，不论是对新闻出版自由与新闻出版法的讨论，还是对市民社会与国家关系的研究，正是通过对黑格尔《法哲学原理》的批判，马克思承接了黑格尔关注社会现实的问题意识。市民社会的发现，无疑构成黑格尔、马克思哲学的最大贡献。因为，市民社会的到来，意味着在传统的教会与国家之间产生了一个世俗的社会，这是向基督教教会统治下的传统社会结构的挑战；市民社会的到来，表示在个人和国家之间诞生了一个"公共空间"，原有的专制王权统治由此解体；市民社会意味着由人民（个体）主宰社会变迁的时代的到来。在这个意义上，马克思对市民社会的理解意义重大。正如恩格斯所说："马克思从黑格尔的法哲学出发，得出这样一种见解：要获得理解人类历史发展过程的锁钥，不应当到被黑格尔描绘成'大厦之顶'的国家中去寻找，而应当到黑格尔所那样蔑视的'市民社会'中去寻找。"③ 在这个意义上，市民社会（即资产阶级社会）的批判构成马克思社会现实批判的出发点和历史唯物主义世界观的真实内容。

第三节　神学批判与人本学转向

任何哲学都是时代的产物，因此，在其哲学理论上必然会打上时代的烙印。伟大哲学理论的伟大之处就在于能够在把握时代精神的同时，超越既有思想的束缚，做出前瞻性的反思。以"人的自

---

① 《德意志意识形态：节选本》，人民出版社 2003 年版，第 36 页。

② 《马克思恩格斯全集》第 3 卷，人民出版社 1960 年版，第 41 页。

③ 《马克思恩格斯全集》第 16 卷，人民出版社 1964 年版，第 409 页。

由和解放”为终极目标的马克思哲学，正是这样一种理论。在一个深受思辨哲学统治的时代，马克思对推翻普鲁士政权之后建立的市民社会寄予厚望。但同时，马克思也意识到，现实的社会依然深受宗教神学的影响，恰如他在1843年9月在致阿尔诺德·卢格信中所指出的，有两个事实是不容否认的：“首先是宗教，其次是政治；二者是目前德国主要关心的对象。不管这两个对象怎样，我们应当把它们作为出发点。”① 因此，在对普鲁士政治进行批判和对市民社会问题思考的同时，展开对宗教的批判，构成马克思社会现实批判的又一主题。②

在传统的理解中，人们认为，马克思只是单纯地进行了宗教的批判，即把宗教视为麻痹人民的鸦片。但实质上，人们没有看到，马克思的宗教批判有着更为深刻的指向。一是，宗教批判本质上是对当时德国社会现实的批判，即揭示在黑暗政治统治下，人们遭受政治压迫和宗教压抑的基本情况，由此思考怎样实现人的自由。二是，马克思要通过宗教的批判来揭示包括鲍威尔在内的一切思辨哲学的虚伪性，从而为探索人类历史发展的道路扫清障碍。三是，通过宗教批判，揭露宗教的本质，把人从宗教的束缚中解放出来，这同把人从普鲁士的专制统治中解放出来具有同样的意义。四是，宗教批判的归宿在于“确立此岸的真理”，揭示人在非神圣形象中所遭遇到的自我异化，并由此转向对法的批判和对政治的批判。由此可见，马克思的宗教批判总体上是服务于其人的解放的根本主题的。

在马克思的思想生涯中，尤其是在宗教问题的思考中，青年黑格尔派，尤其是费尔巴哈神学批判直接影响了马克思。费尔巴哈对宗教的批判，尤其是对黑格尔思辨神学的批判，使马克思很快“着迷于”费尔巴哈：（1）它使马克思走近了费尔巴哈，并和恩格斯一起“一时都成为费尔巴哈派”；（2）使马克思彻底地与青年黑格尔

① 《马克思恩格斯全集》第47卷，人民出版社2004年版，第65页。

② 应当指出的是，神学和宗教是两个不同的概念，在本节中，神学和宗教实际上是混用的，它们都指代作为一种体系化、理论化、哲学化的宗教理论，即神学。

派决裂；（3）使马克思把对神学的批判引向对现实的批判，从而在神学批判中发现了作为历史第一前提的“自然的、现实的人”。

一　青年黑格尔派的神学批判

按照著名的马克思传记作家梅林的考证，在宗教批判问题上，“对马克思影响最大的是‘博士俱乐部’两个最杰出的成员：柏林大学的讲师布鲁诺·鲍威尔和多罗特恩施塔特实科中学教员卡尔·弗里德希·科本”[①]。但由于“柏林青年黑格尔派的真正首领不是科本，而是布鲁诺·鲍威尔”[②]，因此，真正对马克思产生影响的只能是布鲁诺·鲍威尔。对此，麦克莱伦也持同样的观点。在他看来，“从 1841 年 3 月起，他们两人（指马克思和布鲁诺·鲍威尔）就曾计划创办题为《无神论卷宗》的评论，它将以鲍威尔的福音批判为基础。当然，马克思的无神论带有一种极端战斗无神论的味道。卢格给他的一位朋友写信道：‘布鲁诺·鲍威尔、卡尔·马克思、克利斯提安森和费尔巴哈正在形成一种新的‘蒙太涅’，正使无神论成为他们的格言。上帝、宗教、永恒被从它们的王座上推下来，人类被宣告为上帝。’格奥尔格·荣克是一位成功的科伦青年律师、激进运动的支持者，写信给卢格：‘如果马克思、布鲁诺·鲍威尔和费尔巴哈走到一起创办一个神学——哲学评论杂志，上帝最好让他们所有的天使围护着，耽于自怜，因为他们三人毫无疑问地将把上帝赶出他的天国……对马克思来说，基督教是最不道德的现存宗教之一。’”[③] 由此可见，在马克思宗教批判的道路上，鲍威尔无疑是一位重要的“领路人”[④]。

为了更为深入地把握这一问题，我们首先来追根溯源地看看大

---

① 弗·梅林：《马克思传》，樊集译，人民出版社 1965 年版，第 28 页。

② 同上书，第 31 页。

③ 戴维·麦克莱伦：《卡尔·马克思传》，王珍译，中国人民大学出版社 2005 年版，第 33 页。

④ 其实，鲍威尔对马克思的影响并不局限于宗教问题。按照麦克莱伦和我国学者吴晓明、侯才的研究，鲍威尔的自我意识哲学对马克思也产生了深刻的影响，如马克思的《博士论文》就是这一影响的产物。限于篇幅的关系，对此我们不再赘述。参见吴晓明：《马克思早期思想的逻辑》，云南人民出版社 1993 年版；侯才：《青年黑格尔派与马克思早期思想的发展》，中国社会科学出版社 1994 年版。

卫·施特劳斯，尤其是布鲁诺·鲍威尔对神学的批判。

施特劳斯在其代表作《耶稣传》中指出，在《福音书》中的确记录了耶稣的生平和事迹，但是，《福音书》的神话部分却不是历史事实的叙述，而是早期基督教教团的无意识创作的作品。因而，要理解《福音书》，必须把历史的事实和神话区分开来。承继施特劳斯对基督教绝对价值的怀疑和否定，布鲁诺·鲍威尔表现得更为激进：摧毁基督教。在他看来，即使基督本身也是不真实的存在，因此，根本不存在基督教的神话。因而，“已成为世界宗教的基督教，不是强加于古希腊罗马世界的，而是那个世界本身的产物。这样，鲍威尔就为科学地研究基督教的起源开辟了唯一可能的道路”①。但是，鲍威尔的神学批判依然是一种不彻底的批判，因为，他的自我意识哲学本质上依然是一种“黑格尔主义的翻版”，甚至有过之而无不及。②

在马克思看来，鲍威尔对神学的批判，只不过是其通过自我意识哲学对宗教的改造而已，因此，它并未真正实现对宗教的批判。这个只要看看马克思对鲍威尔“神学三部曲”的揭示便可知晓。其主要内容是：（1）鲍威尔首先是一个神学家，但并不是一个普普通通的神学家，而是一个批判的神学家或神学的批判家。也就是说，他不是简单地站在神学家的视角来理解和看待神学，而是从对神学的批判出发，通过把神学“装饰”为思辨的神学，来谈论神学。（2）鲍威尔从宗教的外壳下剥出了构成那种神性的内核的极端自命不凡或自我意识，把它看做独立的存在，把它变成独立的存在物，并在“无限的自我意识”的幌子下将其提升为批判的原则。（3）接着鲍威尔又在他本身的思想的运动中完成了被“自我意识的哲学”描述为绝对的生命行为的那种运动。因而，他重新消除了作为“被创造出来的东西”的无限的自我意识与“创造东西的

① 弗·梅林：《马克思传》，樊集译，人民出版社1965年版，第32页。

② 一个值得注意的现象是，在马克思早期思想中，鲍威尔的“自我意识”哲学对马克思产生了深刻的影响。最具代表性的就是马克思的博士论文。但是，随着马克思研究的深入，马克思逐渐意识到，鲍威尔哲学在本质上依然是一种“黑格尔主义”，这种黑格尔主义是隐藏在神学批判之中的。

主体"即他本身之间的"差别"，由此他认识到：无限的自我意识在自己运动中"只是"鲍威尔"他自己"，所以宇宙的运动只有在它本身的观念的自我运动中才能成为真正的和现实的。[①] 这样，在鲍威尔那里，神学的批判最终只能复归于神学，而且是思辨神学，即黑格尔的神学。就像马克思所批判的那样："施特劳斯和鲍威尔两人十分彻底地把黑格尔的体系应用于神学。前者以斯宾诺莎主义为出发点，后者则以费希特主义为出发点。……他们两人在自己的批判中都超出了黑格尔哲学的范围，但同时他们两人都继续停留在黑格尔思辨的范围内，而他们之中无论哪一个都只是代表了黑格尔体系的一个方面。"[②] 在这个意义上，施特劳斯和鲍威尔的神学批判只不过是黑格尔思辨哲学的翻版而已。因此，只要他们依然在黑格尔思辨哲学的指导下进行宗教的批判，就无法真正实现对宗教的批判。这个青年黑格尔派没有完成的任务，将由费尔巴哈来完成。

二 费尔巴哈的神学批判

青年黑格尔派的神学批判不仅没有触动思辨神学的根基，反倒沦为思辨神学的"奴隶"，主要的原因在于，他们没有洞察到思辨神学的"哲学根基"，而这却为费尔巴哈所洞悉。在费尔巴哈看来，"黑格尔哲学是神学最后的避难所和最后的理性支柱"。[③] 因此，要真正彻底地实现对思辨神学的批判，首要的就是要彻底地揭示其背后所隐藏的哲学逻辑。基于这一认识，费尔巴哈第一次从揭示黑格尔神学背后的思辨哲学基础出发，实现了对思辨神学的初步批判。

在费尔巴哈看来，不论是鲍威尔将《福音书》中的历史，将《圣经》神学作为其批判的对象，还是施特劳斯将基督教的信仰论和耶稣的生活，将教条神学作为其批判的对象，都没有准确地找到批判的对象。因为，不论是《圣经》的基督教，还是教条的基督

① 参见《马克思恩格斯全集》第2卷，人民出版社1957年版，第181页。
② 《马克思恩格斯全集》第2卷，人民出版社1957年版，第177页。
③ 费尔巴哈：《基督教的本质》，荣震华译，商务印书馆1984年版，第115页。

教，都是世俗化的基督教，即作为信仰的基督教，而这样的基督教是必须得到承认的，而真正需要批判的却是已经被“体系化、理论化的”基督教，即“一般的基督教，就是说，将基督教的宗教作为批判的对象，而作为必然的结果，仅仅将基督教的哲学或神学作为批判的对象”①。因此，他指出，宗教仅仅是感情、感觉、心情和爱，就是说，宗教只是对上帝的否定，将上帝溶解于人之中。因而，“新哲学既是对神学的否定，而神学是否认宗教感情的真理性的，所以新哲学乃是对宗教的肯定”②。即对作为信仰的宗教的肯定。正是在这一点上，费尔巴哈的宗教批判远比青年黑格尔派的宗教批判要高明得多。因为，同路德的宗教改革一样，他是在承认作为信仰的宗教的基础上对思辨神学展开批判的。

这一批判首先指向宗教的起源问题。在费尔巴哈看来，人和动物的区别就在于，人是有意识的存在。但是，在宗教中，这种意识和自我意识实现了最初的重合。因为，在现实中，感性的对象存在于人之外，而宗教的对象却存在于人之内。因此，宗教本质上就是人类关于自己的意识，即自我意识。在这个意义上，“宗教——至少是基督教——，就是人对自身的关系，或者，说得更确切一些，就是人对自己的本质的关系，不过他是把自己的本质当作一个另外的本质来对待的”③。这就意味着，一方面，宗教来源于人的自我意识；但另一方面，这一源于人的自我意识的存在恰恰成了与人对立的存在，即人与上帝的分离和对立。上帝本来就是人的自我意识的产物，就是人的本质，但是，在宗教中，上帝成为人顶礼膜拜的存在，而人却在这种“仰望和敬拜”中失却了自己，这样，人就成了神的附属。正是基于这一分析，费尔巴哈一针见血地指出，“神学之秘密是人本学”④。就像马克思所指出的：“宗教是还没有获得自身或已经再度丧失自身的人的自我意识和自我感觉。”⑤ 这

① 费尔巴哈：《基督教的本质》，荣震华译，商务印书馆1984年版，第24页。

② 同上书，第113页。

③ 同上书，第44页。

④ 同上书，第5页。

⑤ 《马克思恩格斯选集》第一卷，人民出版社2012年版，第1页。

一对宗教本源的揭示，为基于宗教信仰客观存在的宗教批判开辟了道路。宗教根源于人的自我意识的本质决定了，要拯救人自身，就必须将那种迷失人自身的宗教的“神圣形象”推翻。因而，新哲学的任务就在于“从绝对哲学中，亦即从神学中将人的哲学的必要性，亦即人类学的必要性推究出来，以及通过对神的哲学的批判而建立人的哲学的批判”①。由此，费尔巴哈首先就在揭示宗教起源的基础上找到了宗教批判的突破口，并把对人的拯救确定为其哲学的核心价值。

为了彻底实现对宗教的批判，并把人从宗教中拯救出来，费尔巴哈进一步对思辨神学的秘密进行了剖析。在他看来，黑格尔的思辨神学是迄今为止最为精致的神学，他真正实现了神学和哲学的合流。因此，要发现隐藏在神学背后的人，要实现人的拯救，首要的是揭示其理性神学背后的思辨哲学基础。费尔巴哈指出，黑格尔“思辨哲学的本质不是别的，只是理性化了的，实在化了的，现实化了的上帝的本质。思辨哲学是真实的，彻底的，理性的神学”②。换句话说，在黑格尔那里，上帝并不是实证宗教中的人格化的神，而只是作为精神实体或抽象实体的上帝，亦即非人性的、非感性的，只能为理性或理智所接受和作为理智的对象的实体，也就是说，只是理性的本质自身。进一步讲，上帝在他的神学中必然就是实体，就是一个理性的、理智的实体，这个实体无需其他的实体而存在，因而是依赖自己而存在的，这样，上帝就是真理本身。在这个意义上，黑格尔的哲学就是神学。

这也就决定了，黑格尔的思辨神学和普通神学存在着本质性的差异。（1）思辨神学与普通神学的不同之点，就在于它将普通神学由于畏惧和无知而远远放到彼岸世界的神圣实体移植到此岸世界中来，就是说：将它现实化了，确定了，实在化了。③（2）在有神论中，上帝只是客体的存在，是人的对象化存在；但是在思辨哲学

---

① 费尔巴哈：《费尔巴哈哲学著作选集》上卷，荣震华等译，商务印书馆 1984 年版，第 121 页。

② 同上书，第 123 页。

③ 同上书，第 101 页。

中，上帝就是主体。因此，上帝在有神论中只是被思想的、被想象的理性实体，但是在思辨哲学中，上帝就是能思想的理性实体本身。[①]（3）普通神学将人的立场当作上帝的立场，思辨神学则正好相反，是将上帝的立场当作人的立场，甚至于当作思想家的立场。[②]（4）有神论是从感觉立场上去思想上帝的。思辨神学或思辨哲学则正好相反，它是从思想的立场上去思考上帝的。因此对于它来说，在它自身与上帝的中间，并无一种感性实体的观念在作梗，因为它可以毫无阻碍地将被思想的、客观的实体与能思想的、主观的实体合起来。也就是说，在思辨神学这里，上帝既是思想的客体，又是思想的主体，是主体和客体的统一。（5）有神论虽然将上帝设想成一种思维的或精神实体，而同时却又将他设想成一种感性的实体。因此有神论就将直接感性的、物质的作用与思维和神的意志结合了起来。但是思辨神学，则正好相反，它将这个与思维本质相矛盾的感性活动变成一种逻辑的或理论的活动，将对象的物质产物转变成概念的思辨产物。[③]（6）在有神论中，世界是上帝的一种时间上的产物，世界存在了几千年，在有世界以前就有了上帝。思辨神学则相反，世界或自然之后于上帝，只是从等级，从重要性来说的：现象要以本体为前提，自然要以逻辑为前提，这是从概念来说的，而不是从感性存在来说的，因而也不是从时间来说的。[④]由此可见，较之于有神论抑或黑格尔以前的神学，思辨神学是更为“精致、完善”的神学。对此，费尔巴哈由衷地指出：“谁不扬弃黑格尔哲学，谁就不扬弃神学。黑格尔关于自然、实体为理念所建立的学说，只是用理性的说法来表达自然为上帝所创造、物质实体为非物质的、亦即抽象的实体所创造的神学学说。”[⑤] 因此，只有彻底破除思辨神学的桎梏，才能实现哲学的彻底转向。这样的哲学

① 费尔巴哈：《费尔巴哈哲学著作选集》上卷，荣震华等译，商务印书馆 1984 年版，第 125 页。

② 同上书，第 128 页。

③ 同上书，第 132 页。

④ 同上书，第 133 页。

⑤ 同上书，第 114 页。

就是关于自然的、感性直观的、“以自然为基础的现实的人”的、“和人道主义相吻合”的唯物主义。

从根本上说，费尔巴哈对思辨神学秘密的揭示，对马克思新世界观的形成产生了重大的影响。正如马克思在《神圣家族》中所指出的，“只有费尔巴哈才是从黑格尔的观点出发而结束和批判了黑格尔的哲学。费尔巴哈把形而上学的绝对精神归结为‘以自然为基础的现实的人’，从而完成了对宗教的批判。同时也巧妙地拟定了对黑格尔的思辨以及一切而形而上学的批判的基本要点”①。沿着费尔巴哈开辟的道路，马克思把宗教批判和现实批判、宗教的解放和人的解放结合起来，在对费尔巴哈的继承与反叛中，通过对黑格尔神学的思辨哲学基础的揭示，把宗教的批判转向对世俗世界的批判，从而初步展露了历史唯物主义世界观的人的解放主题。

三　马克思的宗教批判

马克思的宗教批判，本质上是在青年黑格尔派和费尔巴哈哲学的双重影响下对黑格尔思辨哲学的清算。由此，他将宗教批判与现实批判、思辨神学的批判与思辨哲学的批判结合起来，展开了关注社会现实、追求人的自由和解放的哲学探索。

早在《〈科隆日报〉第179号的社论》中，针对哲学是否应该在报纸文章中谈论宗教事务的问题，马克思就针对“研究宗教问题的哲学”发表了自己的看法。在他看来，“哲学，尤其是德国哲学，爱好宁静孤寂，追求体系的完满，喜欢冷静的自我审视；所有这些，一开始就使哲学同报纸那种反应敏捷、纵论时事、仅仅热衷于新闻报道的性质形成鲜明对照。哲学，从其体系的发展来看，不是通俗易懂的；它在自身内部进行的隐秘活动在普通人看来是一种超出常规的、不切实际的行为；就像一个巫师，煞有介事地念着咒语，谁也不懂得他在念叨什么”②。这似乎就决定了，德国的哲学是不谈论宗教事务的。但是，在马克思看来，“哲学家并不像蘑菇那样是从地里冒出来的，他们是自己的时代、自己的人民的产物，

① 《马克思恩格斯全集》第2卷，人民出版社1957年版，第177页。

② 同上书，第219页。

人民最美好、最珍贵、最隐蔽的精髓都汇集在哲学思想里。”① 因此，任何真正的哲学都是自己时代精神的精华。这也就决定了，“必然会出现这样的时代：那时哲学不仅在内部通过自己的内容，而且在外部通过自己的表现，同自己时代的现实世界接触并相互作用。那时，哲学不再是同其他各特定体系相对的特定体系，而变成面对世界的一般哲学，变成当代世界的哲学。各种外部表现证明，哲学正获得这样的意义，哲学正在变成文化的活的灵魂，哲学正在世界化，而世界正在哲学化”②。这就意味着，作为身处时代中的哲学家，必须能够精准把握时代的脉搏，对时代性的话题发表见解，才不至于愧对“文化的活的灵魂”的称号。对于身处时代制高点和历史制高点的马克思来说，其所生活时代最大的问题就是如何看待宗教的问题。

我们在之前已经做过分析，黑格尔、青年黑格尔派、费尔巴哈等都对宗教做过深入的思考，但问题在于，这是否意味着，马克思所谈论的宗教问题和他们所谈论的宗教问题就是同一个问题吗？马克思指出：“哲学谈论宗教问题和哲学问题同你们（主要指青年黑格尔派——引者注）不一样。你们没有经过研究就谈论这些问题，而哲学是在研究之后才谈论的；你们求助于感情，哲学则求助于理智；你们是在咒骂，哲学是在教导；你们向人们许诺天堂和人间，哲学只许诺真理；你们要求人们信仰你们的信仰，哲学并不要求人们信仰它的结论，而只要求检验疑团；你们在恐吓，哲学在安慰。”③ 这从根本上决定了，哲学所谈论的宗教和青年黑格尔派所谈论的宗教大不相同。它还表明，问题并不在于哲学能否在报纸上谈论宗教的问题，而是以什么样的哲学来谈论宗教的问题，站在什么立场上谈论宗教问题。因此，在马克思看来，只有站在人民大众渴望自由、追求解放的立场上，才能把宗教问题作为实现现代人自由的最大障碍来处理，才能最终把人从宗教的统

① 《马克思恩格斯全集》第1卷，人民出版社2002年版，第219—220页。
② 同上书，第220页。
③ 同上书，第222页。

治中解放出来。[①]

因此，在《论犹太人问题》中，马克思第一次把宗教的批判和政治解放、人的解放问题结合起来，通过对鲍威尔宗教批判的批判，揭示了宗教问题和政治解放的关系。在他看来，鲍威尔最大的问题就在于，不理解政治解放和宗教解放之间的关系。马克思敏锐地看到，伴随着现代资产阶级革命的发展，原有的基督教国家已经变革为脱离宗教的政治国家，这样一种“政教分离”的现状要求，人们必须重新审视原有的宗教解放、政治解放与人的关系。一方面，宗教徒在世俗社会成为现实的公民；另一方面，他们依然是宗教信仰者。这要求我们，必须重新理解宗教批判和政治解放之间的关系。因此，马克思指出：“在我们看来，政治解放对宗教的关系问题已经成了政治解放对人的解放的关系问题。”[②] 这一转变被马克思进一步概括为，从消解“已经确立的神圣形象”转向对“非神圣形象”的批判，从“对天国的批判变成对尘世的批判，对宗教的批判变成对法的批判，对神学的批判变成对政治的批判”[③]。这表明，哲学探索的任务不再是简单的宗教批判的问题，而是在认识到“人创造了宗教，而不是宗教创造人”的基础上，展开对宗教的世俗基础，即现实社会的无情批判，对法的批判、对政治的批判。

同时，伴随着对费尔巴哈哲学的研究，马克思看到了其宗教批判所存在的问题。他认为，虽然费尔巴哈比较透彻地分析了宗教的自我异化，找到了宗教世界的世俗基础；但是，由于费尔巴哈没有把宗教的批判转化为对现实社会的批判，因此，费尔巴哈的宗教批判就是“半截子的”批判，而不是彻底的批判。[④] 因此，费尔巴哈

---

① 其实，这只是马克思宗教批判的一个方面，在另一个方面，其批判的对象是思辨哲学，即通过宗教批判来实现对宗教的思辨哲学基础的开掘，由此实现对思辨哲学本质的揭示。

② 《马克思恩格斯全集》第3卷，人民出版社2002年版，第169—170页。

③ 《马克思恩格斯选集》第一卷，人民出版社2012年版，第2页。

④ 其实，关于这一点，马克思早就在给卢格的信中指出：“费尔巴哈的警句只有一点不能使我满意，这就是：他强调自然过多而强调政治太少。”《马克思恩格斯全集》第47卷，人民出版社2004年版，第53页。

也就无法真正实现对现实社会的批判并使现存世界革命化。这集中地体现在费尔巴哈对从宗教中拯救的“人”的理解中。马克思指出，虽然费尔巴哈把宗教的本质归结于人的本质，但是，“人的本质不是单个人所固有的抽象物，在其现实性上，它是一切社会关系的总和”。之所以如此，费尔巴哈离开社会现实，“（1）撇开历史的进程，把宗教感情固定为独立的东西，并假定有一种抽象的——孤立的——人的个体。（2）因此，本质只能被理解为‘类’，理解为一种内在的、无声的、把许多个人自然地联系起来的普遍性”①。这表明，对于宗教问题的理解与对人的本质的把握紧密相关，即费尔巴哈虽然把人看做自然的存在物，但是他没有将其视为“关系性”的存在；对于宗教问题的分析，必须具有“历史眼光”，即要在“世界历史的进程”中来审视宗教问题；对宗教问题的分析应在人的“世俗基础的自我分裂和自我矛盾中来说明”，而不能仅仅将“宗教世界归结于它的世俗基础”②，并且“对于这个世俗基础本身应当在自身中、从它的矛盾中去理解，并且在实践中使之发生革命”③。这样，费尔巴哈的宗教批判除了揭示出宗教的本质就是人的本质以外，还在历史唯物主义新世界的视域内对宗教问题作出任何有价值的阐释。正如科尔纽所指出的：“由于他（指费尔巴哈——笔者注）未能看到宗教的幻想不过是现存社会的深刻分裂，即是意识形态的颠倒，所以认为消除了宗教的幻想，也就揭示了这种幻想的人的基础。而实际上，应当消除的是产生这种幻想的社会关系，只有革命的实践才能摧毁这种社会关系。”④ 费尔巴哈没有做到的，恰恰为马克思所完成。这集中地体现在马克思从宗教批判所实现的人本学转向之中。

四　宗教批判与人本学转向

按照邹化政先生的研究，全部近代哲学到黑格尔为止的发展过

---

① 《马克思恩格斯选集》第一卷，人民出版社2012年版，第135页。

② 同上书，第134页。

③ 同上书，第134页。

④ 奥古斯特·科尔纽：《马克思的思想起源》，王瑾译，中国人民大学出版社1987年版，第84页。

程，经历了如下的三个逻辑阶段："（一）以解释自然为中心的自然主义时期。这是使上帝自然化、物质化的时期，它基本上是前洛克的十七世纪哲学。（二）以人为中心的启蒙时期。在这个时期中，除了法国哲学面向人的实际问题外，主要产生了把全部哲学归结为意识原理的高度觉醒，产生了近代的唯心主义，开始了使上帝人类精神化的发展过程，这基本上是十八世纪的哲学。（三）哲学全部人本化的人本主义时期。这是以康德为起点的德国古典唯心主义时期，它发展到黑格尔，便完全以唯心主义的形式使上帝人本化了，上帝返归为辩证唯心主义的意识原理。"① 这表明，近代哲学的发展，实际上是一个从上帝自然化走向上帝的精神化，从上帝的精神化走向上帝的人本化过程。正是在这一过程中，人类不断地从蒙昧主义的强制中摆脱出来，走向启蒙理性的时代，这既是一个把"信仰的归信仰"的过程，也是一个"把人的归人"的过程。这当中最具代表性的是黑格尔。按照黑格尔的理解，只有非实证的古代宗教才是自由与人类尊严的宗教。因此，对于黑格尔来说，破解理性与宗教、知识与信仰的内在紧张关系，"恢复古代宗教是他那个时代的人要求其实现的一个革命目标"②。为了实现这一目标，黑格尔在思辨哲学的范围内重建了神学，并最终实现了神学和哲学（信仰与理性）的辩证统一，其结果是上帝的人本化。正如赵林所言："黑格尔宗教哲学的基本任务和核心思想就是要通过概念自身的辩证运动来论证理性与宗教、知识与信仰的同一性，把上帝等同于精神和理念本身，把真理说成是人对上帝的认识或上帝在人身上的自我认识，从而实现哲学与神学的统一。"③ 但是，在费尔巴哈看来，黑格尔的做法实际上并没有把人从宗教中解放出来，反倒使人成为宗教的附属物。因此，他强调，上帝的本质实际上就是人，上帝不过是人的产物。从而第一次在阐述宗教的本质的同时揭示了宗教的属人本性，将人从宗教中解放了出来。费尔巴哈的这一人本

---

① 邹化政：《〈人类理解论〉研究》，人民出版社1987年版，第29页。
② 卢卡奇：《青年黑格尔》（选译），王玖兴译，商务印书馆1963年版，第49页。
③ 赵林：《黑格尔的宗教哲学》，武汉大学出版社2005年版，第235页。

学的转向为马克思进一步思考“人”的本质属性打下了坚实的思想基础。

费尔巴哈宗教批判的贡献在于，他把上帝的本质指认为人的本质，从而把人从宗教的泥沼中拯救了出来。这使马克思意识到，“反宗教批判的根据是：人创造了宗教，而不是宗教创造人。就是说，宗教是还没有获得自身或已经再度丧失自身的人的自我意识和自我感觉。但是，人不是抽象的蛰居于世界之外的存在物。人就是人的世界，就是国家、社会。”[①] 由此，马克思在费尔巴哈思想的启迪下，对宗教有了清醒的认识：宗教只不过是思想观念创造的产物而已。这一贡献进一步表现为：“费尔巴哈用唯物主义世界观反对黑格尔的客观唯心主义和鲍威尔的主观唯心主义，这种世界观已不再把观念或意识的发展看作是本质要素，而是把在自然界和社会中的具体人看作是本质要素了。”[②] 这也难怪马克思说，费尔巴哈把形而上学的绝对精神归结为“以自然为基础的现实的人”，从而完成了对宗教的批判。在这个意义上，费尔巴哈所倡导的“神学之秘密是人本学”，实际上就是指，是人创造了宗教，而不是宗教创造人。因此，人就不是抽象的蛰居于世界之外的存在物。人就是一切社会关系的存在物，就是自然的、社会性的存在物。

通过宗教批判，马克思深刻地意识到，必须从“自然的、现实的人”出发，把他们的活动和他们的物质生活条件，作为理解人类历史发展的第一个历史条件，正如他自己所言：“全部人类历史的第一个前提无疑是有生命的个人的存在。因此，第一个需要确认的事实就是这些个人的肉体组织以及由此产生的个人对其他自然的关系。”[③] 正是从这一前提出发，“历史破天荒第一次被置于它的真正基础上；一个很明显的而以前完全被忽略的事实，即人们首先必须吃、喝、住、穿，就是说首先必须劳动，然后才能争取统治，

---

① 《马克思恩格斯选集》第一卷，人民出版社 2012 年版，第 1 页。

② 奥古斯特·科尔纽：《马克思的思想起源》，王瑾译，中国人民大学出版 1987 年版，第 57 页。

③ 《德意志意识形态：节选本》，人民出版社 2003 年版，第 11 页。

从事政治、宗教和哲学等等，——这一很明显的事实在历史上的应有之义此时终于获得了承认”①。这些都表明，要实现哲学的变革，关键就在于改变对人本质的理解。人是哲学的奥秘（高清海语）。哲学怎样理解人，人也就怎样理解哲学。而马克思的世界观革命正是建立在这一对人、人的本性以及人的历史发展基础之上的。这点我们将在后面马克思意识形态批判和政治经济学批判中发现其重要性和价值。

由此，我们大致可以看到，马克思宗教批判既是对以黑格尔为代表的唯心主义思辨哲学世界观的彻底清算，也是对以费尔巴哈为代表的旧唯物主义世界观的彻底批判。马克思所要做的，是对宗教统治的现实世界的批判。这一宗教批判的贡献就在于把宗教的本质归结于人的本质，归结于人的世俗基础。从而把自然的、现实的人从宗教的束缚中解脱了出来。虽然，包括费尔巴哈在内的青年黑格尔派的宗教批判没有从根本上实现哲学的变革，但是，他们的人本学情怀使马克思意识到，只有从自然的、现实的人出发，才能真实地理解历史，才能透彻地观察社会，从而在社会历史的变迁中把人从资本的奴役中解放出来。在这个意义上，马克思的宗教批判就是对现实世界的批判，就是对“现实的人”的拯救！

哲学必须面向现实，这既是因为哲学是现实的产物，也是因为哲学只有在解决现实问题中才能生存和发展。对于马克思来说，哲学就是时代精神的自我表达。在这个意义上，马克思的社会政治批判、法哲学批判、神学批判，都是其思想对时代的控诉和表达。对于马克思而言，没有什么比把人从“被侮辱、被奴役、被遗弃和被蔑视的东西的一切关系”② 中解放出来更为重要。对社会现实的探索与批判是马克思在其新世界观形成道路上必然要经历的，但也是最为艰难的，随着时间的推移和研究的深入，他所面对的不仅仅是社会现实本身，还必须面对隐藏在其后的资产阶级的意识形态以及看似科学实则谬误的国民经济学。由此，他必须在社会现实、意

① 《马克思恩格斯选集》第三卷，人民出版社 2012 年版，第 723 页。

② 《马克思恩格斯选集》第一卷，人民出版社 2012 年版，第 10 页。

识形态、国民经济学三个“战场”上作战，其战斗之惨烈我们将在后面的讨论中逐步看到。但有一点需要我们时刻记住：关注现实并批判现实由此不断推进人的自由和解放，是马克思一生矢志不渝的理想！

第二章

历史唯物主义世界观的基本确立

意识形态问题是马克思主义哲学的重大基础理论问题。一直以来，人们都是在科学理论的层面或者肯定的意义上来谈论马克思的意识形态理论。按照传统教科书的理解，马克思所谈论的意识形态就是“反映特定经济形态、从而也反映特定阶级或社会集团的利益和要求的观念体系”①。国内一些学者对其加以具体阐释：“意识形态作为社会的思想上层建筑，是一定社会或一定社会阶级、集团给基于自身根本利益对现存社会关系自觉反映而形成的思想体系，这种思想体系是一定的政治、法律、哲学、道德、艺术、宗教等社会学说、观念、信仰等所构成的，并成为一定社会阶级或集团的政治纲领、行为准则、价值取向、社会理想的思想依据。”② 这表明，人们对于马克思意识形态理论更多的是从肯定的或理论建构的意义上加以理解的。这种理解对于我们客观地认识人类社会的结构，把握马克思历史唯物主义的内容，尤其是将意识形态理论单独作为一个问题加以研究，并作出科学阐释，无疑具有重要的意义。③ 但是，很少有研究者，在马克思历史唯物主义世界观的构建中“批判”或“否定”意义上的意识形态分析同样占据着重要的作用。

所谓“批判”或“否定”上的意识形态分析，主要是指，在马克思的世界观变革中，他将青年黑格尔派的意识哲学、费尔巴哈

---

① 肖前主编：《马克思主义哲学原理》（上册），中国人民大学出版社 1998 年版，第 369 页。

② 宋惠昌等：《政治哲学》，中共中央党校出版社 2003 年版，第 159—160 页。

③ 参见俞吾金《意识形态论》（修订版），人民出版社 2009 年版。

的人本学唯物主义以及黑格尔思辨哲学等现代德国理论指认为意识形态，并对其做了全面的批判，实现了对一切思辨形而上学的超越，并构建了作为新世界观的历史唯物主义。但遗憾的是，除了西方的部分学者外，很少有学者认识到“批判”层面的意识形态研究的这一价值。由此导致的结果是：（1）人们不能科学地认识到历史唯物主义与马克思意识形态批判之间的内在关联，因而也就无法看到，马克思是如何在通过对“虚假意识形态”的现实根基的开掘，实现对思辨形而上学的颠倒；（2）历史唯物主义世界观的真实价值被遮蔽，即人们无法认识到作为科学的世界观的历史唯物主义超越于包括青年黑格尔派、费尔巴哈以及黑格尔哲学在内的一切思辨哲学和旧唯物主义哲学的高明之处；（3）马克思意识形态理论的当代价值无法得到彰显。正因为没有看到马克思是如何在前期的研究中在否定意义上使用意识形态，因而也就不能领悟到马克思后期（尤其是《政治经济学批判大纲》之后）对意识形态理论进行科学阐释的价值。

基于上述思考，我们主张，应该从意识形态“批判”的维度①出发，对马克思的意识形态批判问题②作出透彻的分析和阐释。

在我们看来，意识形态批判是马克思新世界观诞生的一个重要阶段。通过意识形态批判，马克思彻底实现了对包括黑格尔思想哲学在内的一切德国现代意识形态的批判，并确立了历史唯物主义的世界观。具体来说，意识形态批判所要作的就是通过对意识起源的追问，实现对一切虚假意识的清理，即对作为思维自身思辨的产物的虚假观念的彻底批判，对那种认为“思想、观念支配整个世界”

① 按照英国学者乔治·拉雷恩的理解：“马克思主义意识形态观至少包含两种广泛而根本对立的含义：其一，否定性内涵（它指的是一种歪曲的思想）；其二，肯定性内涵（它指的是社会意识的总形式，或是社会阶级的政治观）。”（乔治·拉雷恩：《马克思主义与意识形态：马克思主义意识形态理论研究》，张秀琴译，北京师范大学出版社2013年版，“导言”，第4页。）

② 在意识形态“批判”层面上理解马克思的意识形态问题，实际上就意味着，把包括青年黑格尔派的“自我意识”哲学、费尔巴哈人本学的唯物主义、黑格尔思辨哲学以及作为资产阶级意识形态的政治经济学，都理解为马克思所指认的现代德国的“意识形态”，并在此基础上，来理解马克思的意识形态批判。

的虚假意识形态的批判。正是在《德意志意识形态》中，马克思提纲挈领地指出："意识在任何时候都只能是被意识到了的存在，而人们的存在就是他们的实际生活过程。"① 并由此把历史的发展归结为人类现实的生产过程，把人的发展和历史的生成有机地统一了起来。在这个意义上，马克思的意识形态批判本质上是其对一切思辨观念哲学的批判，是对一切传统形而上学及其存在论基础的批判，这一批判和变革的结果是，马克思在存在论基础的变革上确立了历史唯物主义的世界观。由此，马克思把"直观的、客体的"唯物主义世界观和"能动方面被抽象发展"的唯心主义的世界观变革为历史唯物主义的世界观。

为了深入地理解这一问题，我们首先从对意识形态概念的剖析出发，逐步梳理国外马克思主义学者（如，汤普森、阿尔都塞、巴利巴尔等）关于马克思意识形态问题的研究。并以此为出发点，分析马克思意识形态批判的真实内容、意识形态批判与历史唯物主义世界观之间的本质关联，进而开掘作为历史唯物主义核心理论之一的意识形态理论的当代价值。

第一节 马克思意识形态批判的当代反思

——基于当代国外马克思主义学者的视域

按照学者们的考证，"意识形态"（Ideology）一词最初是由法国哲学家斯德蒂·德·特拉西在1796年为了描述他的一门新科学的计划而采用的概念，这门学科是有关对观念和感知的系统分析，以及对它们的产生、结合与后果的研究。该词的法文词 ideologie 是由 ideo—加上—logie 构成。Ideo—的希腊语词源是 ιδεa，即"理念"或"观念"；—logie 的希腊语词源是 λογos，直译为"逻各斯"，即"学说"。按照特拉西的理解，ideologie 就是"观念学"

① 《马克思恩格斯全集》第3卷，人民出版社1960年版，第29页。

的意思。因此，从字面上看，该词的基本含义就是“观念学”。[①]在特拉西看来，在谱系上，观念学是“第一科学”，因为一切科学知识都内在地包含各种观念的结合。但是，伴随着时间的推移，由于受到拿破仑的指责，“它不再只是指观念学，而且也开始指观念本身，那就是说，指一批据称是错误的、脱离政治生活现实的观念的主体。……最值得尊敬的、作为实证与卓越科学的观念学逐渐让位于只值得受嘲笑和鄙视的、作为抽象和幻想观念的意识形态”[②]。由此导致的结果是，意识形态一词被冠以某种“消极的意义”，就犹如“辩证法”在康德那里被视为“辩证幻相”一样。实际上，马克思起初对“意识形态”概念的使用实际上就是取其“消极意义”。正如有学者所指出的：“马克思的独特贡献在于他接过了拿破仑使用这个词的负面和对抗的意义，但通过把它结合进深深得益于启蒙运动精神的理论框架和政治纲领而改变了这个概念。”[③] 为了真实地理解马克思的这一思想，我们首先来看看国外马克思主义学者是如何理解马克思的意识形态问题。[④] 这大致包括：汤普森的

---

① 参见约翰·B. 汤普森《意识形态与现代文化》，高铦等译，译林出版社 2005 年版，第 31 页；俞吾金：《意识形态论》（修订版），人民出版社 2009 年版，第 27—28 页。

② 约翰·B. 汤普森：《意识形态与现代文化》，高铦等译，译林出版社 2005 年版，第 35 页。

③ 同上书，第 36 页。

④ 在当代，意识形态问题的研究方兴未艾，但这些研究更多地倾向于从“作为科学的意识形态理论”的层面来讨论这一问题，而很少关注“批判层面上”的意识形态问题。具有代表性的著作，如俞吾金的《意识形态论》、姚大志的《现代意识形态理论》、张一兵的《问题式、症候阅读与意识形态——关于阿尔都塞的一种文本学解读》、周宏的《理解与批判——马克思意识形态理论的文本学研究》、张秀琴的《马克思意识形态理论的当代阐释》、季广茂的《意识形态视域中的现代话语转型与文学观的嬗变》、孙士聪的《影响与对话——西方马克思主义意识形态批评研究》等等。而恰恰是国外的一些学者却敏锐地意识到了这一点，如，卢卡奇的《历史与阶级意识——关于马克思主义辩证法的研究》、哈贝马斯的《作为“意识形态”的技术与科学》、约翰·B. 汤普森的《意识形态与现代文化》、阿尔都塞的《保卫马克思》以及《意识形态与国家机器》、大卫·麦克里兰的《意识形态》、卡尔曼海姆的《意识形态与乌托邦》、斯拉沃热·齐泽克的《意识形态的崇高客体》和他与泰奥德·阿多尔诺等合著的《图绘意识形态》、埃蒂安·巴利巴尔的《马克思的哲学》、丹尼尔·贝尔的《意识形态的终结》、安德鲁·文森特的《现代政治意识形态》等等。笔者将在这里选取三个具有代表性的观点，试图达到“窥一斑而见全豹”的效果。

意识形态概念的三重内涵；阿尔都塞的意识形态与科学的划分；巴利巴尔的拜物教的意识形态批判等等。通过梳理这些学者的分析，我们将逐步找到理解马克思意识形态批判的切入点和突破口。

一　汤普森：意识形态概念的三重内涵

英国学者汤普森在《意识形态与现代文化》一书中对马克思意识形态概念作了详尽的分析。在他看来，马克思的意识形态理论在意识形态学说史中占有重要的地位。但是，由于马克思著作中意识形态概念的含糊性，部分地造成了对其著作遗产的不同争论，因此，要揭示马克思意识形态理论的重要意义，首要的就是“设法识别意识形态概念在马克思著作中使用的若干理论背景”①。正是从这一立场出发，汤普森把马克思的意识形态概念划分为三个主要的方面：意识形态的论战概念；意识形态的副现象概念；意识形态的潜在概念。

在汤普森看来，作为意识形态的论战概念，主要针对的是青年黑格尔派的观点的批判。这就是说，当我们说青年黑格尔派的观点是“意识形态的”的时候，其实是说青年黑格尔派以观念取代现实，并高估了观念在历史上和社会生活中的价值和作用。原因在于，青年黑格尔派认为，“观念、思想、概念，即被他们变为某种独立东西的意识的一切产物，是人们的真正枷锁，就像老黑格尔派把它们看做是人类社会的真正羁绊一样。”所以，可以把这样使用“意识形态”一词的概念称为“论战概念”，在这个概念的指称下，“意识形态是一种理论学说和活动，它错误地认为观念是自主的和有效的，它不了解社会——历史生活的真正情况与特点。”② 这表明，作为论战层面的意识形态概念，实际上所指称的就是青年黑格尔派的自我意识哲学，将其称为“意识形态”，其实就是用其作为“观念论”或“自我意识”哲学的代称。

依据马克思在《德意志意识形态》中关于意识形态的界定，

① 约翰·B. 汤普森：《意识形态与现代文化》，高铦译，译林出版社 2005 年版，第 36 页。

② 同上书，第 38 页。

“统治阶级的思想在每一时代都是占统治地位的思想。这就是说，一个阶级是社会上占统治地位的物质力量，同时也是社会上占统治地位的精神力量。”① 汤普森进一步揭示了意识形态的第二个层面的内涵。他指出，我们可以把这个新概念描述为“副现象概念”，因为它把意识形态视为取决于和来自于经济条件和阶级生产关系。因此，“根据副现象概念，意识形态是一种观念体系，它表达的是统治阶级的利益而以幻想的形式代表阶级关系。”② 在这个意义上，意识形态的副现象概念所指认的意识形态，实际上就是那种在任何时候、任何场合都代表统治集团的利益并力求借其维护自身的统治，捍卫自身的合法性而形成的意识形态的观念体系。这一体系，在马克思看来，可以是合法的，也可以是非合法的，关键取决于其所代表的究竟是大多数人的利益还是少数人的利益。比如，倘若某种意识形态是为少数人服务并代表其利益的，那么，它就很难得到大众的支持，因而，这种意识形态就很难获得自身的合法性，比如资产阶级意识形态；如果其是代表大多数人的利益的，那么它就是合法的，因而也会得到广大人民的支持，比如社会主义的意识形态。

如果说，汤普森所揭示的意识形态的论战概念和副现象概念是在马克思“消极意义”的层面对其意识形态内涵的阐释的话，那么，意识形态的“潜在概念”则是在“积极意义”上对马克思意识形态学说的阐释。在他看来，所谓意识形态的“潜在概念”是指，“意识形态是一个代表体系，它通过使人们着眼于过去而不是将来，或者着眼于掩盖阶级关系和脱离对社会变革的集体追求，用以维持现存的阶级统治关系”③。这就是说，潜在概念的意识形态是追求维持现存统治关系的理论体系。如果说前两个层面的概念称之为意识形态的“贬义”概念的话，那么这一概念本质上就是一个“中性”概念。

---

① 《德意志意识形态：节选本》，人民出版社 2003 年版，第 42 页。

② 约翰·B. 汤普森：《意识形态与现代文化》，高铦等译，译林出版社 2005 年版，第 41 页。

③ 同上书，第 45 页。

应当说，汤普森对马克思意识形态的思考是比较深刻的。意识形态的论战概念和副现象概念实际上就是作为马克思批判对象的“意识形态”，而意识形态的潜在概念所揭示的实际上就是马克思的意识形态理论的核心内容。由此可见，马克思的意识形态理论包含两个层面：批判的层面和建设的层面，任何对马克思意识形态理论进行研究的前提就是要区分这两个层面。但遗憾的是，汤普森的分析并未揭示出这三个层次的意识形态概念与历史唯物主义世界的关系，更没有对如何建构科学的意识形态理论作出明确的阐释。从根本上讲，他对意识形态问题的分析是为构建现代传播学服务的。

二　阿尔都塞：意识形态/科学

不同于汤普森的细致分析，阿尔都塞借助于对意识形态问题的讨论，对马克思的哲学做了几乎革命性的理解，这集中体现在其所撰写的《保卫马克思》一书中。基于对马克思思想发展脉络的梳理，阿尔都塞把马克思前后的思想划分为意识形态与科学，并依据此一划分对马克思与费尔巴哈、黑格尔思想的渊源作了“独特”的思考。这为我们理解意识形态批判在马克思整个思想变革中的作用提供了新的切入点。①

借用阿尔都塞的老师加斯通·巴什拉的“认识论断裂”的概念，阿尔都塞认为，在马克思的著作中，存在着一个“认识论断裂”，这个断裂的位置就在马克思生前没有发表过的、用于批判他过去的哲学（意识形态）信仰的著作即《德意志意识形态》中。基于这一判断，他认为，马克思的思想可以分成两个大的阶段，“1845 年断裂前是‘意识形态’阶段，1845 年后是‘科学’阶段。”② 依照这两个阶段的划分，可以将马克思的著作划分为四个不同的时期：（1）青年时期（1840—1844）的著作，从“博士论文”到《1844 年经济学哲学手稿》，《神圣家族》也包括在内。（2）断裂时期（1845）的著作，包括《关于费尔巴哈的提纲》和

---

① 其实，这里我们只是考察了阿尔都塞关于意识形态分析的一个方面，实际上，他对意识形态的理解是非常复杂的。如，在《读〈资本论〉》中将“实践”指认为意识形态；在《意识形态与国家机器》中将意识形态与国家机器结合起来加以反思等。

② 路易·阿尔都塞：《保卫马克思》，顾良译，商务印书馆 2006 年版，第 16 页。

《德意志意识形态》，在这两篇著作里，第一次出现了马克思的新的总问题，但这个总问题往往还部分地以否定的形式和激烈的论战和批判的形式出现。（3）成长时期（1845—1857）的著作，可以把 1845 年后和撰写《资本论》初稿前的那个时期（1855—1857）的著作，即《共产党宣言》、《哲学的贫困》、《工资、价格和利润》等，称为马克思理论成长时期的著作。（4）成熟时期（1857—1883）的著作，可以将 1857 年以后的所有著作视为成熟时期的著作。①

不仅如此，依据意识形态/科学的划分标准，阿尔都塞对“马克思与费尔巴哈”、“马克思与黑格尔思想”的关系作出了详尽的阐释。在他看来，纵观马克思思想的形成史，在每个不同的阶段，马克思由于所面临的问题的不同，而倚重于不同的思想资源，由此也就决定了马克思与这些思想家的关系不同。②

（1）马克思与费尔巴哈的关系。阿尔都塞认为，在《德意志意识形态》之前，马克思的哲学思考主要是在费尔巴哈的“总问题”中进行的。因此，要懂得青年黑格尔派 1841 至 1845 年间的著作，必须阅读费尔巴哈的著作。“尤其，人们可以看到，马克思青年时期的著作简直浸透了费尔巴哈的思想。在 1842 至 1844 年间，不仅马克思所使用的术语是费尔巴哈的术语（异化、类存在、整体存在、主谓‘颠倒’等等），而且更重要的显然是：他的哲学总问题在本质上也是费尔巴哈的总问题。《论犹太人问题》和《黑格尔法哲学批判》这些文章只有在费尔巴哈总问题的背景下，才能被理解。”③ 他进一步指出，费尔巴哈对青年时期的马克思似乎产

---

① 路易·阿尔都塞：《保卫马克思》，顾良译，商务印书馆 2006 年版，第 16—17 页。

② 马克思与费尔巴哈、黑格尔的关系是马克思主义哲学研究的老问题。传统教科书认为，马克思主义哲学实则是费尔巴哈的唯物主义与黑格尔辩证法结合的产物，这一认识有一定的价值，但是也遮蔽了马克思哲学革命的意义，即未认识到马克思的历史唯物主义是建立在对以费尔巴哈为代表的旧唯物主义和以黑格尔为代表的唯心主义的批判基础之上的结果。为了使这一问题更为清晰，我们在此借助阿尔都塞的视角，对此问题加以分析。

③ 路易·阿尔都塞：《保卫马克思》，顾良译，商务印书馆 2006 年版，第 28 页。

生了深刻的影响，即马克思在“费尔巴哈总问题”的影响下不仅批判了布鲁诺·鲍威尔、蒲鲁东，还批判了黑格尔。事实表明，只有当马克思与费尔巴哈“分手”之时，才意味着马克思抛弃了以前的意识形态，并由此确立了自己的“新的总问题”。而这一分手的前提是：马克思发现费尔巴哈哲学的缺陷并求助于黑格尔。就像阿尔都塞所说的，“当马克思意识到费尔巴哈对黑格尔的批判是‘发自黑格尔哲学内部’的一种批判时，当马克思意识到作为哲学家的费尔巴哈虽然‘推倒’了黑格尔大厦的主体，但依然保留了这一大厦的基础和结构，即黑格尔的理论前提时，马克思就同费尔巴哈分手了。”① 因此，在阿尔都塞看来，早期马克思的思想实际上受到了费尔巴哈人本学唯物主义的巨大影响，这一影响使马克思一直处于费尔巴哈的人本学总问题之中，而只有在意识形态批判之后，马克思才从这一总问题中走出来，确立了自己的总问题。而这一思想转变的关键是马克思看到了费尔巴哈哲学中的不彻底性。例如，费尔巴哈的对人的理解、对自然的理解、对历史的理解、对“感性—对象性”的理解，对对象、现实从客体或直观的形式去理解，过于注重感性的直观，把宗教的本质归结为人的本质，等等。总而言之，费尔巴哈只是黑格尔哲学之一种，这点在马克思对费尔巴哈思考历史所做的判断中足以看出，这也就决定了，马克思要创立属于自己的世界观，就必须超越费尔巴哈的总问题，显而易见的是，费尔巴哈哲学构成了马克思面对的至关重要的“意识形态”。

（2）马克思和黑格尔的关系。按照阿尔都塞的理解，青年马克思实际上（学生时代的博士论文不算在内）从来不是黑格尔派，而首先是康德和费希特派，然后是费尔巴哈派。因此，“广为流传的所谓青年马克思是黑格尔派的说法是一种神话”②。由此，阿尔都塞对马克思的早期理论来源作了新的阐释和理解，即马克思的思想源泉不能仅仅局限于费尔巴哈和黑格尔，而应上溯到康德、费希特。在他看来，“依靠康德和费希特的帮助，马克思退到了十八世

① 路易·阿尔都塞：《保卫马克思》，顾良译，商务印书馆2006年版，第32页。
② 同上。

纪末；依靠费尔巴哈的帮助，他退到了十八世纪理论历史的中心，因为费尔巴哈确实可算是十八世纪的‘理想’哲学家，是感觉论唯物主义和伦理历史唯心主义的综合，是狄德罗和卢梭的真正结合。”① 因而，虽然从马克思思想的发展史看，他很早就对黑格尔哲学，尤其是法哲学作出了批判性的研究；马克思也在《1844 年经济学哲学手稿》和《神圣家族》中，尤其是《1844 年经济学哲学手稿》中全面完整地批判黑格尔哲学。但是，“对黑格尔进行的这一批判，就其理论原则而言，无非是费尔巴哈对黑格尔多次进行的杰出批判的重复、说明、发挥和引申。这是一次对黑格尔哲学的思辨和抽象所进行的批判，一次根据人本学的异化总问题的总原则而进行的批判，一次需要从抽象和思辨转变到具体和物质的批判，一次企图从唯心主义总问题得到解放、但依旧受这个总问题奴役的批判，因而也理应属于马克思在 1845 年与之决裂的理论总问题的一次批判。”② 在这个意义上，按照阿尔都塞的理解，1845 年以前，即意识形态时期的马克思只能是一个“费尔巴哈主义者”，而只有在经历了 1845 年的“黎明前的黑暗”之际，在“破天荒地”向黑格尔求助之后，才真正实现了从意识形态到科学的彻底转变。

综上所述，单就阿尔都塞从马克思思想发展史的角度，将其思想的前后期划分为意识形态和科学的层面来看，阿尔都塞比较恰当地厘清了马克思与费尔巴哈的关系，但是他关于马克思与黑格尔的关系的剖析却不免有失偏颇。例如，马克思在 1845 年以前对黑格尔的批判是否单纯地重复了费尔巴哈对黑格尔的批判？马克思是否是在费尔巴哈总问题中对黑格尔哲学进行清算？等等，这些似乎都不合乎马克思思想史发展的实际状况，更是降格了马克思思想变革的意义。回顾马克思思想发展的历程，我们完全可以看到，马克思对市民社会与国家关系的分析，对宗教信仰的思辨哲学基础的辨析，对普鲁士现实社会问题的关注等都表明，尽管马克思一定程度上受到了费尔巴哈的影响，但是他依然对这些问题提出了自己的主

① 路易·阿尔都塞：《保卫马克思》，顾良译，商务印书馆 2006 年版，第 18 页。
② 同上。

张。这里唯一值得我们关注的是，阿尔都塞以《德意志意识形态》为界限对马克思思想的划分，似乎击中了我们所要分析的问题：意识形态批判与历史唯物主义之间的关系。在这个意义上，暂且不论其观点正确与否，单就其理论的切入点来看，却是我们理解马克思意识形态问题的一个“标本”。

三　巴利巴尔：意识形态批判/拜物教批判

汤普森把马克思的意识形态概念划分为三重不同内涵，阿尔都塞在“认识论断裂”意义上把马克思思想的前后期（以1845年为划分线）区分为意识形态和科学。与其不同，巴利巴尔拓展了马克思意识形态批判的范围，即将马克思在1846年以后对拜物教的批判也归结为意识形态批判。

巴利巴尔认为，意识形态批判对于马克思历史唯物主义世界观的形成具有重要意义。他指出：“毫不夸张地说，在《关于费尔巴哈的提纲》中宣布‘实践的本体论’之后，《德意志意识形态》随即展示了一个‘生产的本体论’，马克思告诉我们，是生产创造了人类的存在（‘社会实体’与他的信念是对立的，‘Bewusst 社会实体’的字面意思是‘有意识的’）。更准确地说，这是他们自己的生存手段的生产，既是个人活动又是集体（超个人主义）活动，生产在改变人的同时也不可逆转地改变了自然，造就了‘历史’。”① 这样，在他看来，生产就不是单纯的物质资料的生产和物质生活本身的生产，而是“人类历史的生产”，即人类通过生产活动，造就了人类璀璨辉煌的历史。由此，他主张，马克思指出在唯心主义的独立生产结构（其“产品”的思想和集体意识，即脑力劳动理论的对象）形成之前其本身就是被生产出来的。因此，“对意识形态的批判是把认识社会存在作为生产发展的必要先决条件：从它与人的个体生存有关的直接形式，直到在人类生命的延续中只发挥间接作用的最间接的形式。要找到整个历史的导线的入口，不能只盯着事实，还要对主导意识进行批判，因为这一批判同时是一

---

① 埃蒂安·巴利巴尔：《马克思的哲学》，王吉会译，中国人民大学出版社2007年版，第55页。

个现实的倒转和一个‘智力产品’的自我管理，这个批判中，意识的真正起源的痕迹已失去了，也否认了这一起源的存在。”① 这表明，在巴利巴尔看来：（1）马克思的贡献就在于“颠倒了”意识和存在的关系，即不是意识决定生产，而是生产决定意识，因为，作为思想对象的意识本身也是“被生产”出来的。（2）意识形态批判是把认识社会存在视为生产发展的必要先决条件。换句话说，只有通过意识形态的批判，才能真正揭示出生产发展作为认识社会存在的本源意义。（3）意识形态批判，尤其是对“主导意识形态”的批判，构成寻找整个历史导线的“入口”。因为，只有通过对主导意识形态的批判，才能真正理解意识和“生产活动”的关系，从而在根本上把抽象谈论意识产生的根源问题转化为通过“生产活动”揭示意识自身发展的过程问题。在这个意义上，巴利巴尔对意识形态的分析必然是存在论的，即意识形态产生的根源在于现实的社会生产，不是人们的意识决定人们的存在，而是人们的存在决定人们的意识。巴利巴尔的高明之处就在于他洞察到，要实现对任何意识形态的批判，都必须首先在本源上揭示意识产生的根源，并由此揭示人类社会发展的历史，从而将意识形态批判与历史唯物主义世界观有机地勾连在一起。

在阿尔都塞看来，1845 年以后，马克思已经不再进行意识形态批判。对此巴利巴尔不以为然，在他看来，虽然在 1846 年之后，更确切地说是在 1852 年之后，马克思就再也没有使用过意识形态的概念，但是，“这并不是说围绕意识形态展开的所有问题都消失了，只不过换了个名称，因为‘资本’的发展而取名‘拜物教’。这并非一个简单的术语替换，在理论上，尤其是在哲学角度上也有实实在在的变化。”② 这就是说，1845 年以后的马克思已经用“拜物教”的术语替换了原有的“意识形态”术语，虽然发生了术语的变化，但其批判的本质并未改变。无疑，巴利巴尔的这一判断是

① 埃蒂安·巴利巴尔：《马克思的哲学》，王吉会译，中国人民大学出版社 2007 年版，第 55 页。

② 同上书，第 65 页。

极其高明的，它彻底打通了马克思的意识形态批判和政治经济学批判之间的鸿沟。我们将会看到，马克思是如何从对现代德国意识形态的批判转向对作为资产阶级意识形态的政治经济学的批判的。

巴利巴尔的研究表明，在1845年以后马克思关注的不再是被指称为意识形态的青年黑格尔派的“自我意识哲学”，以及费尔巴哈的“人本学的总问题”，更不是“实体即主体”的思辨哲学，而是作为资产阶级意识形态的政治经济学。因此，可以说，1845年之后马克思的意识形态批判的内容就是政治经济学批判，和“拜物教批判”。在巴利巴尔看来，两者具有一致性：（1）从理论的旨趣看，它们都试图通过劳动分工和竞争的普遍化，通过对资产阶级时期“占统治地位”的抽象（或者说共性、普遍性）的形式和内容的分析，把彼此孤立的人们联系起来；（2）从理论的内容看，它们都试图分析资本主义所产生的内在矛盾，即人类实践的普遍性（各种各样的社会关系，以及展示现代技术赋予个人的活动能力的可能性）与劳动、价值、财产、个人等概念的普遍性（这一普遍性试图把所有的人都同质化为可以互换的个体）之间的矛盾；（3）从理论的出发点看，它们都使用了来自黑格尔和费尔巴哈的一个庞大的逻辑体系，马克思对这一体系不断地进行加工，始终没有放弃，这就是异化逻辑。① 由此可见，是否属于意识形态的批判，关键在于其是否最终指向一个目标：打碎虚假意识对人的抽象统治，从而穿越意识形态的幻象，还历史以真实，为人的解放和共产主义的实现探求新的道路。

但是，在巴利巴尔看来，这并不意味着马克思的意识形态批判和拜物教批判在根本上是一回事。因为，“意识形态的理论从根本上说是一个国家理论（它是国家固有的统治方式），而拜物教的理论归根结底是一个市场理论（它是社会组织，如市场及其通过商品获得的统治地位所固有的约束方式，或主体与客体‘世界’的构成方式）。”这也就决定了，这一差异只能在马克思思想的主要

① 埃蒂安·巴利巴尔：《马克思的哲学》，王吉会译，中国人民大学出版社2007年版，第110页。

源泉（也是马克思批判的对象）中加以阐释。“拜物教的理论是政治经济学批判的装饰，因为马克思从斯密和李嘉图的理论发展中发现价值的‘自主性’，这种自主性是完全建立在劳动的量化和市场对交换活动的自动调节的‘自由化’概念之上的。相反，马克思之所以从国家问题的角度把意识形态理论化，如我们所见，是因为黑格尔已经把法治国家定义为社会中的霸权主义。”① 这样，通过对拜物教的批判，一方面，马克思发现了隐藏在交换价值之中的人和人的关系；另一方面，马克思又重建了意识形态理论。巴利巴尔的这一分析无疑具有重要的价值，他从新的角度阐明了马克思不但做了对资产阶级意识形态的解构，也进行了意识形态的建构。从建构的意义上看，马克思所进行的意识形态批判的真实目的在于，通过对在一切意识形态的剖析，发现真正影响人类历史发展的动力和根源，由此为能够推动人类发展的新的社会的建设提出新思想。

上述的分析表明，在国外马克思主义者那里，不论是马克思的意识形态批判，还是其意识形态理论，都有着丰富的理论内涵。问题的关键就在于，我们能否结合马克思的经典文本，从这些学者的分析中汲取灵感，在当代视域中理解马克思的意识形态批判，尤其是理解其与历史唯物主义世界观的内在关联，以对历史唯物主义做出当代阐释。

四　当代启示

汤普森对马克思意识形态概念的三重内涵的界定，阿尔都塞在马克思思想发展史的意义上对意识形态与科学的划分，巴利巴尔所指认的马克思的拜物教批判就是意识形态批判等问题，都为我们进一步理解马克思的意识形态批判、这一批判与历史唯物主义世界观的内在关联以及对历史唯物主义做出当代阐释提供了新的思想和理论资源，从而为我们的研究提供了突破口和切入点。

第一，不论是对一般意识形态的批判还是对德国现代意识形态抑或是作为资产阶级意识形态的政治经济学的批判，在马克思那

---

① 埃蒂安·巴利巴尔：《马克思的哲学》，王吉会译，中国人民大学出版社 2007 年版，第 113 页。

里，意识形态是一个“负面”、“否定”意义的概念。它主要被用来指代青年黑格派的自我意识哲学、费尔巴哈的人本学唯物主义、黑格尔的思辨哲学以及资产阶级的政治经济学。可以说，马克思在揭示意识形态的内涵的时候就已经对其做了“否定”意义的阐释，例如在《德意志意识形态》中，马克思区分了一般意识形态和现代德国意识形态。在他看来，作为一般的意识形态，它认为“世界是受观念支配的，思想和概念是决定性的本原，一定的思想是只有哲学家们才能理解的物质世界的神秘之物”①。作为现代德国的意识形态，他们断言，“观念、想法、概念迄今一直支配和决定着现实的人，现实世界是观念世界的产物”②。质言之，在马克思看来，不论是一般意识形态还是德国意识形态，都是一种把“观念、意识”视为现实世界的决定者，并把现实的世界视为他们的产物的“虚假意识”和“虚假观念”，这样的意识形态必然是“否定”的和“负面”的。马克思所要批判的，就是去揭示这些观念和虚假意识的真实来源。在这个意义上，马克思所理解的意识形态可以定义为，“在阶级社会中，适合一定的经济基础以及竖立在这一基础之上的法律的和政治的上层建筑而形成起来的，代表统治阶级根本利益的情感、表象和观念的总和，其根本特征是自觉地或不自觉地用幻想的联系来取代并掩盖现实的联系。”③ 当然，这个定义也包含了意识形态理论的成分，这个在后面的论证中我们将会做出进一步的阐释。

第二，在马克思的思想发展史中，意识形态批判占据着重要的地位。正是通过对青年黑格尔派的自我意识哲学、费尔巴哈人本学唯物主义、黑格尔思辨哲学，乃至资产阶级政治经济学的意识形态的批判，马克思实现了自己的世界观革命，建立了历史的唯物主义新世界观。具体来说，通过意识形态批判，马克思揭示了意识的起源，并把研究的目光从“人”转向“社会”、从“自然”转向

---

① 《德意志意识形态：节选本》，人民出版社 2003 年版，第 4 页注释①。

② 同上。

③ 俞吾金：《意识形态论》（修订版），人民出版社 2009 年版，第 131 页。

“历史”、从“理论”转向“现实”，最终转向“现实的社会历史领域”的研究。马克思指出，意识在任何时候都只能是意识到了的存在，而人们的存在就是他们的现实生活过程。这一生活过程既是物质资料的生产过程，也是人类物质生活的过程；既是人与自然斗争的过程，也是历史的发展过程；既是人类社会的发展过程，也是人自身发展的过程。在这个意义上，没有马克思的意识形态批判，就没有马克思历史唯物主义的新世界观；没有马克思的意识形态批判，就没有马克思对资本主义社会内在矛盾的揭示；没有马克思的意识形态批判，也不会有马克思对未来共产主义必然性的揭示；没有马克思的意识形态批判，一种建立在“每个人自由全面发展基础上的共产主义社会”也就不会到来。

第三，不容否认的是，在意识形态的批判过程中，马克思也间接表达了自己对意识形态的见解，尤其是在政治经济学批判之后，他在“肯定”意义对意识形态内涵作出了新的阐释，由此形成了以马克思名字命名的意识形态理论，其内在地构成历史唯物主义世界观的有机组成部分。例如，在《德意志意识形态》中马克思认为，“统治阶级的思想在每一时代都是占统治地位的思想。这就是说，一个阶级是社会上占统治地位的物质力量，同时也是社会上占统治地位的精神力量。”① “占统治地位的思想不过是占统治地位的物质关系在观念上的表现，不过是以思想的形式表现出来的占统治地位的物质关系；因而，这就是那些使某一个阶级成为统治阶级的关系在观念上的表现，因而这也就是这个阶级的统治的思想。”② 这些都表明，意识形态批判只是马克思清理“思想路障”的一个维度，在这一清理路障即意识形态批判的过程中，马克思提出了关于意识形态的理解和见解，并建立了一门以自己的名字命名的意识形态理论，并使之成为历史唯物主义世界观的重要内容之一。正如俞吾金所言，“自觉地把历史唯物主义理论理解为一种意识形态批判的理论，我们就获得了元批判的制高点。也就是说，为我们正确

① 《德意志意识形态：节选本》，人民出版社 2003 年版，第 42 页。

② 同上书，第 42—43 页。

地探讨一切现实问题和理论问题澄明了思想前提。说得严重一点，撇开意识形态批判理论，历史唯物主义就可能蜕化为一种实证知识，即成为一种完全丧失了批判维度和总体眼光的、学院化的知识。”① 在这个意义上，我们要科学地对历史唯物主义世界观做出阐释，就不能简单地停留于对马克思意识形态理论的研究，忽视“批判”层面的意识形态分析，而必须深入到马克思的经典文本之中，借鉴国外马克思主义的理论成果，对意识形态批判做出科学的研究，从而全面把握马克思的整体思想。

综上所述，在马克思那里，不论是就其使用的意识形态的概念的内涵而言，还是就其所指向的内容、理论旨趣而言，意识形态批判在其对唯心主义和旧唯物主义的批判中，以及历史唯物主义世界观的形成、发展史中占据着重要的地位。客观地讲，意识形态批判构成马克思历史唯物主义世界观确立、发展、丰富完善的关键环节，并构成贯穿哲学思想深化的整个历史过程。因而，要理解马克思的世界观革命，理解马克思历史唯物主义世界观的真谛，就必须首先理解马克思的意识形态批判。

第二节　马克思意识形态批判的真实内容

如果说，马克思早期基于普鲁士的社会形势所做的社会现实批判构成其哲学思考起点的话，那么之后的意识形态批判则构成其世界观变革的转折点。通过对社会现实的批判，马克思确立了总问题：实现人类的自由和解放。但如何才能实现这一目标？马克思将批判的目标瞄准了作为没落贵族和新兴资产阶级精神支柱的意识形态。在意识形态的批判中，马克思将青年黑格尔派的自我意识哲学、费尔巴哈的人本学唯物主义、黑格尔的思辨哲学以及资产阶级的政治经济学都归入现代德国意识形态的“类”，并对其进行了彻

① 俞吾金：《意识形态论》（修订版），人民出版社 2009 年版，第 15 页。

底的批判。[1] 从文本来看，集中体现在《1844 年经济学哲学手稿》、《神圣家族》、《关于费尔巴哈的提纲》、《德意志意识形态》以及《资本论》及其手稿等著作中。通过这些文本，我们将看到，通过意识形态批判，一方面，马克思批判性地超越了德国古典哲学，尤其是黑格尔的思辨哲学；另一方面，马克思创建了历史唯物主义世界观。

一　青年黑格尔派：思辨哲学的意识形态本性

对青年黑格尔派的意识形态批判，主要的就是对作为其代表的布鲁诺·鲍威尔及其伙伴的批判。不同于博士论文时期对鲍威尔自我意识哲学的迷恋，意识形态批判时期的马克思，清楚地看到了鲍威尔哲学所存在的问题。在他看来，布鲁诺·鲍威尔对神学的批判其实就是"以思辨的黑格尔的形式恢复基督教的创世说"[2]。因此，鲍威尔神学批判和他的"自我意识"哲学一样，同黑格尔的思辨哲学具有相同的神秘结构。

首先，马克思对鲍威尔关于精神与群众的关系问题作了批判。梅林曾指出："《文学总汇报》的纲领，就其尚可理解的内容而言，会由布鲁诺·鲍威尔综述如下：'迄今为止，历史上的一切伟大活动之所以从一开始就是不成功的和没有实际成效的，就是因为它们引起了群众的关怀和唤起了群众的热情。换句话说，这些活动之所以必然遭到非常悲惨的结局，是因为它们的主导思想是这样一种思想：它必须满足于肤浅的理解，因而也就必然指望博得群众的喝彩。''精神'和'群众'对立，是《文学总汇报》上所有的文章的中心思想。"[3] 但是，马克思对鲍威尔的观点是不赞同的。早在《〈黑格尔法哲学批判〉导言》中讨论一个阶级要扮演解放整个社会的角色应当具备怎样的条件时，他就指出，这个阶级必须能够和

---

① 应当指出的是，马克思的政治经济学批判实际上也就是对资产阶级意识形态的批判，即对隐藏在物与物背后的人与人的关系的揭示。关于这一点，出于篇幅及政治经济学批判在马克思后期哲学发展中的重要性的考虑，我们将单列一节对其进行全面的讨论和研究。

② 《马克思恩格斯全集》第 2 卷，人民出版社 1957 年版，第 174 页。

③ 弗·梅林：《马克思传》，樊集译，人民出版社 1965 年版，第 128 页。

群众打成一片，即它能够与整个社会亲如一家。因此，马克思主张，只有代表广大人民群众利益的无产阶级才能担负起解放全人类的历史重任，并由此认为群众在历史变革、社会变迁中具有重要的作用。因此，当鲍威尔把精神和群众对立起来，认为精神才是历史活动的主体的时候，马克思给予了抨击。在他看来，鲍威尔的观点完全颠倒了精神和群众的关系，并否定了群众在历史活动中的作用。他指出："如果说革命是不成功的，那末，并不是因为革命'唤起了'群众的'热情'，并不是因为它引起了群众的'关怀'，而是因为对于不同于资产阶级的绝大多数的群众来说，革命的原则并不代表他们的实际利益，不是他们自己的革命原则，而仅仅是一种'观念'，因而也仅仅是暂时的热情和表面的热潮之类的东西。"① 由此，他进一步强调，必须将思想和利益有机联合起来进行思考，因为，"'思想'一旦离开'利益'，就一定会使自己出丑"②。这表明，只有代表群众利益的运动才能真正推动历史发展，才能实现社会的变迁。由此，马克思预言："历史活动是群众的事业，随着历史活动的深入，必将是群众队伍的扩大。"③

由此，马克思一针见血地指出："布鲁诺先生所发现的'精神'和'群众'的关系，事实上不过是黑格尔历史观的批判的、漫画式的完成。"④ 而"黑格尔历史观的前提是抽象的或绝对的精神，这种精神正在以下面这种方式发展着：人类仅仅是这种精神的有意识或无意识的承担者，即群众。因此，思辨的、奥秘的历史在经验的、明显的历史中的发生是黑格尔一手促成的。人类的历史变成了抽象的东西的历史，因而对现实的人说来，也就是变成了人类的彼岸精神的历史"⑤。在这个意义上，鲍威尔及其伙伴的思想不过是黑格尔思想的翻版。因此，对群众与精神关系的分析只是第一步。要彻底实现对鲍威尔及其伙伴的批判，就必须揭示其哲学的黑

① 《马克思恩格斯全集》第2卷，人民出版社1957年版，第104页。
② 同上书，第103页。
③ 同上书，第104页。
④ 同上书，第108页。
⑤ 同上。

格尔根基。[①]

马克思对鲍威尔及其伙伴的哲学的思辨本性揭露，集中地体现在他对以“果实之喻”[②] 所进行的哲学批判中。在鲍威尔及其伙伴看来，我们从现实的苹果、梨、草莓、扁桃等能够得出“果实”这个一般的观念；如果我们对其加以进一步的抽象，甚至可以把这个抽象得来的“果实”视为在我们身外的存在，“果实”也在最基本的意义上就是苹果、梨、草莓、扁桃等的本质。那么，我们是否就可以说，“果实”就是苹果、梨、草莓、扁桃的实体呢？鲍威尔及其同伙给予了肯定的回答。不仅如此，在他们看来，由于“‘一般果实’并不是僵死的、无差别的、静止的本质，而是活生生的、自相有区别的、能动的本质”,[③] 所以，不仅苹果、梨、草莓、扁桃这些实物可以被抽象为“一般果实”，而且，因为果实来自这些千差万别的现实实物，所以，“果实”也就不再是无内容的、无差别的统一体，而是作为各种果实的“总体”的统一体，这些果实构成一个“被有机地划分为各个环节的系列”。在马克思看来，“思辨哲学家之所以能完成这种不断的创造，只是因为他把苹果、梨等等东西中为大家所知道的、实际上是有目共睹的属性当做他自己发现的规定，因为他把现实事物的名称加在只有抽象的理智才能创造出来的东西上，即加在抽象的理智的公式上，最后，因为他把自己从苹果的观念推移到梨的观念这种他本人的活动，说成‘一般果实’这个绝对主体的自我活动”[④]。因此，果实就成了“实体”，而且这种实体具有“绝对的自主性”，因而也就是“主体”，这即是黑格尔意义上的“实体即主体”的现代翻版。由此亦可看出，鲍威尔及其伙伴所创造的哲学并没有逃离黑格尔思辨哲学的藩

---

① 这里需要指出的是，马克思对群众在历史发展中的作用的重估，构成历史唯物主义世界观的核心内容。作为唤醒群众并领导群众为实现其自身利益而斗争的理论，马克思主义的群众观已经在社会主义现代化建设中并将为中华民族的伟大复兴贡献智慧。限于篇幅，我们在这里不再对此作出详尽阐释。

② 在《神圣家族》中，并没有“果实之喻”这个称谓，这只是我们根据马克思批判鲍威尔及其伙伴哲学的思辨性所举例子的内容概括得来的称谓。

③ 《马克思恩格斯全集》第 2 卷，人民出版社 1957 年版，第 73 页。

④ 同上书，第 75 页。

篱，却深深地陷入其中。

在这个意义上，马克思对包括鲍威尔在内的青年黑格尔派的批判本质上是对黑格尔哲学思辨本性的揭示。正如马克思所言："对'巴黎的秘密'所做的批判的叙述的秘密，就是思辨的黑格尔结构的秘密。"① 因此，当鲍威尔及其伙伴叫嚣着要"推倒"黑格尔哲学，批判现存世界的时候，只不过是用"震撼世界的词句"反对"词句"本身，却丝毫没有动摇黑格尔的思想根基，更不要说去真实地批判现存的世界。他们的"哲学批判所能达到的惟一结果，是从宗教史上对基督教作一些说明，而且还是片面的说明"②。在这个意义上，鲍威尔及其伙伴的哲学只不过是用一种意识的幻象去对抗另一种意识的幻象。他们都不懂得，要冲破这种意识的幻象，必须冲破意识之内在性，即彻底抛弃具有思辨本性的自我意识哲学，即不能再用精神说明精神，用思想说明思想，而是从社会现实出发，从现实社会的生产出发，去洞穿自我意识的幻象。

通过对鲍威尔为代表的思辨哲学的批判，马克思意识到，冲破意识形态幻象的根本路径在于回归意识产生的本源——自然及其现实的生活世界。在此一思想的转变之际，马克思"遇见"了费尔巴哈。费尔巴哈对宗教的批判，尤其是对黑格尔思辨神学的批判对马克思产生了巨大的影响。这一影响具体地体现为，马克思借助于费尔巴哈所建立的"感性—对象性"的解释原则，从其所建立的"以自然为基础的现实的人"的、"和人道主义相吻合的"唯物主义出发，实现了对黑格尔哲学的初步颠倒。③

二　对黑格尔思辨哲学的意识形态批判

马克思的意识形态批判，从表面上看，是对青年黑格尔派哲学

---

① 《马克思恩格斯全集》第2卷，人民出版社1957年版，第71页。

② 《德意志意识形态：节选本》，人民出版社2003年版，第10页。

③ 正是沿着费尔巴哈的哲学探索之路，马克思不仅接受了费尔巴哈的思想，还实现了对费尔巴哈的超越。应当指出的是，至少在1845年春天以前，马克思是戴着"费尔巴哈的眼镜"来审视他周围的一切哲学的。但在1845年之后，在那场春天的"惊雷"和紧随其后的"暴风骤雨"中，马克思实现了彻底与费尔巴哈的决裂。自此以后，马克思不用再爬在"费尔巴哈的麦草垛上"俯视一切。在这个意义上，阿尔都塞的一些断言显然是有可取之处的。

的批判，但在本质上，却是对黑格尔思辨哲学的批判。因为，在马克思看来，德国黑格尔派的一切批判，都是奠基于哲学的，并且“它谈到的全部问题终究是在一定的哲学体系即黑格尔体系的基地上产生的。不仅是它的回答，而且连它所提出的问题本身，都包含着神秘主义”①。而且，至关重要的是，由于青年黑格尔派和老年黑格尔派在论战的时候只是“揪住”黑格尔体系的一个方面来反对全部体系，来反对别人抓住的那个方面，因此，不论是青年黑格尔派还是老年黑格尔派，都无一例外地站在黑格尔思辨哲学的体系内“绕圈子”。这犹如一个坐在椅子上的人试图将自己搬离地面一样。因此，依马克思之见，必须超越黑格尔哲学。这一“超越黑格尔哲学”的行动所凭借的思想武器就是费尔巴哈哲学，即以“感性—对象性”为解释原则，“以自然为基础的现实的人”的、“和人道主义相吻合”的唯物主义哲学。

这集中体现在马克思在《1844 年经济学哲学手稿》中对“作为形而上学之一切的黑格尔哲学”② 的批判。在马克思看来，要真正实现对作为根本意识形态——黑格尔思辨哲学——的批判，首要的就是“必须从黑格尔的《现象学》即从黑格尔哲学的真正诞生地和秘密开始”③。而正是从这一“秘密的诞生地”出发，马克思对黑格尔哲学的双重错误作了揭示。④

在马克思看来，黑格尔哲学的贡献就在于揭示了观念世界的异化现象，但是，黑格尔把现实的异化仅仅视为精神的、观念的异化。这样，在他那里，就根本不存在所谓的“现实的异化”。以劳动为例。在黑格尔看来，劳动和斗争构成人类社会历史发展的根本前提。因为正是在人与自然、人与世界、人与人之间的作为否定性统一关系的劳动和斗争中，现实历史得以推进。正如马克思所评价

① 《德意志意识形态：节选本》，人民出版社 2003 年版，第 8 页。

② 吴晓明：《思入时代的深处》，北京师范大学出版社 2006 年版，第 8 页。

③ 马克思：《1844 年经济学哲学手稿》，人民出版社 2000 年版，第 97 页。

④ 在张一兵看来，马克思在这里实际上在用费尔巴哈的唯物主义人学现象学进一步深化黑格尔的精神现象学，即将黑格尔颠倒的现象学逻辑学重新颠倒过来的人学现象学。（参见张一兵《回到马克思》，江苏人民出版社 1999 年版，第 274—275 页。）笔者认为这一判断是完全合乎逻辑的。

的，“黑格尔的……伟大之处首先就在于，黑格尔把人的自我产生看作一个过程，把对象化看作非对象化，看作外化和这种外化的扬弃；可见，他抓住了劳动的本质，把对象性的人、现实的因而真正的人理解为他自己的劳动的结果。”[①] 但是，黑格尔站在现代国民经济学家的立场上，只是把劳动看作人的本质，看作人的自我确证的本质，而没有看到现实中劳动的异化和雇佣劳动的存在，因此，他只看到劳动的积极方面，而没有看到它的消极方面。因而，“黑格尔惟一知道并承认的劳动是抽象的精神的劳动”[②]。他没有看到资本主义制度下劳动异化的存在。因而，他也就无法了解真实的劳动，即异化劳动和资本主义普遍存在的雇佣劳动。这也就决定了，黑格尔所理解的“全部外化历史和外化的全部消除，不过是抽象的、绝对的思维的生产史，即逻辑的思辨的思维的生产史”[③]。因此，他所看到的历史只不过是思维和观念的生产史，只不过是符合于思想的逻辑的历史，而不是现实的历史，即“以现实的人”为历史前提，以“现实的生产过程”为中介的历史。[④] 由此可见，黑格尔哲学存在的第一个问题就在于，只是看到了劳动的积极方面，却忽视了其消极的一面；只是看到了思维和观念世界中异化的存在，却忽视了现实世界异化的存在。

黑格尔哲学存在的第二个问题在于，一方面，它要求把对象世界还给人，但另一方面，对象性的世界不过是抽象精神的产物，因而，把对象的世界还给人的过程，即人实现对其本质力量的占有，实际上是人的精神世界范围内思维的结果。当一切都表现为精神的时候，思维着的精神，逻辑的、思辨的精神就成为主宰世界的上

---

① 马克思：《1844 年经济学哲学手稿》，人民出版社 2000 年版，第 97 页。

② 同上书，第 101 页。

③ 同上书，第 99 页。

④ 马克思对黑格尔《精神现象学》的上述论断是非常重要的。这主要体现在：（1）马克思在这里发现了黑格尔的“历史思维”和“历史”的解释原则，这构成马克思对抗费尔巴哈“自然”原则的有效手段；（2）马克思继承了黑格尔思想中所蕴含的“历史的解释原则”，并将其纳入自己哲学的体系；（3）马克思由此从批判“思辨思维的生产史”出发展开对“人类社会生活的生产史”的探索，并逐步推进到对作为当代历史的“资本主义生产史”的批判性考察。

帝。因此，“自然界的人性和历史所创造的自然界——人的产品——的人性，就表现在它们是抽象精神的产品，因此，在这个限度内，它们是精神的环节即思想本质”①。不可否认，人的精神在变革世界中具有重要的价值，但如果世界存在的一切都归结为精神的产物，那么“把对象世界还给人”即实现人自身对其本质力量的占有的要求，就只能诉诸精神自身的发展史。“因此，在《现象学》中出现的异化的各种不同形式，不过是意识和自我意识的不同形式。”②它们就不再是现实生活的异化，这样，把对象世界归还给人不过是“在精神世界中绕圈子”。

在《神圣家族》中，通过揭示鲍威尔自我意识哲学的神秘主义因素，马克思再一次间接地对黑格尔思辨哲学作出了理解和阐释，这集中在对“现实和历史”问题的思考上。

马克思准确地把握到了黑格尔思想体系的三个主要来源。他指出，“在黑格尔的体系中有三个因素：斯宾诺莎的实体，费希特的自我意识以及前两个因素在黑格尔那里的必然的矛盾的统一，即绝对精神。第一个因素是形而上学地改了装的、脱离人的自然。第二个因素是形而上学地改了装的、脱离自然的精神。第三个因素是形而上学地改了装的以上两个因素的统一，即现实的人和现实的人类”③。这表明，黑格尔哲学实则就是“形而上学地改了装的、脱离人的自然”和“形而上学地改了装的、脱离自然的精神”的统一，它以“绝对精神”的形式实现了对“现实的人和现实的人类”的把握。这意味着，当黑格尔说，“哲学的内容就是现实”、哲学的最高目的就在于实现“理性与现实的和解”的时候，实际上意味着，黑格尔所理解的现实不过是“抽象的”居于思想之中的“现实的人和现实的人类”，只不过在“无人身的理性”中，即概念中所实现的“和解”。因此，这种哲学无法“改变世界”，而只能“解释世界”并实现观念变革。马克思所欲从事的，则是从

① 马克思：《1844年经济学哲学手稿》，人民出版社2000年版，第100页。

② 同上。

③ 《马克思恩格斯全集》第2卷，人民出版社1957年版，第177页。

“现实的人和现实的人类”出发，着眼于“人们现实的生产过程”，从而实现对历史的真实阐释，并在此基础上“改变世界”。

基于此，马克思对黑格尔历史观的前提作了进一步的思考。在他看来，黑格尔历史观的前提是“抽象的或绝对的精神”，这种精神正在以下面这种方式发展着：人类仅仅是这种精神的有意识或无意识的承担者。因此，“思辨的、奥秘的历史在经验的、明显的历史中的发生是黑格尔一手促成的。人类的历史变成了抽象的东西的历史，因而对现实的人说来，也就是变成了人类的彼岸精神的历史。”① 这表明，在黑格尔那里，历史并不是“现实的人和现实的人类”的活动所创造的历史，而只是“绝对精神”的历史，只是“人类的彼岸精神的历史”，这种历史“不过是历史的思想的考察罢了”②。思想的本性是精神、理性。于是，按照黑格尔的说法，“‘理性’是世界的主宰，世界历史因此是一种合理的过程”③，即精神不断实现自己，并走向自由的历史。但是，在马克思和恩格斯看来，“历史什么事情也没有做，它‘并不拥有任何无穷尽的丰富性’，它并‘没有在任何战斗中作战’！创造这一切、拥有这一切并为这一切而斗争的，不是‘历史’，而正是人，现实的、活生生的人。‘历史’并不是把人当做达到自己目的的工具来利用的某种特殊的人格。历史不过是追求着自己目的的人的活动而已”④。因此，历史就是“现实的、活生生的人”“不断追求着自己的目的的活动”，就是在“人与世界的否定性统一关系”中所创造的历史，这也就是“历史的辩证法”。

由此可见，对黑格尔思辨哲学（意识形态）的批判，就是对其异化理论、对象化问题、思辨历史观的批判。正是通过这一批判，马克思逐步从黑格尔那里获得“历史”的解释原则和“否定性”的辩证思维方式。尽管黑格尔只是把历史视为精神实现其自由本性的历史，但是，我们应该注意到，黑格尔第一次打破了一种

① 《马克思恩格斯全集》第2卷，人民出版社1957年版，第108页。

② 黑格尔：《历史哲学》，王造时译，上海书店出版社2006年版，第7—8页。

③ 同上书，第8页。

④ 《马克思恩格斯全集》第2卷，人民出版社1957年版，第118—119页。

实证主义地描述历史的做法，而是把历史视为逻辑和历史一致的过程，从而揭示了思想的辩证统一性及其历史过程。这为马克思思考人类历史的变迁及其规律提供了方法论原则和理论资源。恰如洛维特所说："黑格尔的历史哲学也是唯物主义考察方式的直接前提；马克思主义者虽然在运用上与它并不一致，但在原则上却与它一致。"① 正是沿着这一路径，马克思逐步找到了揭示历史发展规律的基本原则。

三　对费尔巴哈人本学唯物主义的意识形态的批判

费尔巴哈的神学批判和人本学唯物主义，对1845年春天以前的马克思产生了巨大的影响。这主要源于费尔巴哈哲学思想在当时思想背景下具有自身的价值：（1）费尔巴哈揭示了神学的人本学秘密，从而使"人"重新回归自己的现实世界；（2）费尔巴哈揭示了黑格尔神学的思辨根基，并由此实现了对黑格尔思辨哲学的初次批判；（3）通过对黑格尔思辨哲学的批判，费尔巴哈赋予"感性"、"自然"以优先性，从而创立了以"感性—对象性"为存在论基础的人本学唯物主义。简言之，通过宗教批判，尤其是思辨神学的批判，费尔巴哈已经透彻地洞悉了黑格尔哲学的思辨本性，并由此确立了基于"以自然为基础的现实的人"的、以"感性—对象性"为核心原则的唯物主义。这为马克思在"人的感性活动"的存在论基础上超越传统形而上学，实现哲学革命提供了重要的思想资源。理解这一点，是我们理解马克思思想来源的关键。② 恰如悉尼·胡克所指出的："马克思的绝大多数热诚的和'正统'的信徒都没有恰当地把握住马克思对费尔巴哈的批评的真正意义。他们之所以没有理解马克思，是因为他们中间的大多数人对费尔巴哈哲

① 卡尔·洛维特：《世界历史与救赎历史：历史哲学的神学前提》，李秋零等译，上海人民出版社2005年版，第77页。

② 但是，长期以来，由于人们对费尔巴哈哲学研究得不够深入，人们要么把费尔巴哈抬得很高，以至于将费尔巴哈的唯物主义直接指认为马克思的唯物主义，认为马克思所实现的哲学革命就是以费尔巴哈的唯物主义对唯心主义的变革；要么就是把它贬得很低，以至于它什么都不是。基于此，在我们看来，有必要重估费尔巴哈哲学对马克思的影响。

学一窍不通。"[①] 但需要注意的是，马克思并没有停留在对费尔巴哈哲学的盲目信从上，而是以此为基点，逐步展开了自己的思考。

伟大人物的伟大之处就在于，不拘泥于其所生活时代的任何"学说"，而是能够在吸纳、借鉴和批判反思中超越这些"学说"并实现思想的超越。

早在1843年致卢格的信中，马克思就指出："费尔巴哈的警句只有一点不能使我满意，这就是：他强调自然过多而强调政治太少。"[②] 这样也就决定了，在对宗教的批判中，费尔巴哈只能就宗教论宗教，最多提出"宗教的本质就是人的本质"，但是却无法把这一批判引向深入，更不可能把对宗教的批判转向对尘世的批判。就像马克思所判断的："从施特劳斯到施蒂纳的整个德国哲学批判都局限于对宗教观念的批判"[③]，而不能把对天国的批判变成对尘世的批判，对宗教的批判变成对法的批判，对神学的批判变成对政治的批判。因此，也就无法实现对现实的关注，这样的哲学，就只能是一种"理论"的哲学，而无法成为"实践"的哲学。只有在《关于费尔巴哈的提纲》中，马克思对这样一种"理论"哲学才彻底地做了清算。

在马克思看来，费尔巴哈所创立的"以自然基础的现实的人"的、"和人道主义相吻合"的唯物主义必然存在着诸多的问题。这些问题包括：（1）尽管费尔巴哈主张要从自然出发，要赋予感性以优先性，但是，由于他对对象、现实、感性，只是从客体的或者直观的形式去理解，因此，就不能把对象、现实、感性看作感性的人的活动当作实践去理解，更不可能从主体的人的视角去看待；（2）尽管费尔巴哈提出了"对象化"的问题，但是，由于他没有把握住人的能动性的方面，因此，他的"对象化"只能是一种"感性直观的对象化"，而不是"感性的人的对象性的活动"；就像马克思所批判的，"费尔巴哈不满意抽象的思维而喜欢直观；但是

---

① 悉尼·胡克：《对卡尔·马克思的理解》，徐崇温译，重庆出版社1989年版，第263页。

② 《马克思恩格斯全集》第47卷，人民出版社2004年版，第53页。

③ 《马克思恩格斯选集》第一卷，人民出版社2012年版，第144页。

他把感性不是看作实践的、人的感性活动”[①]。（3）正是由于上述的原因，费尔巴哈也就不了解“革命的”“实践批判的”活动的意义。因此，在费尔巴哈那里，所谓的唯物主义哲学只是一种素朴的实在论和直观的反映论，只能是以“解释世界”为主要方式的唯物主义。在这个意义上，费尔巴哈的唯物主义依然只能被归入“旧唯物主义的类”，而不能成为马克思意义上的唯物主义，即实践的、历史的唯物主义。由此也可以看出，马克思的世界观革命并不是像人们通常所理解的那样，认为它是通过批判唯心主义而建立起来的新唯物主义，恰恰相反，在我们看来，马克思的世界观革命首要的是建立在对旧唯物主义批判的基础上的。通俗地讲，马克思首先“革”了包括费尔巴哈唯物主义在内的一切旧唯物主义的“命”，由此才创建了历史唯物主义的世界观。

之所以能发生这样的“革命”，一个核心的问题就在于，在对人的问题的理解上，马克思超越了费尔巴哈。虽然费尔巴哈哲学是从“感性”出发、以人本身作为感觉的对象的哲学，“新哲学完全地，绝对地，无矛盾地将神学溶化为人本学，……简言之：溶化于完整的，现实的，人的本质之中”[②]，但是，在马克思看来，这只是简单地揭示了人的自然本性和神学的人性来源，但却没有对人的本质予以客观的把握，因此他认为，“人的本质不是单个人所固有的抽象物，在其现实性上，它是一切社会关系的总和”。这也就决定了，费尔巴哈所理解的“人”，依然只能是“孤立的人的个体”，人的本质“只能被理解为‘类’，理解为一种内在的、无声的、把许多个人自然地联系起来的普遍性”[③]。费尔巴哈无法理解，人是属于一定社会形式和社会关系的“现实的人”[④]。而只有这样一种现实的人，借用海德格尔的概念，才是“此在—在世界之中存在”。

---

① 《马克思恩格斯选集》第一卷，人民出版社 2012 年版，第 135 页。

② 费尔巴哈：《费尔巴哈哲学著作选集》上卷，荣震华等译，商务印书馆 1984 年版，第 182 页。

③ 《马克思恩格斯选集》第一卷，人民出版社 2012 年版，第 135 页。

④ 其实，费尔巴哈也提出了“现实的人”的概念，但是，在我们看来，这一概念与马克思在《德意志意识形态》中所分析的“现实的人”存在着质的差异。这一点，我们在后面将会详细论述。

在此基础上，马克思进一步对旧唯物主义（包括费尔巴哈的直观的唯物主义）与新唯物主义作了比较。在马克思看来，“直观的唯物主义，即不是把感性理解为实践活动的唯物主义，至多也只能达到对单个人和市民社会的直观”①。因此，“旧唯物主义的立脚点是市民社会，新唯物主义的立脚点则是人类社会或社会的人类”②。按照日本马克思主义学者望月清司的理解，在这一条纲领中，马克思并不是将“市民社会”的视点当成了唯物主义的固有观点，也不是只有与市民社会决裂才能建立起新唯物主义，而是认为，必须从马克思哲学思想发展史出发，理解马克思与市民社会的关系。通过研究他发现，这条提纲所提到的市民社会有两层含义：一方面它是指马克思在《穆勒评注》和《1844 年经济学哲学手稿》中曾经拒绝使用的黑格尔的“市民社会”；另一方面是指法国社会主义的“市民（bourgeoisie）社会”以及在《神圣家族》中开始使用的，那一更具英国特色的“近代的市民社会”。“作为‘新唯物主义的立脚点’的人的社会只能是在《德意志意识形态》第一章中扯去了异化外衣的‘市民社会’。”③ 在这个意义上，所谓旧唯物主义是建立在市民社会的立场上，其真实含义是，旧唯物主义是建立在“近代的市民社会”现实基础上的；而新唯物主义则是建立在对“异化的市民社会”清算基础上的“真正属人的社会”。这一点，也为美国马克思学学者悉尼·胡克所认可。按照他的理解，“旧唯物主义的立场是市民社会的立场，因为它是‘原子’的。它认为，每一个个别的有机体都是一个由上帝赐予的有私人痛

① 《马克思恩格斯选集》第一卷，人民出版社 2012 年版，第 136 页。需要指出的是，按照日本学者望月清司的考证，这一条真实的表达是“旧唯物主义的立脚点是‘市民社会’，新唯物主义的立脚点则是人的社会（die menschliche Gesellschaft）或社会化了的人类（die gesellschaftliche Menschheit）”。并且，恩格斯曾对此条作过修改：“（1）将市民社会改为‘市民’社会；（2）将人的社会改为‘人的’社会；（3）将社会的人改成了‘社会化了的（vergesellschaftete）’人类。”（望月清司：《马克思历史理论的研究》，韩立新译，北京师范大学出版社 2009 年版，第 206 页注释①。）

② 《马克思恩格斯选集》第一卷，人民出版社 2012 年版，第 136 页。

③ 望月清司：《马克思历史理论的研究》，韩立新译，北京师范大学出版社 2009 年版，第 216—217 页。

苦、欢乐和利益的独立整体。现存的社会安排被解释为每个个人根据他自己的利益而承担的契约义务。"[①] 而"新唯物主义的立场是人类社会的立场"[②]。由此可见，马克思对旧唯物主义的批判（包括费尔巴哈的唯物主义）开始时并不是简单的思想超越，而是哲学立场和解释原则的超越。这一超越预示着，以"现实的人"为前提，以"人类社会和社会人类"为立足点的新哲学的创立。

综上所述，马克思这一时期的哲学批判，不仅是对费尔巴哈意识形态的批判，更主要的是由此出发变革了包括费尔巴哈在内的一切旧唯物主义的世界观。诚如悉尼·胡克所说："马克思批判费尔巴哈的提纲，在实际上代表了哲学史的一个转折点。"[③] 正是在这个被恩格斯称为"包含着新世界观天才萌芽的第一个文件"中，马克思迎来了胜利的曙光，历史唯物主义新世界观的创立指日可待。在这个意义上，我们有理由认为，马克思对费尔巴哈的意识形态批判，本质上是对一切旧唯物主义世界观的清算。由此，马克思一路凯歌，创立了历史唯物主义的世界观。

第三节　政治经济学批判：意识形态批判的新维度

如果说，对青年黑格尔派的自我意识哲学的批判、对黑格尔思辨哲学的批判以及对费尔巴哈人本学唯物主义的批判是马克思意识形态批判的第一阶段，那么，对作为资产阶级意识形态的政治经济学批判则是马克思意识形态批判的第二阶段。在第一阶段，通过意识形态批判，马克思创立了历史唯物主义的世界观；在第二阶段，马克思则是通过对作为资产阶级意识形态的政治经济学的批判，深入到资本主义的生产过程之中，剖析了资本主义的整体结构，从而把对人类历史的研究推进到对作为"现实历史"的资本主义社会

① 悉尼·胡克：《对卡尔·马克思的理解》，徐崇温译，重庆出版社 1989 年版，第 304 页。

② 同上。

③ 同上书，第 263 页。

的考察。由此发展和丰富了历史唯物主义的世界观。

具体来讲，较之于早期的社会现实批判和对现代德国意识形态批判，只有在政治经济学批判中，马克思才真实地找到了批判资本主义社会的切入点——资本主义的社会现实；找到了对“现存的一切进行无情的批判”，并在“批判旧世界中发现新世界”的真实路径——私有财产；找到了揭示隐藏在“物与物的社会关系”背后的“人与人的社会关系”的秘密地——拜物教；找到了现实的人受到奴役和压迫的抽象实体——资本。在这个意义上，政治经济学批判本质上就是马克思的意识形态批判，就是对传统形而上学的批判！要理解这个问题，我们需要从三个层面加以拓展：政治经济学批判与社会现实批判；政治经济学批判与私有财产批判；政治经济学批判与拜物教批判。

一 政治经济学批判与社会现实批判

马克思的社会现实批判，大致可以分为两个阶段：第一个阶段是1842—1844年。在这一阶段，马克思的社会现实批判实际上就是对普鲁士政府的政治批判，即对作为“当下历史”的普鲁士政治统治的批判。它主要聚焦于一些社会政治事件，如书报检查令、新闻出版自由、林木盗窃法等社会政治问题。从总体上来看，这一阶段的批判还从属于马克思所说的“对物质利益问题发表意见”的阶段，因此还不够成熟，尽管马克思已经触及一些问题的实质，但是，这些批判尚未揭开隐藏在现实背后的真实原因，因此，这还只是“道德”的和“哲学”的理论层面的批判。第二阶段大致是在1844—1875年，在这一阶段，在恩格斯《国民经济学批判大纲》的影响下，马克思准确地把握到了剖析和批判资本主义社会的“切入口”，因而逐渐找到了解决“解剖市民社会的”突破口。正如马克思所指出的，“对市民社会的解剖应该到政治经济学中去寻求”①。因此，对政治经济学的批判，本质上就是对作为“物质生产关系总和”的不合理的资本主义社会现实的批判。

其实，早在马克思之前，黑格尔就已经基本上触摸到了市民社

① 《马克思恩格斯选集》第二卷，人民出版社2012年版，第2页。

会的实质。基于霍布斯—洛克对于现代社会人的利己本性与社会关系的分析，黑格尔在家庭、市民社会、国家的三重维度中对市民社会做出了独特的理解。在他看来，现代社会不同于传统社会，在个人和国家之间横亘着一个实体性的组织——市民社会，它的本质特征就是个体性与普遍性。在这一社会中，虽然每个人都以自身为目的，其身外的一切都是虚无；但是，如果他不同别人发生关系，就不能达到全部的目的。因此，其他人便成为特殊的人达到目的的手段。因而，“个别的人如何一定要与资产阶级社会发生抵触，人格发展的道德前提与人性前提如何与资产阶级社会现状和规律陷于矛盾，以及两方面如何又可能取得一致而达成和解”① 的问题就构成黑格尔哲学的主要问题。② 但是，黑格尔并没有停留于此，在他看来，国家才是真实的存在，因此，他把研究的重心转向对国家与市民社会关系的分析，并认为国家决定市民社会。

马克思继承并改造了黑格尔对市民社会的理解。一方面，他看到了市民社会中存在的问题；另一方面，他主张，市民社会决定国家，而不是国家决定市民社会。例如，他认为，在现代社会中，利益把人们连接起来，市民生活构成人们之间的现实连接，因此，在这一社会中每个人都是利己主义的人。再如，在这一社会中，作为市民社会的人，只不过是“仅仅通过私人利益和无意识的自然的必要性这一纽带同别人发生关系的独立的人，即自己经营的奴隶，自己以及别人的私欲的奴隶”③，等等。但是，如何理解这一社会，却构成一个核心的问题。在马克思看来，对市民社会的理解，只有

---

① 卢卡奇：《青年黑格尔》（选译），王玖兴译，商务印书馆 1963 年版，第 89 页。

② 按照卢卡奇的考证，在法兰克福时期（1797—1800 年），黑格尔作为德国这个时期的唯一哲学家，“曾经由于分析资产阶级社会问题进而认真地分析过经济问题”。卢卡奇：《青年黑格尔》（选译），王玖兴译，商务印书馆 1963 年版，第 60 页。无独有偶，依波利特指出，“1776 年，亚当·斯密在伦敦发表《国民财富的性质和原因的研究》，这本书在 1794—1796 年间由加尔弗译成德文，它对黑格尔发生了极为深刻的影响，黑格尔不止一次地特别是在《精神现象学》之前的‘耶拿讲稿’中提到这部著作”。（依波利特：《马克思与黑格尔研究》，《新黑格尔主义论著选辑》（下卷），商务印书馆 2003 年版，第 431 页）

③ 《马克思恩格斯全集》第 2 卷，人民出版社 1957 年版，第 145 页。

通过对作为资产阶级意识形态的政治经济学的剖析才能实现。因为，资本主义社会本质上是一个“物化的社会”，在这一社会中，“人和人之间的社会关系可以说是颠倒地表现出来的，就是说，表现为物与物之间的社会关系。……它是隐蔽在物的外壳之下的关系”[①]；在这一社会，“资本具有独立性和个性，而活动着的个人却没有独立性和个性”[②]。上述的事实决定了，“马克思不得不在政治范围之外去寻找在政治范围内不可解决的冲突的理由。这就促使他去研究政治经济学”[③]。

不仅如此，在马克思看来，政治经济学批判也是拨开资本主义虚假繁荣、认清资本主义社会现实本质的一条捷径。在他看来，资本主义社会是人类历史发展的最辉煌的阶段：在这一阶段，人类创造了巨大的物质财富，大机器、大工业的兴起，世界历史的到来，自由竞争的实现，人与人的平等交换等等，都很容易使人们误认为，这样的阶段就是人类最为理想的阶段。但是，只要拨开这层“迷雾”，人们就会发现，现代资本主义社会却是一个充满矛盾的社会，一个人吃人、人剥削人的社会。不仅如此，根源于以资本为基础的生产和资本的增殖本性决定了，“现代工业化了的世界基本上是不稳定的，它将毁灭于自己的内在矛盾，转变为另外一种类型的社会”[④]。而要实现这种转型，最根本的就是要真实地研究当下的资本主义社会的总结构：资本主义的生产过程、生产方式、生产关系、所有制形式以及人的存在方式。资产阶级的政治经济学无疑为这一研究提供了最合适的路径。

因此，毫无疑问，政治经济学的批判是马克思深入资产阶级社会的“最佳”路径，只有通过批判作为资本主义现象学的政治经济学，马克思才能彻底地实现对资产阶级社会的批判，实现在批判旧世界中发现新世界的夙愿。诚如吴晓明所言：“马克思之诉诸政

① 《马克思恩格斯全集》第31卷，人民出版社1998年版，第426页。

② 《马克思恩格斯选集》第一卷，人民出版社2012年版，第287页。

③ 路易·阿尔都塞：《保卫马克思》，顾良译，商务印书馆2006年版，第147页。

④ 汤姆·罗克曼：《马克思主义之后的马克思》，杨学功等译，东方出版社2008年版，第229页。

治经济学是与‘解剖’市民社会的必要性联系在一起的，而此种必要性又最关本质地涉及一般社会历史理论在哲学上的开展。这是马克思之‘介入’经济学的原则高度。忽视或抹煞这一高度，就会把马克思关于经济的学说变成单纯的‘知性科学’，即经验实证科学；而在这种科学本身的范围内，其客观性恰好就在于‘遗忘’前提和界限，更不用说理解和把握此种前提及界限的历史的生成了。或缺了这样的原则高度，就根本谈不上‘批判’。”① 在这个意义上，马克思的政治经济学批判就不只是简单地为了“对物质利益问题发表意见”而进行的国家与市民社会关系的揭示，而是为了通过政治经济学批判，实现对资本主义社会现实的批判，并由此探索“历史的真正发源地和舞台”，开辟人类美好未来的哲学思考。

二　政治经济学批判与私有财产批判

在马克思的政治经济学批判中私有财产问题占据着重要的地位。恰如日本学者广松涉所指出的，“《1844 年手稿》中的马克思通过作为类的存在的人，作为自我活动的主体的人的劳动的异化和自我获得这种图式，而达到基于庞大的历史哲学的远景。当时，Nationalokonomie 即作为事实的国民经济学，是对作为那个对象的学问的国民经济学来说构成中枢的‘私有财产’，而根据异化论的逻辑对它加以‘概念的把握’begreifen，则是其关键所在。”② 由此可见，只有站在资本主义的社会现实批判的基础上，探寻作为其意识形态根基的国民经济学及其核心问题——私有财产问题，才能真实地揭示政治经济学的意识形态本性，进而实现对资本主义社会的全方位把握。可以这样说，在政治经济学层面上意识形态批判的核心实际上就是对私有财产的批判。

按照马克思的分析，私有财产是政治经济学的基础，没有私有财产的财富是不存在的。因此，按其本质来说政治经济学是发财致

① 吴晓明：《思入时代的深处》，北京师范大学出版社 2006 年版，第 75 页。

② 广松涉：《唯物史观的原像》，邓习议译，南京大学出版社 2009 年版，第 25 页。

富的科学。这样，整个政治经济学便是建立在私有财产的事实的基础上。但是，在他看来，政治经济学虽然从私有财产的事实出发，但是却没有说清这个事实，即没有说清私有财产究竟从何而来的问题。之所以如此，原因主要在于，政治经济学“把私有财产在现实中所经历的物质过程，放进一般的、抽象的公式，然后把这些公式当作规律。它不理解这些规律，就是说，它没有指明这些规律是怎样从私有财产的本质中产生出来的”①。这一点决定了，要弄清私有制、贪欲和劳动、资本、地产等之间的关系，尤其是人的价值和人的贬值之间的关系以及资本主义垄断和竞争等问题，就必须从“当前的经济事实出发”②。

按照马克思的分析，“当前的事实”就是，在资本主义社会工人生产的越多，他的产品的力量和数量越大，他就越贫穷；工人创造的越多，他自己就越廉价。由此导致的结果是：物的世界的增值同人的世界的贬值成正比。概括地讲，这一事实就是：工人贫困和劳动的异化。具体体现为：劳动者与劳动产品的异化；生产活动本身的异化；人与自己类本质的异化；人同人的异化。③在马克思看来，这四种异化都意味着，作为人的本质力量实现的劳动在为资产阶级创造财富的同时，却导致了人的失落与被奴役，从而在使物的世界增值的同时导致了人的世界的贬值。由此，在马克思看来，“私有财产是外化劳动即工人对自然界和对自身的外在关系的产物、结果和必然后果”④。这样，马克思就揭示了资本主义私有财产的秘密：“私有财产一方面是外化劳动的产物，另一方面又是劳

---

① 马克思：《1844年经济学哲学手稿》，人民出版社2000年版，第30页。

② 同上书，第31页。

③ 国内有学者从马克思的《詹姆斯·穆勒〈政治经济学原理〉一书摘要》出发，指出，只有在交往异化的语境中才能理解这里的“人与人的异化”。无疑是具有很大的启发意义。（韩立新：《〈穆勒评注〉中的交往异化：马克思的转折点》，《现代哲学》2007年第5期。）在他看来，“到异化劳动片段的最后关头，马克思终于发现，他需要从人的‘自我异化’转向人的‘相互异化’，从而对劳动异化的分析转向了对人与人的关系异化的分析。”（同上书，第6页）

④ 马克思：《1844年经济学哲学手稿》，人民出版社2000年版，第61页。

动借以外化的手段，是这一外化的实现。"[①] 但是，作为资产阶级意识形态的政治经济学却没有看到这一点，为了维护本阶级的利益，他们不仅将劳动视为一切国民财富的源泉，还将私有财产视为这一源泉的合法所得。这就决定了，他们不愿看到资本主义制度下劳动的异化现实，因此，也就无法理解人在资本主义制度下的生存状态。由此，马克思愤慨地提出，"以劳动为原则的国民经济学表面上承认人，毋宁说，不过是彻底实现对人的否定而已，因为人本身已不再同私有财产的外在本质处于外部的紧张关系中，而是人本身成了私有财产的这种紧张的本质"[②]。从而，起初只是作为人的力量的本质化和对象化存在的劳动，不再是属人的东西，而异化为人遭受奴役和压迫的源泉。由此，马克思私有财产批判的意图就明白无误地呈现出来：通过这一批判，探寻人被奴役、受压迫的根源，从而找到实现人的解放和自由的新道路。

在马克思看来，既然以劳动为原则的政治经济学否认人本身，那么，要实现对人的拯救，就必须彻底扬弃私有财产。由此，马克思把私有财产的问题和共产主义的讨论相结合，在私有财产批判的原则高度上对共产主义的问题进行了讨论。

在马克思看来，不论是粗陋的共产主义还是"具有政治性质的、废除国家"的共产主义，虽然都意识到"人向自身的还原或复归，是人的自我异化的扬弃"，但是，由于它们没有理解私有财产的本质，因而，也就不是真正的共产主义，依然是"非人的共产主义"。基于此，马克思指出，真正的共产主义"是私有财产即人的自我异化的积极的扬弃，因而是通过人并且为了人而对人的本质的真正占有；因此，它是人向自身、向社会的即合乎人性的人的复归，这种复归是完全的，自觉的和在以往发展的全部财富的范围内生成的。这种共产主义，作为完成了的自然主义＝人道主义，而作为完成了的人道主义＝自然主义，它是人和自然界之间、人和人之间的矛盾的真正解决，是存在和本质、对象化和自我确证、自由

① 马克思：《1844 年经济学哲学手稿》，人民出版社 2000 年版，第 61 页。
② 同上书，第 74 页。

和必然、个体和类之间的斗争的真正解决。它是历史之谜的解答，而且知道自己就是这种解答。”① 这表明：（1）只有扬弃私有财产，才能实现人自身生命的占有，使人真正成为社会的存在；（2）只有扬弃私有财产，人和自然之间、人和人之间的矛盾才能得到真正的解决；（3）只有扬弃私有财产，人才能作为总体的人，以一种全面的方式占有自己全面的本质。总而言之，只有扬弃私有财产，才能实现“人的一切感觉和特性的彻底解放”②，而这种扬弃之所以是解放，乃是因为这些感觉和特性无论在主体上还是在客体上都是人自身的本质属性。在这个意义上，只有扬弃私有财产，才能真实地变革劳动的异化状态，才能使劳动成为人自己的真正的财产，成为人的自由的生命表现，从而使人作为人进行生产并创造属于自己的历史。这既是人性的复归，也是人自身的解放。

综上所述，马克思对私有财产的批判，实现了对作为资产阶级意识形态的国民经济学的“基础”的批判，从而揭示了资本主义制度下人的被奴役、受压迫的真实原因，在本质上实现了对资本主义所有制的批判，为“在协作和对土地及靠劳动本身生产的生产资料的共同占有的基础上，重新建立个人所有制”③ 作了理论的论证。

三　政治经济学批判与拜物教批判④

法国二月革命之后，马克思积极投身于革命，但是，现状迫使他再次退回到书房。在1850—1851年间，他一直待在英国博物馆，重新开始了政治经济学研究。与早期的国民经济学批判不同，这一时期马克思开始从资产阶级政治经济学的重要范畴出发，例如，商品、劳动、价值、货币和资本等，从而阐述了商品、创造商品的劳动的二重性，货币的本质和职能，货币到资本的转化及其转化的条件，剩余价值的来源、本质、转化形式和运动规律等问题，从而揭示了资本主义生产方式的内在的对抗性矛盾和发展的历史趋势。更

① 马克思：《1844年经济学哲学手稿》，人民出版社2000年版，第81页。

② 同上书，第85—86页。

③ 《马克思恩格斯全集》第44卷，人民出版社2001年版，第874页。

④ 需要注意的是，马克思的拜物教批判是在其历史唯物主义世界观的指导下进行的，这是其不同于早期意识形态批判的关键之处。

为重要的是，通过对商品拜物教、货币拜物教以及资本拜物教的分析，马克思彻底揭示了作为资产阶级意识形态的政治经济学的虚假幻象，从而打破了资本主义的非历史性（永恒性）神话。

从本质上讲，马克思之所以将政治经济学视为资产阶级的意识形态，一个根本的原因在于，他深刻地把握到了隐藏在资本主义社会背后的意识的物化结构，并且，这种意识的物化结构已经转化为人们的行为，在其行为中潜移默化地起着作用。就像卢卡奇已经指出的，“像资本主义制度不断地在更高阶段上从经济方面生产和再生产自身一样，在资本主义发展过程中，物化结构越来越深入地、注定地、决定性地沉浸入人的意识里”①，乃至于“他们没有意识到这一点，但是他们这样做了”②。要揭示这点，只有通过对作为资本主义“显学”的政治经济学的批判才能实现。这主要体现在马克思对商品拜物教、货币拜物教和资本拜物教的批判中。这里我们集中地以商品拜物教为例加以分析。③

在马克思看来，在资本主义社会，商品好像是一种简单而平凡的东西。但是只要我们对其稍加分析就会发现，它却是一种很古怪的东西，“充满形而上学的微妙和神学的怪诞”④。例如，用木头作桌子，木头的形状肯定会发生形态的改变。可是桌子还是木头的，还是一个普通的可以感觉的物。但是，“桌子一旦作为商品出现，就转化为一个可感觉而又超感觉的物。它不仅用它的脚站在地上，

---

① 卢卡奇：《历史与阶级意识——关于马克思主义辩证法的研究》，杜章智等译，商务印书馆1996年版，第159页。

② 《马克思恩格斯全集》第44卷，人民出版社2001年版，第91页。

③ 按照笔者的考察，直到1859年的《政治经济学批判》第一分册中，马克思才首次对商品作了详细的阐释。但遗憾的是，只要读读他在这一著作中“关于商品分析的历史”部分的内容便可知晓，马克思在这一部分中关于商品的分析，实质上只是对配第、布阿吉尔·贝尔、富兰克林、斯图亚特、亚当·斯密以及大卫·李嘉图关于商品使用价值、交换价值、劳动时间之间关系的“重述”罢了。内容毫无新意！只有到了《资本论》第一卷，马克思通过对价值二重性的分析，才真实地把握到商品价值形式与人类抽象劳动之间关系的内在关联，并通过对商品的拜物教本质的揭示，找到了资产阶级政治经济学的“软肋”，并由此展开了自己的拜物教批判。而且，由于马克思的商品拜物教的分析实际已经包含着他对货币拜物教、资本拜物教的基本理解，因此，在这里我们单独选择这一问题进行分析。

④ 《马克思恩格斯全集》第44卷，人民出版社2001年版，第88页。

而且在对其他一切商品的关系上用头倒立着，从它的木脑袋里生出比它自动跳舞还奇怪得多的狂想”①。为何劳动产品一旦采取商品形式就具有谜一般的性质？仅仅是因为其形态发生了变化？抑或是功能产生了变化？抑或是价值发生了改变？马克思的回答是，“显然是从这种形式本身来的”②。具体言之，这种商品形式的奥秘不过在于：“商品形式在人们面前把人们本身劳动的社会性质反映成劳动产品本身的物的性质，反映成这些物的天然的社会属性，从而把生产者同总劳动的社会关系反映成存在于生产者之外的物与物之间的社会关系。由于这种转换，劳动产品成了商品，成了可感觉而又超感觉的物或社会的物。”③ 因此，真正造成商品成为“可感觉而又超感觉的物或社会的物”的原因在于，商品已经不再是简单的物，而是“关系”，即隐藏在商品这一作为社会关系的存在物背后的人与人的关系。由此，揭示这种“虚幻的关系形式”构成了马克思探索的重点。

那么，什么是拜物教呢？在马克思看来，不同于劳动产品，商品本身并不具有单纯的使用价值，它本质上还具有交换价值，这是一定的社会关系。因此，我们可以看到，在商品的世界里，作为劳动产品的商品，摇身一变，就变为独立于人、并同人相对立的存在物。因而，商品的形式和它借以得到表现的劳动产品的价值关系，是同劳动产品的物理性质以及由此产生的物的关系完全无关的，即同劳动产品的使用价值和价值无关，而实际上，“这只是人们自己的一定的社会关系，但它在人们面前采取了物与物的关系的虚幻形式。因此，要找一个比喻，我们就得逃到宗教世界的幻境中去。在那里，人脑的产物表现为赋有生命的、彼此发生关系并同人发生关系的独立存在的东西。在商品世界里，人手的产物也是这样。我把这叫作拜物教。劳动产品一旦作为商品来生产，就带上拜物教性质，因此拜物教是同商品生产分不开的。”④

---

① 《马克思恩格斯全集》第44卷，人民出版社2001年版，第88页。

② 同上书，第89页。

③ 同上。

④ 同上书，第89—90页。

具体来说，商品的拜物教性质其实来源于生产商品的劳动所特有的社会性。因为，要使劳动产品成为商品，就在于使劳动成为社会劳动，即劳动者生产的产品不是为了自身的需要，而是为了通过劳动产品的出售，来获得商品的价值。在这个意义上，作为生产商品的人类劳动就不是处于私人关系中的劳动，而是处在社会关系中的劳动。因此，在生产者面前，他们的私人劳动的社会关系不是表现为人们在自己劳动中的直接的社会关系，而是表现为“人们之间物的关系和物之间的社会关系”。这样，人与人之间的真实的关系就被掩盖在物（商品）的外壳之下了，而意识形态批判的任务就在于实现对这一关系的解释。正如阿多诺所言：“意识形态批判的任务就是判断主体和客体的份额及其动力。它否定了概念拜物教的虚假客观性，将其还原于社会的主体。”①

在马克思之前，却没有人能揭示这一秘密。在亚里士多德那里，他在商品的价值表现中成功地发现了等同关系，但是，由于缺乏价值的概念以及他所处的时代（即奴隶制时代）的局限，决定了亚里士多德依然不能解决这个看似“实际上是不可能存在”的共同的实体。即就算是古典政治经济学的最优秀的代表人物，像亚当·斯密和李嘉图，也只是把价值形式看成一种完全无关紧要的东西或在商品本性之外存在的东西，并且他们“从来没有从商品的分析，特别是商品价值的分析中，发现那种正是使价值成为交换价值的价值形式”②。这是不是因为价值量的分析把他们的注意力完全吸引住了，还是有着更为深刻的原因？在马克思看来，原因在于“劳动产品的价值形式是资产阶级生产方式的最抽象的、但也是最一般的形式，这就使资产阶级生产方式成为一种特殊的社会生产类型，因而同时具有历史的特征。因此，如果把资产阶级生产方式误认为是社会生产的永恒的自然形式，那就必然会忽略价值形式的特殊性，从而忽略商品形式及其进一步发展——货币形式、资本形式

---

① 特奥多·阿多尔诺：《否定的辩证法》，张峰译，重庆出版社 1993 年版，第 195—196 页。

② 《马克思恩格斯全集》第 44 卷，人民出版社 2001 年版，第 98 页注释（32）。

等等的特殊性。”[①] 因此，劳动产品的价值形式问题构成马克思与古典政治经济学共同关注的问题。

在马克思看来，要揭示上述的问题，只能诉诸人类的历史本身。诚如他所言，“只有当社会生活过程即物质生产过程的形态，作为自由人的联合的人的产物，处于人的有意识有计划的控制之下的时候，它才会把自己的神秘的纱幕揭掉。但是，这需要有一定的社会物质基础或一系列物质生存条件，而这些条件本身又是长期的、痛苦的发展史的自然产物”[②]。因此，商品拜物教的消除，从根本上来说，不仅在于揭示人类劳动的社会属性，还在于人类历史发展的过程。而要做到这一点，就在于要看到，“物质生活的生产方式制约着整个社会生活、政治生活和精神生活的过程”。因此，“不是人们的意识决定人们的存在，相反，是人们的社会存在决定人们的意识”[③]。通过这一揭示，马克思彻底地实现了对整个意识形态的批判。

上述分析表明，马克思的拜物教批判本质上就是资产阶级意识形态的批判。通过这一批判，马克思看到了商品、货币、资本的拜物教性质，从而从历史唯物主义的原则出发，对资本主义的未来做了预测。正如马克思所说，“我们判断一个人不能以他对自己的看法为依据，同样，我们判断这样一个变革时代也不能以它的意识为根据；相反，这个意识必须从物质生活的矛盾中，从社会生产力和生产关系之间的现存冲突中去解释”[④]。在这个意义上，这一批判不仅仅是意识形态的批判，还是在历史唯物主义原则基础上的哲学批判，即对唯心主义形而上学和以“感性—对象性”为解释原则的旧唯物主义的批判。正如依波利特所言，“马克思出色地指出了从康德到黑格尔的经济科学与唯心主义哲学之间的关系。”[⑤] 因此，

---

① 《马克思恩格斯全集》第44卷，人民出版社2001年版，第99页注释（32）。

② 同上书，第97页。

③ 《马克思恩格斯全集》第31卷，人民出版社1998年版，第412页。

④ 同上书，第413页。

⑤ 依波利特：《马克思与黑格尔研究》，载张世英主编《新黑格尔主义论著选辑》（下卷），商务印书馆2003年版，第431页。

政治经济学批判不仅仅是经济学的，还是哲学的，是两者的统一，这种统一“导致人和人的将来的新观念，导致在其历史变化中把思辨科学与人的生活一致起来的实践”；[①] 这种统一使“哲学仅仅作为沉思的科学而自我超越，而且，它是在真正的人的解放行动中自我实现的，而不单纯是沉思的智慧”[②]。这一哲学就是以“改变世界”为己任的历史唯物主义世界观。

综上所述，马克思在政治经济学批判语境中对社会现实的批判、资产阶级私有制的批判以及拜物教的批判，本质上就是其对资产阶级意识形态的批判。正是通过这一批判，马克思逐步实现了对隐藏在虚假意识背后的资本主义生产过程、资本主义的生产方式、资本主义生产关系、资本主义的所有制以及资本主义的人的存在方式的考察。这一考察实际上就是马克思对人类社会历史发展规律的探索，对现代工业社会及其内在矛盾的考察，也是对未来社会的考察，对实现人的自由与全面发展的考察。同样，马克思的政治经济学批判，也是对资产阶级官方哲学的黑格尔思辨哲学的批判，正是通过这些批判，马克思超越了黑格尔，不再把人类的历史视为“逻辑的思辨的思维的生产史”，而是用“现实的社会生活过程”、“资本主义的生产过程”取代了“独立主体的思维过程”，从而创建了历史唯物主义的世界观。在上述意义上，马克思的意识形态批判具有双重的维度：对以“资本逻辑”为核心的资本主义制度的批判和以黑格尔哲学为代表的一切形而上学的批判。

第四节　意识形态批判与新世界观的确立

在《德意志意识形态》中，马克思不仅正式提出了意识形态问题，还在区分一般意识形态和德意志意识形态的基础上，对德国现代意识形态进行了全面批判。在我们看来，这一意识形态的批判

---

① 依波利特：《马克思与黑格尔研究》，载张世英主编《新黑格尔主义论著选辑》（下卷），商务印书馆2003年版，第431页。

② 同上。

是集中地围绕着对费尔巴哈人本学唯物主义和黑格尔的思辨哲学的批判展开的。通过对费尔巴哈“非历史性、非社会性”自然观的意识形态批判，马克思揭示了自然的“社会属性”；通过对黑格尔唯心主义历史观的意识形态批判，马克思确认了历史的前提——现实的人。并由此揭示了意识形态的现实基础，最终实现了对包括德意志意识形态在内的一切意识形态的批判，从而创建了“历史”的唯物主义世界观。

一　从自然到历史——对费尔巴哈的“颠倒”

在前面的论述中我们已经指出，从根本上讲，费尔巴哈哲学就是建立在对黑格尔思辨神学（亦即思辨哲学）的批判的基础上的。为了对抗黑格尔的思辨哲学，费尔巴哈从哲学开端问题出发，提出了“回到自然”的哲学口号。

在费尔巴哈看来，黑格尔哲学从存在开始，也就是说，是从存在的概念或抽象的存在开始。但是“从存在开端，乃是一种单纯的形式主义，因为这并不是真正的开端，并不是真正最初的东西”[①]。由此，他提出：“为什么我不能从存在本身，亦即从现实的存在开始呢?”[②] 这个现实的存在就是存在的对立面——感性具体。而且，更为重要的是，“感性的、个别的存在的实在性，对于我们来说，是一个用我们的鲜血来打图章担保的真理”[③]。因此，费尔巴哈倡导，哲学的探索不应该从抽象的“存在”开始，而是应该从感性的、具体的现实存在开始。因为，“哲学是关于真实的、整个的现实界的科学；而现实的总和就是自然（普遍意义的自然）。最深奥的秘密就在最简单的自然物里面，这些自然物，渴望彼岸的幻想的思辨者是踏在脚底的。只有回到自然，才是幸福的源泉。”[④] 由此，费尔巴哈通过把“自然”作为哲学的出发点，从而恢复了唯物主义“荣誉”。

---

① 费尔巴哈：《费尔巴哈哲学著作选集》上卷，荣震华等译，商务印书馆 1984 年版，第 65 页。

② 同上书，第 51 页。

③ 同上书，第 68 页。

④ 同上书，第 84 页。

但是，费尔巴哈的以自然为出发点的唯物主义却是一种“非历史”的唯物主义，是一种“变形了”的唯心主义，这集中地体现在他的自然的概念之中。在对思辨神学的批判中，费尔巴哈看到了宗教的“属人本性”，看到了自然的优先性和人的现实性。但是，在他那里，“自然”是“脱离了现实社会和历史的自然”，即“非现实、非历史的”自在存在感性世界。因而，正如马克思所说的，由于他对对象、现实、感性，只是从客体的或者直观的形式去理解，只是从单纯的直观和单纯的感觉出发，因此，他设定的人，就不是现实的历史的人，他所理解的感性世界就不是人类对象性活动的结果。不仅如此，费尔巴哈“没有看到，他周围的感性世界决不是某种开天辟地以来就直接存在的、始终如一的东西，而是工业和社会状况的产物，是历史的产物，是世世代代活动的结果，其中每一代都立足于前一代所达到的基础上，继续发展前一代的工业和交往，并随着需要的改变而改变它的社会制度”①。由此，马克思高度赞扬了工业在人类历史的发展中对于“人和自然的统一”所起的作用。在《神圣家族》中，马克思就曾针对鲍威尔轻视工业和自然界对历史认识的意义的论调作出了批判：“难道批判的批判以为，只要它从历史运动中排除掉人对自然界的理论关系和实践关系，排除掉自然科学和工业，它就能达到即使是才开始的对历史现实的认识吗？难道批判的批判以为，它不去认识（比如说）某一历史时期的工业和生活本身的直接的生产方式，它就能真正地认识这个历史时期吗？……正像批判的批判把思维和感觉、灵魂和肉体、自身和世界分开一样，它也把历史同自然科学和工业分开，认为历史的发源地不在尘世的粗糙的物质生产中，而是在天上的云雾中。”② 而问题恰恰就在于，如果他们懂得工业在“人与自然界的统一”中的作用，那么，那种“按照黑格尔体系，观念、思想、概念产生、规定和支配人们的现实生活、他们的物质世界、他们的

---

① 《德意志意识形态：节选本》，人民出版社 2003 年版，第 20 页。

② 《马克思恩格斯全集》第 2 卷，人民出版社 1957 年版，第 191 页。

现实关系”[1] 的意识形态神话必将瞬间走向破灭！就算是费尔巴哈的“自然界”的界定，也必将面临同样的命运，因为，所谓的“先于人类历史的自然界”，并不是费尔巴哈生活其中的自然界，因此，也就只能是观念中的自然界或自然界的观念，这是又一种“意识形态”！犹如亨利·列斐弗尔在《辩证法的唯物主义》中所指出的：“因而费尔巴哈的人本主义是一种神话，即基于纯粹的自然。对他来说，在人和自然的神秘的调和中——只是哲学家感到的调和——发现自然和对象是‘永恒的过去所给与的’，对象是作为直观的对象来设定的，而不是作为社会活动即实践的产物来设定的。费尔巴哈的自然是原始森林的自然，或是近来在太平洋出现的珊瑚礁的自然”，“自然对我们来说，只是作为一种内容存在于人的经验和实践之中”[2]。而后者，才是马克思意义上的“自然”。而正是这种对自然的不同理解，最终导致了马克思和费尔巴哈的“分手”。

不仅如此，正因为费尔巴哈把自然理解为“先于历史的自然”、“自在存在的自然”，因此，他的所谓的“现实的人”，也就不过是“感性直观的人”、“抽象的人”。就像马克思所说的，虽然费尔巴哈比“纯粹的”唯物主义者有更大的优点：他承认人也是“感性对象”；但是，“他把人只是看作是‘感性对象’，而不是‘感性活动’，因为他在这里仍然停留在理论的领域内，没有从人类现有的社会联系，从那些使人们成为现在这种样子的周围生活条件来观察人们——这一点且不说，他还从来没有看到现实存在着的、活动的人，而是停留在抽象的‘人’，并且仅仅限于在感情范围内承认‘现实的、单个的、肉体的人’，也就是说，除了爱和友情，而且是理想化了的爱和友情以外，他不知道‘人与人之间’还有什么其他的‘人的关系’”[3]。所以，在他那里，人的本质只能是单个人所固有的抽象物，而不是一切社会关系的总和。由此，马克思精辟地指出，“当费尔巴哈是一个唯物主义者的时候，历史在

---

① 《德意志意识形态：节选本》，人民出版社 2003 年版，第 5 页。

② 转引自 A. 施密特《马克思的自然概念》，欧力同等译，商务印书馆 1988 年版，第 15—16 页。

③ 《德意志意识形态：节选本》，人民出版社 2003 年版，第 22 页。

他的视野之外；当他去探讨历史的时候，他不是一个唯物主义者。在他那里，唯物主义和历史是彼此完全脱离的”[①]。因此，费尔巴哈的唯物主义，只能是“半截子的唯物主义”！“正是在共产主义的唯物主义者看到改造工业和社会结构的必要性和条件的地方，他却重新陷入唯心主义。”[②] 费尔巴哈不理解，“实际上，而且对实践的唯物主义者即共产主义者来说，全部问题在于使现存世界革命化，实际地反对并改变现存的事物”[③]。在这个意义上，费尔巴哈的“半截子的唯物主义”实质上就只是一种意识形态，而正是通过对自然的历史性理解，马克思彻底地击穿了这一意识形态的幻象！

上述的事实表明，正是基于对“自然”的概念、对自然与人的关系等的不同理解，马克思实现了对费尔巴哈哲学的彻底清算。但这并不意味着，费尔巴哈的哲学从一开始就“一无是处”。客观地讲，正是站在费尔巴哈“肩膀上”，马克思才超越了费尔巴哈及一切唯心主义。就像施密特所指出的，“对于理解马克思的自然概念来说，费尔巴哈于1842年和1843年所撰写的《关于哲学改造的暂定提纲》和《未来哲学原理》这两篇著作，比恩格斯在他的著作中所赞赏的1814年的《基督教的本质》更加重要。费尔巴哈对黑格尔的批判是从对一切唯心主义体系的诘难开始的，即是从自然概念开始的”[④]。因此，费尔巴哈基于自然概念对一切唯心主义的彻底清算，为马克思进行新的哲学思考作了必要的前提铺垫。在这个意义上，我们有理由说，没有费尔巴哈，就没有马克思的世界观革命。只不过，马克思对自然作了历史性的理解，并对历史作自然化的阐释，由此实现了“自然和历史的统一”。就像日本学者广松涉所指出的，“说起历史唯物主义（将‘历史’从唯物主义的角度来把握）时的‘历史’，……如果将它视为包括具有特别意义的

---

① 《德意志意识形态：节选本》，人民出版社2003年版，第22页。

② 同上。

③ 同上书，第19页。

④ A. 施密特：《马克思的自然概念》，欧力同等译，商务印书馆1988年版，第10页。

‘自然史’和‘人类史’的‘历史’的话，以及如果认为历史唯物主义（materialistische Auffassumg der Geschichte）是我们说起‘我们仅仅知道一门唯一的科学，即历史科学’时的单一的、统一的‘历史的系统知识’”的话，那么“历史唯物主义，决不是与自然界并列的，与历史界这样的半球相关联的通常的历史观，而是整体性的世界观”①。这一世界观，就是历史唯物主义的世界观。

二　从思辨历史到现实历史——对黑格尔唯心主义历史观批判

在《德意志意识形态》中，马克思指出：“我们仅仅知道一门惟一的科学，即历史科学。历史可以从两方面来考察，可以把它划分为自然史和人类史。……我们需要深入研究的是人类史，因为几乎整个意识形态不是曲解人类史，就是完全撇开人类史。意识形态本身只不过是这一历史的一个方面。”② 因此，作为一门唯一科学的历史科学，不仅要在实现对自然的历史性理解，还要从人类史出发重新理解历史。但因为“意识形态不是曲解人类史，就是完全撇开人类史”，因此，首要的就是要破除那种“现实世界是观念世界的产物”的意识形态，从而重新实现对人类史的理解，进而重建整个历史科学。

在前面的论述中我们已经表明，不论是青年黑格派还是老年黑格尔派，抑或是费尔巴哈派，都力图实现对黑格尔哲学的批判和超越，但是其哲学的本性——黑格尔思辨哲学决定了，他们只能在黑格尔思辨哲学的主导方式下思考问题或对其哲学的某个方面进行批判，因而，在根本上无法真正地超越黑格尔的哲学。诚如马克思恩格斯所说，“他们和黑格尔的论战以及互相之间的论战，只局限于他们当中的每一个人都抓住黑格尔体系中的某一方面来反对他的整个体系，或反对别人所抓住的那些方面。”③ 这就决定了，要在意识形态批判中真实地理解人类发展的历史，重建历史科学，就必须首先破除对黑格尔哲学的迷信。这一“迷信的破除”集中地体现

① 广松涉：《物象化的构图》，彭曦等译，南京大学出版社 2002 年版，第 3 页。

② 《德意志意识形态：节选本》，人民出版社 2003 年版，第 10—11 页注释②。

③ 《马克思恩格斯全集》第 3 卷，人民出版社 1960 年版，第 21 页。

在马克思在继《关于费尔巴哈的提纲》对费尔巴哈在内的一切旧唯物主义批判之后，在《德意志意识形态》中对黑格尔唯心主义历史观的批判。

实际上，通过对包括费尔巴哈在内的一切旧唯物主义的批判，马克思已经或多或少确立了新唯物主义的原则，如，感性活动的原则、新唯物主义的立脚点、人的本质、哲学变革世界的本性，等等。但从根本上讲，因为缺乏对作为最大思想障碍的黑格尔哲学的清理，马克思的新世界观尚处于隐而不显的境地。破解这一困境依然需要努力。这集中体现在马克思历史唯物主义世界观的扛鼎之作——《德意志意识形态》之中。在这一著作中，马克思对历史的前提、人类现实的生产过程、人类历史的发展过程、人类社会发展的根本规律、新唯物主义的核心原则等都作了深入思考，从而彻底颠覆了黑格尔思辨哲学意识形态主导下的历史观，由此建立了历史唯物主义的世界观。

马克思对黑格尔思辨历史观的批判集中体现为对历史前提的关注。在黑格尔哲学中，其对历史的思考完全是在精神的范围内进行的，因此，在他看来，"世界历史可以说是'精神'在继续作出它潜伏在自己本身'精神'的表现"[①]。因此，历史的前提必然是"精神"、"观念"，精神孕育了人类的历史。但在马克思看来，历史的前提只能是"现实的人"，即现实的人的物质资料的生产和现实生活的生产活动创造了历史。在这个意义上，"精神"只能是人的精神，只能是现实的人的"能动性"。但是，"迄今为止的一切历史观不是完全忽视了历史的这一现实基础，就是把它仅仅看成与历史过程没有任何联系的附带因素。因此，历史总是遵照在它之外的某种尺度来编写的；现实的生活生产被看成是某种非历史的东西，而历史的东西则被看成是某种脱离日常生活的东西，某种处于世界之外和超乎世界之上的东西。这样，就把人对自然界的关系从历史中排除出去了，因而造成了自然界和历史之间的对立。"[②] 这

---

① 黑格尔：《历史哲学》，王造时译，上海书店出版社 2006 年版，第 16 页。

② 《德意志意识形态：节选本》，人民出版社 2003 年版，第 37 页。

样，现实的人和现实的生活生产共同构成了历史发展的必要条件。

从现实的人出发，马克思对思辨哲学的核心概念“意识”作了新的理解，即意识是“人们的存在”和“现实的生产过程”的历史发展的产物。在他看来，“意识的一切形式和产物都不是可以通过精神的批判来消灭的，不是可以通过把它们消融在‘自我意识’或化为‘怪影’、‘幽灵’、‘怪想’等等来消灭的，而只有实际地推翻这一切唯心主义谬论所由产生的现实的社会关系，才能把它们消灭；历史的动力以及宗教、哲学和任何其他理论的动力是革命，而不是批判”①。因此，意识形态的批判就是要在揭示意识产生的根源的基础上，“对现实的一切进行无情的批判”，揭示那种产生各种意识形态的幻象的“现实的社会关系”。通过这种揭示，才能最终实现对人类史的彻底把握。对此，马克思指出：“历史不是作为‘源于精神的精神’消融在‘自我意识’中而告终的，而是历史的每一阶段都遇到一定的物质结果，一定的生产力总和，人对自然以及个人之间历史地形成的关系，都遇到前一代传给后一代的大量生产力、资金和环境，尽管一方面这些生产力、资金和环境为新的一代所改变，但另一方面，它们也预先规定新的一代本身的生活条件，使它得到一定的发展和具有特殊的性质。由此可见，这种观点表明：人创造环境，同样，环境也创造人。”② 这样，“现实的人”、“生产力总和”、“生产力”、“环境”才是推动人类历史发展的真实条件。遗憾的是，黑格尔并没有看到这一点，在他那里，人类历史就是精神自觉到自身并回归自身的历史，这样，他“只是为那种历史的运动找到抽象的、逻辑的、思辨的表达，这种历史还不是作为一个当作前提的主体的人的现实历史，而只是人的产生的活动、人的形成的历史。”③ 而正是通过这一批判，马克思建立了自己基于“现实的生产过程”考察的历史唯物主义世界观。

上述的分析表明，对黑格尔唯心主义历史观的批判，实则是通

---

① 《德意志意识形态：节选本》，人民出版社 2003 年版，第 36 页。

② 同上书，第 36—37 页。

③ 马克思：《1844 年经济学哲学手稿》，人民出版社 2000 年版，第 97 页。

过对其历史前提的批判来揭示意识的本源，即一切意识在本质上都根源于人类的社会存在，现实的人参与的人类生产过程创造了人类的整个思想和社会发展史。在这个意义上，唯心主义历史观的批判，根本上也是意识形态批判。通过这种意识形态的批判，“历史”的唯物主义世界观得以诞生。

三　意识形态批判与历史唯物主义的确立①

按照马克思的理解，不论是一般意识形态还是德国现代意识形态，都认为是现实世界不过是思想的产物，因而，思想统治着现实的世界，从思想和观念才是决定性的原则。由此，这些意识形态的思想家们对现实世界的批判只不过是用“震撼的词句反对词句”，而无法真正达到对现存的一切无情批判的目的。因此，在马克思看来，对意识形态的批判要做的就是对其现实基础的揭示，这首先集中地体现在对意识的起源的考察，因为，意识形态只不过“是虚假意识产生的理论”②。

早在1843年9月致卢格的信中，马克思就主张，应该把意识的改革和社会现实的批判结合起来。一方面，通过对意识本原的探究，使人们从意识的迷雾中惊醒过来，由此来说明人类意识的本质。另一方面，则是在弄清意识与世界的关系的基础上，从困扰人们的宗教问题和政治问题中发现“人的形态”，像费尔巴哈在宗教的批判中“发现人”一样。由此他指出，“我们的口号必须是：意识改革不是靠教条，而是靠分析连自己都不清楚的神秘的意识，不管这种意识是以宗教的形式还是以政治的形式出现。那时就可以看出，世界早就在幻想一种只要它意识到便能真正掌握的东西了。那时就可以看出，问题不在于将过去和未来断然隔开，而在于实现过去的思想。最后还会看到，人类不是在开始一项新的工作，而是在

---

① 其实，马克思意识形态批判不仅仅是创立历史唯物主义的问题，在其本质上，通过揭示意识的起源和人类社会历史的发展，马克思在以“现实的生产过程”为基础，在存在论的原则高度上实现了对近代形而上学的批判和颠覆，从而使自己的历史唯物主义的世界观建立在坚实的基础之上。限于篇幅，我们在这里不作讨论，在后面的章节，我们对此将加以详尽的分析和研究。

② 汤姆·罗克曼：《马克思主义之后的马克思——卡尔·马克思的哲学》，杨学功、徐素华译，东方出版社2008年版，第125—126页。

自觉地完成自己原来的工作。”① 由此可见，“分析连自己都不清楚的神秘的意识”才是意识改革的关键。意识改革并不是要实现什么意识的创新，而是要在揭示原有意识的现实基础的层面上，重新赋予思想意识以新的力量，以此来使思想或意识发挥其应有的力量。

在《德意志意识形态》中，马克思进一步认识到，不论是青年黑格尔派还是费尔巴哈，其哲学思想本质上都不过是黑格尔哲学的“翻版”。“按照黑格尔体系，观念、思想、概念产生、规定和支配人们的现实生活、他们的物质世界、他们的现实关系。他的背叛的门徒从他那里接受了这一点。”② 因而，他们虽然力图在哲学上有所创造，但本质上只要他们依然在“神秘意识”的层面上思考问题，就无法逃出意识形态的“陷阱”。

在马克思看来，思想、观念、意识的生产最初直接与人们的物质活动紧密相关。正是在现实的物质交往的过程中，观念、思想以及人们精神的交往都表现为物质关系的直接产物，即表现在某一民族的政治、法律、道德、宗教、形而上学等等的语言中的精神生产也是这样。因此，精神的产物并不是神秘的东西，它们和人们的物质生活生产、物质交往乃至精神交往紧密相关。因而，“意识在任何时候都只能是被意识到了的存在，而人们的存在就是他们的实际生活过程”③。这表明，思想、意识并不是独立于人之外的某种“虚幻的存在”，它直接的首先就是现实的存在的人在现实生活过程中对现实世界的理解和表达，只不过以“抽象”形式表现出来而已。应当说，正是在此一度中，马克思一举击穿了“意识形态的幻象”，从而在存在论的基础上实现了哲学的变革，并由此给予以往意识形态尤其是黑格尔思辨哲学以“沉重一击”。

通过揭示意识的真实起源，马克思对包括黑格尔哲学在内的整个形而上学做出了新思考。在他看来，德国哲学从天上降到地上；

① 《马克思恩格斯全集》第47卷，人民出版社2004年版，第66—67页。

② 《马克思恩格斯全集》第3卷，人民出版社1960年版，第16页注①。

③ 同上书，第29页。

和它完全相反，新哲学应该“从地上升到天上”，就是说，不是从人们所说的、所想象的、所设想的东西出发，也不是从只存在于口头上所说的、思考出来的东西、设想出来的人出发，而是要从实际活动的人出发，通过揭示他们的“现实生活过程”，来洞悉意识形态产生、运行和发展秘密。这个秘密就是：道德、宗教、形而上学和其他意识形态，以及与它们相适应的意识形态并没有什么独立性的外观。“它们没有历史，没有发展；那些发展着自己的物质生产和物质交往的人们，在改变着自己的这个现实的同时，也改变着自己的思维和思维的产物。”在这个意义上，“不是意识决定生活，而是生活决定意识”①。这也就决定了，我们不是从意识出发去观照生活，而是“从现实的、有生命的个人本身出发，把意识仅仅看作他们的意识”②。至此，马克思实现了意识形态批判的最终目标：“揭穿同现实的影子所作的哲学斗争，揭穿这种投合耽于幻想、精神萎靡的德国人民口味的哲学斗争，使之信誉扫地。”③ 正是从这一基点出发，马克思不仅实现了对一切虚假意识形态的彻底批判，还由此创立了自己历史唯物主义的世界观。这一世界观的核心就在于：从人们的社会存在出发探索人们的实际的生活过程，并把社会的物质生产力与生产关系、经济基础与上层建筑之间的辩证关系作为理解整个人类社会历史发展的出发点。正如俞吾金所指出的：“正是在对意识形态进行深入批判的过程中，马克思才创立了自己的历史唯物主义理论，并运用崭新的理论术语把它叙述出来。”④

但遗憾的是，人们对马克思意识形态批判及其理论的分析，仅仅停留在“实证科学”层面（即只是研究马克思“理论意义上”的意识形态问题，而忽略了“批判意义上”的意识形态反思），使这一关乎马克思哲学命运的问题变成了一个“政治科学”的话语。意识形态虽屡屡被提及，但人们并不关心马克思为何要进行意识形

① 《马克思恩格斯全集》第 3 卷，人民出版社 1960 年版，第 30 页。

② 同上。

③ 《德意志意识形态：节选本》，人民出版社 2003 年版，第 4 页。

④ 俞吾金：《意识形态论》（修订版），人民出版社 2009 年版，第 43 页。

态批判以及怎样进行意识形态批判、最终的成果是什么等问题。这样一种忽略，最终使意识形态变成了一个时髦话语，而使意识形态批判却被抛在“脑后”。在我们看来，要在世界观的意义上理解马克思哲学变革，理解马克思之后的哲学发展，就必须透彻地理解和思考马克思的意识形态批判。就像伽达默尔教导我们的，“我们不仅思考由伪装之神狄奥尼修斯神秘地表现出的伪装的多元性，而且同样思考意识形态的批判，这种批判自马克思以来越来越频繁地被运用到宗教、哲学和世界观等被人无条件地接受的信念之上”①。

综上所述，正是通过意识形态的批判，马克思从根本上颠覆了以往一切传统形而上学“观念决定存在”、“思维决定存在”的解释原则，从而把意识的根源归结为“人们的存在”、“现实的人的生活过程”的产物，从而把“社会存在决定社会意识”确立为新的解释原则，最终确立了历史唯物主义的世界观。

结 语

在马克思的思想变革中，意识形态批判占据着重要的位置。可以说，没有意识形态的批判，就没有历史唯物主义世界观。马克思清晰地意识到，一切旧的唯物主义哲学虽然找到了作为世界发源地的“自然”，但是却没有将其与现实之人相联系，也没有将人与自然、人与社会、人与人等的关系视为“能动性的”，因此，也就无法彻底地说明意识的本源在于人的实践活动。一切思辨哲学，虽然从一定程度上认识到人是精神性的存在，具有主观能动性，但是，由于其将世界的存在直接归结为思想的产物，也就颠倒了人与世界、人与思想的关系。因而，反抗一切旧唯物主义和思辨哲学（即一切意识形态）的思想统治并进而教会人们以“符合的本质的思想”来代替这些意识形态，推动“当前的现实世界的革命”就成为马克思实现思想变革的第一步。马克思郑重宣布：“所有的德

① 伽达默尔：《哲学解释学》，夏镇平、宋建平译，上海译文出版社2004年版，第118页。

国哲学批判家们都断言：观念、想法、概念迄今一直支配和决定着现实的人，现实世界是观念世界的产物。这种情况一直保持到今日，但今后不应继续存在。”[①] 为了达到这个目标，马克思在哲学存在论基础上揭示意识的本原，探索历史存在的前提，追问人类历史的发展过程中的各种因素：交往、分工、所有制形式、历史发展的各个阶段等等，并由此创建了历史唯物主义的世界观，为人类的自由与解放提供了新的思想武器。

① 《德意志意识形态：节选本》，人民出版社 2003 年版，第 4 页。

第三章

历史唯物主义世界观的新拓展

对历史唯物主义世界观的当代探索，从马克思的《资本论》[①]着手，显然是一条重要的路径。美国学者弗雷德里克·詹姆逊曾指出："今天对《资本论》的任何创造性解读都是一个翻译过程。这个过程把维多利亚社会第一个工业时代创造的语言和概念在忠实于原初构建的状况下转换成了另一种代码，还通过对初次再现的抱负维度和精巧结构的坚持，保证了它在当代的可再现性。"[②] 列宁尖锐地指出："自从《资本论》问世以来，唯物主义历史观已经不是假设，而是科学地证明了的原理。"[③] 这些都表明，我们必须重视《资本论》的重要性，至少应该将其纳入对马克思世界观变革问题的研究中。

在马克思世界观革命的视域中考察《资本论》，核心问题在于是否将《资本论》视为马克思的哲学著作。长期以来，由于人们只是简单地将《资本论》视为政治经济学的著作，并在政治经济学理论的层面研究《资本论》，使得《资本论》应有的价值和意义被严重低估和遮蔽。由此造成的后果是，既不能在政治经济学批判的层面研究《资本论》，也无法在世界观变革的原则高度上来审视

---

① 这里的《资本论》是个广义的文本指称，它不仅包括三卷本的《资本论》，还包括马克思为《资本论》撰写而准备的系列手稿，如，《1857—1858 年经济学手稿》、《1859—1861 年经济学著作和手稿》、《1861—1863 年经济学手稿》、《1863—1865 年经济学手稿》等。

② 弗雷德里克·詹姆逊：《重读〈资本论〉》，胡志国、陈清贵译，中国人民大学出版社 2013 年版，"导言"，第 7 页。

③ 《列宁选集》第 1 卷，人民出版社 2012 年版，第 10 页。

《资本论》。在我们看来，以政治经济学批判为主旨的《资本论》是马克思在社会现实批判和意识形态批判基础上的对历史唯物主义世界观的又一次完善和丰富，进一步讲，在《资本论》的探索中，马克思不是简单地以历史唯物主义世界观和辩证法为方法论原则来探索作为“现实历史”的资本主义社会，而是在对“现实历史”的批判中丰富和发展了历史唯物主义的世界观和辩证法。大致来讲，这些成果集中地体现为：（1）在批判资产阶级国民经济学的基础上，马克思创建了一门以自己的名字命名的政治经济学的科学；（2）通过对作为资产阶级意识形态的政治经济学批判，马克思从对作为创造人类历史的“现实的生产过程”的考察转向对作为“特定历史发展阶段”的“资本主义生产过程”的研究，从而通过对资本的生产过程、资本的流通过程以及资本主义生产总过程的分析，探寻到了人类历史发展规律，进而为人类历史的发展指明了方向；（3）在《资本论》中，马克思借助于基本确立的历史唯物主义的世界观，揭示了资本的内涵逻辑，从而彻底地实现了对黑格尔辩证法的“颠倒”，把“唯心主义”的“独立主体思维过程”的辩证法变革为建立在历史唯物主义基础上的“现实的人的生产过程”的辩证法，实现了从思想的内涵逻辑到历史的内涵逻辑，从历史的内涵逻辑到资本的内涵逻辑的双重转变；（4）马克思揭示了作为资产阶级意识形态的政治经济学的“虚幻”本性，并由此揭示了资本主义社会的内在矛盾，从而科学地论证了资本主义社会的灭亡和共产主义实现的历史必然性；（5）通过政治经济学批判，马克思在对资本主义社会现实的批判中，在对资本主义内在矛盾的揭示中，在对资本主义条件下人的生存方式的批判中，实现了对“人的解放何以可能”的全面阐释。在这个意义上，在《资本论》中，马克思的政治经济学批判既是对资本主义社会现实的批判，也是对资产阶级意识形态的批判；既是对“现实历史”的考察，也是对资本主义人的存在方式的考察；既是对资本主义生产方式和所有制形式的批判，也是对共产主义必然实现的逻辑论证。因此，可以这样说，正是在《资本论》的政治经济学批判中，马克思真正地实现了历史唯物主义世界观与辩证法的内在统一，实现了哲学、政治经济学和科学社会主义的统一，实现了自己“改变世界”并“解放全人类”的理论诉求！

第一节 政治经济学批判视域中的世界观革命

在马克思的思想历程中，政治经济学批判占据了其研究的大部分精力。政治经济学批判同社会现实批判、意识形态批判一起构成马克思思想变革的核心内容。《资本论》的核心是政治经济学批判。纵观马克思整个政治经济学批判的历史，大致来讲，可以划分为三个主要的阶段：第一个阶段主要是马克思初步的政治经济学批判阶段。这一阶段时间大概始于 1843 年，到 1848 年为止，其论著大致包括《1844 年经济学哲学手稿》《哲学的贫困》等。这一时期马克思主要分析了私有财产问题、政治经济学的形而上学性问题、雇佣劳动与资本的关系等问题。第二阶段主要是《资本论》的准备阶段，其论著包括《1857—1858 年经济学手稿》《1861—1862 年经济学手稿》等，我们称为《资本论》的手稿阶段。与前一时期不同，由于此一时期历史唯物主义世界观基本建立，因此，马克思把历史唯物主义的理论和原则运用于政治经济学批判的方法论问题、政治经济学范畴的历史性、资本、货币、剩余价值等问题的研究，并在这一过程中重新对历史唯物主义理论作了补充和完善，正式确立了新的世界观。第三阶段主要是马克思系统整理其政治经济学批判的成熟阶段，这包括 3 卷本的《资本论》和《剩余价值学术史》等专著。这个阶段的显著特征在于，马克思开始系统地梳理关于政治经济学批判的思想，重新建构自己政治经济学研究的体系框架和内容。尤其值得注意的是，马克思把前一阶段尚未纳入研究的商品范畴，首次纳入到整个政治经济学的研究之中，并以商品—货币—资本为主线，以揭示资本的生产过程、资本的流通过程以及资本主义生产的总过程为主要内容，从而把以“现实的生产过程”为基础，以一般人类历史发展规律为内容的历史唯物主义深化为以“资本主义的生产过程”基础，以资本主义社会整体结构（资本主义的生产方式、所有制形式以及生产关系）的剖析为主要内容的历史唯物主义。在这个意义上，政治经济学批判使马克思进一步深入到现实的资本主义社会及其结构之中，从而以此为基点，实现了对整个人类历史的全面把握。

总体来看，在长达40多年的政治经济学批判的思想历程中，马克思以作为资产阶级意识形态的政治经济学为批判的对象，通过对资本主义社会及其结构的剖析，实现了从一般历史发展过程的探索转向对现实历史研究的夙愿，实现了以资本的内涵逻辑深化和拓展历史的内涵逻辑的理论追求，从而真正实现了历史唯物主义、辩证法、政治经济学以及科学社会主义的统一。

一　政治经济学批判的新视野

一般说来，对以往任何历史的讨论，都应该是基于当下现实的历史的考察。对马克思而言，其所处的“现实历史”就是资本主义社会迅猛发展的时代，就是在法国大革命之后建立在工业革命基础上的现代工业社会。对他来说，对普遍意义上的历史的探讨对于解决当下的现实问题还太远，只有通过对“现实的历史”——资本主义社会进行剖析，才能真正把握人类的未来。在这个意义上，对资产阶级政治经济学的批判，实际上就是对资本主义社会现实、对现实历史的批判，就是对人类发展历史的新探索。恰如施密特所指出的，“在《资本论》中马克思不仅建构了他描述（资本主义）的社会的‘经济结构’，而且也建构了彼此相关的各种历史发展形态。”① 因而，从已经基本确立的历史唯物主义世界观来审视《资本论》，研究马克思的政治经济学批判无疑具有重大的理论意义。

首先，政治经济学批判为马克思批判资本主义社会提供了一把钥匙。如果说，形而上学批判与马克思所从事的革命事业还存在一定距离的话，那么，对政治经济学的批判则使马克思更为直接地触摸资本主义社会的社会现实。在当时，作为“显学”的政治经济学（又称国民经济学）并不是一个单列的学科，在深层上，它就是统治人们思想的意识形态。因为，人们惊喜于资本主义的工业化所创造的巨大财富，惊喜于政治经济学对于“经济学规律”的精

① A. 施密特：《历史和结构》，张伟译，重庆出版社1993年版，第77—78页。

准把握和伟大发现，如，亚当·斯密所发现的“看不见的手”。在他们看来，似乎只要理解了政治经济学，就能掌握社会运行的“规律”从而获得巨大的财富，因此，政治经济学在瞬间成为“科学之科学”，人们对其顶礼膜拜。但是，在马克思看来，资本主义在创造巨大的物质财富的同时，并未使普通民众过上美好的生活，“他们生产的越多，他们越贫贱”，其原因何在？马克思探索的结果是，“国民经济学从私有财产的事实出发。它没有给我们说明这个事实”①。它把“私有财产在现实中所经历的物质过程，放进一般的、抽象的公式，然后把这些公式当作规律。它不理解这些规律，就是说，它没有指明这些规律是怎样从私有财产的本质产生出来的”②。这表明，只要资产阶级经济学不能清楚客观——当然，其资产阶级代言人的身份决定了，也无法客观——地说明私有财产问题，人们就无法真正弄懂为何全社会总的物质财富增加了，人们的生活为何反倒更为贫困。与此不同，马克思从“当下的事实”（即以私有制为基础的资本主义社会事实）出发，揭示了资本主义私有财产的本质，并由此看到了似乎“蓬勃发展并代表人类文明新走向”的资本主义社会所存在的诸多问题。如，工人的赤贫、阶级的对立、贫富差距、人受奴役和压迫的现状等等。因此他主张，不能像国民经济学那样从“私有财产的事实”出发，而应该从“当前的经济事实”，即工人的赤贫和劳动的异化的事实出发来重新审视看似帮助人们发财致富的经济学及其资本主义社会。马克思的政治经济学批判所揭示的现实可以概括为：“以劳动为原则的国民经济学表面上承认人，毋宁说，不过是彻底实现对人的否定而已，因为人本身已不再是同私有财产的外在本质处于外部的紧张关

---

① 马克思在《让·巴蒂斯特·萨伊〈论政治经济学〉一书摘要》中对萨伊关于财富的性质和流通的原理的论述写有如下书评：“私有财产是一个事实，国民经济学对此没有说明理由，但是，这个事实是国民经济学的基础”；“没有私有财产的财富是不存在的，国民经济学按其本质来说是发财致富的科学，因此，没有私有财产的政治经济学是不存在的。这样，整个国民经济学便建立在一个没有必要性的事实的基础上。”（参见《马克思恩格斯文集》第1卷，人民出版社2009年版，第783页注释80。）

② 《马克思恩格斯文集》第1卷，人民出版社2009年版，第155页。

系中，而是人本身成了私有财产的这种紧张的本质。”① 由此可见，作为资产阶级意识形态的政治经济学实际上掩盖了资本主义的剥削事实，因此，要真实呈现资本主义社会现实及人的存在方式，必须从对政治经济学的批判入手。

其次，政治经济学批判构成马克思分析人类历史的切入点和突破口。在马克思看来，要解释历史自身的规律，实现对历史与人的生产活动之间关系的理解，必须通过对作为处于高级阶段的“人体”即资本主义社会进行解剖，只有这样，才能对以往作为“猴体”的一般人类历史有一个清晰的认识。进一步讲，要理解人类社会发展的历史过程，就必须从其作为“历史发展特殊阶段”的资本主义社会出发，从作为资本主义意识形态和现象学的政治经济学批判出发，在对资本主义制度的剖析和分析中，追溯人类历史发展的阶段和过程，探索历史发展的基本规律。这一规律不论是在《1844 年经济学哲学手稿》之后的《德意志意识形态》中，还是在《1857—1858 年经济学手稿》之后的 1859 年《〈政治经济学批判。第一分册〉序言》中，都以历史观的形式表现了出来。正如阿尔都塞所说的，“马克思的研究对象是被思考为历史结果的现实资产阶级社会。但是，我们不能通过这一结果的起源理论来理解这个社会，而只能通过‘机体’理论即社会现实结构理论来理解这一社会。……第一个需要提出和解决的理论问题是阐明历史借以把现实资本主义生产方式作为结果生产出来的机制。第二个需要提出和解决的理论问题则完全不同，这个问题就是要理解这种结果是社会生产方式，是社会存在形式而不是任何一种存在形式。这第二个问题恰恰是《资本论》的理论对象。”② 如果对其加以具体阐释，可集中地表述为，马克思展开了对劳动—分工—交往的研究；对商品—货币—资本的研究；对资本主义生产方式、生产关系的研究；对资本主义内在矛盾的揭示与未来道路的预见；对共产主义社会形

---

① 马克思：《1844 年经济学哲学手稿》，人民出版社 2000 年版，第 74 页。

② 路易·阿尔都塞、埃蒂安·巴利巴尔：《读〈资本论〉》，李其庆等译，中央编译出版社 2001 年版，第 67 页。

态的构建。这些方面共同构成马克思剖析作为人类发展到一定阶段的资本主义社会分析的内容，以及思考人类未来出路的切入口。在这个意义上，政治经济学就是马克思历史唯物主义的现象学，即历史现象学。

最后，政治经济学批判构成马克思分析资本主义整体结构①的着手点和着力点。1844 年，受恩格斯的“批判经济学范畴的天才大纲”——《国民经济学批判大纲》的影响，马克思撰写了笔记性质的“经济学哲学手稿”，在这部手稿中，马克思第一次切入资本主义的社会现实，认真地研究了劳动的异化问题、资本主义的私有财产问题、各种类型共产主义的问题以及资本主义制度下人的存在方式问题等等。这些问题的分析表明，“马克思在1844 年进行经济学和哲学研究的特点在于，他着手研究政治经济学的中心问题时，不仅是一个很快就成了这门科学的专家的政治经济学研究者，而且是一个哲学家和社会学家，一个历史学家和政治学家，是同时身兼革命理论家和实践家的人”②。这种身份的“多重性”决定了，马克思所思考的政治经济学并不是“理论”意义上的，而是“批判”意义上的。在后来的《1857—1858 年经济学手稿》中我们能够对其有更为深刻的体会，马克思不是简单地对资本主义进行“道德层面”的批判，而是要对整个资本主义社会的整体结构及其内在矛盾进行深刻的剖析。例如，马克思看到了资本在整个资本主义社会发展中的积极作用和负面效果。他指出：“只有资本才创造出资产阶级社会，并创造出社会成员对自然界和社会联系本身的普遍占有。由此产生了资本的伟大的文明作用；它创造了这样一个社会阶段，与这个社会阶段相比，一切以前的社会阶段都只是表现为人类的地方性发展和对自然的崇拜。”③ 同时，马克思也看到，资

---

① 包括以资本为基础的生产、资本主义的生产方式、资本主义的所有制、资本主义的生产关系、资本主义的人的存在方式等诸多内容。

② 尼·伊·拉宾：《〈1844 年经济学哲学手稿〉对共产主义的经济和哲学论证》，《〈1844 年经济学哲学手稿〉研究》，中共中央编译局马恩室编译，湖南人民出版社 1983 年版，第 3 页。

③ 《马克思恩格斯全集》第 30 卷，人民出版社 1995 年版，第 390 页。

本的增殖本性决定了，资本的发展最终只能导致自身的灭亡，由此造成的结果必然是整个资本主义制度及其所有制的灭亡。马克思说："资本按照自己的本性来说，会为劳动和价值的创造确立界限，这种界限是和资本要无限度地扩大劳动和价值创造的趋势相矛盾的。因为资本一方面确立它所特有的界限，另一方面又驱使生产超出任何界限，所以资本是一个活生生的矛盾。"① 在这个意义上，一方面，资本促成了资本主义的发展；但另一方面，资本的本性决定了，资本自身处于矛盾之中，这一矛盾，是以"资本"为标志的资本主义社会的固有矛盾。因而，资本主义自身的合理性和永恒性就受到其本性的制约。正是基于这样的分析，在 1859 年的《〈政治经济学批判。第一分册〉序言》中，马克思把已经发现的基于"现实生产过程"的人类历史发展的规律拓展为以"资本主义生产过程"为基础的一般历史发展规律，即生产力与生产关系的辩证关系；经济基础与上层建筑的辩证关系。这一被阿尔都塞喻为"地形学的形式"② 的表述揭示出，要实现对人类历史自身的透彻认识，就必须从资本主义的物质生产力和生产关系出发，剖析资本主义的生产过程、生产方式和生产关系以及经济基础和上层建筑的关系。只有如此，才能清楚地认识资本主义社会本身，才能打破资本主义永恒存在的神话。

由此可见，政治经济学批判构成马克思后期社会现实批判、意识形态批判尤其是资本主义社会结构分析的关节点和突破口。正是通过政治经济学批判，马克思分析了资本的生产过程、资本主义的生产方式、资本主义的生产关系、资本主义的所有制形式等一系列问题，从而为彻底地颠覆资本主义社会，探寻人类历史发展的基本规律以及人类解放的道路提供了新的思路。

二　政治经济学批判的方法论原则及其范畴的历史性批判

马克思对政治经济学的批判，首先是从思考政治经济学批判的

---

① 《马克思恩格斯全集》第 30 卷，人民出版社 1995 年版，第 405 页。

② 路易·阿尔都塞：《哲学与政治》，陈越编译，吉林人民出版社 2003 年版，第 257 页。

方法论原则开始的。基于对现实中人们思考问题的基本方法论原则的思考，他主张，对政治经济学的批判，不应从具体开始，而应该从抽象开始，最终使抽象回归具体，从而才能最终实现对具体的真实把握。

（一）政治经济学批判的方法论原则——从抽象到具体

在马克思看来，“从实在和具体开始，从现实的前提开始，因而，例如在经济学上从作为全部社会生产行为的基础和主体的人口开始，似乎是正确的。但是，仔细考察起来，这是错误的。”原因就在于，“如果我从人口着手，那么，这就是**关于整体的一个混沌的表象**（黑体为笔者所加），并且通过更切近的规定我就会在分析中达到越来越简单的概念；从表象中的具体达到越来越稀薄的抽象，直到我达到一些最简单的规定。于是行程又得从那里回过头来，直到我最后又回到人口，但是这回人口已不是关于整体的一个混沌的表象，而是**一个具有许多规定和关系的丰富的总体**（黑体为笔者所加）了。”[①] 显然，第一条道路是经济学在它产生时期在历史上走过的道路。而只有后一条道路才是科学上正确的方法。因为，“具体之所以是具体，因为它是许多规定的综合，因而是多样性的统一。因此它在思维中表现为综合的过程，表现为结果，而不是表现为起点，虽然它是现实的起点，因而也是直观和表象的起点。在第一条道路上，完整的表象蒸发为抽象的规定；在第二条道路上，抽象的规定在思维行程中导致具体的再现。”[②] 在这个意义上，抽象并不是对思想自身无内容的“概括”，而是建立在对具体事物分析的基础上的“具体的总体”。这一从“抽象上升到具体的方法”看似是一种同常识相悖反的方法，但实质上，它却是“科学上正确的方法”。在这里，正是通过对以往政治经济学经验主义的研究方法的驳斥，马克思重新规定了方法论原则：从抽象上升到具体的方法论。

由此，马克思对从抽象上升到具体的方法做出规定，他指出：

① 《马克思恩格斯全集》第30卷，人民出版社1995年版，第41页。

② 同上书，第42页。

“从抽象上升到具体的方法，只是思维用来掌握具体、把它当作一个精神上的具体再现出来的方式。但决不是具体本身的产生过程。”[①] 马克思举例说，最简单的经济学范畴，如，交换价值，是以人口即在一定关系中进行生产的人口为前提的，也是以某种家庭、公社或国家为前提的。“交换价值只能作为一个具体的、生动的既定整体的抽象的单方面的关系而存在。相反，作为范畴，交换价值却有一种洪水期前的存在。”[②] 这表明，任何范畴都不是“逻辑先在的”，而是现实历史发展的产物。由此，“范畴的运动表现为现实的生产行为”，而且，作为具体的总体的范畴，虽然是思想的总体，是思想的具体，是思维理解的产物，但是，“决不是处于直观和表象之外或驾于其上而思维着的、自我产生着的概念的产物，而是把直观和表象加工成概念这一过程的产物。”[③] 在这个意义上，看似作为“思想的总体”存在的范畴，决不是纯思想运动的结果，而只能是人类历史发展过程的产物。因为，任何范畴总是处在一定的社会阶段之中的，作为最简单的范畴，可能属于更复杂的社会形式。就像马克思所说的，“比较简单的范畴，虽然在历史上可以在比较具体的范畴之前存在，但是，它在深度和广度上的充分发展恰恰只能属于一个复杂的社会形式，而比较具体的范畴在一个比较不发展的社会形式中有过比较充分的发展”[④]。因此，只有从简单的范畴出发，从这些范畴自身的规定性出发，对其产生的历史条件进行深入的分析，才能实现范畴所承载的历史的把握。基于此，马克思进一步对政治经济学范畴的问题作出了新的思考。

（二）政治经济学范畴的历史性批判

马克思对政治经济学范畴问题的分析集中地体现在两个时期的著作中，前一个时期的思想主要体现在其 1846 年左右撰写的《哲学的贫困》和致帕·瓦·安年科夫的信中。后一时期的思想则集中体现在 1857 年 8 月底撰写的《政治经济学批判·导言》中。

---

① 《马克思恩格斯全集》第 30 卷，人民出版社 1995 年版，第 42 页。

② 同上。

③ 同上书，第 42—43 页。

④ 同上书，第 44 页。

在《哲学的贫困》中，马克思在《神圣家族》的基础上进一步揭示了蒲鲁东哲学的“黑格尔主义本质”，尤其是对蒲鲁东借鉴黑格尔的思辨哲学建立政治经济学的形而上学的本性作了深刻的剖析。这一时期，由于马克思的历史唯物主义新世界观已基本建立，因此，历史的解释原则被马克思成功地运用于问题的分析。因而，《哲学的贫困》不仅是马克思政治经济学批判的继续，更是其对历史唯物主义世界观的进一步发展。这主要体现在对蒲鲁东关于经济范畴的历史性问题的分析上。

首先，在马克思看来，经济范畴只不过是生产方面社会关系的理论表现，即其抽象的结果。在哲学家蒲鲁东看来，一切现实的关系都不过是一些原理和范畴的化身。对此，马克思指出：“蒲鲁东先生主要是由于缺乏历史知识而没有看到：人们在发展其生产力时，即在生活时，也发展着一定的相互关系；这些关系的形式必然随着这些生产力的改变和发展而改变。他没有看到：经济范畴只是这些现实关系的抽象，它们仅仅在这些关系存在的时候才是真实的。这样他就陷入了资产阶级经济学家的错误之中，这些经济学家把这些经济范畴看做永恒的规律，而不是看做历史性的规律——只是适用于一定的历史发展阶段、一定的生产力发展阶段的规律。”[①]所以，“蒲鲁东先生不是把政治经济学范畴看做实在的、暂时的、历史性的社会关系的抽象，而是神秘地颠倒黑白，把实在的关系只看做这些抽象的体现”[②]。这一揭示表明，政治经济学的范畴并不是纯粹思维的产物，其本质上是社会发展阶段的产物，它同人类的生产力发展紧密相关。因此，同资产阶级发展阶段相关的政治经济学范畴必然是历史的产物，必然要随着时间的推移被淘汰，随着历史的发展被替代。

基于上述分析，马克思提出，范畴来源于生产过程本身。换句话说，任何范畴（包括经济范畴）都不是脱离时代、脱离现实的抽象，而只能是人们现实生产过程的产物。而且，伴随着社会的变

---

① 《马克思恩格斯选集》第四卷，人民出版社 2012 年版，第 413 页。

② 同上。

迁、历史的发展，尤其是生产方式的变革和人类生活方式的变革，范畴必然发生变化乃至更替。因此，任何范畴（包括经济范畴）都只能是历史性的和暂时性的："人们按照自己的物质生产的发展建立相应的社会关系，正是这些人又按照自己的社会关系创造了相应的原理、观念和范畴。所以，这些观念、范畴也同它们所表现的关系一样，不是永恒的。它们是历史的暂时的产物。"① 这也就意味着，经济范畴并不是某个天才的发现，也不是"逻辑的先在"，而只能是社会关系、生产方式，乃至历史发展的产物。就像在致帕·瓦·安年科夫的信中所指出的，"蒲鲁东先生不了解，人们还按照自己的生产力而生产出他们在其中生产呢子和麻布的社会关系。蒲鲁东先生更不了解，适应自己的物质生产水平而生产出社会关系的人，也生产出各种观念、范畴，即恰恰是这些社会关系的抽象的、观念的表现。所以，范畴也和它们所表现的关系一样不是永恒的。它们是历史性的和暂时的产物。而在蒲鲁东先生看来却完全相反，抽象、范畴是始因。根据他的意见，创造历史的，正是抽象、范畴，而不是人。"②

马克思的上述分析表明，人们在现实的生产中生产各种观念和范畴；范畴是历史性的和暂时的；人创造历史，而不是范畴主宰世界。马克思并未止步于此，而是进一步对蒲鲁东经济学思想背后所隐含的唯心主义历史观做了透彻的分析。在马克思看来，以普鲁东为代表的资产阶级政治经济学家之所以将范畴视为纯粹精神的产物并赋予其以"永恒"的意义，根本原因就在于，他们依然是在黑格尔唯心主义世界观的视野中思考问题。因为，在黑格尔那里，没有"适应时间次序的历史"，只有"观念在理性中的顺序"。一切历史，都只是观念自身运动的历史，是范畴永恒存在的历史。通过马克思对范畴问题的分析，资产阶级经济学家们（包括蒲鲁东在内）力图捍卫的经济学范畴的永恒性就不攻自破了。这也就意味着，以政治经济学作为其意识形态的资产阶级社会也是暂时的、历

① 《马克思恩格斯全集》第4卷，人民出版社1958年版，第144页。
② 《马克思恩格斯选集》第四卷，人民出版社2012年版，第538—539页。

史性的。

正因为这样，马克思主张，应该以简单范畴为对象来研究每一范畴背后所隐藏的历史事实和规律。在他看来，同具体的范畴相比较，比较简单的范畴是否也有一种对立的历史存在或自然存在，这直接取决于具体的情况。例如，劳动似乎是十分简单的范畴。它在一般性上——作为劳动一般——的表象也是古老的。但是，如果我们站在现代经济学的视角，以原初的方式来把握“劳动”以及由劳动所产生的生产关系等问题，那么劳动就是一个现代范畴。但是，不论如何，简单范畴实际上已经表现了一些关系，而且这些范畴经历了漫长的历史发展过程，因而，在它们身上实际上已经凝结了诸多的历史。在这个意义上，“比较简单的范畴可以表现一个比较不发展的整体的处于支配地位的关系或者一个比较发展的整体的从属关系，这些关系在整体向着以一个比较具体范畴表现出来的方面发展之前，在历史上已经存在。在这个限度内，从最简单上升到复杂这个抽象思维的进程符合现实的历史过程”①。这也就决定了，对政治经济学的批判不是一开始就从其理论出发，而是从构成其基本理论的简单范畴出发，如商品、货币、资本、生产、价值等出发，以揭示资本主义社会存在的暂时性。不仅如此，在马克思看来，对范畴的理解不能脱离对范畴所产生时代的关注，尤其是不能脱离范畴应用的具体时代条件。因为，“哪怕是最抽象的范畴，虽然正是由于它们的抽象而适用于一切时代，但是就这个抽象的规定性本身来说，同样是历史条件的产物，而且只有对于这些条件并在这些条件之内才具有充分的适用性”②。这也就决定了，对资本主义社会现实历史的分析，关键就在于要找到能够代表这一时代历史条件及其历史发展程度的范畴。关于这一点，我们只要看看马克思在《资本论》中对商品、货币、资本等范畴的剖析便可知晓。

那么，这是否意味着我们就可以毫无顾忌地通过对简单范畴的批判来实现对资本主义社会的批判？在马克思看来，从简单的范畴

---

① 《马克思恩格斯全集》第30卷，人民出版社1995年版，第43—44页。

② 同上书，第46页。

出发研究人类社会，还应当注意：（1）任何范畴都是有限的。因为，“无论在现实中或在头脑中，主体——这里是现代资产阶级社会——都是既定的；因而范畴表现这个一定社会即这个主体的存在形式、存在规定常常只是个别的侧面”[①]；（2）不能按照经济范畴的历史上的起作用的先后顺序来加以排列。这是由经济范畴的先后次序是由它们在现代资产阶级社会中的相互关系决定的，“这种关系同表现出来的它们的自然次序或者符合历史发展的次序恰好相反”。因此，“问题不在于各种经济关系在不同社会形式的相继更替的序列中在历史上占有什么地位。更不在于它们在‘观念上’（在关于历史运动的一个模糊的表象中）的顺序。而在于它们在现代资产阶级社会内部的结构”[②]。（3）这就决定了，在通过简单范畴研究历史时，应当选择最具普遍性的范畴。因为，从表面上看，具体的范畴好像最接近现实，最具有时代性的特征和内涵，但情况并非如此。最简单范畴其实是最具普适性的范畴，在它里面包含着丰富的内容，以至于在它里面能找到每一时代的“内容”。因此，从简单的范畴出发，实际上就是通过揭示范畴自身发展的历史，揭示历史发展的过程。具体言之，对作为资产阶级意识形态的政治经济学诸范畴的分析，实则是对资本主义“现实历史”的批判，同时也就是对人类历史发展规律以及未来历史的探索。

由此可见，从抽象到具体的方法，蕴含着马克思对经济学范畴的“历史性”思考。这集中体现为：最简单的范畴却是内涵最为丰富的范畴，是“具有许多规定和关系的丰富的总体”。因此，对政治经济学的批判和对资本主义现实历史的揭示，必须从最简单的范畴出发。

三　政治经济学批判的理论意义

早在1843年9月致卢格的信中，马克思就指出：“新思潮的优点又恰恰在于我们不想教条地预期未来，而只是想通过批判旧世界

---

① 《马克思恩格斯全集》第30卷，人民出版社1995年版，第47—48页。
② 同上书，第49页。

发现新世界。"[①] 这里，"旧世界"实则就是资本主义社会，"新世界"就是共产主义社会。如何才能实现这一目标？只有深入到"旧世界"，即现实资本主义社会的生产过程之中，揭露资本主义社会的内在矛盾，批判资本主义制度的私有制前提，才能"发现新世界"，即实现共产主义。因此，在我们看来，马克思政治经济学批判的意义就在于，通过对作为资产阶级意识形态的政治经济学的批判，深入到资本主义社会的内部，揭示了资本主义发展的过程、资本主义制度的剥削本性以及资本主义所有制形式的"非人性"，从而彻底打破资本主义永恒存在的神话。不仅如此，正是在这一批判中，马克思真正地使历史唯物主义、辩证法、政治经济学和科学社会主义内在地统一起来。诚如孙正聿所讲，《资本论》表明："马克思主义的哲学、政治经济学和科学社会主义，是作为'超学科'的'一整块钢铁'而存在的；马克思在每个领域的精湛研究和'独到的发现'，结晶为他的全部研究工作的'总的结果'，这就是关于人类历史发展规律和人类解放的马克思主义。"[②] 在上述意义上，从历史唯物主义世界观的层面考察马克思的政治经济学批判，具有重大的理论意义。

首先，通过对作为"现实的历史"的"资本主义社会"的剖析，尤其是通过对资本主义生产过程的分析，马克思实现了对人类历史发展的基本规律及其未来发展的把握。

在马克思看来，"资产阶级社会是最发达的和最多样性的历史的生产组织。因此，那些表现它的各种关系的范畴以及对于他的结构的理解，同时也能使我们透视一切已经覆灭的社会形式的结构和生产关系"[③]。更为关键的是，"资本主义生产过程是社会生产过程一般的一个历史地规定的形式"[④]。上述两点决定了，要对人类历史的发展做出科学阐释，就应当对处于一定历史发展阶段的社会——资本主义社会——做出全方位的剖析。当然，对资本主义社会的剖

① 《马克思恩格斯全集》第 47 卷，人民出版社 2004 年版，第 64 页。

② 孙正聿：《关于马克思主义创新的思考》，《光明日报》2009 年 5 月 19 日。

③ 《马克思恩格斯全集》第 30 卷，人民出版社 1995 年版，第 46 页。

④ 《马克思恩格斯全集》第 46 卷，人民出版社 2003 年版，第 926—927 页。

析，包括其生产过程、生产关系以及社会关系等一系列问题的研究。因为，同一般生产一样，资本主义的生产为人类的生存提供着基本的生活资料，并由此生产“人类的物质生活本身”。同时，这一社会生产过程“又是一个在特殊的、历史的和经济的生产关系中进行的过程，是生产和再生产着这些生产关系本身，因而生产和再生产着这个过程的承担者、他们的物质生存条件和他们的相互关系即他们的一定的经济的社会形式的过程”①。因而，资本主义的“物质生活本身”的生产过程，即生产资本主义社会历史主体、历史主体的生存条件及其之间的相互关系的过程。这就客观地决定了，我们能够通过政治经济学批判，对资本主义的生产过程、社会关系、所有制、社会生产方式、人的生存状态及其未来发展等实现全面的把握，实现对人类一般历史发展规律的把握。

其次，通过政治经济学批判，马克思揭露了资本主义自身存在的诸多矛盾，如，资本的内在矛盾问题；资本和生产的矛盾问题；资本的积累问题；资本主义平均利润下降的问题；人口相对过剩问题等等，预示了资本主义的短暂性。

马克思倾其一生所从事的事业就在于，为何财富大幅增加、生产力迅速发展的资本主义社会并未让人类过上幸福的生活？我们需要构建怎样的社会来实现人类自由解放的目标？由此，在政治经济学批判层面的资本主义生产过程的分析成为契入点。与其说马克思资本主义生产过程的分析是为了探寻一般人类历史发展的规律，倒不如说，是为了通过揭示资本主义的总矛盾，来预告资本主义的短暂性和历史性，来宣告人类进入共产主义社会的“历史必然性”。马克思揭示出，总的来说，矛盾在于：“资本主义生产方式包含着绝对发展生产力的趋势，而不管价值及其中包含的剩余价值如何，也不管资本主义生产借以进行的社会关系如何；而另一方面，它的目的是保存现有资本价值和最大限度地增殖资本价值（也就是使这个价值越来越迅速地增加）。它的独特性质是把现有的资本价值用作最大可能地增殖这个价值的手段。它用来达到这个目的的方法

① 《马克思恩格斯全集》第46卷，人民出版社2003年版，第927页。

包含着：降低利润率，使现有资本贬值，靠牺牲自己已经生产出来的生产力来发展劳动生产力。”[①] 这一目的和手段的颠倒预示着，以单纯的资本增殖为目的的资本主义生产，其最终不能跳出自身所设置的“恶循环”，而只能走向灭亡。这就是资本的辩证法，也就是资本的内涵逻辑。这种资本主义内在矛盾的揭示完全得益于“批判的、革命的辩证法”。我们可以这样说，“没有辩证法，马克思就写不出《资本论》”[②]。因为，在马克思的《资本论》中，辩证法并不是《资本论》的一种异己体，而是资本的内涵逻辑。只有在这个意义上，我们才能够理解列宁把《资本论》称之为“大写的逻辑学”的真实意图。

最后，通过政治经济学的批判，马克思揭露了资本对人的抽象统治，从而为人的自由与全面发展指明了方向。

马克思分析资本主义生产的过程，剖析资本主义的内在矛盾，揭示资本主义的未来，所有这一切，概括地讲，目的就在于“把人从资本的抽象统治中解放出来”。早在《〈黑格尔法哲学批判〉导言》中，他就指出，“必须推翻那些使人成为被侮辱、被奴役、被遗弃和被蔑视的东西的一切关系”，即资本主义的社会关系。因为，资本主义的发展虽然推动了整个人类的文明，但是，这并不意味着人的生存状态发生了改变。当工人成为可以用货币来购买的劳动力，当工人生产的产品成为异己的存在，当资本张开血淋淋的大口吞噬着工人的生命时，资本主义就变得无比的丑陋与令人憎恨；这也就意味着，伴随着资本主义的发展，原有的贫困与饥饿、原有的压榨与剥削、原有的奴役与鞭打并没有消失，反倒以“变本加厉”的方式卷土重来，使人陷入到抽象实体——资本——对人统治之中。因此，瓦解资本的逻辑，实际上构成了马克思政治经济学批判的核心旨趣。在这个意义上，作为政治经济学批判“鸿著”的《资本论》就不是一部政治经济学的科学的著作，而是一部

① 《马克思恩格斯全集》第46卷，人民出版社2003年版，第278页。

② 亨利希·库诺：《马克思的历史、社会和国家》，袁志英译，上海译文出版社2006年版，第696页。

“人的解放何以可能”的哲学著作。它的目的在于，要求“把人从‘抽象’的统治中解放出来，从‘物’的普遍统治中解放出来，也就是从‘资本’的普遍统治中解放出来，把‘资本’的独立性和个性变为人的独立性和个性”[①]。伴随着这一过程的展开，必将是一个新的联合体，它将代替那存在着阶级和阶级对立的资产阶级旧社会，“在那里，每个人的自由发展是一切人自由发展的条件”[②]，而到那时，“作为目的本身的人类能力的发挥，真正的自由王国，就开始了”[③]。

上述的分析表明，马克思的政治经济学批判不是单纯的作为科学的政治经济学理论的重建，而是通过对作为资产阶级之意识形态的政治经济学的批判，揭示作为“现实历史”的资本主义社会的内在结构和发展规律，从而为人类社会历史的发展寻找到科学的道路和规律。在这个意义上，马克思的政治经济学的批判，本质上是对其历史的内涵逻辑的进一步丰富和发展，即把历史的内涵逻辑深化为资本的内涵逻辑，从而在对资本的内涵逻辑的剖析中、在对资本主义的批判中重新理解人类历史发展的规律，为人的自由和全面发展找到理想的道路。

第二节　思想的跃迁：资本的内涵逻辑

德国学者费彻尔曾指出，“‘精神’与‘资本’在概念结构上的一致绝非偶然，它得益于马克思对黑格尔的再次深入的研究”[④]。这一点在马克思 1873 年撰写的《资本论》第二版跋中也得到了证实。但问题在于，马克思为何要用“资本”来取代“精神”？为何要在把黑格尔思想的内涵逻辑变革为历史的内涵逻辑之后，进一步

---

① 孙正聿：《怎样理解马克思的哲学革命》，《吉林大学社会科学学报》2005 年第 3 期。

② 《马克思恩格斯选集》第一卷，人民出版社 2012 年版，第 422 页。

③ 《马克思恩格斯全集》第 46 卷，人民出版社 2003 年版，第 929 页。

④ 费彻尔：《马克思与马克思主义：从经济学批判到世界观》，赵玉兰译，北京师范大学出版社 2009 年版，第 27 页。

深化为资本的内涵逻辑？在我们看来，根本原因就在于，资本已经真正取代“抽象实体”——绝对精神，已经“从生产层面向日常生活、社会意识、社会结构以及理性观念层面拓展，形成了以货币为终结的全面的物化结构”①，实现了整个资本主义时代对现实的人的全面统治。诚如马克思所言，资本一般“（1）仅仅表现为一种抽象；不过不是任意的抽象，而是抓住了与所有其他财富形式或（社会）生产发展方式相区别的资本的特征的一种抽象。……（2）但是，与各特殊的现实的资本相区别的资本一般，本身是一种现实的存在。”② 这表明，“资本一般”是在抓住了与所有其他财富形式或（社会）生产发展方式相区别的资本的特征基础上抽象得来的东西；但另一方面，由于它最真实地影响着现实的社会生活，因此，它不是抽象的概念，而表达的是资产阶级社会的现实。在这个意义上，资本就是马克思的“绝对精神”，它集中地体现为“资本的内涵逻辑”。

一 从历史的内涵逻辑到资本的内涵逻辑

在1858年1月14日致库格曼的信中，马克思指出：“完全由于偶然的机会……我又把黑格尔的《逻辑学》浏览了一遍，这在材料加工的方法上帮了我很大的忙。如果以后有功夫做这类工作的话，我很愿意用两三个印张把黑格尔所发现、但同时又加以神秘化的方法中所存在的合理的东西阐述一番，使一般人都能够理解。”③ 这表明，在马克思的政治经济学批判历程中，的确存在着“回到黑格尔”的问题，即在重大问题的研究中，马克思再次向黑格尔“求教”，这一“求教”的产物是“批判的、革命的辩证法。事实进一步表明，在继三十年前批判黑格尔辩证法的神秘方面之后，在马克思开始撰写《资本论》之前，当德国知识界发号施令的、愤懑的、自负的、平庸的模仿者们，兴高采烈地像莱辛时代大胆的莫泽斯·门德尔松对待斯宾诺莎那样对待黑格尔，即把他当作一条

① 仰海峰：《现代性的构架：世界性与民族性的双重审视》，《哲学动态》2014年第4期。

② 《马克思恩格斯全集》第30卷，人民出版社1995年版，第440页。

③ 《马克思恩格斯〈资本论〉书信集》，人民出版社1976年版，第121页。

“死狗”的时候，马克思公开承认，“我是这位大思想家的学生，并且关于价值理论的一章中，有些地方我甚至卖弄起黑格尔特有的表达方式。”并且，他清楚地知道，“辩证法在黑格尔手中神秘化了，但这决没有妨碍他第一个全面地有意识地叙述了辩证法的一般运动形式。在他那里，辩证法是倒立着的，必须把它倒过来，以便发现神秘外壳中的合理内核”[①]。这就是用“资本主义的生产过程”的辩证法取代“独立主体思维过程”的辩证法。之所以能实现这种“颠倒”，完全在于马克思依赖已经确立的历史唯物主义的世界观重新审视了黑格尔的辩证法及其哲学。不仅如此，正是在这一“颠倒”中，马克思通过对“资本的内涵逻辑”的剖析，最终丰富和发展了已经确立的历史的内涵逻辑，从根本上讲，它既标志着马克思对黑格尔思想的内涵逻辑的彻底的“颠倒”，也标志着马克思历史唯物主义世界观和辩证法的“现实”统一。正是在这个意义上，《资本论》是马克思“大写的逻辑学”。

倘若说，以“历史的内涵逻辑”取代“思想的内涵逻辑”是马克思建立在对“一般社会历史”——现实的生产过程——考察基础之上的话，那么，以“资本的内涵逻辑”深化“历史的内涵逻辑”则是建立在他对“现实的历史”——资本主义生产过程——考察基础之上的。这一推进意味着马克思实现了对包括资本主义社会在内的人类社会发展规律的本质性把握。

在《德意志意识形态》中，通过对历史的第一前提、历史发展过程、现实的生产过程以及分工、交往、所有制等问题的剖析，马克思初步规定了新的历史观内涵：“从直接生活的物质生产出发来考察现实的生产过程，并把与该生产方式相联系的、它所产生的交往形式，即各个不同阶段上的市民社会，理解为整个历史的基础；然后必须在国家生活范围内描述市民社会的活动，同时从市民社会出发来阐明各种不同的理论产物和形式，如宗教、哲学、道德等等，并在这个基础上追溯它们产生的过程。”[②] 这表明，此时马

---

① 《马克思恩格斯全集》第44卷，人民出版社2001年版，第22页。

② 《马克思恩格斯全集》第3卷，人民出版社1960年版，第42—43页。

克思对历史的理解，虽然提及了市民社会问题，但是它还不是建立在对资本主义社会基础上的研究，而是对“一般人类历史过程”的剖析。马克思发现，（1）应该从直接的物质生活生产出发来研究现实的生产过程，而不是“从意识到现象”出发去研究精神的发展过程；（2）应该将不同历史阶段的市民社会理解为历史的基础，而不是把纯粹的精神理解为历史的基础；（3）应该从市民社会出发去研究意识的诸形态，而不是从意识自身出发研究意识形态本身。因此，在他看来，“市民社会是全部历史的真正发源地和舞台”。但是，市民社会的真实基础是什么？推动其发展的内在动力是什么？这一社会的基本的发展过程、内在结构究竟是什么？马克思没有作进一步的阐释。因此，虽然已经实现了对一般历史发展的内在规律的把握，但是，对“现实的历史”——资产阶级占统治地位的社会的历史——尚缺乏足够的了解和把握。由此导致的结果是，真实的批判难以为继，对人类历史规律和未来道路的探索陷入困境。

如何才能摆脱这一困境？我们看到，正是通过 1857 年以后的政治经济学批判，马克思“奇迹般地”实现了对“现实历史及其发展过程”透彻的把握。之所以如此，主要的原因就在于，通过对资本主义政治经济学的意识形态批判，借助于原有政治经济学的范畴，马克思进一步深入到整个资本主义社会的内部，从而发现了“现实历史的秘密”，即资本主义只是社会历史发展的一个阶段，它只不过为下一个历史阶段的到来做好了准备。尤其是通过对“资本”的剖析，马克思深入到资本主义的生产过程和资本主义社会的结构之中，在批判资产阶级政治经济学的意识形态的同时，实现了对“资本主义生产方式”、“资本主义社会现实”的批判以及对资本主义神话即将破灭的预言。这一政治经济学批判具有双重的意义：历史唯物主义世界观得到了丰富和发展；建立在新世界观基础上的历史唯物主义辩证法的批判性和革命性得到确立和张扬。因此，在我们看来，正是对资本、以资本为基础的生产、资本主义的生产过程、资本主义的生产方式、资本主义的所有制、资本主义人的存在方式等的批判性考察，马克思最终实现了对“资本的内涵逻辑”的全面阐释，也实现了对现实历史的真实把握。

不仅如此，这一探索也表明，通过对“资本的内涵逻辑”的深刻揭示，马克思进一步深化了“历史的内涵逻辑”的具体内容。在黑格尔那里，精神发展的过程就是历史的发生过程，因此，历史是精神追求自由的历史。在马克思看来，现实的历史就是资本统治的历史，就是资本辩证运动的历史。这构成马克思与黑格尔的本质区别之处：黑格尔仅仅把握到了精神发展的历史，马克思却把握到了现实的人类历史。正如梅扎罗斯所言：“在黑格尔看来，如果把历史解释为世界精神超越特殊的民族精神的过程，那么历史就得到了阐释。马克思则试图把时代精神理解为某个时代特殊的生产关系和内在矛盾的表达。”因此，马克思不得不与黑格尔分手，原因在于，黑格尔承认的是：“普遍永恒的资本”，即精神；而马克思“并不把资本视为历史过程中的一种难以改变的终极，而是视为一种动态的运动，这种运动即使有其明显的不可抗拒的全球扩张逻辑，也应该看成是暂时的。”也正因为如此，“与一切批判的实证主义相反，包括那些突出它的哲学（比如与黑格尔具有思辨驯从特征的哲学相似的哲学），马克思恰恰是顾及到资本自我扩张的无限制驱动的毁灭性意义的第一人”①。这不是两个思想家理论观点的区别，而是“历史”的唯物主义与“思想”的唯心主义之间的区别，是无产阶级意识形态和资产阶级意识形态的区别。在这个意义上，“马克思的历史理论，是从本源共同体以后的人类史＝世界史的积累出发去具体描述资本主义在世界历史中过渡性逻辑的。同时它还是论证资本主义属于本来就能为必将到来的‘更高级的社会形态’创造客观条件的历史过程的理论。即它不是要解释和整理过去，而是要预见未来”②。因此，马克思对资本内在逻辑的批判，不是单纯哲学的“批判”，而是要在“批判旧世界中发现新世界”。这就是马克思转向资本的内涵逻辑的考察的根本原因。

---

① I. 梅扎罗斯：《超越资本》（上），郑一明等译，中国人民大学出版社 2002 年版，第 24 页。

② 望月清司：《马克思历史理论的研究》，韩立新译，北京师范大学出版社 2009 年版，第 5 页。

综上，从“历史的内涵逻辑”到“资本的内涵逻辑”并不是马克思历史唯物主义世界观思想的“断裂”，而是其进一步的发展和完善。因而，只有充分揭示“资本的内涵逻辑”的真实内容，才能丰富和发展“历史的内涵逻辑”，才能透彻地理解马克思的世界观革命。

二　资本推动人类社会发展

在《共产党宣言》中，马克思客观地描述了资产阶级革命所带来的整个人类社会的变化。他指出，“资产阶级，由于一切生产工具的迅速改进，由于交通工具的极其便利，把一切民族甚至最野蛮的民族都卷到文明中来了。……它迫使一切民族——如果它们不想灭亡的话——采用资产阶级的生产方式；它迫使它们在自己那里推行所谓的文明，即变成资产者。一句话，它按照自己的面貌为自己创造出一个世界。”①这表明，资产阶级主导的资本主义社会使人类社会（至少是西方社会）的面貌发生了翻天覆地的变化，这使得人类进入一种新的发展阶段，即以“资本”为主导的历史发展阶段。

（一）资本与资产阶级社会

在马克思看来，“资本”就是资产阶级社会的标志和特征。因为，只有资本才创造出资本主义的生产方式、社会阶层以及政治体制、文化体制等。这一社会本质上是对以“社会成员对自然界和社会联系本身的普遍占有”为核心标志。具体来说，它根本性地变革了人与人、人与自然、人与社会等方面的社会关系，全方位地变革了以往历史发展的基本模式。伴随着资本主义社会的兴起，人们所表现出的都是对“地方性”的发展和对自然本身的崇拜被消解，自然界变成人的真正的对象和有用物，人们要求一切都服从于人的需要，是否具有价值不重要，重要的是是否具有交换价值，或者说，能否带来利润。受此影响，一方面，人类社会原有的生活方式、价值观念和固有的民族偏见都被克服，人类的历史从民族史和地域史走向世界历史，资本主义所创造的巨大财富使人类社会的面

① 《马克思恩格斯选集》第一卷，人民出版社2012年版，第404页。

貌为之焕然一新；但另一方面，利润主导（功利主义主导）的价值观变革颠覆了以往人类的价值观念，从而把人与自然、人与社会、人与人之间的关系引导到另外一个方面："一切向金钱看齐"。在这个意义上，资本主义社会的到来，实际上意味着一个以资本的占有为前提的阶级的诞生和由此带来的整个人类社会的变革。不同于依靠光合作用而生存的农业文明，在资本诱惑下所兴起的工业文明在资本主义社会的发展中，不仅变革了人与自然的关系，还变革了人的生活状况，由此导致的是世界历史的到来以及人类社会的巨大发展。但是，这并不意味着资本主义社会必将"非历史性的存在"。可贵的是，马克思看到了资本主义社会建立后所带来的正负两个方面的效应，尤其是看到了其"负面"效应。在马克思看来，资本的增殖本性决定了，资产阶级社会具有永不满足的发展的冲动，并需要去满足自己创造出来的永不满足的需要，于是就会不可避免地产生出旨在摧毁自己的激进观念和运动。在这个意义上，资本既是人类社会发展的"助推剂"，又是其自身发展的"毒药"，恰如马克思所说的，资产阶级既创造了属于本阶级的幸福生活，同时也创造了资本主义的掘墓人——工人阶级。

（二）资本与世界历史

在《德意志意识形态》中，马克思指出，大工业的兴起"首次开创了世界历史"，因为"它使每一个文明国家以及这些国家中的每一个人的需要的满足都依赖于整个世界，因为它消灭了以往自然形成的各国的孤立状态"①。这表明，以资本为主要特征的资本主义大工业生产最终促使了世界历史的形成。当然，世界历史的形成也促进了资本主义大工业生产。但有一点是毋庸置疑的，由于大工业的发展，各民族及各个国家、地区之间的联系变得日益紧密，人类历史开始走向全球化的世界历史。在这种走向世界历史的过程中，不再是地理位置，而是经济占据了主导的地位，贸易把不同地区相距甚远的国家、民族紧密地联系在了一起。这一切都可以归结

① 《马克思恩格斯全集》第3卷，人民出版社1960年版，第68页。

为资本的力量。因此，世界历史的到来，已经内在地蕴含在资本之中。①

由此可见，世界历史的诞生和资本的增殖本性息息相关。它导致了交往的扩大和世界历史的到来。具体来说，要实现资本的增殖，资本家不仅要生产出产品，关键在于把已经生产的商品销售出去，但是，国内的市场毕竟是有限的，因此，为了实现在商品量的增加的同时最大限度地实现资本的增殖，就必须做到：要么扩大消费，要么扩大市场。大致来讲，这种要求体现为三个方面："第一，要求在量上扩大现有的消费；第二，要求把现有的消费推广到更大的范围来造成新的需要；第三，要求生产出新的需要，发现和创造出新的使用价值。"② 但比较而言，只有把消费扩大至更广的范围，即扩大销售的市场才是最为有效的方式。因此，资本发展的趋势就是把区域市场变成全球市场，把民族国家变成世界国家，把区域历史变革为世界历史。

不仅如此，获取剩余价值的需要也促使资本家扩大市场，从而把区域性的消费拓展为实现全球性消费。正如马克思所言："资本创造绝对剩余价值——更多的对象化劳动——要有一个条件，即流通范围要扩大，而且要不断扩大。……因此，以资本为基础的生产，其条件是创造一个不断扩大的流通范围，不管是直接扩大这个范围，还是在这个范围内把更多的地点创造为生产地点。"③ 这就是说，一方面，为获取更多的剩余价值，资本家需要在商品的销售上下工夫，通过扩大市场的占有来实现销量的扩大。另一方面，就是在流通中通过减少流通的时间和环节来磨平由于原有的空间距离所造成的差异化，从而使空间的距离尽量趋向于零。这也就决定了，"资本一方面要力求摧毁交往即交换的一切地方限制，征服整

---

① 这点很接近于黑格尔对精神的分析。按照黑格尔的理解，世界历史的到来实际上就是精神实现其自由本性的结果，因此，世界历史已经内在地蕴含在精神之中。如果说，精神的内在动力是自由，那么，资本的内在动力就是增殖。这种理论结构的类似充分证明，在《资本论》中，马克思在一定意义上还是黑格尔的学生。

② 《马克思恩格斯全集》第30卷，人民出版社1995年版，第388页。

③ 同上书，第387—388页。

个地球作为它的市场，另一方面，它又力求用时间去消灭空间。”① 这就是说，采用各种手段，尽可能地把商品从一个地方转移到另一个地方所花费的时间缩减到最低限度，从而最大限度地减少流通的时间，用时间去消灭由于空间所造成的障碍，实现利润的最大化。

上述的事实表明，“创造世界市场的趋势已经直接包含在资本的概念本身中”。因为，“资本的趋势是（1）不断扩大流通范围；（2）在一切地点把生产变成由资本推动的生产”②。它所导致的直接的结果就是消灭一切障碍，最终实现商品在全球范围内的无障碍交易和流通。并且，最为根本的是，要在世界商品的流通中，把其他国家变成自己的消费产品的销售地和原材料的供应地。这是每个资本主义国家都梦想的事情。直到今天，西方发达国家依然沿着这一思路在处理国家关系，维护自己的利益。在根本上，资本流通的过程既是世界经济的全球化过程，也是人类历史走向世界历史的过程。单就这点来说，马克思对世界历史的思考远远超越于黑格尔，因为，马克思真实地把握到了人类历史走向世界历史的现实条件。

（三）资本推动自由竞争

应当说，资本本身就是自由竞争的结果。17 世纪初，伴随着封建行会制度的衰落，以资本为基础的工业化大生产逐步发展起来。资本主义倡导自由贸易、自由交往和自由竞争。因此，它的总体目标就在于，消除以往生产关系和生产方式对整个社会发展的限制，破除限制资本运动、发展和实现的一切困境。就像马克思所说的：“在这里，资本决不是废除一切界限和一切限制，而只是废除同它不相适应的、对它来说成为限制的那些界限。”③ 在这个意义上，资本对原有封建社会的生产方式和生产关系等限制的破除，实际上就是以强大的资本为后盾，借助与它相适应的生产关系、生产方式，摧毁束缚、妨碍资本运动的历史限制，并由此确立与资本相适应的生产关系和生产方式，即资本主义制度。这样，资本主义制

① 《马克思恩格斯全集》第 30 卷，人民出版社 1995 年版，第 538 页。
② 同上书，第 388 页。
③ 《马克思恩格斯全集》第 31 卷，人民出版社 1998 年版，第 41 页。

度及其生产方式、所有制的确立和发展都和自由竞争紧密相关。马克思对此有着清晰的认识，“自由竞争是资本同作为另一个资本的它自身的关系，即资本作为资本的现实行为。只有随着自由竞争的发展，资本的内在规律——这些规律在资本发展的历史准备阶段上仅仅表现为一些倾向——才确立为规律，以资本为基础的生产才在与它相适应的形式上确立起来。因为自由竞争就是以资本为基础的生产方式的自由发展，就是资本的条件和资本这一不断再生产这些条件的过程的自由发展”①。这表明，资本和自由竞争实际上是一对“孪生兄弟”。

因此，资本主义制度的确立实际上是以资本为主导的自由竞争的结果，自由竞争才是资本主义发展的基石。这也就决定了，自由竞争是资本的现实发展，因为“它使符合资本本性，符合以资本为基础的生产方式，符合资本的概念的东西，表现为单个资本的外在必然性。各资本在竞争中相互之间施加的以及资本对劳动等等施加的那种互相强制（工人之间的竞争仅仅是各资本竞争的另一种形式），就是财富作为资本取得自由的同时也是现实的发展”②。由此，只有在自由竞争中，资本才获得了真实的自由。但是，在李嘉图等资产阶级经济学家看来，资本统治构成自由竞争的绝对前提。并且，在他们看来，经济领域的自由竞争也是一般意义上的自由，并且由此得出结论；资本主义的自由竞争最终将促使人类实现自由。那么，情况是否就是如此呢？对此，马克思敏锐地意识到，资产阶级经济学家们没有看到，“自由竞争是与资本生产过程相适应的形式。自由竞争越发展，资本运动的形式就表现得越纯粹”③。因而，这种经济领域的自由并不能必然导致人的一般意义上的自由。因为，以获得最大限度的剩余价值为导向的资本主义的自由竞争，不过是资本的自由运动，资本不过是借助它来实现自身的利益。为了实现这种利益，所谓人的自由与全面发展都只能成为牺牲

① 《马克思恩格斯全集》第31卷，人民出版社1998年版，第42页。
② 同上。
③ 同上。

品。更值得玩味的是，一旦资本发展到足够强大，它就会抛开自由竞争这根“拐杖”，要求最大限度的利润，从而实现“垄断”。因此，正如马克思所说的，说资本的统治是自由竞争的前提，就像说罗马的皇帝专制是自由的罗马“私法”的前提一样。

不仅如此，在有些经济学家看来，自由竞争才是人类自由的终极发展，并认为否定自由竞争就等于否定个人自由，等于否定以个人自由为基础的生产。因此他们极力赞美自由竞争，认为自由竞争是实现一切自由的绝对前提。但在马克思看来，“在自由竞争中自由的并不是个人，而是资本”①。因为，自由竞争只不过是“在资本统治的基础上的自由发展”，它也就是建立在有限性基础上的自由。“这种个人自由同时也是最彻底地取消任何个人自由，而使个性完全屈从于这样的社会条件，这些社会条件采取物的权力的形式，而且是极其强大的物，离开彼此发生关系的个人本身而独立的物。”② 因此，在以资本为基础的生产中，自由竞争并没有使人获得应有的自由，反倒使人陷入对“物的依赖性”之中，因而，“断言自由竞争等于生产力发展的终极形式，因而也是人类自由的终极形式，这无非是说资产阶级的统治就是世界历史的终结”③。

由此可见，在以资本为基础的生产中，自由竞争的确构成其发展的必要环节，但是，这并不意味着通过自由竞争乃至资本的发展，就能直接实现“个人的自由”，更不能勉强地把“自由竞争”直接等同于“个人自由”。因为，要实现“建立在个人全面发展和他们共同的、社会生产能力成为从属于他们的社会财富这一基础上的自由个性”④，首要的就是实现对“以物的依赖性为基础的人的独立性”⑤ 的超越，即实现对资本主义制度及其私有制的制度前提的批判才能达到。

综上，资本不仅仅是资本主义社会的标志，它还构成资本社会

---

① 《马克思恩格斯全集》第 31 卷，人民出版社 1998 年版，第 42 页。

② 同上书，第 43 页。

③ 同上书，第 44 页。

④ 《马克思恩格斯全集》第 30 卷，人民出版社 1995 年版，第 107—108 页。

⑤ 同上书，第 107 页。

乃至整个人类社会历史发展的根本动力。但是，这并不意味着已经实现了对资本的全面把握。在我们看来，要达到这样的目标，就必须从“资本一般”出发来理解资本。

三 资本一般及其内涵

为了实现对资本主义社会制度及其未来发展态势的研究，借助于从抽象到具体的方法论，马克思对商品、货币、资本等核心范畴予以透彻的分析，并由此逐步还原了资本主义社会的整个构架，从而破解了资本主义发展的秘密，为揭露资本主义的剥削本质、探索人类的未来打下了坚实的基础。这里，我们将通过呈现马克思如何分析资本的过程来展示这一宏伟构想。大体来看，马克思对资本的分析主要包含三个方面的内容：作为货币的货币与作为资本的货币的区别；货币羽化为资本；资本的特性。

（一）作为货币的货币与作为资本的货币

在马克思看来，资本虽然也是货币，但是作为资本的货币和作为货币的货币却存在着巨大的差别：

第一，它们具有不同的流通形式。商品流通的直接形式是W—G—W，商品转化为货币，货币再转化为商品，因此，其目的是为买而卖；而作为资本的货币则不同，它的形式是G—W—G，即货币转化为商品，商品再转化为货币，因此，其目的是为卖而买。这也就决定了，作为货币的货币实则就是为了消费而采用的流通手段，但作为资本的货币则是为了获得利润（剩余价值）而采用的手段。

第二，两者在流通阶段具有相反的次序。简单商品的流通以卖开始，以买结束；而作为资本的货币的流通以买开始，以卖结束。因此，在前一过程中，货币最终被花掉了；而在后一过程中，货币只是被预付出去，并且将伴随着流通过程的结束而获得超过本金的利润。

第三，在G—W形式中，同一块货币两次变换位置。而在G—W—G形式中，情形则相反。在这里，两次变换位置的，不是同一块货币，而是同一件商品。

第四，在G—W循环中，始极是一种商品，终极是另一种商品，后者退出流通，转入消费。因此，这一循环的最终目的是消费，是满足人们的需要，总之，是使用价值。相反，G—W—G 循环是从货币一极出发，最后又返回同一极。因此，这一循环的动机和决定目的是交换价值本身。

第五，在简单商品流通中，两极具有同样的经济形式。二者都是商品，而且是价值量相等的商品，但它们不是同质的使用价值，如谷物和衣服。在这里，产品交换，表现社会劳动的不同物质的变换，是运动的内容。G—W—G 这个流通则不同，二者都是货币，从而不是不同质的使用价值，因为货币正是商品转化形式，在这个形式中，商品的一切特殊使用价值都已消失。因此，G—W—G 过程所以有内容，不是因为两极有质的区别（二者都是货币），而只是因为它们有量的不同。最终从流通中取出的货币，多于最初投入的货币。

第六，为买而卖的过程的重复或更新，与这一过程本身一样，以达到这一过程以外的最终目的，即消费或满足一定的需要为限。相反，在“为卖而买”的过程中，开始和终结是一样的，都是货币，都是交换价值，单是由于这一点，这种运动就已经是没有止境了。货币在终结时又成为运动的开端。因此，资本运动是没有限度的。

第七，商品的价值在简单流通中所采取的独立形式，即货币形式，只是商品交换的中介，运动一结束就消失。相反，在 G—W—G 流通中，商品和货币这二者仅仅是价值本身的不同存在方式：货币是它的一般存在方式，商品是它的特殊的也可以说只是“化了装”的存在方式。价值不断从一种形式转化为另一种形式，在这个运动中永不消失，这样就转化为一个“自动的主体”。

第八，在简单流通中，商品的价值在与商品的使用价值的对立中，至多取得了独立的货币形式；而在这里，商品的价值突然表现为一个处在过程中的、自行运动的实体，商品和货币只是这一实体的两种形式。因此，价值成了处于过程中的价值，成了处于过程中的货币，从而也就成了资本。它离开流通，又进入流通，在流通中保存自己，扩大自己，扩大以后又从流通中返回来，并且不断开始同样的循环。①

由此可以看出，虽然作为资本的货币和作为货币的货币存在着巨大的区别，但本质上却是一致的，即作为货币的货币只是流通的手段，而作为资本的货币是“为卖而买”的存在，它最终追求价值的增殖，而且是追求无限的增殖，使自身成为一个自动的主体，一个不需要任何外在的力量而自身运动的主体。那么，这种能够实现增殖的作为资本的货币究竟为何具有这样的特性呢？是不是就像资产阶级所说的，之所以作为资本的货币能够实现增殖，就在于资本家低卖高买的呢？这个我们必须从分析货币羽化为资本着手。

（二）货币羽化为资本

为了充分驳斥资本家关于货币羽化为资本或者说货币实现增殖来源于流通领域的荒谬说法，马克思全面地分析了货币羽化为资本的根本条件。

马克思指出，在流通中，货币自身并不发生任何变化，也不产生利润。在商品的交换中，买者付给卖者等值的货币，从而获得商品的使用权。在这一过程中，货币只是担任中介手段。因此，流通并不产生所谓的利润，因此，也就无法实现自身的增殖，即使货币羽化为资本。但不可否认的是，货币要转化为资本，必须在流通中进行，因为，只有通过流通，资本家才能通过转让商品的使用价值，从而把手中商品转化为下一步购买生产资料的资本。由此马克思指出：“资本不能从流通中产生，又不能不从流通中产生。它必须既在流通中又不在流通中产生。这样，就得到一个双重的结果。货币转化为资本，必须根据商品交换的内在规律来加以说明，因此等价物的交换应该是起点。我们那位还只是资本家幼虫的货币占有者，必须按商品的价值购买商品，按商品的价值出卖商品，但他在过程终了时取出的价值必须大于他投入的价值。他变为蝴蝶，必须在流通领域中，又必须不在流通领域中。”②

那么，使货币羽化为能够产生利润的资本究竟依靠什么呢？马

① 参见《马克思恩格斯全集》第44卷，人民出版社2001年版，第172—180页。
② 同上书，第193—194页。

克思认为，它来源于在 G－W 中所购买的商品，即作为商品的劳动力。

按照马克思的理解，要从商品的消费中获得价值，货币占有者即资本家就必须“幸运地”在流通领域内即在市场上发现这样一种商品，它的使用价值本身具有成为价值源泉的独特属性，因此，它的实际消费本身就是劳动的对象化，这实际是价值的创造。资本家在市场上找到了这样一种独特的商品，这就是劳动能力或劳动力。那么，什么是劳动力呢？它实际上就是“一个人的身体即活的人体中存在的、每当他生产某种使用价值时就运用的体力和智力的总和。”① 在资本主义社会，这种劳动力实际上就是可以自由出卖自己的劳动力的工人。

劳动力古已有之，但这并不意味着它一开始就构成货币羽化为资本的基本条件。因为，劳动力要能够成为货币占有者购买的商品，必须具备很多基本的因素。首先，劳动者脱离了奴隶制或封建制的从属关系。或者说，他们本身既不像奴隶、农奴等等那样，直接属于生产资料的行列，也不像自耕农等等那样，有生产资料属于他们，相反，他们脱离生产资料而自由了，同生产资料分离了，失去了生产资料。这种劳动者和劳动实现条件的所有权之间的分离，最终造成第二个条件，即劳动者可以自由出卖自己的劳动力。最后，劳动者出卖自己的劳动是建立在法律基础上的“平等”的交换。资本家付给工人工资，工人出卖自己一定时间的劳动力。由此可见，货币要转化为资本，一个必备的条件就是货币的占有者购买到可供自由买卖的自由的劳动力。换句话说，只有自由的劳动力才能够为资本家创造剩余价值。在这里，剩余价值的秘密被揭示了，资本家的剥削本性也就暴露无遗！马克思生动地描述了这一景象：原来的货币占有者作为资本家，昂首前行；劳动占有者作为他的工人，尾随于后。一个笑容满面，雄心勃勃；一个战战兢兢，畏缩不前，像在市场上出卖了自己的皮一样，只有一个前途——让资本家来鞣。这时的劳动就是雇佣劳动。因此，作为资本的货币所得到的

① 《马克思恩格斯全集》第 44 卷，人民出版社 2001 年版，第 195 页。

利润既不是来源于流通领域，也不是来自商品的增值部分，而是来自雇佣劳动。

在上述意义中，资本家消费劳动力的过程，同时就是剩余价值的生产过程，也就是资本的增殖的过程和资本主义生产关系的生成过程。正如马克思所批评指出的，“自然界不是一方面造成货币占有者或商品占有者，而另一方面造成只是自己劳动力的占有者。这种关系既不是自然史上的关系，也不是一切历史时期所共有的社会关系。它本身显然是以往历史发展的结果，是许多次经济变革的产物，是一系列陈旧的社会生产形态灭亡的产物”①。这表明，任何社会关系的变革在本质上都源于生产的过程，是生产力和生产方式共同作用的结果。就资本主义的生产关系而言，它同样不是永恒的，而是历史发展的产物，并将随着时间的推移和历史的发展而发生变革。这也就决定了，当资产阶级经济学家们把资本看作永恒的和自然的（而不是历史的）生产形式，然后又竭力为资本辩护，把资本生成的条件说成是资本现在实现的条件的时候，其实已经不再用“历史的解释原则”来分析问题，而是用“非历史性”的观点看问题。由此导致的结果是，资产阶级政治经济学家们无法看到货币羽化为资本的真实条件，也就无法说明剩余价值的来源，更无法揭示资本主义的剥削本质。

综上所述，货币之所以能够转化为资本，关键就在于雇佣劳动的存在。正如马克思所指出的，“有了商品流通和货币流通，决不是就具备了资本存在的历史条件。只有当生产资料和生活资料的占有者在市场上找到出卖自己劳动力的自由工人的时候，资本才产生；而单是这一历史条件就包含着一部世界史。因此，资本一出现，就标志着社会生产过程的一个新时代”②。由此，马克思找到了隐藏在资本主义社会底层的重大秘密，发现了剩余价值的来源并科学地预测了资本主义的未来。

（三）资本的特性

对作为货币的货币和作为资本的货币的区分、对货币羽化为资

---

① 《马克思恩格斯全集》第44卷，人民出版社2001年版，第197页。

② 同上书，第198页。

本的过程的分析表明，资本具有丰富的内涵和特性。

（1）资本的本性是增殖。在马克思看来，资本唯一的追求就是实现自身价值的增殖。从根本上讲，资本的具体形态就是货币，但是，它不是一般的货币，而是获得了自身独立性的货币。作为这样的货币，它本身与流通相独立，并在流通中保存自己的价值。不仅如此，由于它购买了可以使其增殖的劳动力，因此，它便获得了不断通过从生产过程抽取剩余价值的权利。在这个意义上，资本的增殖并不是指从一开始资本便获得了支配劳动力，并获得剩余价值的权利，而是指资本一开始只能是集体的产物，在它身上凝结着诸多社会成员的共同劳动，正是这些社会成员的共同劳动，为资本注入了原始的“第一动力”，在这之后，资本便自身运动起来。同商品一样，资本也变成一个独立的存在物，一个自己驱动自己不断扩大自己的积累的存在物。诚如马克思所说：“资本已经变成了一种非常神秘的东西，因为劳动的一切社会生产力，都好像不为劳动本身所有，而为资本所有，都好像是从资本自身生长出来的力量。”①当然，后面我们将会看到，由于资本的这一增殖本性，资本也将产生无法克服的内在矛盾。

（2）资本具有主体性。资本作为独立存在物，但它并不是单纯的客体性的存在，而是集客体性与主体性为一身的存在物。作为客体，资本构成资本主义生产正常进行的基本要素；作为主体性的存在物，资本独立承担整个资本主义生产、流通过程的全部责任，并由此不断地生产着自身及其整个社会生活方式、社会关系乃至人自身的存在方式。在国民经济学看来，资本主义的生产是资本家组织的生产，因此，资本家才是生产的主体。但在马克思看来，实际的情况却是，“作为资本家，他只是人格化的资本。他的灵魂就是资本的灵魂。而资本只有一种生活本能，这就是增殖自身，创造剩余价值，用自己的不变部分即生产资料吮吸尽可能多的剩余劳动。”② 在这个意义上，“一切社会生产能力都是资本的生产力，因

① 《马克思恩格斯全集》第46卷，人民出版社2003年版，第937页。

② 《马克思恩格斯全集》第44卷，人民出版社2001年版，第269页。

此，资本本身表现为一切社会生产能力的主体。”[①] 这表明，在以资本为基础的资本主义生产中，不是资本家，更不是工人，只有资本才是生产过程的主体。

（3）资本是关系性的存在。在资产阶级经济学家看来，资本在整个资本主义生产过程中扮演的主要角色就是用作为资本的货币购买生产资料、雇佣从事生产的工人，购买生产用的生产工具等等。因此，资本只是被理解为物，但是，在马克思看来，资本不能仅仅被理解为物，它在本质上是关系。作为关系的资本，实际上意味着，一方面，资本生产了资本主义的生产关系。如工人和工人之间由于共同受雇于同一资本而在生产过程中所形成的关系。正如马克思所说的，资本是“一种社会生产关系。这是资产阶级的生产关系，是资产阶级社会的生产关系”。他甚至质疑说，“构成资本的生活资料、劳动工具和原料，难道不是在一定的社会条件下，不是在一定的社会关系内生产出来和积累起来的吗？难道这一切不是在一定的社会条件下，在一定的社会关系内被用来进行新生产的吗？并且，难道不正是这种一定的社会性质把那些用来进行新生产的产品变为资本的吗？”[②] 由此可见，“资本显然是关系，而且只能是生产关系”[③]。另一方面，资本也生产了整个的社会关系。因为，“生产关系总合起来就构成所谓社会关系，构成所谓社会，并且是构成一个处于一定历史发展阶段上的社会，具有独特的特征的社会。”[④] 例如，由于资本而形成的资本家和工人之间的雇佣关系。正如马克思在谈到资本的到来所带来的社会的变化时所感叹的，“一切固定的僵化的关系以及与之相适应的素被尊崇的观念和见解都被消除了，一切新形成的关系等不到固定下来就陈旧了。一切等级的和固定的东西都烟消云散了，一切神圣的东西都被亵渎了。人们终于不得不用冷静的眼光来看他们的生活地位、他们的相互关

① 《马克思恩格斯全集》第 30 卷，人民出版社 1995 年版，第 587 页。
② 《马克思恩格斯选集》第一卷，人民出版社 2012 年版，第 341 页。
③ 《马克思恩格斯全集》第 30 卷，人民出版社 1995 年版，第 510 页。
④ 《马克思恩格斯选集》第一卷，人民出版社 2012 年版，第 340 页。

系。”① 在这个意义上，资本不仅生成了整个社会的全部关系，它自己也就成为一种关系性的存在。

（4）资本就是权力。在一个以资本为标志的社会，资本并不是单纯的自身增殖的存在物抑或生产过程、流通过程的主体，它是它所生存社会的一种权力。首先，“资本是资产阶级社会的支配一切的经济权力”②。作为经济权力，资本控制着资本主义生产、流通的各个环节和整个过程，指挥资本主义这架庞大的机器进行运转。其次，正是因为资产阶级在经济上获得了这种权力，它也就在其他一切领域获得了无比强大的支配权。由于资本的存在，在政治领域，资产阶级占据主导地位，并获得统治整个社会的权力；在思想文化领域，作为统治阶级的资产阶级的意识形态成为主导，意识形态，即在思想上占统治地位的意识形态，获得了意识形态的领导权、管理权和话语权；在社会领域，资产阶级抹去了一切神圣的光环，把一切封建的、宗法的和田园诗般的关系都变革为纯粹的金钱关系，变为赤裸裸的雇佣关系。因而，“资本越来越表现为社会权力，这种权力的执行者是资本家，它和单个人的劳动所能创造的东西不再发生任何可能的关系；但是资本表现为异化的、独立化了的社会权力，这种权力作为物，作为资本家通过这种物取得权力，与社会相对立”③。在这个意义上，资本作为一种权力，在本质上，它“不是一种个人力量，而是一种社会力量”④。作为这种社会的力量，资本强制工人受雇于资本家，不得不接受资本家的剥削，不得不依靠出卖自己的劳动力来生存。它把一般的生产过程变革为资本主义的生产过程；把以人为目的的生产变革为以财富为目的的生产等等。它最终演化为一种“无形的力量”，整个社会都笼罩在这种力量的支配之中。

由此可见，作为抽象和具体、主体和客体相统一的存在物的资本，构成了整个资本主义社会的“枢轴”，一切都处在资本的支配

① 《马克思恩格斯选集》第一卷，人民出版社 2012 年版，第 403—404 页。

② 《马克思恩格斯全集》第 30 卷，人民出版社 1995 年版，第 49 页。

③ 《马克思恩格斯全集》第 46 卷，人民出版社 2003 年版，第 293—294 页。

④ 《马克思恩格斯选集》第一卷，人民出版社 2012 年版，第 415 页。

和统治之中。但是，这并不意味着，资本是永恒的存在，资本的增殖本性决定了，“资本不可遏止地追求普遍性，在资本本身的性质上遇到了限制，这些限制在资本发展到一定阶段时，会使人们认识到资本本身就是这种趋势的最大限制，因而驱使人们利用资本本身来消灭资本。”① 到那时，一切坚固的东西都必将烟消云散！代替这样一个资本统治社会的，“将是这样一个联合体，在那里，每个人的自由发展是一切人自由发展的条件”②。

第三节　资本逻辑的瓦解与人类的未来

资本主义社会是受资本逻辑普遍支配的社会，因而，无论是以资本为基础的生产，还是资本主义的生产方式、生产关系和所有制，无一例外地受到资本逻辑的绝对统治，在这个意义上，资本就是资本主义社会的“绝对精神”。但是，资本自身的矛盾决定了，由其所构成的资本主义社会的整体结构并非坚如磐石，而是处于内在的瓦解之中，它们和资本积累一起，必将敲响资本主义的“丧钟”，从而打破资本主义的非历史性神话。

一　资本的内在矛盾

前面的研究表明，作为资本主义枢轴的“资本”具有如下的特性：资本的增殖本性；资本具有主体性；资本是关系性的存在；资本就是权力。可以说，这些基本特征已经揭示了资本的内涵。但是，从根本性上讲，资本最大的特性实际上是它的矛盾性。资本的增殖本性决定了，资本要实现价值的增殖，就需要不断实现自我的超越和自我的扬弃，从而不断丰富和充实自己的“内容”，即不断地实现价值的增殖。在这一过程中，资本必将走向自我的否定和瓦解。事实将表明，资本的瓦解过程也是现实的历史的发展过程，正是对这一过程的分析，构成马克思探索人类历史的必要环节。诚如孙正聿所言：“《资本论》揭示的‘现实的历史’，是以资本的逻辑

---

① 《马克思恩格斯全集》第30卷，人民出版社1995年版，第390—391页。

② 《马克思恩格斯选集》第一卷，人民出版社2012年版，第294页。

为内容的充满矛盾的运动。正是通过对资本的充满矛盾的运动的考察与分析，《资本论》深刻地揭示了人的存在的现实和人类历史的发展规律。"① 这一点我们通过如下分析就可以看出，这包括：资本的增殖与贬值问题；资本的节约与人口相对过剩问题；利润的增加与下降等问题等。

（一）资本的增殖与贬值

资本的本性决定了，资本只有获得超过自身价值的价值才能生存。但是，恰恰是资本的这种增殖本性决定了，伴随着资本主义的增殖的，必然是生产的过剩和资本自身的贬值。

首先，资本的贬值是由为了实现增殖而产生的竞争的无序化导致的。资本主义生产的最大目的就是实现资本的无限度的增殖。为了达到这一目的，作为资本的人格化的资本家不是把使用价值而是把交换价值作为首选的目的。哪里有市场，哪里就有生产；哪里有利润，他们就把资本投向哪里。由此导致的结果是，资本以追求利润为自身行动的"风向标"。但是，这种单纯的逐利活动进一步会导致生产的无序化和竞争的无序化。由此导致的结果是，要么使已经生产的产品因过量而滞销；要么只能低价抛售，由此造成的结果是资本的过剩，即资本自身的贬值。

其次，资本的贬值是由为了实现增殖而开展的科学技术的发展所导致。技术的发展，推动了资本主义社会发展，从而使生产缩短了必要的劳动时间，延长了剩余劳动时间，使资本家获得了更多的剩余价值。但另一方面，由于新技术、新成果的使用，加速了固定资本的贬值，从而也就使得资本家必须加大马力进行生产，以通过生产减少由此带来的损失。如果它的利润的增长速度追不上固定资本的贬值的速度，最终只能导致整个资本的贬值。而且，科学技术发展的趋势决定了，固定资本的贬值是必然的历史趋势。

最后，资本的贬值是由为了实现增殖而不断地增加生产、扩大消费所导致的。为了实现增殖的目的，一方面资本要求不断扩大流

① 孙正聿：《"现实的历史"：〈资本论〉的存在论》，《中国社会科学》2010 年第 2 期。

通的范围，从而把一切地点的生产都变成以资本为基础的生产；另一方面，资本还要求生产出新的消费，如，扩大现有消费的量；通过把现有的消费推广到更大的范围（市场）来造成新的需要；生产出新的需要（认为制造消费）等。但是，与此同时，资本家却在积极地进行技术改造，提高生产力，从而尽可能地压缩必要劳动时间，减少在工资上的开支。这样，一方面，需要扩大消费；另一方面却在削弱消费的能力。加之“社会消费能力既不是取决于绝对的生产力，也不是取决于绝对的消费力，而是取决于以对抗性的分配关系为基础的消费力”①。因而，只要这种“对抗性的分配关系”没有变革，生产和消费之间的矛盾就无法消除，由此造成的生产的过剩和随之而来的资本的贬值就成为必然。

所有这些都表明，只要资本的目的不是为了人而是为了增殖，就必然会导致竞争的无序化；导致由科学技术进步所引起的固定资产的贬值；导致由生产的扩大所造成的消费的萎缩等等，最终将导致一个结果：资本的贬值。这是由资本自身所导致的矛盾，因而也就是无法克服的矛盾。

（二）利润绝对量的不断增加与利润率的不断下降

在资本主义社会，剩余价值以利润的形式表现出来，因而掩盖了资本和雇佣劳动之间的关系。但是，这并不妨碍我们发现掩盖在这一冠冕堂皇的“形式”（即利润）中所存在的资本的矛盾本性和资本的瓦解趋势。

从资本的本性来看，资本主义的发展过程从根本上将是一个不断提高利润总量的过程。例如，为了增加有效的消费，一方面资本家扩大消费的市场，把全球市场都变成自己的产品的消费市场；另一方面，不断制造新的消费，生产一些人们日常生活中“可有可无”但却“很有必要”的商品，如奢侈品。不仅如此，资本家不断引进新的技术，改善管理的方式，减低成本，进而降低产品的价格。这些措施的取得，虽然降低了单个产品的利润，但由于销售的量的增加，由此带来的必然是利润总量的增加。按照这种逻辑，工

① 《马克思恩格斯全集》第46卷，人民出版社2003年版，第273页。

人也应该成为这一利润增加的获益者，但马克思却看到，这种利润总量的增加并没有给工人带来任何有益的东西，它所导致的结果是物的世界的增殖和人的世界的贬值。

资本主义的生产面临一个最根本的事实是，“商品不只是当作商品来交换，而是当作资本的产品来交换。这些资本要求从剩余价值的总量中，分到和它们各自的量成比例的一份，或者在它们的量相等时，要求分得相等的一份”①。但是，现实却是这样的，伴随着整个资本主义生产力的提高，凝结在商品上的必要劳动时间也越来越低，因此，每一商品的剩余价值（即利润）也就越来越少。因此，“资本主义生产，随着可变资本同不变资本相比的日益相对减少，使总资本的有机构成不断提高，由此产生的直接结果是：在劳动剥削程度不变甚至提高的情况下，剩余价值率会变现为一个不断下降的一般利润率。……因此，一般利润率日益下降的趋势，只是劳动的社会生产力日益发展在资本主义生产方式下所特有的表现。”②

这样，在资本主义的生产方式中，就出现了这样一种景象：利润率越来越低，但利润的总量却越来越高。由此导致的结果是，工人的被剥削程度并没有随着利润的降低而降低，反倒增强了。不仅如此，由于一般利润率的下降，资本的趋势决定了，资本家必须通过更多的非正常的手段获得一种超额的利润，例如，或者通过例外的过度劳动，或者通过把工资降低到平均工资以下的办法，或者通过所使用的劳动的例外生产率等等。总之，这种为了克服利润的下降而追求超额利润的任何做法，最终的结果是，工人越来越受制于资本主义的生产方式，越来越受到资本的剥削。

在上述意义上，虽然表面上看是资本的利润呈下降的趋势，但是总体而言，并不影响利润的总量的绝对增加，正如马克思所指出的，“劳动的社会生产力的同一发展，在资本主义生产方式的发展中，一方面表现为利润率不断下降的趋势，另一方面表现为所占有的

---

① 《马克思恩格斯全集》第46卷，人民出版社2003年版，第196页。

② 同上书，第237页。

剩余价值或利润的绝对量的不断增加；结果，总的来说，与可变资本和利润的相对减少相适应的，是两者的绝对增加。”① 在这两者的绝对增加中，伴随的只能是工人人口的相对过剩和工人的绝对赤贫。

（三）不变资本的节约与人口的相对过剩

在资本的生产过程中，不同的要素在产品价值的形成上起着不同的作用。按照这一点，马克思把资本区分为不变资本和可变资本。不变资本主要是那些在生产过程中只是发生了价值的转移，而没有在价值量上发生变化的资本，主要包括生产的原料、辅助的材料、劳动的资料等。可变资本则是指在资本的生产过程中发生价值量的变化的资本，主要是指劳动力。实际上，资本的这两个组成部分，“从劳动过程的角度看，是作为客观因素和主观因素，作为生产资料和劳动力相区别的；从价值增殖过程的角度看，则是作为不变资本和可变资本相区别的”②。因而，不变资本和可变资本的划分主要是为了清楚地区分究竟是哪些因素在价值的增殖过程中发挥了作用。

为了最大限度地实现价值的增殖，资本家千方百计地节约不变资本。如，资本家把生产的废料尽可能地转化为另一个生产部门的新的生产要素；资本家不断地推进技术的进步，改良机器，节约原材料和能源；资本家优化生产的流程，改善管理的方式，以节约必要劳动时间，尽可能地相对延长剩余劳动时间；资本家督促政府改善交通的设施，以节约产品流通的时间。这当中最具代表性的是：靠牺牲工人而实现的劳动条件的节约；动力生产、动力传送和建筑物的节约；生产排泄物的利用等。因而也就出现了这样的现象：为了实现利润的最大化，资本家迫使他们的同行尽可能便宜地生产商品，从而不变资本的节约竟成了资本主义生产方式的特点。

但是，这种对不变资本的节约却与对可变资本的浪费相伴而行。为了促进社会劳动生产力发展过程中的不变资本使用上的节约，资产阶级促使“资本主义生产方式按照它的矛盾的、对立的

---

① 《马克思恩格斯全集》第46卷，人民出版社2003年版，第248页。

② 《马克思恩格斯全集》第44卷，人民出版社2001年版，第243页。

性质，还把浪费工人的生命和健康，压低工人的生存条件本身，看作不变资本使用上的节约，从而看作提高利润率的手段。”① 由此导致的结果是，资本家对生产的材料非常节约，但却对进行生产的人非常浪费。这正是资本的趋势所决定的，“资本有一种趋势，要在直接使用活劳动时，把它缩减为必要劳动，并且利用劳动的各种社会生产力来不断缩减生产产品所必要的劳动，因而要尽量节约直接使用的活劳动，同样，它还有一种趋势，要在最经济的条件下使用这种已经缩减到必要程度的劳动，也就是说，要把所使用的不变资本的价值缩减到它的尽可能最低的限度。”② 这样，相对剩余人口的出现成为必然。

可变资本的节约，一方面大大提高了资本的利润，另一方面却人为地造成了过剩人口的出现。具体来说，为了在竞争中获得优势，最大限度地获得利润，资本家采用新的机器，改良生产的流程和方法，采用先进的工艺等，从而在生产中花费越来越少的人力就可以推动越来越多的生产资料，这样，工人就从资本主义的生产中游离出来，导致人为的过剩人口的出现。似乎事情就到此为止。但是，资本家忘记了，这种人为的过剩人口的出现之时，正是生产过剩出现之际。因为，由于这种人为的失业，工人的收入大大降低，他们不得不减少商品的购买。这种人为导致的消费能力的降低，必然引起生产的过剩。③ 由此可见，不变资本的节约和人口的相对过剩以及由此导致的生产的过剩，构成资本主义生产走向对立的又一成因。

因此，资本主义的生产过程在本质上就是资本自身发展的过程，是资本增殖的过程，也是资本走向自我消亡的过程。资本的本性决定了，从其中“产生出来的资本的各种生产条件是互相矛盾

---

① 《马克思恩格斯全集》第 46 卷，人民出版社 2003 年版，第 101 页。

② 同上书，第 101—102 页。

③ 这里需要指出的是，这种生产的过剩，并不是说生产的生活资料太多了，人们消费不了。“正好相反。要是大量的人口能够体面地、像人一样地生活，生活资料还是生产得太少了。”（《马克思恩格斯全集》第 46 卷，人民出版社 2003 年版，第 287 页）因而，这种过剩只是相对的过剩。

的。"[①] 大致来讲，这些条件包括：以资本为基础的生产、资本主义的生产方式、资本主义的生产关系以及资本主义的所有制等等，它们一起构成整个资本主义社会的整体结构。这些基于资本的生产条件自身的矛盾性和相互之间的矛盾决定了，资本主义社会必将走向内在的瓦解和终结。在这个意义上，资本主义的生产过程实际上就是资本主义社会从兴盛走向灭亡的过程，也就是人类从一个阶段走向另一个阶段的过程，还是从资本主义社会走向共产主义社会的过程。

二　资本的积累及其趋势

大致来讲，资本主义积累主要包含两个方面的内容：一是原始积累；二是资本积累。作为前者，实际上是指资本家在从事生产以前所积攒的"第一桶金"：按照马克思的理解，所谓原始积累"只不过是生产者和生产资料分离的历史过程。这个过程所以表现为'原始的'，因为它形成资本及与之相适应的生产方式的前史"[②]。作为后者，实际上就是指把生产过程中所创造的剩余价值当作资本使用，或者说，把剩余价值再转化为资本。因此，对资本积累过程的考察，实际上就是对已经生产出来的剩余价值如何转化为资本，再次投入资本主义生产过程的考察。但是，由于资本的积累以剩余价值为前提，剩余价值的生产以资本主义的生产为前提，资本主义的生产又以商品生产者手中拥有大量的资本和劳动力为前提。因此，为了清楚地解释资本的积累，马克思假定在资本主义的积累之前存在"原始"积累，这种积累不是资本主义生产方式的结果，而是它的起点。

资本的原始积累过程实际上就是生产者和生产资料分离的历史过程。这一过程主要体现为：（1）对农民土地的剥夺。（2）立法限制流浪者，将其赶入工厂，通过鞭打、烙印、酷刑，被迫习惯于雇佣劳动制度所必需的纪律。（3）农业革命与大工业的迅猛崛起。工业资本的国内市场的形成。一部分农村居民的被剥夺和被驱逐，

---

① 《马克思恩格斯全集》第30卷，人民出版社1995年版，第548页。

② 《马克思恩格斯全集》第44卷，人民出版社2001年版，第822页。

不仅为工业资本游离出工人及其生活资料和劳动材料，同时也建立了国内市场，这就是说，它打破了原有的“自给自足”模式的小农经济，从而为资本家所生产的产品提供了广阔的消费市场。就像马克思所说的，它使“小农转化为雇佣工人，使他们的生活资料和劳动资料转化为资本的物质要素的那些事件，同时也为资本建立了自己的国内市场”①。（4）工业资本家的产生。总体而言，在这一过程中，一方面，是大量的自由劳动者的出现；另一方面，则是生产资料、土地、生产工具、货币等向少数人手中积聚，两者共同构成资本主义生产的起点。实际上，这一过程是一个剥夺的过程，是少数人对多数人的剥夺的过程。正如马克思所说的：“资本来到世间，从头到脚，每个毛孔都滴着血和肮脏的东西。”②

不同于原始积累，资本的积累则是指把剩余价值转化为资本，即剩余价值的资本化。换句话说，就是资本家把在简单生产中由工人在剩余劳动时间创造的、在流通领域实现了的剩余价值不是直接用于自己生活资料的消费，而是将其投入下一阶段的生产。因此，资本的积累的开始标志着整个资本主义生产进入新的历史阶段。

但资本的增殖本性决定了，“资本主义是这么一种社会经济体系：它适应以成本和价格之间合理核算为基础的商品生产，以及以再投资为目的的财富的不断积累”③。因而，“资本把财富本身的生产，从而也把生产力的全面的发展，把自己的现有前提的不断变革，设定为它自己再生产的前提”④。由此导致的结果是，资本的积累构成资本主义走向没落的“掘墓人”。

首先，资本的积累导致了积累自身的异化和工人生存状况的恶化。资本的积累本质上就是剩余价值的资本化。这在根本上决定了，资本的积累不是以人自身为目的，而是以获得更多的剩余价值

① 《马克思恩格斯全集》第44卷，人民出版社2001年版，第857页。

② 同上书，第871页。

③ 丹尼尔·贝尔：《资本主义文化矛盾》，严蓓雯译，江苏人民出版社2007年版，1978年再版序言，第6页。

④ 《马克思恩格斯全集》第30卷，人民出版社1995年版，第540页。

为目的活动，即“积累活动本身成了目的”①。这种目的的倒置所导致的结果是：资本家不断地扩大积累，不断地扩大生产的规模，增加劳动的强度，从而“把一切发展生产力的手段都转变为统治和剥削生产者的手段，都使工人畸形发展，成为局部的人，把工人贬低为机器的附属品，使工人受劳动的折磨，从而使劳动失去内容，并且随着科学作为独立的力量被并入劳动过程而使劳动过程的智力和工人相异化”②。不仅如此，那种“使相对过剩人口或产业后备军同积累的规模和能力始终保持平衡的规律把工人钉在资本上，比赫斐斯塔司的楔子把普罗米修斯钉在岩石上钉得还要牢。这一规律制约着同资本积累相适应的贫困积累。因此，在一极是财富的积累，同时在另一极，即在把自己的产品作为资本来生产的阶级方面，是贫困、劳动折磨、受奴役、无知、粗野和道德堕落的积累”③。由此可见，资本的积累及其过程本质上是工人不断变成相对失业人口、生存状况恶化的过程，由此带来的必然是阶级关系的对立和革命。

再次，资本积累导致了资本主义生产和流通的断裂。由于资本积累的存在，资本家把大量的剩余价值用于生产过程，而相应地减少消费，由此所导致的必然是生产和消费的冲突。众所周知，生产是消费的前提，它不仅为消费提供材料和对象，还给予消费以消费的规定性、消费的性质，从而使得消费能够完成。在这个意义上，生产不仅为主体生产对象，而且为对象生产主体。因此，“生产生产着消费”④，但是，由于积累的需要，原有的本应用于消费的货币被用作生产和积累（这既包括资本家把获得的剩余价值积攒起来投入生产而不消费，也包括资本家为了积累资本而压榨工人，使得工人无法获得更多的工资，也无法去扩大消费）。因而，“资本

① 丹尼尔·贝尔：《资本主义文化矛盾》，严蓓雯译，江苏人民出版社2007年版，1978年再版序言，第2页。

② 《马克思恩格斯全集》第44卷，人民出版社2001年版，第743页。

③ 同上书，第743—744页。

④ 《马克思恩格斯全集》第30卷，人民出版社1995年版，第33页。

主义积累的事实排斥了Ⅱc = Ⅰ(v + m) 这一可能性"①。这种平衡（即作为第Ⅰ部类的积累即生产资料的生产的积累和作为第Ⅱ部类的积累即消费资料的生产的积累之间的平衡）的打破，最终导致的结果是，作为内在统一的资本主义的生产和流通的联系断裂了。资本家所使用资本的价值保存过程、资本的价值增殖过程和生产出来的产品的价值实现过程，这三个本来互为前提、内在统一的过程断裂了。因此，那种认为，"积累是靠牺牲消费来进行的这种一般的说法，不过是和资本主义生产的本质相矛盾的一种幻想，因为这种幻想假定，资本主义生产的目的和动机是消费，而不是剩余价值的攫取和资本化，即积累"②。而这种"假定"必将为其事实所推翻。

最后，资本的积累导致了资本主义私有制的解体和建立在社会所有制上的个人所有制的重建。众所周知，资本的原始积累的过程，实际上就是"靠自己劳动挣得的私有制，即以各个独立劳动者与其劳动条件相结合为基础的私有制，被资本主义私有制，即以剥削他人的但形式上是自由的劳动为基础的私有制所排挤"③ 的过程。但是，伴随着资本的积累，资本开始从一些小的资本家向大的资本家手中积聚，从而导致原有的资本家之间的自由竞争被打破，走向垄断。尤其是在这一过程中，生产力的提高、管理的改善以及科学技术的应用等，都使得一些资本家从原有的地域性垄断升级为地域性的甚至是国际性的垄断，到这时，"资本的垄断成了与这种垄断一起并在这种垄断之下繁盛起来的生产方式的桎梏。生产资料集中和劳动社会化，达到了同它们的资本主义外壳不能相容的地步，这个外壳就要炸毁了。资本主义私有制的丧钟就要响了。剥夺者就要被剥夺了。"④ 由此导致的结果是，资本主义私有制灭亡和建立在社会所有制基础上的个人所有制的建立。这也就意味着资本主义的终结。正如罗莎·卢森堡所说："积累运动的终结，它的历

① 《马克思恩格斯全集》第45卷，人民出版社2003年版，第587页。

② 同上书，第566页。

③ 《马克思恩格斯全集》第44卷，人民出版社2001年版，第873页。

④ 同上书，第874页。

史界限，也就是资本主义生产的终结。对资本主义来说，不可能积累就意味着生产力不可能进一步发展，因此也就意味着资本主义没落的客观历史必然性。”①

由此可见，资本的增殖本性还决定了，资本本身就是矛盾。不仅如此，这一本性还决定了，以资本为基础的生产、资本主义的生产方式、资本主义的生产关系、资本主义的所有制等等，都不是终极性的存在，而是历史的、暂时的社会阶段的基本样态，这预示着整个资本主义社会的整体结构的内在瓦解。在这个意义上，资本主义的生产过程也就是资本积累的过程，资本积累的趋势就是，资本主义私有制灭亡和个人所有制的重新建立，而只有到那时，作为抽象实体的资本对人的奴役与统治才结束了，这意味着一个新的历史时代——共产主义的到来！

三 重估《资本论》的价值

列宁在《哲学笔记》中曾经指出，“虽说马克思没有留下‘逻辑’（大写字母的），但他遗留下《资本论》的逻辑，应当充分地利用这种逻辑来解决问题。在《资本论》中，唯物主义的逻辑、辩证法和认识论（不必要三个词：它们是同一个东西）都应用于一门科学，这种唯物主义从黑格尔那里吸取了全部有价值的东西并发展了这些有价值的东西”②。但是，长期以来，人们却并没与给予其应有的重视：《资本论》③ 只是被视为马克思的经济学著作，而不是哲学著作，更不是科学社会主义的著作。正是这样的一种“偏见”使马克思《资本论》的价值和意义处于晦暗不明的境地④，这

---

① 罗莎·卢森堡：《资本积累》，转引自卢卡奇《历史与阶级意识——关于马克思主义辩证法的研究》，杜章智等译，商务印书馆 1996 年版，第 89 页。

② 列宁：《哲学笔记》，人民出版社 1998 年版，第 290 页。

③ 这里的《资本论》是个广义的文本指称，它不仅包括三卷本的《资本论》，还包括马克思为《资本论》撰写而准备的系列手稿。如，《1857—1858 年经济学手稿》、《1859—1861 年经济学著作和手稿》、《1861—1863 年经济学手稿》、《1863—1865 年经济学手稿》等。

④ 这里，值得一提的是我国学者张一兵教授在其 1999 年出版的《回到马克思》一书中已经意识到这一问题的严峻性，这一标志性著作的副标题就是“经济学语境中的哲学话语”，但遗憾的是，十多年过去了，人们似乎并没有在根本上改变对《资本论》的看法。

也就制约了我们对马克思整个思想深入研究及当代意义的开启。

在我们看来，马克思的《资本论》是集哲学、经济学、科学社会主义于一体的重要著作。正是在《资本论》中，马克思在对人类一般历史的考察基础上，深入到现实的历史，即资本主义社会之中，通过对资本主义的生产方式、资本主义的生产的总过程以及剩余价值等问题的考察，为我们揭示了资本主义社会发展的总体面貌，从而也就为总体上研究人类历史的发展规律作出了铺垫。与此同时，在这一资本主义社会现实的批判过程中，马克思在原有揭示辩证法的“作为推动原则和创造原则的否定性”① 的基础上，把黑格尔“思维过程”的概念辩证法变革为现实“生产过程”的资本辩证法，这一内容集中地体现为对资本的内在矛盾、资本与生产矛盾以及资本总积累的矛盾的分析中。正是在这些分析中，体现出马克思资本的内涵逻辑，即历史唯物主义和辩证法的统一。从而，也将人的自由与全面发展诉诸历史的发展过程和建立在现实资本主义社会的全面危机爆发基础上的共产主义。

（一）马克思哲学与政治经济学批判

如何理解马克思的政治经济学批判，是理解马克思《资本论》的真实价值的首要问题。可以说，究竟是从政治经济学的科学的角度去理解《资本论》，还是从政治经济学的“批判”的角度去理解《资本论》，存在着本质性的差别：如果从前者出发，问题显而易见，马克思的《资本论》只能是一本政治经济学的著作，而不是哲学、科学社会主义的著作；但如果从后者出发，就会发现，马克思的《资本论》不仅仅是一部经济学的著作，而且它还是一部哲学、科学社会主义的经典著作。因此，我们认为，应当是站在政治经济学“批判”立场上来理解《资本论》。而且，梳理马克思学说发展的历史，我们会进一步发现，马克思的政治经济学批判包含着丰富的理论旨趣。

在《政治经济学批判》序言中，马克思详细地解释了自己从事政治经济学批判的初衷和目的。马克思回忆道：“我学的专业本

① 马克思：《1844 年经济学哲学手稿》，人民出版社 2000 年版，第 101 页。

来是法律，但我只是把它排在哲学和历史之次当作辅助学科来研究。1842—1843 年间，我作为《莱茵报》的编辑，第一次遇到要对所谓物质利益发表意见的难事。……最后，关于自由贸易和保护关税的辩论，是促使我去研究经济问题的最初动因。"① 如果说，马克思研究经济问题的最初动因只是为了破解自己所面对的"对物质利益问题发表意见的难事"的话，那么，深层地，则是为了实现对市民社会②的批判。他总结说："我的研究得出这样一个结果：法的关系正像国家的形式一样，既不能从它们本身来理解，也不能从所谓人类精神的一般发展来理解，相反，它们根源于物质的生活关系，这种物质生产关系的总和，黑格尔按照 18 世纪的英国人和法国人的先例，概括为'市民社会'，而对市民社会的解剖应该到政治经济学中去寻求。"③ 这就是说，只有通过理解"物质的生活关系"，理解作为这种物质生产关系总和的"市民社会"，才能真正实现对黑格尔法哲学的批判，即实现对以黑格尔法哲学为代表的唯心主义历史观的批判。因此，毫无疑问，马克思把自己对政治经济学的批判视为深入市民社会的"最佳"路径，即通过批判作为历史现象学④的政治经济学，来批判资产阶级社会，批判旧世界。正如阿尔都塞所说，"和恩格斯一样，马克思不得不在政治范围之外去寻找在政治范围内不可解决的冲突的理由，这就促使他去研究政治经济学"⑤。

不仅如此，在马克思看来，"人体解剖对于猴体解剖是一把钥匙。反过来说，低等动物身上表露的高等动物的征兆，只有在高等

---

① 《马克思恩格斯全集》第 31 卷，人民出版社 1998 年版，第 411 页。

② 在马克思的早期著作中，这一术语的使用有两重含义，广义地说，是指社会发展各历史时期的经济制度，即决定政治制度和意识形态的物质关系总和；狭义地说，是指资产阶级社会的物质关系（参见《马克思恩格斯全集》第 30 卷，人民出版社 1995 年版，第 630 页）。这里我们取其狭义的理解。这一点，也为学界很多学者所认可。

③ 《马克思恩格斯全集》第 31 卷，人民出版社 1998 年版，第 412 页。

④ 这一概念的使用参见张一兵教授的《回到马克思》。在该书中，他一针见血地指出，马克思在政治经济学批判中创立了狭义历史唯物主义和历史认识论基础上的历史现象学，这一断语无疑揭示了马克思政治经济学批判的要害之所在。（参见张一兵《回到马克思——经济学语境中的哲学话语》，江苏人民出版社 1999 年版，第 7 页。）

⑤ 路易·阿尔都塞：《保卫马克思》，顾良译，商务印书馆 2006 年版，第 147 页。

动物本身已被认识之后才能理解。因此，资产阶级经济为古代经济等等提供了钥匙。”① 这就是说，要理解人类社会发展的历史过程，就必须从其当下的现实的历史，即资本主义社会出发，从作为资本主义意识形态和历史现象学的政治经济学批判出发，在对资本主义制度的剖析和分析中，追溯人类历史发展的阶段和过程，探索历史发展的基本规律。因此，“被思考为历史结果的现实资产阶级社会”② 无疑成为马克思的研究对象。而且，“一个社会即使探索到了本身运动的自然规律……它还是既不能跳过也不能用法令取消自然的发展阶段。但是它能缩短和减轻分娩的痛苦”③。因此，在马克思看来，新的历史观只能是“人们在自己生活的社会生产中发生一定的、必然的、不以他们的意志为转移的关系，即同他们的物质生产力的一定发展阶段相适应的生产关系。这些生产关系的总和构成经济结构，即有法律的和政治的上层建筑竖立其上并有一定的社会意识形式与之相适应的现实基础。物质生活的生产方式制约着整个社会生活、政治生活和精神生活的过程。不是人们的意识决定人们的存在，相反，是人们的存在决定人们的意识”④。这是不能从对一般人类生产过程的考察中得出的，而只能通过对资本主义生产过程的考察才能得出。在这个意义上，历史唯物主义的进一步深化恰恰不是通过对一般历史的考察实现的，而是通过《资本论》，通过对资本主义生产过程的考察实现的。从劳动到劳动力，从异化劳动到雇佣劳动，从一般生产到以资本为基础的生产，从一般社会生产过程到资本主义生产过程，这些“转折”和思想的突变只能在政治经济学批判的视域内得到理解。在这个意义上，要真正理解马克思的历史唯物主义世界观，必须而且只能诉诸对《资本论》的认真阅读。

那么，这是否意味着，马克思可以不借助辩证法就能实现对资

① 《马克思恩格斯全集》第30卷，人民出版社1995年版，第47页。

② 路易·阿尔都塞、埃蒂安·巴利巴尔：《读〈资本论〉》，李其庆等译，中央编译出版社2001年版，第67页。

③ 《马克思恩格斯全集》第44卷，人民出版社2001年版，第9—10页。

④ 《马克思恩格斯全集》第31卷，人民出版社1998年版，第412页。

本主义现实历史的真实把握？回答是否定的。因为，在我们看来，正是通过辩证法，马克思才有力地批判了资产阶级的政治经济学，揭示了导致资本主义必然灭亡的致命性矛盾。在《政治经济学批判序言》中，马克思一人手就指出："我的辩证方法，从根本上来说，不仅和黑格尔的辩证方法不同，而且和他的截然相反。在黑格尔看来，思维过程，即甚至被他在观念这一名称下转化为独立主体的思维过程，是现实事物的创造主，而现实事物只是思维过程的外部表现。我的看法则相反，观念的东西不外是移入人的头脑并在人的头脑中改造过的物质的东西而已。"① 也就是说，在马克思看来，这里的辩证法不再是以"思维过程"为内容的概念辩证法，而是以"资本主义生产过程"为主导的资本辩证法。② 这种辩证法按其本质来说，就是"批判的和革命的"③ 辩证法。在这里，正是"通过对黑格尔的参照，并通过划清与黑格尔的界限"，马克思确定了"自己的立场"④。在《资本论》中，这一辩证法具体表现为对资本内在矛盾的揭示，对资本和生产的矛盾关系的透视，对资本积累和扩大再生产的问题的分析以及对机器化大生产与人的贬值等的研究之中。在这个意义上，可以这样说，"唯物主义历史观并非把一般哲学唯物主义原理贯彻到历史研究中的结果，而是以历史地理解唯物主义为前提的世界观革命，这一革命是通过辩证法的发现而实现的。"⑤ 同样，历史唯物主义内涵的进一步拓展，也是建立在辩证法的基础之上的。"这种意义上的历史唯物主义就是资本逻辑批判。"⑥ 就是资本的内涵逻辑。它集中地体现在历史唯物主义和辩

---

① 《马克思恩格斯全集》第44卷，人民出版社2001年版，第22页。

② 参见白刚《从"概念辩证法"到"资本辩证法"》，《江海学刊》2009年第2期。

③ 《马克思恩格斯全集》第44卷，人民出版社2001年版，第22页。

④ 路易·阿尔都塞：《哲学与政治》，陈越编译，吉林人民出版社2003年版，第174页。

⑤ 胡大平：《"一个其意义不亚于唯物主义基本观点的成果"——恩格斯与政治经济学批判》，《天津社会科学》2009年第4期。

⑥ 仰海峰：《〈政治经济学批判〉中的资本逻辑批判与历史唯物主义的建构》，《江海学刊》2009年第2期。

证法统一的《资本论》之中。

（二）资本的扬弃与共产主义的到来

上面的分析表明，正是通过政治经济学批判，马克思深入到资本主义社会现实之中，深入到资本主义的生产过程之中，透彻地解释了资本主义社会的发展规律和内在矛盾，从而将资本主义的灭亡和共产主义的到来建立在批判的、科学的分析基础之上。

这一批判性分析首先体现在马克思对资本范畴的揭示上。

在马克思看来，资本本身就具有两重性的特质。资本一般“（1）仅仅表现为一种抽象；不过不是任意的抽象，而是抓住了与所有其他财富形式或（社会）生产发展方式相区别的资本的特征的一种抽象。……（2）但是，与各特殊的现实的资本相区别的资本一般，本身是一种现实的存在”①。这表明，资本既是一种抽象的存在，又是一种现实的存在。进一步讲，作为资本一般，一方面是在抓住了与所有其他财富形式或（社会）生产发展方式相区别的资本的特征基础上抽象得来的东西，但另一方面，由于它最真实地影响着现实的社会生活，因此，它又不仅仅是抽象的概念，而表达的是资产阶级社会的现实。不仅如此，“只有资本才创造出资产阶级社会，并创造出社会成员对自然界和社会联系本身的普遍占有”②。在这个意义上，资本就是表征资本主义社会特质的标志性范畴。

但是，资本的增殖本性决定了，“资本本身就是矛盾”③。即“资本一方面确立它所特有的界限，另一方面又驱使生产超出任何界限，所以资本是一个活生生的矛盾”④。这集中地体现为，一方面，资本要无限、无止境地发展下去，以获取最大限度的利润。甚至为了达到这一目的，资本就需要最大限度地减少必要劳动时间，增加机器的使用，不断地引进新的科学技术，从而实现超额剩余价值。但是，另一方面，由于必要劳动时间的减少和机器的使用，必

① 《马克思恩格斯全集》第30卷，人民出版社1995年版，第440页。

② 同上书，第390页。

③ 同上书，第542页。

④ 同上书，第405页。

然造成工人的工资的降低，即自身交换价值的降低，由此必然导致消费能力的降低。这样，产品的不断丰富和工人的不断贫穷形成对抗性的矛盾，其结果只能导致生产的大量过剩及商品资本的堆积。就像马克思所说的，“一方面，资本的趋势是，为了增加相对剩余时间，必然把生产力提高到极限。另一方面，必要劳动时间由此减少了，因而工人的交换能力由此降低了”①。由此导致的直接结果就是，产品的积压、利润率的下降以及资本自身的贬值。这也就意味着，资本自身的矛盾就转化为生产与消费之间的矛盾、资本与生产之间的矛盾。这一矛盾集中体现为资本变革为生产的限制，变革为对生产力的限制。② 因为，“资本主义生产的真正限制是资本自身，这就是说：资本及其自行增殖，表现为生产的起点和终点，表现为生产的动机和目的；生产只是为资本而生产，而不是反过来生产资料只是生产者社会的生活过程不断扩大的手段。”③

同时，这一矛盾还表现在以资本为基础的资本主义生产方式上面。在马克思看来，“资本主义生产方式中的矛盾：工人作为商品的买者，对于市场来说是重要的。但是作为他们的商品——劳动力——的卖者，资本主义社会的趋势是把它的价格限制在最低限度。”“还有一个矛盾：资本主义生产全力扩张的时期，通常就是生产过剩的时期；因为生产能力从来没有使用到这个程度，以致它不仅能够生产更多的价值，而且还能把它实现。商品的出售，商品资本的实现，从而剩余价值的实现，不是受一般社会的消费需求限制，而是受大多数人总是处于贫困状态、而且必然总是处于贫困状态的那种社会的消费需求的限制。”④ 更为致命的是，伴随着资本主义的发展，尤其是积累和扩大再生产的发展，当资本家不断地把自己的剩余价值积累起来，不断地加入到剩余价值的生产过程的时候，原有的生产和消费之间、生活资料的生产和生产资料的生产之间的平衡也就被打破了。这种不断的积累所带来的最终结果是：在

① 《马克思恩格斯全集》第 30 卷，人民出版社 1995 年版，第 406 页。
② 参见《马克思恩格斯全集》第 30 卷，人民出版社 1995 年版，第 406 页。
③ 《马克思恩格斯全集》第 46 卷，人民出版社 2003 年版，第 278 页。
④ 《马克思恩格斯全集》第 45 卷，人民出版社 2003 年版，第 350 页注释（32）。

资本主义生产方式中，积累和消费的平衡变为“一种偶然现象”①。

另外，为了获得超额利润，资本的集中变为必然的趋势。就像马克思所说的：“竞争不过是资本的内在本性，是作为许多资本彼此间的相互作用而表现出来并得到实现的资本的本质规定，不过是作为外在必然性表现出来的内在趋势。”② 由此导致的结果是，一个资本家打倒许多资本家。随着大量资本越来越集中到一个资本家的手中，生产的规模日益扩大，尤其是科学日益被自觉地应用于技术方面，土地日益被有计划地利用，劳动资料日益转化为只能共同使用的劳动资料，一切生产资料因作为协作的、社会的劳动的生产资料使用日益节省，各国人民日益被卷入世界市场网，从而资本主义制度日益具有国际的性质。随着那些掠夺和垄断这一转化过程的全部利益的资本巨头不断减少，贫困、压迫、奴役、退化和剥削的程度不断加深，而日益壮大的、由资本主义生产过程本身的机制所训练、联合和组织起来的工人阶级的反抗也不断增长。“资本的垄断成了与这种垄断一起并在这种垄断之下繁盛起来的生产方式的桎梏。生产资料集中和劳动社会化，达到了同它们的资本主义外壳不能相容的地步，这个外壳就要炸毁了。资本主义私有制的丧钟就要响了。剥夺者就要被剥夺了。”③

上述的事实表明，以资本为标志的资本主义生产方式“是一种特殊的、具有独特历史规定性的生产方式”④，它和任何其他一定的生产方式一样，把社会生产力及其发展形式的一个既定的阶段作为自己的历史条件，而这个条件又是先行过程的历史结果和产物，并且是新的生产方式由以产生的既定基础；同这种独特的、历史的规定的生产方式相适应的生产关系本身也具有一种独特的、历史的和暂时的性质。这样，不论是资本主义的生产方式，还是资本主义的生产关系，以及由此决定的分配关系，都具有同样的历史的暂时的性质。而这种暂时性和历史性就决定了，“从资本主义生产

---

① 《马克思恩格斯全集》第 45 卷，人民出版社 2003 年版，第 557 页。
② 《马克思恩格斯全集》第 30 卷，人民出版社 1995 年版，第 394 页。
③ 《马克思恩格斯全集》第 44 卷，人民出版社 2001 年版，第 874 页。
④ 《马克思恩格斯全集》第 46 卷，人民出版社 2003 年版，第 994 页。

方式产生的资本主义占有方式，从而资本主义的私有制，是对个人的、以自己劳动为基础的私有制的第一个否定。但资本主义生产由于自然过程的必然性，造成了对自身的否定。这是否定的否定。这种否定不是重新建立私有制，而是在资本主义时代的成就的基础上，也就是说，在协作和对土地及靠劳动本身生产的生产资料的共同占有的基础上，重新建立个人所有制”①。建立一种在生产资料共同占有基础上的个人所有制。这一“否定之否定”的过程也必将是一个漫长的历史过程。就像马克思所说的，因为资本主义私有制是“少数掠夺者剥夺人民群众”而建立在生产资料共同占有基础上的个人所有制，即社会所有制“是人民群众剥夺少数掠夺者”，因而必将是一个充满斗争的历史过程②。

由此可见，不论是资本与生产的矛盾，还是生产与消费的矛盾，以及资本积累的矛盾、资本主义生产方式的矛盾，都将导致资本主义的普遍危机。这样危机根源于资本本身。因此，不论是重新控制供给和需求，还是减少或增加货币供应量，不论是在生产和消费之间寻求新的平衡点，还是按比例的生产，都不能破解这一矛盾。因为，要破解这一矛盾，唯一的可能是，“扬弃资本本身”③。这也就是说，只有扬弃资本，扬弃以资本为基础的生产及其生产方式，才能真正克服资本自身的矛盾，这就意味着一个“以私有制为基础”的社会的灭亡和一个“以社会所有制为基础”的共产主义的到来。

（三）《资本论》的当代意义

早在1843年9月马克思致卢格的信中，马克思就指出，“新思潮的优点又恰恰在于我们不想教条地预期未来，而只是想通过批判旧世界发现新世界”④。而要达到这一目的，只有深入到“旧世界”，即现实资本主义社会的生产过程之中，揭示资本主义社会的内在矛盾，才能在当下现实历史的批判中“发现新世界”，即实现

---

① 《马克思恩格斯全集》第44卷，人民出版社2001年版，第874页

② 同上书，第874—875页

③ 《马克思恩格斯全集》第30卷，人民出版社1995年版，第543页。

④ 《马克思恩格斯全集》第47卷，人民出版社2004年版，第64页。

共产主义。因此，在我看来，马克思《资本论》的价值就在于，在这部著作中，马克思真正实现了历史唯物主义和辩证法的统一，也实现了哲学、政治经济学和科学社会主义的内在统一。"《资本论》表明：马克思主义的哲学、政治经济学和科学社会主义，是作为'超学科'的'一整块钢铁'而存在的；马克思在每个领域的精湛研究和'独到的发现'，结晶为他的全部研究工作的'总的结果'，这就是关于人类历史发展规律和人类解放的马克思主义。而这个'总的结果'的理论内容就集中地体现为《资本论》。"① 具体来讲，主要表现为：（1）通过对现实历史即资本主义社会的剖析，尤其是通过对资本主义生产过程的分析，为探索人类未来的历史发展奠定了基础。（2）通过《资本论》的研究，马克思揭示了资本主义自身存在的诸多矛盾，预示了资本主义的历史性和短暂性。如资本自身的矛盾问题；资本和生产的矛盾问题；资本的积累问题；资本主义平均利润下降的问题；人口相对过剩问题等等。（3）通过《资本论》的研究，马克思揭示了资本对人的抽象统治，从而为人的自由与全面发展指明了方向。瓦解资本的逻辑，实际上构成了马克思《资本论》的核心旨趣。在整个意义上，《资本论》不是一部政治经济学的著作，而是一部"人的解放何以可能"的哲学著作。因为，"在资产阶级社会里，资本具有独立性和个性，而活动着的个人却没有独立性和个性"②。因此，马克思的哲学革命，就是"要求把人从'抽象'的统治中解放出来，从'物'的普遍统治中解放出来，也就是从'资本'的普遍统治中解放出来，把'资本'的独立性和个性变为人的独立性和个性"③。伴随着这一过程的展开，必将是一个新的联合体的诞生，它将代替那存在着阶级和阶级对立的资产阶级旧社会："在那里，每个人的自由发展是一切人自由发展的条件"④。而这时，"作为目的本身的人类能力

---

① 孙正聿：《关于马克思主义创新的思考》，《光明日报》2009 年 5 月 19 日。

② 《马克思恩格斯选集》第一卷，人民出版社 2012 年版，第 415 页。

③ 孙正聿：《怎样理解马克思的哲学革命》，《吉林大学社会科学学报》2005 年第 3 期。

④ 《马克思恩格斯选集》第一卷，人民出版社 2012 年版，第 422 页。

的发挥，真正的自由王国，就开始了”①。

综上所述，在《资本论》中，马克思让哲学直接指向社会现实，指向资本主义社会，指向资本主义的物质生产关系，把对资本主义社会的分析和人的资本主义存在方式相结合，批判了资本对人的抽象统治，揭示了资本主义社会固有的矛盾，从而破解了资本主义永恒存在的神话。这既是《资本论》的历史唯物主义，也是《资本论》的辩证法。在这里，真正实现了历史唯物主义和辩证法的统一，这也就是资本的内涵逻辑的真实内容。不论是诉诸“感性的人的对象化活动”，还是“资本主义的现实生产过程”，马克思都把自己的哲学指向现实生活世界本身，指向“现实的人及其历史发展”，指向“人的自由与全面发展”，指向“建立个体自由基础上的自由人的联合体”。这就是我们重估马克思《资本论》的意义之所在！

由此可见，作为“大写逻辑”的《资本论》，并不是单纯的政治经济学著作，而是集历史唯物主义世界观、科学社会主义、政治经济学、辩证法等于一身的经典巨著。《资本论》表明，马克思的社会现实的批判、意识形态的批判以及政治经济学批判是相互关联并内在统一的，作为这些批判的成果的历史唯物主义、辩证法、政治经济学以及科学社会主义是相互关联并内在统一的。在这个意义上，《资本论》才真实地体现了马克思的全部思想和理论旨趣！

---

① 《马克思恩格斯全集》第46卷，人民出版社2003年版，第929页。

中编　夯实基础理论

改革开放以来，中国学术界对马克思主义世界观的追问表明，何为马克思主义世界观的问题，是关系到如何理解马克思的哲学革命和实质的问题。考察历史唯物主义世界观形成的逻辑历程，我们可以清楚地看到，马克思的哲学革命，本质上是其哲学存在论基础的变革。建立在“人的感性活动”基础上的历史唯物主义，根本地在于把现实的人、人类的生产以及“现实的生产过程”作为其世界观的现实基础。正是通过这一现实基础的揭示，马克思不仅揭露了一切旧唯物主义和唯心主义世界观的根本缺陷，而且由此实现了把对社会现实的批判和意识形态的批判转向一般人类历史的研究。这就意味着，要改变世界，最根本的是要把握人类社会的历史。马克思从现实的“人的感性活动”出发，把历史看作追求着目的的人的活动，把历史看作人们的“现实的生产过程”的结果，由此创建了以“现实的人及其历史发展”为内容，以历史为解释原则的历史唯物主义世界观，并由此把人的自由全面发展理解为“人与世界的否定性统一关系”的历史过程。这既是辩证法的历史唯物主义，也是历史唯物主义的辩证法。在这个意义上，马克思世界观的存在论基础的变革，不仅是马克思哲学思想的变革，而且是整个现代哲学发生的重大变革。

第四章

马克思主义世界观与当代中国的学术探索

在《反杜林论》中，恩格斯指出，“现代唯物主义，否定的否定，不是单纯地恢复旧唯物主义，而是把2000年来哲学和自然科学发展的全部思想内容以及这2000年的历史本身的全部思想内容加到旧唯物主义的持久性基础上。这已经根本不再是哲学，而是世界观”①。这表明，马克思所创立的现代唯物主义，根本上不是局限于思辨哲学问题之内的变革，而是建立在一种新的哲学基础上的世界观革命。那么，这一超越思辨哲学而创立的“世界观”究竟是什么？是辩证唯物主义、实践唯物主义，还是历史唯物主义？学术界对此有着不同的看法。在思想史和现实的双重维度中对历史唯物主义形成历程及其本真精神的分析表明，马克思主义的世界观只能是历史唯物主义。但是，在我国的学术界，这一主张的提出、确立却经历了艰辛的历史过程。因而，要真正确立“马克思主义的世界观是历史唯物主义”的主张，就不仅要深入到历史唯物主义形成的思想史和现实语境中，更应该结合马克思主义在中国的研究和发展历程来对其加以考察。这里，我们梳理改革开放以来不同时期人们对于马克思主义世界观的主张和看法，并分析这些主张和看法提出的历史和理论背景，反思中国学术界关于马克思主义世界观的研究，这将有助于我们在中国语境中，尤其是在当代中国学术发展史的梳理中推进对此问题的深入研究。

---

①《马克思恩格斯选集》第三卷，人民出版社2012年版，第517页。

哲学是思想所把握到的时代。作为时代精神精华的哲学总是与时代同呼吸共命运。因此，我们可以看到，改革开放以来，当代中国学术的发展历程同中华民族走向繁荣富强的历史逻辑惊人的一致。在这三十多年中，伴随着改革的逐步推进，中国的政治、经济、文化发生了翻天覆地的变化，哲学社会科学研究也取得了令人瞩目的成绩。就马克思主义哲学研究而言，倘若我们从哲学基本的理论框架来分析新中国成立以来的发展状况，“大体可以划分为20世纪80年代以前的教科书哲学、80年代以反思教科书体系为内容的哲学改革和90年代以来以现代性反省为主要内容的后教科书哲学”①。与之相应的是，马克思主义的世界观的研究也经历了这样一个历史过程：教科书哲学时期，人们把辩证唯物主义指认为马克思主义的世界观；反思教科书体系时期，人们把实践唯物主义指认为马克思的世界观；后教科书体系时期，人们开始在历史唯物主义研究的基础上，把历史唯物主义指认为马克思的世界观。进入新世纪以来，从世界观的原则理解马克思的历史唯物主义成为学术研究的热点和焦点。从思想史和现实的维度来看，这些主张的提出有着深厚的理论和时代背景，只有通过全方位的审视，我们才能对问题作出全面的分析。

第一节　辩证唯物主义世界观与马克思主义中国化

在马克思主义中国化的历史进程中，由学者们依照苏联教科书体系撰写的《辩证唯物主义和历史唯物主义》、《马克思主义哲学原理》（以下统一简称为“传统教科书”）在马克思主义理论的传播、普及以及学术研究中扮演了非常重要的角色。在传统教科书的影响下，马克思主义理论成为“家喻户晓”、“人人都能信手拈来”加以言说的大众哲学。在学术领域，在它的影响下，马克思主义学

① 孙正聿主编：《中国高校社会科学发展报告：1978—2008（哲学卷）》，广西师范大学出版社2008年版，第3页。

科逐步建立，一批新的研究成果问世，马克思主义中国化、时代化、大众化有条不紊地推进，马克思列宁主义、毛泽东思想、邓小平理论和“三个代表”重要思想、科学发展观为中国特色社会主义事业提供了不竭的思想动力。在这个意义上，传统教科书的历史和时代价值不容抹杀。但是，这并不意味着，传统教科书就是铁板一块，恰恰相反，如果我们真懂、真信马克思主义的话，那么，“对一切展开无情的批判”的信条会鼓励我们站在一个新的制高点上来审视传统教科书。

在传统教科书体系中，世界观、认识论、辩证法、历史观、人生观、价值观相互关联，并内在统一，由此组成一个有机的整体。在这当中，对世界观的理解当属核心问题。因此，我们对传统教科书体系的理解，应该从对世界观的分析入手。按照传统教科书的理解，辩证唯物主义是马克思的世界观。在他看来，哲学是理论化、系统化了的世界观，或者说，是人们世界观的理论体系。世界观就是人们关于世界的根本观点、根本看法。因而，作为系统化、理论化的世界观的哲学，是以总体方式把握世界以及人和世界关系的理论体系。①

从理论的来源来说，把辩证唯物主义指认为马克思的世界观的主张，直接来源于颁布于1938年9月的《联共（布）党史简明教程》的第四章第二节。在这一标题为“论辩证唯物主义和历史唯物主义”的章节中，首次以“辩证唯物主义和历史唯物主义”来指称马克思主义哲学。它总括性地提出：辩证唯物主义是马克思列宁主义党的世界观。它所以叫做辩证唯物主义，是因为它对自然界现象的看法、它研究自然界现象的方法、它认识这些现象的方法是辩证的，而它对自然界现象的解释、它对自然界现象的了解、它的理论是唯物主义的。历史唯物主义就是把辩证唯物主义的原理推广去研究社会生活，把辩证唯物主义的原理应用于社会生活现象，应

---

① 李秀林等：《辩证唯物主义与历史唯物主义》，中国人民大学出版社1995年版，第1—2页。

用于研究社会，应用于研究社会历史。[①] 根据这一阐释，教科书对此作出了详细的阐释：世界的本原是物质，物质本身是运动的，人们可以发现并认识这种运动，因此，这种世界观也就是辩证法，即关于客观世界辩证运动的辩证法。因而，历史唯物主义也就是辩证唯物主义世界观在社会历史领域的应用和推广。这也就确认了，辩证唯物主义才是马克思主义的世界观。

那么，将辩证唯物主义指认为马克思主义的世界观是否符合马克思的本意？对此问题的回答，我们需要回到马克思的文本之中。在被恩格斯称为“包含着新世界观的天才萌芽的第一个文献”[②]（即《关于费尔巴哈的提纲》）中，马克思曾指出：“从前的一切唯物主义（包括费尔巴哈的唯物主义）的主要缺点是：对对象、现实、感性，只是从客体的或者直观的形式去理解，而不是把它们当做感性的人的活动，当做实践去理解，不是从主体方面去理解。”[③]如果对照马克思这里所批判的“旧唯物主义”的话，我们不难发现，那种把马克思的世界观指认为辩证唯物主义同其有着惊人的相似性和一致性。“世界是客观的，人们可以通过感性认识达到理性认识，从而实现对世界的真理性把握”，不就是马克思所批判的那种“对对象、现实、感性，只是从客体的或者直观的形式去理解”的旧唯物主义吗？这是典型的素朴实在论和直观反映论。由此，我们基本可以做出这样的判断：辩证唯物主义的世界观本质上就是马克思所批判的“旧唯物主义的世界观”。

在辩证唯物主义的世界观看来，世界在本质上是物质的，自然、社会、人类都是物质世界的不同形态。[④] 但是，问题在于，什么是物质？它和人类的自然、社会、人类的关系是否就是一种“形态意义”上的从属关系？进一步讲，物质究竟是无人的存在，还是有人的存在？对此，在黑格尔的时代就已经作出了回答：“唯

① 《联共（布）党史简明教程》，人民出版社1975年版，第115—116页。

② 《马克思恩格斯选集》第四卷，人民出版社2012年版，第219页。

③ 《马克思恩格斯选集》第一卷，人民出版社2012年版，第133页。

④ 李秀林等主编：《辩证唯物主义与历史唯物主义原理》，中国人民大学出版社1995年版，第38页。

物论认为物质本身是真实的客观的东西。但物质本身已经是一个抽象的东西，物质之为物质是无法知觉的。所以我们可以说，没有物质这个东西。因为就存在着的物质来说，它永远是一种特定的具体的事物。"① 在这个意义上，那种把物质视为辩证唯物主义的本体论（或存在论）基础的说法，实则是一种无法自圆其说的托词。因此，正如施密特所指出的："如果马克思的唯物主义像今天仍在苏联和东欧盛行的那样，只是作为一种抽象的世界观的表白的话，那末首先注意：这一来它就和那种低劣的唯心主义毫无二致了。"②因此，这种以物质为本体的辩证唯物主义世界观在本质上是一种典型的唯心主义。倘若我们以此来认识马克思主义的世界观的话，那么，只能是降格了马克思主义的理论水准，也就遮蔽了马克思世界观革命的真正价值和意义。

那么，这种将马克思主义的世界观指认为辩证唯物主义的做法究竟还存在哪些问题呢？这需要我们做进一步的阐释和分析。在这种世界观看来，辩证唯物主义的世界观革命经历了一个复杂的过程。从思想的渊源来讲，这一世界观是马克思以费尔巴哈的唯物主义变革黑格尔的唯心主义，并拯救辩证法的结果。直观地讲，辩证唯物主义 = 费尔巴哈的人本学唯物主义 + 已经被唯物主义改造了的黑格尔的辩证法。因此，它主张，历史唯物主义是建立在辩证唯物主义基础上的历史观，并强调，这种历史观是马克思以费尔巴哈的唯物主义改造黑格尔唯心主义历史观的结果。因此，历史唯物主义 = 费尔巴哈的人本学唯物主义 + 被唯物主义改造了的黑格尔的历史观。一言以蔽之，它把马克思哲学革命看作从费尔巴哈唯物主义出发变革唯心主义的过程，因而，也就把马克思的世界观革命简单地看作对唯心主义世界观的革命。它没有看到，马克思的哲学革命首先是包括对费尔巴哈在内的一切旧唯物主义的革命，也没有看到，马克思用以变革唯心主义的哲学并不是费尔巴哈的旧唯物主义，而

① 黑格尔：《小逻辑》，贺麟译，商务印书馆 1980 年版，第 115 页。

② A. 施密特：《马克思的自然概念》，欧力同等译，商务印书馆 1988 年版，第 31 页。

是马克思自己所创立的历史唯物主义，更没有看到，马克思正是在历史唯物主义世界观的引导下实现了对黑格尔辩证法的“颠倒”。因而，辩证唯物主义世界观的立场、观点和看法只能停留在马克思所批判的“旧唯物主义”水平上，这是一个再正常不过的现象；因而，它的哲学是与黑格尔的唯心主义并无二致的哲学，这也是一个意料之中的事情。正如韦达在其于1952年发表的《辩证唯物主义》中所指出的：“我们认为，在今天苏联的公式化形态中的辩证唯物主义，尽管保持一种黑格尔式的表述和概念，但它与其说是黑格尔主义的辩证法，不如说更和经院哲学的‘精神状态’相类似。这种看法毫不夸张。虽然这些表述和概念通过‘唯物主义的颠倒’，去掉了其唯心主义的含义，但也只是满足了一般常识的要求。……我们今天与之打交道的苏联辩证唯物这种思维形态，和其经院哲学、亚里士多德的现实和潜能的理论的内在关系，比和真正的黑格尔主义的辩证法的内在关系更为接近，”[①] 在这个意义上，把辩证唯物主义指认为马克思主义的世界观不是哲学的进步，而是哲学的退步。

综上所述，将马克思主义的世界观指认为辩证唯物主义，实则是将其纳入素朴实在论和直观反映论。因此，它只是满足了人们在常识的意义上对哲学的需要。从理论的内容看，由于它把世界观看作人们关于整个世界的根本观点和根本看法，实际上也就意味着，它把世界视为与人的感性活动无关的“客观的、直观的、经验的”对象，因而，也就把人理解为脱离了现实和具体历史环境的人。由此，世界观的“观”就只能是神的目光，而不是人的目光；世界观的“世界”就是僵死的、封闭的、客观存在的“自在世界”，因此，所谓的人类社会、历史都被抛在一旁。在这个意义上，这种世界观依旧是一种马克思所批判的“旧唯物主义的世界观”。从解释原则看，由于它只是简单地把世界观理解为人以世界为对象所形成关于世界的观点和看法，而不是把世界观理解为对“人与世界的

---

① 转引自A.施密特《马克思的自然概念》，欧力同等译，商务印书馆1988年版，第179页。

否定性关系”的把握。因此，它仍然是一种“观世界”的解释原则①；从理论旨趣看，由于它把世界是“由神所创造”还是“从来就有的”作为世界观追问的根本理论旨趣，并主张“对世界的统一性、存在方式以及人和世界的关系的规定，是任何哲学世界观的基础”②，因而，它只是一种追求“世界何以可能”的世界观理论。

值得庆幸的是，20世纪80年代，伴随着现实的发展和学术界的理论自觉，学者们深刻地认识到了把辩证唯物主义指认为马克思的世界观的理论缺陷和存在的问题，因此，对这一问题做出了深层的反思，并由此提出了一种新的总体性观点：马克思主义的世界观是实践唯物主义。

第二节　实践唯物主义世界观与思想解放

实践唯物主义世界观的提出，既是现实发展对理论发展提出的要求，也是学界理论自觉和学术自觉的结果。在经历了“文化大革命”的思想禁锢之后，改革开放的春风吹拂着神州大地，思想大解放也成为一道亮丽的风景，学术界逐步摆脱对苏联传统教科书体系的依赖，深入到马克思主义的经典文本之中，并试图找到真实的马克思。这一探索的结果是，“实践”被指认为马克思主义哲学的核心概念，从而根本性地变革了人们对于马克思主义哲学的认识，改观了马克思主义哲学研究的状况。

依据《关于费尔巴哈的提纲》第一条的主题式论断，学者们坚决主张，“实践”才是马克思主义哲学的核心范畴，实践不仅仅是认识的环节，它在本质上是马克思主义世界观的理论实质和解释原则。因此，在学者们看来，马克思主义的世界观并不是以“观世界”为解释原则的辩证唯物主义，而是以主体的人的能动性活动或“改造世界”为解释原则的实践唯物主义。在实践唯物主义

① 孙正聿：《怎样理解作为世界观理论的哲学》，《哲学研究》2001年第1期。

② 肖前主编：《马克思主义哲学原理》（上册），中国人民大学出版社1998年版，第84页。

的世界观看来，世界不是独立于人的世界，而是主体的人的实践活动改造的世界，因而，世界观不再是人们对于包括自然界、社会和人的精神世界在内的整个世界的一般看法和根本观点，而是关于人与世界的“对象性”的关系的根本观点和看法。因此，“世界”不再是人们以“直观的、客体的形式”去把握自在世界，而是主体以“能动的方式”去把握作为对象的自为的世界，是在“合规律性与合目的性的统一”中创造属人的世界。因而，改造世界的“人”也就不再是站在世界之外“观”世界的非历史的、非现实的人，而是通过自己的实践活动来认识世界、改造世界的“主体”。由此，人们赋予了实践以新的内涵和特质。

从思想的源头来看，将马克思主义的世界观指认为实践唯物主义的变革根本上源于20世纪80年代整个马克思主义哲学研究的“实践论”范式的转向。依据列宁在《哲学笔记》中的经典论断：“辩证法也就是（黑格尔和）马克思主义的认识论。”[①] 马克思在《关于费尔巴哈的提纲》中第一条的主题式阐释：“从前的一切唯物主义（包括费尔巴哈的唯物主义）的主要缺点是：对对象、现实、感性，只是从客体的或者直观的形式去理解，而不是把它们当做感性的人的活动，当做实践去理解，不是从主体方面去理解。因此，和唯物主义相反，唯心主义却把能动的方面抽象地发展了，当然，唯心主义是不知道现实的、感性的活动本身的。费尔巴哈想要研究跟思想客体不同的感性客体，但是他没有把人的活动本身理解为对象性的（gegenständliche）活动。……因此，他不了解‘革命的’‘实践批判的’活动的意义。”[②] 尤其是马克思在《德意志意识形态》中的点睛话语：“实际上，而且对实践的唯物主义者即共产主义者来说，全部问题在于使现存世界革命化，实际地反对并改变现存的事物。”[③] 学者们一致认为，马克思的世界观就是实践唯物主义。因而，从“实践”的核心概念出发重新理解马克思主义

① 列宁：《哲学笔记》，人民出版社1993年版，第308页。
② 《马克思恩格斯选集》第一卷，人民出版社2012年版，第133页。
③ 《德意志意识形态》（节选本），人民出版社2003年版，第19页。

哲学，成为20世纪八九十年代中国马克思主义哲学的主流。

从理论的内容和意义看，按照孙正聿教授的概括，如果借用哲学原理教科书的“四大部分”的划分方式，我们就会看到：“在世界观的意义上，‘实践唯物主义’强调从人的‘实践’出发去理解人与世界、思维与存在的关系，从而变革了教科书的那种人站在‘世界’之外‘观’世界的‘世界观理论’；在认识论的意义上，‘实践唯物主义’强调从‘主体’出发去理解主体对客体的实践关系和认识关系，突出了主体在认识运动中的‘选择’、‘反思’、‘建构’作用，使‘能动的反映论’获得了真正的能动性；在辩证法的意义上，‘实践唯物主义’强调从人的存在方式和发展方式——实践——出发去揭示人与世界、思维与存在、主体与客体、主观与客观的矛盾，不仅突出了辩证法的反思的思维方式和批判性本质，而且在‘辩证法也就是认识论’的意义上丰富了辩证法的理论内容，实现了辩证法问题与哲学基本问题的统一；在历史观的意义上，‘实践唯物主义’强调从人的历史性活动出发去理解历史的发展规律，改变那种把‘历史规律’视为超然于人的历史活动之外的东西的看法，并力图以人的存在的历史性去解释全部哲学问题，实现以实践为基础的世界观、认识论、价值论和历史观的统一。”① 这在根本上决定了，实践唯物主义的世界观，是以“改造世界”为解释原则的世界观。较之以“观世界”为解释原则的辩证唯物主义世界观，实践唯物主义的世界观无疑是重大的理论进步。

从思想的内容看，一方面，实践唯物主义承诺了一个无人存在之前的客观的世界，即客观的自然界或自在的世界。另一方面，它主张人们可以发挥主观能动性，通过实践活动来认识和改变客观的世界，并由此形成现实的人类社会。但问题在于：无人之前的世界又从何而来？实践何以构成世界的本原？究竟是物质还是实践才是世界的本原？究竟是物质高于实践，还是实践高于物质？为了回应这一质疑，一些学者主张，不是物质，而是实践构成了现实存在的一切，实践才是世界的本原。这一主张的结果是，实践唯物主义

① 孙正聿：《思想中的时代》，北京师范大学出版社2004年版，第306页。

“改头换面”为“实践本体论”。这种实体的本体论本质上依然是一种“实体本体论的思维方式”，因为，我们看到，不论是对实践本体论的质疑还是对这一质疑的回答，其实都是徘徊在这一思维方式之中。对此，高清海曾指出：“在我看来，用本体论的思维方式去理解实践，即通过‘赋予实践以本体论意义’的方法，是不可能提高实践的地位，使它成为世界观的基本范畴的。只有打破本体论的思维模式，才能做到这点。”① 因而，只要人们依然徘徊在“实体本体论”的思维方式之中，不把本体论理解为“承诺的本体论”或“意义的本体论”，人们就无法最终跳出这种解释的循环，从而也就无法客观地理解马克思的哲学革命。诚如贺来教授所指出的：“人们在强调实践的‘活动性’及其对实体性的克服的同时，却忘记了另一个同样重要的方面，那就是对实践所隐含的本体论承诺没有进行必要的澄清，忘记了实践作为一个活动性范畴所蕴含的本体论前提和设定。”②

客观地讲，简单地将实践与物质进行替换，实则是以实体本体论的方式来理解实践，这反倒削弱了实践唯物主义提出的价值和意义，同时，这种思维方式也有可能“庸俗化”为素朴实在论和直观反映论的思维方式。

在实践唯物主义的讨论中，由于人们简单地把实践归为“主体作用于客体的活动”，因而，导致了一种对实践的庸俗化理解。例如，把实践视为人的生产活动；把实践理解为可以直接用来检验认识是否就是真理的标准；把实践理解为工具性的活动；甚至把实践和理论对立起来等等。因而，实践竟然成了“实干”的代名词。这样理解的实践唯物主义必然倒向素朴实在论的辩证唯物主义，必然导向“实践主义”。正如阿尔都塞所批评指出的，当人们“用漂亮的实践主义的‘斩钉截铁的’语言对我们说：认识对象的产生借以在认识上掌握现实对象的机制是什么？……是实践！这是在玩

---

① 高清海：《高清海哲学文存》（第1卷），吉林人民出版社1997年版，第131页。

② 贺来：《辩证法的生存论基础》，中国人民大学出版社2004年版，第41页。

弄实践标准!”[①] 他甚至更为尖锐地把这种“实践主义”经典地概括为：吃布丁就是对布丁的证明。由此，他进一步指出：“实践主义在其本质上会使我们的问题陷入意识形态，因为它赋予这一问题以意识形态的回答。实践主义同唯心主义的‘认识理论’的意识形态完全一样，只是追求一种保证。它们之间的唯一区别就在于古典唯心主义并不满足于事实上的保证，它要求法的保证（我们知道法的保证无非就是给事实披上法的外衣），这就是古典唯心主义的要求，而实践主义则追求事实上的保证：实践的成功，这样，实践的成功往往成为人们称之为‘实践标准’的惟一内容。”[②] 由此可见，实践唯物主义世界观虽然突破了原有的素朴实在论和直观反映论的思维方式，但是，与此同时，它却陷入了一种素朴的经验论之中。

对此，高清海强调指出，“世界观的改变，在我看来，在根本上也就是哲学思维方式的变革”[③]。因此，他主张，“实践的发现、实践观点的创立，它绝不是仅仅为哲学增添或补充了一个新的范畴、新的观点和新的原理的问题，而是为我们理解人、理解世界以及理解全部哲学问题提供了一个完全新的立足基点、观察视角和思维模式。实践观点作为新的哲学思维方式，首先就表征着人的观点的变化”[④]。只有打破本体论的思维方式，从实践观点的思维方式出发，才能真实地理解马克思的“实践”：“实践，按其本性来说，既是造成世界两重化矛盾性质的根源，又是解决这一矛盾实现它们同一性的基础。”[⑤] 在这个意义上，实践观点的思维方式就不同于实体本体论的思维方式，它不是以“实践”来替代原有的、作为世界本原的“物质”，而是强调以实践观点的思维方式把握人与世界的关系，即人与世界的否定性统一关系。对此，孙正聿教授进一

① 路易·阿尔都塞、埃蒂安·巴利巴尔：《读〈资本论〉》，李其庆等译，中央编译出版社 2001 年版，第 56 页。

② 同上。

③ 高清海：《高清海哲学文存》（第 1 卷），吉林人民出版社 1997 年版，第 82 页。

④ 同上书，第 86 页。

⑤ 同上书，第 134 页。

步指出，实践观点的思维方式“所理解的实践和所强调的实践，是马克思所说的‘对这个实践的理解’，也是把‘实践观点’作为一种‘思维方式’来理解人、理解人与世界的关系，从而构成一种可以称之为实践论的世界观。正因为是把实践的哲学意义理解为‘实践观点的思维方式’，所以这里的实践既不是一种‘实体’范畴，也不是客体意义上的‘关系’范畴，而是哲学意义上的解释原则。这种解释原则，就是从人的内在矛盾以及由此构成的人与世界之间的内在矛盾出发，去理解和解释全部哲学问题”①。而正是在这种理解中，蕴含了把历史唯物主义指认为马克思的世界观的思想“萌芽”。

第三节　历史唯物主义的世界观与科学发展观

从根本上讲，以“改造世界”为解释原则的实践唯物主义世界观的提出，为克服人们简单地把马克思主义原理分解为辩证唯物主义和历史唯物主义做出了突出的贡献。尤其是实践观点的思维方式的提出，根本性地改变了人们对马克思主义世界观的理解，从而有效地推动了马克思主义学术理论的创新和发展。

自20世纪90年代开始，伴随着改革开放进一步深入和学术界问题意识的不断增强，对实践唯物主义的反思成为新的理论生长点。当一些学者强调并热衷于实践唯物主义研究的时候，基于对马克思哲学思想分析，另外一些学者认为，马克思主义的世界观不是辩证唯物主义，也不是实践唯物主义，而是历史唯物主义。但是，对于如何理解历史唯物主义，存在着巨大的分歧。大致来讲，主要存在“两义论”、“兼容论”、“方法论”三种主要的观点。

按照两义论的理解，马克思的历史唯物主义包含狭义的历史唯物主义和广义的历史唯物主义。有学者主张，所谓“狭义的历史唯物主义概念”，主要是指那种认为历史唯物主义仅仅适用于社会

---

① 孙正聿：《怎样理解马克思的哲学革命》，《吉林大学社会科学学报》2005年第3期。

历史领域的观念。所谓“广义的历史唯物主义概念”是指：第一，历史唯物主义不仅适合于传统意义上的社会历史领域，而且同时适合于其他一切领域，是我们研究一切领域的前提性理论；第二，历史唯物主义不仅是马克思哲学的“基础和核心”，而且是全部马克思哲学。[①] 对此，也有学者持不同看法，基于对马克思思想发展历程的梳理，他们主张，马克思在1845—1846年12月创立的思想是广义的历史唯物主义；1847—1858年创立的思想是狭义的历史唯物主义。[②]

不同于两义论、兼容论主张，马克思的哲学就是历史唯物主义，但同时，这种历史唯物主义也就是实践唯物主义。他们认为，马克思的唯物主义，是通过对以往的唯物主义，特别是近代唯物主义的缺陷的克服而发展起来的现代唯物主义，是一种实践的唯物主义、辩证的唯物主义、历史的唯物主义，或者说是一种实践的、辩证的、历史的唯物主义。[③] 在这个意义上，马克思主义哲学就是历史唯物主义，辩证唯物主义不过是历史唯物主义的代名词。把辩证唯物主义看作是历史唯物主义的代名词，是为了凸显历史唯物主义所内含的辩证法维度及其批判性和革命性；把实践唯物主义看作历史唯物主义的又一代名词，则是为了凸显历史唯物主义所内含的实践维度及其首要性和基本性。[④]

作为历史唯物主义的方法论，学者们主张，“历史唯物主义的真实核心、从而历史唯物主义作为历史科学方法论的根本要义就在于：充分而彻底地把握住客观的社会现实，并在此基础上来描述人类的历史运动，来理解各种各样的历史事件和历史现象，并内在地包含着具体化的实行——它必须或者通达或者称为历史学的实践本身”。不仅如此，这一方法论特征突出地概括为以下三个基本方面：“（1）社会现实的发现；（2）总体性的观点；（3）具体化的

① 俞吾金：《重新理解马克思》，北京师范大学出版社2005年版，第139页。

② 张一兵：《文本学解读语境的历史在场》，北京师范大学出版社2004年版，第115—117页。

③ 王南湜：《追寻哲学的精神》，北京师范大学出版社2006年版，第89页。

④ 杨耕：《为马克思辩护》，北京师范大学出版社2004年版，第6页。

路径与实行。”① 无独有偶，国外马克思主义学者卢卡奇在其《历史与阶级意识——关于马克思主义辩证法的研究》中也曾指出：“整个历史的确必须重写，必须从历史唯物主义的观点来整理、分类和评价过去的事件。我们必须尝试使历史唯物主义成为具体科学研究的方法，成为历史科学的方法。”并由此主张：“什么是历史唯物主义呢？无疑，它是按其真正的本质理解过去事件的一种科学方法。”②

客观地讲，上述对历史唯物主义的三种阐释模式无疑对于推动马克思主义哲学的发展具有重大的理论意义。一方面，这种理解大大深化了人们对马克思哲学革命的理解，尤其是在实践唯物主义的基础上，把马克思主义的研究推向一个新的高度。但另一方面，这种理解却面临着诸多的问题，例如，如何厘清狭义的历史唯物主义与广义的历史唯物主义的理论界限？两种意义上的历史唯物主义的“重合”之处又是什么？如何理解实践唯物主义和历史唯物主义的关系问题？作为科学方法论的历史唯物主义究竟是在世界观意义上的还是在历史观意义上的理论要义？等等。一言以蔽之，上述的理解尚缺乏对历史唯物主义作出“清晰的”、“合理的”的定位，由此导致的结果是：历史唯物主义与实践唯物主义并列存在，历史唯物主义理论内部“矛盾”依旧，历史唯物主义的世界观意义晦暗不明。

20 世纪 90 年代，刘福森对历史唯物主义作了新的定位，按照他的理解，马克思的历史唯物主义包含着两种含义，即存在着两种意义上的历史唯物主义：“第一，作为历史观意义上的历史唯物主义。这种意义上的历史唯物主义的主要功能就是揭示社会历史的一般规律，为人们提供一个观察社会历史的理论原则。第二，作为世界观意义上的历史唯物主义。这种意义上的历史唯物主义的主要功能是为人们解决思维与存在、人和自然的关系提供一种理论原则，它是一种不同于旧唯物主义的新唯物主义世界观。当然，这不是说

① 吴晓明：《作为历史科学方法论的历史唯物主义》，《中国社会科学》2008 年第 1 期。

② 卢卡奇：《历史与阶级意识——关于马克思主义辩证法的研究》，杜章智等译，商务印书馆 1996 年版，第 311—312 页。

现实地存在着两种不同的历史唯物主义，而是说，马克思的同一个历史唯物主义具有上述两个方面的功能和意义。”① 从表面上看，这种划分依然是一种两义论的解释模式。但深层地，却是对历史唯物主义的重新定位。这一理解最大的贡献就在于，它从世界观的高度重新审视了马克思的历史唯物主义，并由此厘清了原有的两义论和兼容论对历史唯物主义的“模糊”称谓和定位，从而给予历史唯物主义以明确的称谓和定位。但是，要在世界观的意义上真实地理解历史唯物主义还需要做更多的工作，例如，如何理解作为哲学的世界观？如何理解作为世界观的历史唯物主义的解释原则、存在论基础以及理论旨趣等一系列问题？因而，在世界观的原则高度上理解马克思的哲学革命，并在这一高度上对历史唯物主义作出新的定位，并由此揭示历史唯物主义世界观的解释原则，构成我们重新理解历史唯物主义的新任务。

这决定了，当我们将马克思的哲学指认为历史唯物主义，将马克思主义的世界观指认为历史唯物主义的时候，必须首先对世界观做出透彻的反思和理解，即对作为哲学核心的世界观在原则高度上加以把握。在《怎样理解作为世界观理论的哲学》一文中，孙正聿教授提出：“作为‘世界观理论’的哲学，并不是直接地以‘世界’为对象而形成关于‘世界’的观点（包括所谓‘关于世界的根本观点’）；恰恰相反，作为‘世界观理论’的哲学，它是从‘思维和存在’、‘人与世界’的‘关系’出发，以人类把握世界的各种方式所构成的‘世界图景’、‘思维方式’、‘价值规范’为对象，批判地‘反思’各种不同的（同时态的和历时态的）‘世界图景’、‘思维方式’、‘价值规范’，为人类提供自己时代水平的真、善、美的观念。这就是哲学的‘世界观理论’——从总体上理解和协调人与世界相互关系的理论。”② 这一对世界观的阐释启迪我们，要理解历史唯物主义，首要的是实现对世界观的理解，对

① 刘福森：《马克思主义哲学的主体性原则、实践性原则和社会历史性原则》，《社会科学战线》1991 年第 3 期。

② 孙正聿：《思想中的时代》，北京师范大学出版社 2004 年版，第 174 页。

世界观与历史唯物主义的内在勾连做出阐释。在《历史唯物主义与马克思的新世界观》一文中，孙正聿教授再次从世界观与历史唯物主义的关系出发质疑："什么是历史唯物主义：它是把'历史'作为解释原则而变革了唯物主义，从而实现了一场世界观的革命，还是把'唯物主义'作为解释原则而变革了历史理论？从而实现了一场'历史观'革命？"由此，他主张，必须从马克思所实现的哲学革命出发去理解马克思主义的世界观，去理解历史唯物主义。在他看来，在历史唯物主义之上并不存在一个所谓的辩证唯物主义的世界观，历史唯物主义就是马克思主义的新世界观。① 在这个意义上，"世界观的'世'，是'人生在世'的'世'，世界观的'界'，是'人在途中'的'界'；世界观的'观'，是'人的目光'的'观'。"② 因此，世界观就是人生在世，人在途中的人的目光。孙正聿教授上述的理解，大大开拓了我们在新的历史时期理解马克思的历史唯物主义的视域和眼界，从而给予我们如何理解马克思的哲学革命和世界观变革以诸多的启示：马克思的历史唯物主义不是以"唯物主义"为原则变革了历史理论，而是以"历史"为解释原则变革了唯物主义；以历史为解释原则的历史唯物主义不仅仅是历史观，在本质上，它更是一种世界观；马克思的哲学革命的真正意义在于，把"直观"的旧唯物主义变革为"历史"的唯物主义，从而实现了世界观的革命。因而，并不存在一种超越于历史唯物主义之上的所谓的辩证唯物主义世界观，马克思的世界观只能是历史唯物主义。这就要求我们，要在世界观的原则高度上，理解马克思的历史唯物主义，理解马克思是如何以"历史"的解释原则来实现对由"客体的或直观的"解释原则所构成的旧唯物主义的世界观、对由"抽象的或能动的"解释原则所构成的唯心主义的世界观的革命。

任何思想理论的形成，均离不开其所诞生的思想背景和时代条

---

① 孙正聿：《历史唯物主义与马克思的新世界观》，《哲学研究》2007 年第 3 期；《历史唯物主义的真实意义》，《哲学研究》2007 年第 9 期。

② 孙正聿：《解放思想与变革世界观》，《中国社会科学》2008 年第 6 期。

件。梳理改革开放以来学术界对于马克思主义世界观的研究，以及之前我们对于历史唯物主义形成的历史进程的分析，马克思主义的世界观既不是以“观世界”为解释原则的辩证唯物主义，也不是以“改造世界”为揭示原则的实践唯物主义，只能是以“历史”为解释原则的历史唯物主义。

那么，这个以“历史”为解释原则的世界观，是否在存在论意义上实现了哲学的变革？对这个问题的回答需要我们进一步加以探索。我们的研究表明，马克思的哲学革命，根本上是世界观的革命，它根本性地变革了人们理解人与世界的关系的看法。这一新世界观，经历了相互交织的社会现实批判、意识形态批判和政治经济学批判的历史过程，它是以“现实的人”为出发点，以“人的感性活动”为存在论基础，以“现实的人及其历史发展”为内容，以“人与世界的否定性统一关系”为立足点，以“历史”为解释原则，以“人的自由与解放”为理论旨趣的历史唯物主义。这一世界观为我们探索当代中国学术的范式转换问题，思考构建当代中国整体文化观的问题、在思想史与现实的双重维度中推进马克思主义创新的问题、在马克思主义哲学史和马克思主义哲学原理的互动中发展马克思主义的问题，等等，将提供重要的方法论原则。在这个意义上，历史唯物主义世界观的当代阐释实则就是在“向后追溯”与“向前展望”中实现理论的发展创新，建构当代中国的学术话语体系，由此为我们早日实现中华民族伟大复兴提供强大的理论武器！

第五章

历史唯物主义世界观的存在论基础

马克思的世界观革命，本质上是其哲学存在论基础的变革。这一存在论基础建立在马克思对以往一切旧唯物主义和唯心主义世界观的批判之中，也体现在所创建的历史唯物主义世界观之中。社会现实批判、意识形态批判和政治经济学批判构成马克思思想发展内在的逻辑，揭示这一逻辑过程无疑具有重要的作用，但是，在我们看来，只有从存在论变革的原则高度出发，才能深刻地理解马克思的上述三种批判的真实价值，进而揭示马克思世界观革命的意义。

在“包含着新世界观的天才萌芽的第一个文件”（即《关于费尔巴哈的提纲》）中，马克思深刻地剖析了从前一切唯物主义的缺点，阐述了被唯心主义所弘扬的“能动的方面”，并由此强调应该重视“感性的人的活动”和“现实的、感性的活动本身”①。在标志着世界观确立的《德意志意识形态》中，通过对意识形态的批判，他进一步揭示出：“意识在任何时候都只能是被意识到了的存在，而人们的存在就是他们的实际生活过程。”② 因此，“不是意识决定生活，而是生活决定意识”③。同样，在《政治经济学批判·序言》中，处于政治经济学批判阶段的马克思在对“我所得到的、并且一经得到就用于指导我的研究工作的总的结果”进行总结时，亦深刻地指出，“不是人们的意识决定人们的存在，相反，是人们

---

① 《马克思恩格斯选集》第一卷，人民出版社 2012 年版，第 133 页。

② 《马克思恩格斯全集》第 3 卷，人民出版社 1960 年版，第 29 页。

③ 同上书，第 30 页。

的社会存在决定人们的意识。"① 上述在不同历史阶段的表述均清晰地表明，马克思的思想变革是深层的哲学变革，它深刻地回答了古希腊以来的哲学总问题："存在"不是传统形而上学所抽象地理解的"存在"，而是"人们的存在"，即以"感性的人"为基础的，在"现实的生产过程中"创造人类历史的"人们的社会存在"。正是通过对作为社会存在的现实的"人的感性活动"的揭示，马克思科学地回答了哲学的基本问题，由此创建了历史唯物主义的世界观；通过对"人与世界的否定性统一关系"的揭示，马克思由此实现了把形而上学的辩证法变革为历史唯物主义的辩证法。

我们的研究将表明，建立在"人的感性活动"基础上的历史唯物主义，根本地在于把现实的人、人类的生产以及"现实的生产过程"作为其世界观的现实基础。正是通过对这一现实基础的揭示，马克思不仅揭示了一切旧唯物主义和唯心主义世界观的根本缺陷，而且由此实现了把对社会现实的批判和意识形态的批判转向一般人类历史的研究。这就意味着，要"改变世界"，最根本的是要把握人类社会的历史。马克思从现实的"人的感性活动"出发，把历史看作追求着目的的人的活动，把历史看作人们的"现实的生产过程"的结果，由此创建了以"现实的人及其历史发展"为内容，以历史为解释原则的历史唯物主义世界观，并由此把人的自由全面发展理解为"人与世界的否定性统一关系"的历史过程。这既是辩证法的历史唯物主义，也是历史唯物主义的辩证法。在这个意义上，马克思世界观的存在论基础的变革，不仅是马克思哲学思想的变革，而且是整个现代哲学发生的重大变革。

第一节 哲学基本问题与新世界观的存在论基础

恩格斯指出，"全部哲学，特别是近代哲学的重大的基本问

① 《马克思恩格斯全集》第31卷，人民出版社1998年版，第412页。

题，是思维和存在的关系问题”[①]。这表明，“思维和存在的关系问题”不仅仅是西方“近代哲学”的基本问题，而且是全部哲学的重大基本问题。因此，如何理解这一问题，直接决定着如何理解哲学；如何回答和解决这一问题，直接体现着一种哲学思想的深度和广度。进一步讲，怎样理解哲学的基本问题，就怎样理解马克思哲学的世界观，而怎样理解马克思的世界观，就怎样理解马克思哲学的存在论基础。因此，哲学基本问题是理解马克思历史唯物主义世界观存在论基础变革的重大的理论问题。正如孙正聿所言：“被称之为哲学基本问题的‘思维和存在的关系问题’，是在思辨思维中被建构的基本问题，即思维把思维和存在的关系问题作为问题反过来而思之的问题。……思存关系的形上本质规定全部哲学问题的特殊的形而上学性质，因而成为全部哲学的‘重大的基本问题’。”[②]因而，思考马克思世界观的存在论基础，就必须首先从哲学基本问题出发。

通过对哲学基本问题的研究，我们将会发现，马克思的世界观革命不是对一种世界观的变革，而是对以往一切哲学世界观的变革，它不仅变革了人们对人与世界关系的理解，还深层改变了人们的思维方式、价值观念和人生理念。在这个意义上，从哲学基本问题出发，思考马克思世界观的存在论基础具有重大的理论意义。对这一问题的分析，首要的奠基于我们对改革开放三十多年来马克思哲学研究状况的梳理。

一　重新理解马克思世界观的存在论基础

梳理改革开放以来我国马克思哲学研究的历史会发现，围绕哲学基本问题，人们怎样理解马克思的世界观，就怎样理解马克思世界观的存在论基础；同样，怎样理解马克思世界观的存在论基础，就怎样理解马克思的世界观。因此，在马克思的世界观及其存在论基础之间存在着一个内在的关联，这一关联表明，要实现对马克思世界观革命的真实把握，首先就必须真实地理解马克思世界观的存

---

① 《马克思恩格斯选集》第四卷，人民出版社 2012 年版，第 229 页。

② 孙正聿：《哲学的形而上学历险》，《天津社会科学》2011 年第 5 期。

在论基础。

在我们看来，围绕哲学基本问题对马克思世界观的存在论基础的思考，近三十多年来，学界大致形成了三种代表性的理论模式。在这三种模式中，以哲学基本问题的回答为主线，形成了世界观与存在论基础的一一对应关系。其可以简要地归结为以下三种理论模式："辩证唯物主义—物质"的理论模式；"实践唯物主义—实践"的理论模式；"历史唯物主义—对象性的活动"的理论模式。

（一）"辩证唯物主义—物质"的理论模式

"辩证唯物主义—物质"的理论模式源于学术界对苏联传统教科书的继承。在这种理论模式下，思维和存在的关系问题被转换为物质和意识的关系问题、物质和精神的关系问题。在研究者看来，物质是第一位的，意识是第二位的，因此，物质决定意识，意识反作用于物质，二者辩证并最终统一于物质。因而，马克思哲学必然就是辩证唯物主义和历史唯物主义。相应地，马克思的世界观就是辩证唯物主义。它的核心内容集中体现为：世界是物质的，物质是运动的，运动的物质是在一定的时空的，物质的运动是有规律的，这一规律是可以被人们认识和把握的。因而，辩证唯物主义就是世界观、认识论和辩证法的统一。作为这一世界观的基础就只能是"物质"。在这种模式下，马克思主义哲学被天然地划分为几个方面：世界观、认识论、辩证法、历史观。在这种世界观看来，马克思的辩证唯物主义与旧唯物主义，尤其是与唯心主义的最大的区别在于，它承认世界的物质性、自然性。因而，世界观就是人们对整个世界的根本观点和看法。

客观地讲，这种理论阐释模式对于人们破除唯心主义观念论的桎梏具有重大价值，但在本质上，这种世界观就是一种素朴实在论和直观反映论，更是一种以"物质"为本体的实体本体论。这一点，我们只要看看作为其核心的"物质"的概念就会发现：所谓的"物质"实际上并不是什么唯物主义的原则，而是一个唯心主义的概念。在《小逻辑》中，黑格尔曾对此做出批判。在他看来，"唯物论认为物质本身是真实的客观的东西。但物质本身已经是一个抽象的东西，物质之为物质是无法知觉的。所以我们可以说，没有物质这个东西。因为就存在着的物质来说，它永远是一种特定的具体的事物。”① 这表明，以物质作为世界的本原，并把“物质”视为实现“思维和存在”统一的基础的思想存在诸多的问题。很多学者也敏锐地意识到了这一点，并对此加以追问：何为物质？它是客观存在还是主观存在？物质由何构成？其客观实在性究竟体现在哪些方面？……因此，20世纪80年代，基于对“实践就是检验真理的标准”、“辩证法就是认识论”的讨论，学者们坚决主张，应该彻底地反思马克思哲学的本质，即在主客体的关系中研究马克思的哲学，其结果是，马克思的哲学就是“实践唯物论”、“实践本体论”。这一以实践为核心本体论范畴的解释模式为真实地理解马克思哲学的基本精神打开了一扇“通往真理的大门”。

（二）“实践唯物主义—实践”的理论模式

“实践唯物主义—实践”的理论模式直接源自对传统“教科书模式”的反思。在原有“辩证唯物主义—物质”理论模式中，“实践”只是构成认识的一个环节，如，实践是认识的来源、是认识的手段和目的、是检验认识是是否具有真理性的唯一标准。但是，伴随着20世纪80年代学术界对教科书体系的反思，依据《关于费尔巴哈的提纲》第一条的论断，学者们坚决主张，实践不仅仅是认识的环节，它在本质上是马克思哲学变革的理论实质和解释原则。因此，学者们主张，实践才是马克思哲学的存在论基础，而奠基于这一基础之上的马克思的世界观就不再是以物质为基础的辩证唯物主义，而是实践唯物主义。因此，能动性原则、主体性原则构成了实践唯物主义世界观的核心解释原则。而且，更为主要的是，学者们把“思维和存在的关系问题”转化为“主体和客体”、“主观和客观”的关系问题。实践才是主体与客体、主观与客观辩证统一的基础。从这一点看，实践唯物主义或实践本体论的提出，无疑具有重大的理论意义。

问题在于，不论是实践唯物论还是实践本体论，依然是站在旧的实体本体论的思维方式中来思考问题的。就其基本的逻辑而言，

① 黑格尔：《小逻辑》，贺麟译，商务印书馆1980年版，第115页。

一方面，实践唯物主义承诺了“物质”的先在性。因为，它无法解决的是：无人之前的实践何以存在？因而，它承诺自然的先在性、物质的优先性以及物质的客观现实性。另一方面，它又承诺了社会历史活动中“实践”的作用。因此，究竟是物质高于实践，还是实践高于物质？这样一种“物质—实践”的二元对立的解释模式不能不使自身陷入矛盾。最终的结果是，实践唯物主义必然倒向辩证唯物主义。诚如高清海所言：“用本体论的思维模式去理解实践，即通过‘赋予实践以本体论意义’的方法，是不可能提高实践的地位，使它成为世界观的基本范畴的。”① 因此，他主张，只有打破本体论的思维方式，从实践观点的思维方式出发，才能真实地理解马克思的“实践”：“实践，按其本性来说，既是造成世界两重化矛盾性质的根源，又是解决这一矛盾实现它们同一性的基础”②。在这个意义上，实践观点的思维方式就不同于实体本体论的思维方式，它不是以“实践”来替代原有的、作为世界本原的“物质”，而是强调以实践观点的思维方式把握人与世界的关系。诚如孙正聿所言：“它所理解的实践和所强调的实践，是马克思所说的‘对这个实践的理解’，也是把‘实践观点’作为一种‘思维方式’来理解人、理解人与世界的关系，从而构成一种可以称之为实践论的世界观。正因为是把实践的哲学意义理解为‘实践观点的思维方式’，所以这里的实践既不是一种‘实体’范畴，也不是客体意义上的‘关系’范畴，而是哲学意义上的解释原则。这种解释原则，就是从人的内在矛盾以及由此构成的人与世界之间的内在矛盾出发，去理解和解释全部哲学问题。”③ 而正是在实践观点的思维方式中，哲学的基本问题才能得到合理的回答与解决。因此，只有从实践观点的思维方式出发，才能真实地理解马克思的世界观革命及其存在论基础。

---

① 高清海：《高清海哲学文存》第 1 卷，吉林人民出版社 1997 年版，第 131 页。

② 同上书，第 134 页。

③ 孙正聿：《怎样理解马克思的哲学革命》，《吉林大学社会科学学报》2005 年第 3 期。

（三）“历史唯物主义—对象性的活动”的理论模式

20世纪90年代，伴随着学术界体系意识的淡化和问题意识的凸显，学者们逐渐意识到，马克思的哲学就是历史唯物主义。由此他们进一步主张，历史唯物主义就是实践唯物主义。从这一立足点出发，学术界研究了本体论、国外马克思主义的研究、马克思主义中国化、现代性问题、马克思主义的政治哲学、马克思主义文化哲学等等，并开创了新的研究局面。在这当中，最值得一提的是学术界对马克思哲学革命的重估。基于伽达默尔和海德格尔对马克思哲学变革的估价，有学者主张，马克思的哲学革命的核心内容是在本体论（ontology，或存在论、存有论）基础方面发动和展开的，其否定性的结果，便是从根本之处终结了全部理性形而上学。[①] 因此，只有从存在论的根基处着手才能透彻地理解马克思哲学革命的意义之所在。应当说，这一研究范式的提出具有重大的“标志性”意义，它标志着我们对马克思哲学的研究不再是简单的“以马解马”，而是从思想史和哲学史的角度展开对马克思哲学思想的研究。基于对西方哲学史，尤其是近代哲学和德国古典哲学的理解，这种研究在哲学史的背景中实现了对马克思哲学的宏观性把握，从而真正实现了理论上的突破。它有力地反驳了一直以来在知识论和认识论路向中解释马克思哲学的研究范式，从而把对马克思哲学的研究推向新的高度。

从存在论的根基处思考马克思的世界观革命，并理解马克思哲学与全部形而上学的关系，在本质上建立了一种不同于传统知识论路向的研究范式，这被学者们称为生存论路向或存在论的研究范式。它主张，应当从存在论变革的原则高度去理解马克思的哲学革命，并认为，“‘感性的活动’或‘对象性的活动’乃是构成马克思哲学存在论基础的枢轴，并且因此也构成终结全部形而上学之哲学革命的全新地平线。”[②] 这也就是说，马克思哲学从“感性的活动”或“对象性的活动”出发，实现了对一切形而上学的终结。

---

① 吴晓明：《思入时代的深处》，北京师范大学出版社2006年版，第31页。

② 同上书，第97页。

它表明，不同于以往的任何哲学，马克思的哲学不是从思维或观念出发，而是从“对象性的活动”出发，去解释人与世界、人与人、人与社会以及人与人之间的关系，并把这一“关系”理解为“否定性统一关系”。在这个意义上，生存论的路向为人们理解马克思的哲学变革，尤其是为进一步阐释马克思的世界观革命奠定了坚实的基础。

遗憾的是，学者们的这一研究是基于把哲学基本问题退入历史背景为代价的。如有些学者主张，恩格斯所提出的哲学基本问题只是近代哲学的基本问题，而不是马克思哲学的基本问题；“思维和存在的关系问题”只是知识论哲学的基本问题，而不是实践哲学的问题；马克思哲学的基本问题是实践的问题，即“通过对人与自然关系的改变来阐释人与人之间的关系的改变”①。由此，依照海德格尔对西方传统形而上学，尤其是马克思的哲学变革的诊断，学者们坚决主张，应当在存在论革命的意义上，从“意识的内在性”问题出发，去重新阐释马克思与传统形而上学的关系。尤其是海德格尔对全部近代形而上学的理解，把全部近代以来的形而上学指认为知识论的学说，并把“意识的内在性问题”视为其核心问题。在他们看来，近代西方哲学乃至黑格尔的哲学，都是源于笛卡尔“我思故我在”的意识哲学，这一哲学的致命性缺点就在于：意识无法超越自身而实现对事物的真理性把握。就像海德格尔所说的：“这个‘自己意识到它的自身’（sich - seiner - selbst - belbst-bewusst），意识之存在特性，是通过主体性（Subjektivitaet）被规定的。但是这个主体性并未就其存在得到询问；自笛卡尔以来，它就是 fundamentum inconcussum（禁地）。总之，源于笛卡尔的近代思想因而将主体性变成了一种障碍，它阻挠人们把对存在的追问引向正途。”②

正是基于此，学者们认为，马克思的哲学革命，就在于通过“对象性（gegenständliche）活动”，从内部击穿了近代意识哲学的

---

① 俞吾金：《重新理解马克思》，北京师范大学出版社 2005 年版，第 112 页。

② 海德格尔：《晚期海德格尔的三天讨论班纪要》，《哲学译丛》2001 年第 3 期。

"意识的内在性"问题，由此瓦解了近代形而上学的基本建制，从而使其超越于一切形而上学。应当说，这一主张已经基本上找到了解决问题的出路，也大大推动了马克思哲学的研究。但是，这一阐释无法摆脱的问题是：海德格尔把近代以来（包括黑格尔的哲学）的全部哲学问题归结为意识的内在性问题是否合理？黑格尔哲学是否也属于意识哲学？如果是的话，那如何解释黑格尔对"思存统一"问题解决的哲学贡献及其意义？如果不是，那么如何理解马克思和黑格尔的关系？进一步说，从海德格尔对马克思存在论革命的解读出发，把马克思的哲学革命指认为对作为近代形而上学建制的"意识内在性"的瓦解是否真的符合马克思哲学革命的原初本意？是否能够合理地解释马克思与黑格尔的关系？例如，有学者就曾提出质疑，如果说马克思的哲学革命就是对作为近代西方形而上学建制的"意识内在性"的瓦解，那么，如何理解"黑格尔在这一事件中的地位和作用"？因为如果依照对"卢卡奇—科耶夫"关于黑格尔哲学的解读，就会发现"黑格尔就是最早反对主客分裂，击穿内在性思路的哲学家，后来的马克思乃至海德格尔的思想都应上溯至黑格尔"①。由此可见，虽然说从哲学的存在论基础出发理解马克思哲学的世界观革命变革了以往的研究范式，但是，这并不意味着从"意识内在性"出发理解马克思的世界观革命的方案就是合理的和有说服力的。要理解这一问题，首要的就是回到文本本身，认真地思考：近代形而上学的基本建制是否就是"意识内在性"问题？黑格尔是否已经洞穿了意识的内在性？马克思哲学与近代形而上学尤其是黑格尔哲学的关系究竟是什么？质言之，能否离开哲学的基本问题来理解马克思世界观革命及其存在论基础的变革？只有对上述所有问题进行透彻的研究，我们才能最终找到马克思历史唯物主义世界观的真实的存在论基础。

二　历史唯物主义世界观彻底破解了哲学基本问题

前面我们已经看到，学者们通过把"思维和存在的关系问题"指认为近代哲学的基本问题，并依据海德格尔关于近代形而上学的

---

① 张盾：《马克思的六个经典问题》，中国社会科学出版社 2009 年版，第 21 页。

基本建制理解为“意识内在性问题”，从而主张，马克思的世界观革命集中地体现为，通过“对象性的活动”瓦解了近代形而上学的基本建制，即“意识的内在性”问题。但问题在于，意识的内在性问题是否依然是马克思哲学的问题？这一问题是否已经在黑格尔那里得到解决？换句话说，能否把黑格尔哲学笼统地称为意识哲学？从这一点出发能否完全地理解马克思的世界观革命？等等。要回答上述问题，我们首先就需要分析，海德格尔究竟是在何种意义上来理解“意识的内在性”问题的。

在《晚期海德格尔的三天讨论班纪要》中，海德格尔认为，“意识的内在性”问题是困扰自笛卡尔以来整个西方理性形而上学的核心问题。因此，他指出，自笛卡尔以来，通过主体的“我思”所建构的“意识”实际上不过是意识自身的产物。通俗地讲，任何认识都不过是人自身的认识，都是通过主体被规定的，而正是这一点阻挠人们去追问“存在”的障碍。因此，在他看来，“只要人们从 Ego cogito（我思）出发，便根本无法再来贯穿对象领域；因为根据我思的基本建制（正如根据莱布尼茨的单子之基本建制），它根本没有某物得以进出的窗户。就此而言，我思是一个封闭的区域。‘从’该封闭的区域‘出来’这一想法是自相矛盾的。因此，必须从某种与我思不同的东西出发。”[①] 这就是著名的“意识的内在性”问题。

按照海德格尔的理解，即使他的老师胡塞尔也没能解决这一问题。因为“胡塞尔使对象取回了它本己的存有特性（Bestandhaftikeit）；胡塞尔挽救了对象……然而其方式却是，把对象嵌入意识的内在性之中”[②]。换句话说，在他看来，胡塞尔的“面向事情本身”以及“意向性”问题的考察，都只不过是意识哲学的“变种”，因为，把“对象嵌入意识的内在性之中”实际上依然是在由“我思”建立起来的“意识”之中把握对象，它使对象内在化为意识自身，因而才会有本质直观可言。那么，海德格尔是否认为他自

① 海德格尔：《晚期海德格尔的三天讨论班纪要》，《哲学译丛》2001 年第 3 期。
② 同上。

己的哲学实现了对意识内在性的瓦解呢？回答是肯定的。

在《存在与时间》中，海德格尔已经看到了意识内在性问题的困境。他指出，只有现在才能产生出这样的问题：这个进行认识的主体怎么从他的内在“范围”出来并进入“一个不同的外在的”范围？“认识究竟怎么能拥有一个对象？必须怎样来设想这个对象才能使主体最终认识这个对象而且不必冒跃入另一个范围之险？这个入手处可千变万化，但随之却始终漏过了这个认识主体的存在方式问题。”① 归结起来，用胡塞尔的说法，这一问题的核心就是：我们内在的意识如何切中外在的对象？或者说，如何实现思维和存在的统一？在海德格尔看来，只有通过生存论才能破解这一问题。

首先，对存在的追问必须依赖于对此在的生存论分析来寻找。按照海德格尔的理解，“此在的‘本质’就在于它的生存”，即去存在（Zu - Sein）。这样，在这个存在者身上所能透视的各种性质都不是“看上去”如此这般的现成存在者的现成的“属性”，或外在于此在的属性，“而是对它来说总是去存在的种种可能方式，并且仅此而已”②。在这个意义上，只有通过对此在的生存论分析才能真实地追问存在之为存在的本性。因而，对存在的把握就不是单纯的认识论问题，而是存在论问题。这一特性决定了，只有通过对此在的生存的把握，才能使“存在”在“生存”的境遇内得到澄明。

其次，此在的基本建构——在世界之中存在——决定了，此在向来已经在世界之中存在。“在世界之中存在”（bing - in - the - word）是一个整体性的结构，也是一个源始的现象。在这里，世界，不是与人无关的世界，而是人自身的生存所开显的世界；“在……之中”，也并不是一个空间的关系概念，“‘之中’（in）源自 innan - ，居住，habitare，逗留。‘an〔于〕’意味着：我已住下，我熟悉、我习惯、我照料；它具有 colo 的如下含义：habito

① 海德格尔：《存在与时间》，陈嘉映、王太庆译，生活·读书·新知三联书店 2006 年版，第 71 页。

② 同上书，第 50 页。

〔我居住〕和 diligo〔我照料〕。”[1] 因此，“在……之中”，实际上就是此在在世的最惬意的方式，此在“像在家一样”生活。这样，认识就变成此在在世的一种存在方式。“认识本身先行地奠基于‘已经寓于世界的存在’中——而这一存在方式就在本质上组建着此在的存在。”[2] 在此一境遇之中，当我们“在指向某某东西之际，在把捉之际，此在并非要从它早先被囚闭于其中的内在范围出去，相反倒是：按照它本来的存在方式，此在一向已经‘在外’，一向滞留于属于已被揭示的世界的、前来照面的存在者。有所规定地滞留于有待认识的存在者，这并非离开内在范围，而是说，此在的这种依寓于对象的‘在外存在’就是真正意义上的‘在内’。这就是说，此在本身就是作为认识着的‘在世界之中’”[3]。这也就决定了，认识既不是晚于事物的存在，也不是早于事物的存在而发生，而是在此在自身的展开过程中而发生。

由于认识的此在向来已经在外，那么，“对被认识的东西的知觉不是先有出征把捉，然后会带着赢获的猎物转回意识的‘密室’；而是：即使在知觉的收藏和保存中，进行认识的此在依然是作为此在而在外”[4]。这样，“与意识的内在性相反——识—在中的那个‘存在’就表达了这种内在性——此—在中的‘在’表达了在……之外……存在。那个于其中一切可被称作物的都能自身前来照面的领域是这样一个地带，它把明明白白地‘在那儿外面’的可能性让渡给该物。此—在中的存在必须守护着一种‘在外’。……因而严格地说，此—在的意思就是：此出—离地在。于是，内在性就被贯穿了。”[5] 这就是海德格尔所指认的“意识的内在性”问题及其解决这一问题的“方案”。海德格尔在生存论意义上的这一阐释，尤其是他所开创的哲学生存论的研究路径，无疑具有重大的

---

① 海德格尔：《存在与时间》，陈嘉映、王太庆译，生活·读书·新知三联书店 2006 年版，第 63 页。

② 同上书，第 72 页。

③ 同上书，第 73 页。

④ 同上。

⑤ 海德格尔：《晚期海德格尔的三天讨论班纪要》，《哲学译丛》2001 年第 3 期。

意义。

正是依据海德格尔对整个传统形而上学的“意识内在性困境”问题的理解，学者们认为，马克思的世界观革命，其实质就在于，他找到了一条贯穿历来困扰包括黑格尔在内的一切形而上学的“意识的内在性”的道路。因而，他们认为，马克思的哲学革命就是通过“对象性的活动”瓦解了作为近代形而上学之基本建制的“意识的内在性”。那么这一主张合法么？在我们看来，值得商榷。

众所周知的是，黑格尔哲学的最大贡献就在于，实现了思维和存在、主观与客观的辩证统一。换句话说，在他那里，原有的“意识的内在性”已经被他所击穿。如果说，马克思世界观革命之所在就是“首次”击穿了“意识的内在性”的话，那么，实际上是把马克思哲学和黑格尔哲学放到了同一水平上，这无疑淡化了马克思世界观革命的真实意义，模糊了马克思和黑格尔的关系。其实，只要稍加分析就会发现，黑格尔哲学已经不再是简单意义上的意识哲学。在他那里，对绝对的把握才是哲学的使命，而这一把握不是简单的认识论问题，而是逻辑学、认识论和真理观三统一的形而上学问题。诚如王天成所言，虽然黑格尔的精神现象学和以前的意识活动学说都是意识哲学，但它们对意识的定位有很大差别。黑格尔以前的意识哲学坚持“没有认识论的本体论无效”，把认识看作试图通过寻求“认识的明证性”来解决真理问题，因此，直到胡塞尔，还念念不忘“我们的认识如何切中外在的世界”，以寻求认识的明证性。黑格尔则不同，虽然他也研究意识活动，但是他认为依靠认识的明证性来确立形而上学真理是行不通的。因此，意识作为现象之学具有外在性，只有靠现象学走向本质之学——逻辑学、形上真理问题才能解决。在这个意义上，精神现象学所“导向的逻辑学作为精神之‘本质科学’才是作为纯粹的形而上真理的第一哲学”①。因而，黑格尔哲学不再是追求认识明证性的意识哲学，而是追求形而上真理的逻辑哲学或思辨哲学。因此，笼统地

① 王天成：《黑格尔形而上学维度的革新》，《吉林大学社会科学学报》2007 年第 4 期。

把包括黑格尔哲学在内的近代一切形而上学都视为意识哲学，不仅掩盖了黑格尔形而上学革新的真实贡献，还模糊了黑格尔哲学与近代认识论哲学之间的区别。而在此一维度中，马克思世界革命的意义也将被遮蔽。

因此，在我们看来，意识内在性的问题只是近代哲学的基本问题，这一问题已经在黑格尔那得到了有效的解决。真正贯穿近代乃至马克思哲学的是“哲学的基本问题”，而不是“意识的内在性”问题。正是通过对哲学基本问题的科学回答，使马克思远远超越于黑格尔之上，并由此创建了历史唯物主义世界观。而且，只有从“哲学的基本问题”出发，才能理解黑格尔哲学和马克思世界观的真实关系，理解黑格尔哲学的历史贡献以及马克思哲学革命的真实价值。由此可见，马克思的世界观革命的存在论基础变革，核心在于马克思在哲学基本问题上对黑格尔哲学的“批判与反叛”。这要求我们，只有深入地理解了“作为形而上学之一切”的黑格尔哲学，尤其是理解了马克思对黑格尔哲学的超越，才能在存在论的根基处开显出马克思世界观革命的真实意义。这一切只能通过对“哲学基本问题”的研究才能彰显出来。事实也将证明，正是通过对哲学基本问题的卓越回答，马克思以“人的感性活动”为其世界观的存在论基础，从而真正超越了包括黑格尔哲学在内的一切形而上学，并由此创建了以“人的感性活动”为基础，以“现实的人及其历史发展”为内容的历史唯物主义世界观。

三　西方传统形而上学与哲学基本问题

在《路德维希·费尔巴哈和德国古典哲学的终结》中，恩格斯指出，“全部哲学”，特别是“近代哲学”的重大的基本问题，是“思维和存在的关系问题”①。这表明，“思维和存在的关系问题”是全部哲学的基本问题；这一问题只有在“近代”才被明确地提了出来；是“思维和存在的关系”问题，而不是“思维”和“存在”的问题，才是哲学的重大的基本问题。诚如孙正聿所指出的，“哲学不是以‘思维’和‘存在’为研究对象，去形成关于

① 《马克思恩格斯选集》第四卷，人民出版社2012年版，第230页。

‘思维’和‘存在’的某种知识，而是把‘思维和存在的关系问题’作为‘问题’来研究，考察和追究‘思维和存在的关系’。”①那么，为何只有在“近代”这一问题才被提了出来？围绕这一基本问题，哲学家们究竟是如何回答的？他们的回答是否已经科学地解决了这一问题？这些问题构成我们这部分分析的重点。

（一）近代哲学与哲学基本问题

“思维和存在的关系问题”并不是从古希腊本体论哲学就存在的问题。它是建立在近代认识论基础上的问题，它从根本上标志着近代以来哲学发展的理论自觉。因此，正如恩格斯所说的，这一问题“只是”在“近代”才被明确地提了出来，更确切地说，只是从笛卡尔开始，这一问题才被明确地提了出来。之所以如此，原因在于，从笛卡尔开始的近代哲学，“开始了抽象的思维”②。恰如黑格尔所揭示的，“近代哲学的原则并不是淳朴的思维，而是面对着思维和自然的对立……也就是说，它意识到了思维和存在的对立。必须通过思维去克服这一对立，这就意味着把握住统一”③。恩格斯也曾指出，“思维对存在、精神对自然界的关系问题，全部哲学的最高问题，像一切宗教一样，其根源在于蒙昧时代的愚昧无知的观念。但是，这个问题，只是在欧洲人从基督教中世纪的长期冬眠中觉醒以后，才被十分清楚地提了出来”④。这表明，只有哲学基本问题的提出，才标志着作为“爱智之学”的哲学有了属于自己的基本问题。一方面，人们通过对哲学基本问题的研究和思考，深化了对哲学本性的理解；另一方面，通过对哲学本性的理解，也推动了对哲学基本问题的研究。在这个意义上，理解哲学基本问题是理解哲学与科学、常识的区别及理解哲学的思维方式、哲学的理论

① 孙正聿：《哲学通论》，辽宁人民出版社1998年版，第136页。

② 黑格尔：《哲学史讲演录》第4卷，商务印书馆1978年版，第11页。

③ 同上书，第7页。

④ 《马克思恩格斯选集》第四卷，人民出版社2012年版，第230页。

本性、哲学的本体论追求、哲学的生活基础等问题的关键之所在。[①]

黑格尔曾指出："思维和存在的对立是哲学的起点，这个起点构成哲学的全部意义。"[②] 而正是从这一起点出发，黑格尔第一次在近代认识论的平台上消解了思维和存在的对立，在其内在统一中实现了对哲学的深刻把握。在他看来，"近代哲学的出发点，是古代哲学最后达到的那个原则，即现实自我意识的立场；总之，它是以呈现在自己面前的精神为原则的。中世纪的观点认为思想中的东西与实存的宇宙有差异，近代哲学则把这个差异发展成为对立，并且以消除这一对立作为自己的任务。因此，主要的兴趣并不在于如

---

① 关于哲学的基本问题，学界向来存在着诸多的争议。有学者就把学术界关于这一问题的争论的演变概括为"形变论"、"转换论"、"终结论"。并总结指出，"形变论的基本观点是：思维和存在的关系问题作为哲学基本问题永恒不变，但它的具体形式却不断更替；哲学基本问题是变与不变的对立统一。转换论认为，哲学基本问题不是永恒的、不变的，思维和存在的关系问题不是永恒的哲学基本问题，只是近代哲学的基本问题。终结论从哲学思维方式的角度考察哲学基本问题，认为现代哲学实现了哲学主题转换和思维方式变革，超越了哲学基本问题即思维和存在关系问题所规定的问题域和解答方式，因此随着现代哲学变革和马克思主义哲学的产生，哲学基本问题也就终结了或被超越了。"（蔡英田：《待建的哲学坐标——关于哲学基本问题演变的坐标》，《哲学研究》1997 年第 11 期）也有学者认为，"应该把哲学认识论的基本问题与整个哲学的基本问题加以区分。思维与存在的关系是哲学认识论的基本问题，但不是在任何历史条件下都是整个哲学的基本问题。整个哲学的基本问题是由哲学研究的重心和时代主题规定的，因此，它随哲学研究的重心和时代主题的变化而变化。"（侯才：《哲学认识论基本问题不等同于哲学基本问题辨析》，《社会科学战线》1998 年第 6 期）也有学者指出，"这一关系问题（即思维和存在的关系问题——笔者注）并不是哲学的基本问题，而不过是一种特殊的哲学类型，即长期以来在西方哲学史的发展中占主导地位的知识论哲学的基本问题"。进一步说，思维和存在的关系问题不是马克思哲学的基本问题，因为，"马克思主义哲学的基本问题是实践问题。而其作为马克思哲学的基本问题，必然展示出两个方面的内容：一是人与自然（物）的关系，而是人与人的关系。"（俞吾金：《重新理解马克思》，北京师范大学出版社 2005 年版，第 108、111 页）也有学者从"基本的哲学问题"与"哲学的基本问题"的角度出发，对这一问题做出了思考（高云涌：《"基本的哲学问题"与"哲学的基本问题"》，《学习与探索》2002 第 4 期）。应当说，这些探索都深化了我们对哲学基本问题的理解。但遗憾的是，他们并不理解，只有思存关系才规定了哲学的形而上本性，因此，"把决定哲学理论性质的基本问题与哲学的时代主题或时代内涵混为一谈，其结果只能是否认哲学的基本问题，并从而模糊哲学的理论性质，即模糊哲学的形而上学性质。"（孙正聿语）

② 黑格尔：《哲学史讲演录》第 3 卷，贺麟、王太庆译，商务印书馆 1959 年版，第 292 页。

实地思维各个对象，而在于思维那个对于那些对象的思维和理解，即思维这个统一本身；这个统一，就是某一假定客体的进入意识。”① 换句话说，这种哲学坚持思维的规定就是事物本身的规定，因此，西方近代哲学家们主张，人类的思想可以认识一切存在，因而凡是思维所想的，必然也就是能够为人类所认识的，在这个意义上，近代哲学（主要是康德以前的形而上学）就是意识哲学。它力图做的就是从“现实自我意识”的立场出发，不断地试图实现思维与存在的统一，使我们的认识更为切近事物的本质，以得到真理性的认识。

在《纯粹理性批判》第二版序中，康德指出：“向来人们都认为，我们的一切知识都必须依照对象；但是在这个假定下想要通过概念先天地构成有关对象的东西以扩展我们的知识的一切尝试，都失败了。因此，我们不妨试试，当我们假定对象必须依照我们的知识时，我们在形而上学的任务中是否会有更好的进展。”② 康德的这一主张，史称哲学的“哥白尼革命”。在康德看来，我们认识的过程，是人类凭借先天知性范畴把握对象，并在先天统觉中实现理性认识的过程。但是，由于康德对理性和知性的划分，从而导致其陷入不可知论和唯心主义的境地。在他看来，纯粹理性有一种自然的和不可避免的辩证论，作为自然本性，它依附我们的理性，并必然性地导致理性产生“先验幻相”。因此，“我们的一切知识都开始于感官，由此前进到知性，而终止于理性，在理性之上我们再也没有更高的能力来加工直观材料并将之纳入思维的最高统一性之下了。”③ 这样，人类也就只能在知性的范围内实现对有限事物的认识，对于“物自体”，人类无能为力。不仅如此，他把作为知识普遍性和必然性的范畴也纳入“先验自我”的产物，从而必然把范畴的来源归结为纯粹思想的产物。在这个意义上，虽然康德对知性做了有价值的分析，然而，“这种批判工作并未进入这些思想范畴

① 黑格尔：《哲学史讲演录》第 4 卷，贺麟、王太庆译，商务印书馆 1978 年版，第 5—6 页。

② 康德：《纯粹理性批判》，邓晓芒译，人民出版社 2004 年版，第 15 页。

③ 同上书，第 261 页。

的内容和彼此相互间的关系，而只是按照主观性和客观性一般对立的关系去考察它们。”① 因而，也就无法使思维和存在贯通起来，即使是已经确立的思维的客观性，在某种意义下，依然是主观性的。因此，虽然康德意识到了哲学的基本问题，但由于其思想自身的局限性和不彻底性，在他那里，思维和存在的关系并没有得到合理的解决，并且处于对立的境地。

（二）黑格尔与哲学基本问题

康德通过划分知性和理性来探索思想的普遍性与必然性，但最终并没有消解思维和存在的二元对立，反倒使这种对立陷入“不可知论”的境地，从而造成了现象与物自体的对立。这一点为黑格尔所觉察。在黑格尔看来，康德对知性和理性的划界，无疑是哲学史上最大的理论成果。但是，由于康德无法说清范畴的来源，无法理解“实体就是主体”以及思想的客观性问题，因而，也就无法弥合由于现象界和物自体对峙所造成的“思维和存在的二元对立”。

首先，在黑格尔看来，康德对于作为确保思想客观性的思维范畴的考察，并没有从思维范畴自身去考察，而是把范畴视为“先验自我的产物”，因此，他无法实现思维与存在的内在统一，最终只能导致绝对唯心主义。不仅如此，在康德哲学中，他首先关心的是如何通过对人类的认识能力本身的考察。但是，在黑格尔看来，考察作为认识能力的思维形式，本身已经是一种认识的历程。因为，思维形式既是研究的对象，同时又是对象自身的活动。因而，认识的过程本身就是对思维形式的考察过程，二者是同一的过程。在这个意义上，作为确保思维客观性的范畴就不是独立于人的某种拿来就用的“工具”，它既是我们主观思想的产物，也是事物的本质。诚如黑格尔所言，费希特的哲学的一个大的功绩就在于，“他促使我们注意到一点：即须揭示出思维范畴的必然性，并主要地推演出范畴的必然性来。——费希特的哲学对于逻辑的方法至少产生了一个效果，就是说，他曾昭示人，一般的思维范畴，或通常的逻

---

① 黑格尔：《小逻辑》，贺麟译，商务印书馆1980年版，第117页。

辑材料，概念，判断，和推论的种类，均不能只是从事实的观察取得，或只是根据经验去处理，而须从思维自身推演出来。”[①] 这也就决定了，黑格尔意义上的思维和存在的统一，恰恰不是从思维出发去理解存在，也不是从存在出发去理解思维，而是把存在视为思维所构建的对象，同时，把思维视为对存在的思维。

其实，在《精神现象学》中，黑格尔就指出，“不仅要把真实的东西或真理理解和表述为实体，而且同样理解和表述为主体”[②]。之所以如此，乃是因为，在黑格尔看来，思维是哲学的本性，也是人的特有本性，只有人才能进行思想，就内容来说，只有思维深入于事物的实质，才能算得上是“真思想”。就形式来说，“思维并不是主体的私有特殊状态或活动，而是摆脱了一切特殊性、任何特质、情况等抽象的自我意识，并且只是让普遍的东西在活动，在这种活动里，思维只是一切个体相同一”[③]。在这个意义上，“实体即是主体”也就意味着，思想不但是构成外界事物的实体，而且是构成精神性的东西的普遍实体，这就从根本上保证了思想自身的客观性。

那么，何为黑格尔意义上的客观性？按照他的理解，客观性一词具有三种意义：第一为外在的事物的意义，由此区别于我们所谓主观的、意谓的、或者梦想的东西。第二就是康德意义上的，主要是指思想的普遍性与必然性，用以区别于属于我们感觉的偶然、特殊和主观的东西。第三就是黑格尔自己的意义上的，这种客观性是指思想所把握到自身，以示有别于只是我们的思想，与事物的实质或事物的自身有区别的主观思想。[④] 基于上述的理解，黑格尔得出结论，康德所谓的思想的客观性实际上是主观的。这是因为，按照康德的说法，思想虽说有普遍性和必然性的范畴，但是，它只是我们的思想，在它和所谓的物自体之间存在着一个无法逾越的鸿沟。

① 黑格尔：《小逻辑》，贺麟译，商务印书馆 1980 年版，第 121 页。

② 黑格尔：《精神现象学》上卷，贺麟、王玖兴译，商务印书馆 1979 年版，第 10 页。

③ 黑格尔：《小逻辑》，贺麟译，商务印书馆 1980 年版，第 78 页。

④ 同上书，第 120 页。

进一步讲，在康德看来，一方面，思想的内容，即在时间和空间基础上提供给我们的感性材料是客观的，这些东西是可以通过人们的知觉加以把握；另一方面，思想的形式，即思维的范畴乃属于我们思维本身的自发性，因此，它是主观的。因而，在康德这里，思想的内容和思想的形式的割裂和对立，最终造成的结果是，康德所谓的思维客观性，在某种意义上，仍然是主观的。按照黑格尔的理解，“思想的真正客观性应该是，思想不仅是我们的思想，同时又是事物自身，或对象性的东西的本质”①。这就是说，思想的客观性就在于，我们的思维所把握的道德规定性本质上就是事物自身的规定性，因而，并不存在一个所谓的思维和存在的对立，二者在本质上必然是内在统一的。

同时，在黑格尔看来，虽然思维和存在的统一是本然的内在统一，但是，如果停留于这一本然的统一，并不能给思想带来任何益处。因为，思想的客观性就在于实现对事物的真理性认识，也就是说使概念符合事情本身。按照黑格尔的理解，认识到思维本身的本性即辩证法。因此，思维和存在的统一实际上也是一个“矛盾”的运动过程。

由此可见，不论是对范畴的来源的追溯，还是对思想客观性的论证，这些都表明，在黑格尔那里，不是“意识的内在性”问题，而是思维和存在的关系问题，构成其哲学的核心问题。一直以来纠缠的“意识的内在性”问题在黑格尔哲学中已得到合理的解决。事实表明，黑格尔哲学在根本上已经不再是意识哲学，而是思辨哲学。但是，黑格尔所实现的思维和存在的统一，只是在精神的活动中实现的“思想内部的统一”，是存在服从于思维的统一，因而，他无法从根本上解决思存关系问题。这一困扰近代以来哲学家的问题被马克思所继承并超越。诚如卢卡奇所说，“黑格尔的哲学方法——最引人入胜之处是在《精神现象学》里——始终既是哲学史，又是历史哲学，就这一基本点而言，它决没有被马克思丢掉。黑格尔使思维和存在——辩证地——统一起来，把它们的统一理解为过

---

① 黑格尔：《小逻辑》，贺麟译，商务印书馆 1980 年版，第 120 页。

程的统一性和总体。这也构成历史唯物主义的历史哲学的本质。”[①]在这个意义上，马克思对哲学问题的解决，既是对以往哲学的变革，又是对黑格尔哲学的反叛。

综上所述，我们要客观地认识到马克思哲学所发生的历史性变革，就应该在思维与存在的关系问题，即哲学基本问题的层面来思考问题。其原因在于：(1)“意识的内在性”问题是近代认识论哲学的话题，而在黑格尔的思辨哲学之后，现代哲学所关注的是“哲学解释并变革世界”的问题；(2)在辩证思维的方法论诞生之后，“意识的内在性”问题就迎刃而解，但作为一种“关系”问题的哲学的基本问题却依然没有确切的答案；(3)黑格尔哲学已经初步尝试把哲学基本问题作为研究的核心问题，但对这一问题的思考只是在“思想的层面”所进行的，因此，也就无法真正使问题得到解决。在上述意义上，黑格尔之后的任何哲学要想取得进展，都必须在哲学基本问题的平台上来言说，这点最早为费尔巴哈所意识到，并为马克思所重视。

(三)费尔巴哈与哲学基本问题

通过逻辑学、辩证法和形而上学的统一，黑格尔实现了“思维和存在”的内在统一，并为解决哲学基本问题提供了自己的方案。但是，综观黑格尔的方案，我们会发现，黑格尔不仅没有从根本上解决哲学的基本问题，反倒使哲学基本问题陷入“客观唯心主义”的境地。因此，在他那里，包括存在在内的一切东西，都成为思维的产物，连现实的世界都成为观念的产物。黑格尔哲学的思辨本性为费尔巴哈所洞察。费尔巴哈主张应从“感性”出发，从哲学的属人本性出发去理解哲学的基本问题，从而为马克思科学地回答这一问题提供了丰富的理论资源。

按照费尔巴哈的理解，黑格尔思辨哲学的神学本质决定了，在他那里，“思维和存在的同一，只是表示理性具有神性，只是表示思维或理性乃是绝对的实体，乃是真理与实在的总体，只是表示并

---

① 卢卡奇：《历史与阶级意识——关于马克思主义辩证法的研究》，杜章智等译，商务印书馆1996年版，第85—86页。

无理性对立物的存在，一切都是理性，如同在严格神学中一切都是上帝，一切真实和实在存在的都是上帝一样。……因此思维和存在同一，只是表示思维与自身同一。"[①] 在这个意义上，黑格尔意义上的思维和存在的统一只是哲学与神学在理性自身内的统一。因此，"黑格尔的哲学并没有超出思维和存在之间的矛盾"[②]。在费尔巴哈看来，要破解这一困境，只能借助于"主宾颠倒原则"，即把存在（即自然）置于优先地位。

在费尔巴哈看来，黑格尔的客观唯心主义不同于以往的主观唯心主义，就在于它包括了现实社会的全部内容并将其纳入"思想的范畴"。因此，如果真正严肃地对待"思想或理念的实在性"，就必须将一个异于思想本身的东西加到思想上面。换句话说，"思想必须是实在化的思想，有异于未实在化的，单纯的思想——必须不只是思维的对象，而是非思维的对象。思想实在化，正是思想否定自身，不再是单纯的思想；那么这个非思维，这个有别于思维的东西到底是什么？就是感性事物。由此可见，思想实在化，就是使自身成为感觉的对象。因此，理念的实在性就是感性，但是实在性是理念的真理，所以感性才是理念的真理。"[③] 换句话说，只有依赖于感性事物，才能真正找到思想的源泉，斩断思想不断被抽象化的"看不见的手"。

由此，费尔巴哈得出结论，"思维和存在的真正关系是这样的：存在是主体，思维是宾词。思维是从存在而来的，然而存在并不来自思维。存在是从自身，通过自身而来的——存在只能为存在所产生。存在的根据在它自身中，因为只有存在才是感性、理性、必然性、真理，简言之，存在就是一切的一切"[④]。因此，"我们想要解决这个矛盾，只有将实在事物，感性事物当成它自身的主体，只有给实在事物和感性事物以绝对独立的，神圣的，第一性的，不

① 费尔巴哈：《费尔巴哈哲学著作选集》上卷，荣震华等译，商务印书馆 1984 年版，第 154 页。

② 同上书，第 158 页。

③ 同上书，第 165 页。

④ 同上书，第 115 页。

是从理念中派生出来的意义"[①]。因而，他坚决主张，"思维和存在的统一，只有将人理解为这个统一的基础和主体的时候，才有意义，才是真理"[②]。这表明，真正能够实现思维与存在之统一的，并不是思维，而是存在，是人。只有将人视为存在和思维之所由的物，问题才能最终被化解。就像科尔纽所说的那样，正是由于费尔巴哈"把在自然界和社会中的具体人看作是本质要素了"[③]，因而，他才真正初步实现了对黑格尔的客观唯心主义和鲍威尔的主观唯心主义的真实批判，并由此把一种基于"感性"的唯物主义引入再次拯救了出来。这样，在费尔巴哈那里，思维和存在的关系问题的破解的核心环节是：从感性出发，赋予存在以优先性地位，把人理解为实现其统一的主体。换句话说，只有从人出发，从感性出发，去理解思维，把思维视为人的感性直观的产物，才能真正实现哲学解释世界并改变世界的愿望。

费尔巴哈的上述理解无疑大大启发了马克思：（1）从感性的事物而不是从抽象的存在出发，把感性视为一切存在的基础；（2）将人看作现实世界的主体；（3）只有从"感性—对象性"出发，才能从根本上解决思维和存在的关系问题。由这一路径出发，马克思站在包括费尔巴哈在内的一切旧唯物主义世界观和一切唯心主义世界观的基础上，通过把人理解为"现实的、历史的人"，从而把"人的感性活动"引入对哲学基本问题的解决中，实现了存在论基础的变革。这一变革的结果就是：以"人的感性活动"为基础的，以"现实的人及其历史发展"为内容的历史唯物主义世界观的创立。

---

① 费尔巴哈：《费尔巴哈哲学著作选集》上卷，荣震华等译，商务印书馆 1984 年版，第 165 页。

② 同上书，第 181 页。

③ 参见奥古斯特·科尔纽《马克思的思想起源》，王瑾译，中国人民大学出版社 1987 年版，第 57 页。

第二节　人的感性活动

——历史唯物主义世界观的存在论基础

按照日本学者广松涉的理解，“以1845年左右为界线，可以看到马克思的思想地平、世界观的‘结构的把握方法’都有着飞跃的发展。但是，这不单是在马克思这一个思想家而具有的飞跃这种意义，从思想史来看，在与先前的笛卡尔可谓开拓了近代哲学的地平作为类比的意义上，是具有作为开拓了新世界观地平的划时代意义的事件。可以说马克思不单真正超出了黑格尔哲学的框架，而且确实通过它超越了笛卡尔以来近代世界观的地平本身，开拓了应该取而代之的真正的近代世界观的地平”①。而之所以能“超越近代世界观的地平”，核心就在于马克思“人的感性活动”的存在论基础的确立。正是从“人的感性活动”出发，马克思科学地解决了历来困扰哲学家们的哲学基本问题。

“人的感性活动”原则的提出，标志着不再是“人们的意识决定人们的存在”而是“人们的存在决定人们的意识”，这既根源于人的创造性和能动性，又根源于人的社会现实性及其历史性。它表明，不论是人自身还是社会现实及其历史，都是人类自身活动的产物。这一点也使马克思一方面超越了以费尔巴哈为代表的旧唯物主义；另一方面，又超越了一切传统形而上学。纵观这一存在论基础探索的历程，大致经历了这样三个阶段：从费尔巴哈的“感性—对象性”到马克思“感性—对象性活动”；从“感性—对象性活动”到“人的感性活动”；从“人的感性活动”到“现实的生产过程”。在这里我们主要对前两个方面的问题做出详尽的阐释。

一　“感性—对象性”与“感性—对象性活动”

就其本质而言，“人的感性活动”的解释原则乃是马克思在哲

---

① 广松涉：《唯物史观的原像》，邓习议译，南京大学出版社2009年版，第35页。

学思考中一个最为重要的创造。在这一原则中，不仅包含着对近代哲学“主体能动性问题”的理解，还包含着对德国古典哲学“活动”原则的继承与发展，而这些首先来源于费尔巴哈人本学唯物主义的“感性—对象性”原则。

在费尔巴哈看来，黑格尔的思辨哲学从抽象的存在出发，其实只不过是一种单纯的形式主义，因为这不是最初的开端，也就不是真正的开端。因此，新哲学必然是从现实存在，尤其是从现实的、感性的具体存在出发。因为，“感性的、个别的存在的实在性，对于我们来说，是一个用我们的鲜血来打图章担保的真理”[①]。不仅如此，更为重要的是，只有把感性提升至哲学探索的优先地位，才能彻底地改变原来那种抽象理性思辨带来的问题。因此，不存在所谓的抽象的实体，而“只有一个感性的实体，才是一个真正的现实的实体。只有通过感觉，一个对象才能在真实的意义之下存在——并不是通过思维本身”[②]。而且，“作为一个对象，一个现实的对象，只有当我们遇到一个对我发生作用的东西时，只有当我的自我活动——如果我是从思维的立场出发的话——受到另一个东西的活动的限制，障碍时，才呈现在我们面前”[③]。这就是说，在感性实体和现实的对象之间存在着一个内在的关联，这一关联不是思维所构成的，不是认识论意义的，它是感性实体在其活动中与自身或另一感性实体作用（抑或发生关系）的结果（或产物）。在这个意义上，“感性—对象性”就不是来自思维本身，而是来自感性实体之间“遭遇”。这一生存论意义上的“感性—对象性”原则，彻底变革了那种“无人身的理性”所设想的思维自我生成对象的“空虚性”。这一变革实际上也就意味着唯物主义的胜利的曙光的到来。

费尔巴哈对“感性—对象性”的这一解释，无疑抓住了这一原则的属人本性。因为，只有作为感性的人本身才能在现实的感性

---

① 费尔巴哈：《费尔巴哈哲学著作选集》上卷，荣震华等译，商务印书馆1984年版，第68页。

② 同上书，第166页。

③ 同上。

活动中不断地设定对象并变革对象，从而推动人自身和整个社会的发展。马克思清楚地意识到了费尔巴哈这一原则的重要意义。但是，他并没有直接沿着这一思路进行“纯理论”的思考，而是将其与对现实的批判结合起来，在国民经济学批判语境中，通过对私有财产与人的感性的异化问题的分析对“人的感性”作出了新的理解和阐释。具体言之，体现在对“感性”的当代性解读之中。

首先，在马克思看来，在资本主义制度下，由于私有制的存在，它直接导致作为生命性存在的人的本质的“感性”的丧失。因为，“私有制使我们变得如此愚蠢而片面，以致一个对象，只有当它为我们拥有的时候，就是说，当它对我们来说作为资本而存在，或者它被我们直接占有，被我们吃、喝、穿、住等等的时候，简言之，在它被我们使用的时候，才是我们的”①。由此导致的结果是，人与人的关系、人与世界的关系，即原有“对象性关系”的异化。“感性”不再为人所直接拥有，而被一种“公理的算计”所占有；而对象性不再是人的本质力量的显现，而异化为“人对物的占有”。因此，必须扬弃私有财产，只有这样，人才能“作为一个总体的人，占有自己的全面的本质”②。

由此，所谓占有自己的全面本质，实则就是解放“感性”，将其作为人之为人的本质。马克思清楚地意识到，在私有制条件下，一切肉体的和精神的感觉都被一切感觉的单纯异化即“拥有的感觉”所代替。在这个意义上，感觉就不再是人的感觉，而是人的占有欲的直接体现。要摆脱这一困境，只有扬弃私有财产。因为，“对私有财产的扬弃，是人的一切感觉和特性的彻底解放，但这种扬弃之所以是这种解放，正是因为这些感觉和特性无论在主体上还是在客体上都成为人的。眼睛成为人的眼睛，正像眼睛的对象成为社会的、人的、由人并为了人创造出来的对象一样。因此，感觉在自己的实践中直接成为理论家。”③ 这样，不再是“拥有的感觉”

---

① 马克思：《1844 年经济学哲学手稿》，人民出版社 2000 年版，第 85 页。

② 同上书，第 85 页。

③ 同上书，第 85—86 页。

而是“欣赏的感觉”——“美的感觉”构成人真正的“对象性活动”的主导因素。因此，私有财产的扬弃实际上就是人以一种全面的方式，作为总体的人，重新占有自己的全面的本质；是为了人并通过人对人的本质和人的生命、对象性的人和人的作品的感性的占有；是把属于人的东西重新还给人自身。像马克思所描述的：“人对世界的任何一种人的关系——视觉、听觉、嗅觉、味觉、触觉、思维、直观、情感、愿望、活动、爱，——总之，他的个体的一切器官，正像在形式上直接是社会的器官的那些器官一样，是通过自己的对象性关系，即通过自己同对象的关系而对对象的占有，对人的现实的占有；这些器官同对象的关系，是人现实的实现。”①由此必然带来的是人的全面的“感性解放”。

只有实现感性的解放，对象对人来说才能真正成为“人”的对象，而人才不会在自己的对象中丧失自己。在这里，马克思赋予“感性”以新的内涵：（1）感性不是一个理论的概念，而是一个生存论概念，这就使感性和人的本质、人的基本的生存相关联。（2）作为人的本质的感性，构成人的基本属性。（3）作为能动的、创造性的感性，它和人的对象性活动统一于感性实践，从而破解了原有的理论自身的困境。在这个意义上，“感性”就不是费尔巴哈意义上的“感性直观”，而是“感性实践”，它内在地体现着人对其自身本质力量的肯定。在这个层面上，马克思超越了费尔巴哈。

在对人的“感性”分析的基础上，马克思进一步对“对象性”问题作出了思考。在他看来，只有当对象对人来说成为人的对象或者成为对象性的人的时候，人才不致在自己的对象中丧失自身。因此，同“感性”一样，对象性也构成了人的基本属性。马克思指出，“当现实的、肉体的、站在坚实的呈圆形的地球上呼出和吸入一切自然力的人通过自己的外化把自己显示的、对象性的本质力量设定为异己的对象时，设定并不是主体；它是对象性的本质力量的主体性，因此这些本质力量的活动也必须是对象性的活动”。这表明，对象性活动不是思维自身的活动，而是“现实的、肉体的、

① 马克思：《1844年经济学哲学手稿》，人民出版社2000年版，第85页。

站在坚实的圆形地球上”的感性的人的活动，这一活动也就是“对象性活动”。进一步讲，“对象性的存在物进行对象性活动，如果它的本质规定中不包含对象性的东西，它就不进行对象性活动。……因此，并不是它在设定这一行动中从自己的‘纯粹的活动’转而创造对象，而是它的对象性的产物仅仅证实了它的对象性活动，证实了它的活动是对象性的自然存在物的活动。”① 由此，马克思将超越于“感性—对象性”的核心——“活动”纳入到对问题的分析中。不同于费尔巴哈的“感性—对象性”，“感性—对象性活动”实现了对那种简单把握世界的方式的原则性超越。“活动”是有机生命体的本质所在。活动即是劳动、创造。可以说，人类的历史根源于人的活动：如果没有人的活动，在这个地球上所存在的就只有自然物。人的活动创造了人类的一切文明——物质文明、精神文明和制度文明。正如马克思所言，历史不过是追求着人的目的的活动而已。因此，“活动”原则被纳入“感性—对象性”，赋予其以新的生命力。在这个意义上，“对象性活动”证实了现有的一切都根源于“对象性的自然存在物”，即现实的人。因此，“对象性活动”本质上表明，它仅仅只能是作为自然存在物的人的活动，是作为“类存在物”的人的活动。因此，对象性活动所肯定的是，人作为自然存在物和类存在物，构成一切存在的原初本原。因此，根本不存在抽象的存在，所有的存在都不过是“人的存在”或者说是“人们的存在”。

上述的分析表明，“感性—对象性活动”实质上构成了人类一切存在的根本基础，它具有本源性的意义。已经生成的社会、正在发生的历史、人类对世界的改造、人类自身的发展等都根源于人的感性—对象性活动。在这一原则的基础上，马克思确立了“人的感性活动”的基本原则。

二　从“感性—对象性活动”到人的感性活动

无疑，“感性—对象性活动”原则的提出，标志着马克思已经初步在存在论的基础上形成了新的解释原则。但是，这一原则仍旧

---

① 马克思：《1844 年经济学哲学手稿》，人民出版社 2000 年版，第 105 页。

未能清晰地将“现实的人”标示出来。因为任何具有生命性的存在物都能够进行一种“或多或少”意义上的“对象性活动”。马克思逐渐认识到，人与动物的本质区别在于，动物只是基于本能来从事活动，而人则是按照“合目的性与合规律性”的原则进行创造。基于这一认识，马克思逐渐舍弃了“感性—对象性活动”的原则，明确提出了“人的感性活动”原则，并赋予其存在论的意义。

在为学界耳熟能详的《关于费尔巴哈的提纲》中，马克思明确地提出了“人的感性活动原则”，彻底实现了对包括费尔巴哈在内的一切唯物主义和唯心主义哲学的“解释原则”的批判和超越。这主要体现为，明确地揭示了由三种不同的解释原则所构成的世界观理论，“一是客体的或直观的解释原则所构成的旧唯物主义的世界观，二是由抽象的能动的解释原则所构成的唯心主义的世界观，三是以人的感性活动为解释原则所构成的马克思主义的新世界观。这三种解释原则构成了三种世界观，亦即构成了三种不同的哲学”①。而正是“人的感性活动”原则的提出，标志着马克思找到了解决哲学基本问题的根本路径，并标志着历史唯物主义世界观的存在论基础的基本确立。

“人的感性活动”的解释原则的确立，首先是马克思通过对以“感性—对象性”活动为基础的“劳动”的分析表现出来。不同于黑格尔从斗争、劳动来理解主奴关系问题，马克思通过对“劳动的存在论”的分析，根本性地揭示了劳动中所蕴含的“人与世界的否定性统一关系”，从而把带有近代形而上学遗迹的“感性—对象性活动”转化为“人的感性活动”。

首先，通过对劳动对象化和劳动异化的分析，马克思重新对作为“人的感性活动”的最直接形式的劳动作出了新的阐释。在他看来，“劳动所生产的对象，即劳动的产品，作为一种异己的存在物，作为不依赖于生产者的力量，同劳动相对立。劳动的产品是固定在某个对象中的物化的劳动，这就是劳动的对象化。劳动的现实化就是劳动的对象化。在国民经济学假定的状况中，“劳动的这种

---

① 孙正聿：《历史唯物主义的真实意义》，《哲学研究》2007年第9期。

现实化表现为工人的非现实化，对象化表现为对象的丧失和被对象奴役，占有表现为异化、外化。”① 这表明，劳动的对象化和劳动的异化存在着质的区别。就劳动的对象化来说，它是人通过劳动，把自己的本质力量投入对象，从而在对象中确立、证明人自身的价值。例如，画家与他的作品。在资本主义制度下的劳动的异化则不同，它是工人从事产品的生产和制造，使自己本质力量对象化在物上，由于雇佣关系的存在，这种体现工人对象化的本质力量的物被资本家阶级所占有，工人却只得到其中很少的一部分。这样工人生产的越多，他丧失的就越多；他生产的产品越丰富，他自己就越贫穷。这样，在异化劳动中，工人并不是实现了自己的本质力量，而是在这一过程中丧失了自己的本质力量。在这个意义上，异化劳动的过程，实际上就是工人在对象化的过程中丧失对象，使自己被对象所奴役，丧失人自身的价值的过程。由此，马克思确认了劳动对象化的真实价值，批判了异化劳动形式的对象化劳动。

其次，在马克思看来，正因为劳动的对象化就是人的本质力量的再现，因而也就使人和动物天然地区别开来：“动物和自己的生命活动是直接同一的。动物不把自己同自己的生命活动区别开来。它就是自己的生命活动。人则使自己的生命活动本身变成自己意志的和自己意识的对象。他具有有意识的生命活动。这不是人与之直接融为一体的那种规定性。有意识的生命活动把人同动物的生命活动直接区别开来。正是由于这一点，人才是类存在物。”② 这说明，人与动物的本质性区别就在于，人的活动是有意识的生命活动，作为意识性的精神性存在的人，不仅仅是“身体力行”地参与现实的物质生产活动，还能够在“精神的层面上”，在“意识的范围内”进行“对象性活动”。正因为如此，在马克思看来，只有人才会“按照任何一个种的尺度来进行生产，并且懂得处处都把内在的尺度运用于对象”③。因而按照美的规律来构造一切。就像马克

---

① 马克思：《1844 年经济学哲学手稿》，人民出版社 2000 年版，第 52 页。

② 同上书，第 57 页。

③ 同上书，第 58 页。

思所说的："蜘蛛的活动与织工的活动相似，蜜蜂建筑蜂房的本领使人间许多建筑师感到惭愧。但是，最蹩脚的建筑师从一开始就比最灵巧的蜜蜂高明的地方，是他在用蜂蜡建筑蜂房以前，已经在自己的头脑中把它建成了。劳动过程结束时得到的结果，在这个过程开始时就已经在劳动者的表象中存在着，即已经观念地存在着。"① 这种"在劳动者的表象中存在"即"已经观念地存在"，其实就是思想基于现实在观念中的"对象化存在物"。在这个意义上，劳动就不是单纯的"感性—对象性"活动，它预示着在劳动过程中"对象"和人自身的双重改变。因而，不同于一般意义上的"感性—对象性活动"，劳动实则构成现实的人的展示其本质力量并由此改变世界的基本途径。

如果说，对劳动的生存论分析构成"感性—对象性"活动与"人的感性活动"相区别的一个方面的话，那么，通过对不同于劳动抑或是更高一级的"生产"的生存论揭示，则使二者原则性地区别开来。在马克思看来，"可以根据意识、宗教或随便别的什么来区别人和动物。一当人们开始生产他们所必需的生活资料的时候，……他们就开始把自己和动物区别开来。人们生产他们所必需的生活资料，同时也就间接地生产着他们的物质生活本身。"② 因此，不是简单的劳动，而是创造物质生活资料和物质生活本身的"生产"，构成了"人的感性活动"的真实内涵。一方面，人们通过生产活动，创造自己生活的必需品，即物质生活资料。另一方面，在这一生产活动的过程中，人们创造了属人的"物质生活本身"，这包括三个主要的层面：物质文明、制度文明、精神文明。在本质上，这三种文明共同构成了人类的历史。质言之，一部人类的发展史，就是这三种文明交替发展并相互作用的历史。因此，基于"人的感性活动"的生产过程，就不单单是一个物质生产的过程，而是人类历史的创造过程。这从本质上使得马克思的历史观与一切唯心主义的历史观划清了界限。在黑格尔那里，虽然他"第

---

① 《马克思恩格斯全集》第44卷，人民出版社2001年版，第208页。
② 《马克思恩格斯全集》第3卷，人民出版社1960年版，第24页。

一次……把整个自然的、历史的和精神的世界描写为一个过程，即把它描写为处在不断地运动、变化、转变和发展中，并企图揭示这种运动和发展的内在联系"[①]，但是，在恩格斯看来，"一切都被头足倒置了，世界的现实联系完全被颠倒了"[②]。因此，在黑格尔那里，历史就只能表现为精神自身的发展史，精神追求自由的发展史，而不是人类创造的历史。基于此，卢卡奇指出："马克思要求我们把'感性'、'客体'、'现实'理解为人的感性活动，这就是说，人应当意识到自己是社会存在物，同时是社会历史过程的主体和客体。"[③] 这表明，在马克思那里，一切都根源于人的感性实践活动，历史本质上不过是追求着目的的人的活动而已，这样，一种新的唯物主义历史观（或者说世界观）跃然呈现在我们面前。基于对"劳动"、"生产"的存在论分析，马克思创建了历史唯物主义世界观。

这表明，作为马克思世界观存在论基础的"人的感性活动"包含着丰富的哲学内涵：（1）人的感性活动反映了人的生存本性。作为现实的生命存在体，其本身就是"身体性、感性"的存在，因此，它要生存，就必须借助于对自然物的索取和改造。这恰恰是"对象性活动"所没有揭示出来的。更为关键的是，马克思在对"感性"的揭示中破除了其所带有的近代形而上学痕迹，从而创造性地将"人的感性活动"作为研究的重点，由此揭示了人的生存本性。(2)"人的感性活动"是马克思对近代哲学的"活动原则"的继承与改造。近代哲学一个最大的贡献就在于对人的主观能动性的揭示，例如在黑格尔那里，活动原则被视为理性的根本原则。黑格尔认为，之所以能够最终实现真理，就在于思想自身的运动，即思想通过自身的否定，能够实现"全体的自由性与环节的必然性"的统一，实现"理性与现实的和解"，而这些都来自思想的活动。在马克思看来，不论是人与自然的关系还是历史自身的发展，也都

① 《马克思恩格斯选集》第三卷，人民出版社 2012 年版，第 793 页。

② 同上书，第 794 页。

③ 卢卡奇：《历史与阶级意识——关于马克思主义辩证法的研究》，杜章智等译，商务印书馆 1996 年版，第 70 页。

根源于人类的“创造性活动”。因此，不论是现实社会的发展还是历史的发展，都根源于人的感性活动本身。在这个意义上，这内在地就体现了马克思世界观的基本原则：不是意识决定生活，而是生活决定意识。按照张汝伦的考证，马克思在《关于费尔巴哈的提纲》中讲的“能动的”（tätige），“根本不是指认识论意义上的‘主观能动性’，而是存在论意义上的能动的生产过程，即历史的活动和活动的历史，因为 tätige 这个词与 Tätigkeit（活动）出于同一个词根，是它的形容词形式。”① 由此可见，“人的感性活动”构成马克思哲学与传统形而上学的本质性区别。诚如吴晓明所言：“马克思的‘活动’概念，在理论上既不是来自普通的、常识的直观，更不是来自自然科学的唯物主义，而是来自德国古典哲学的整个发展。……马克思的‘活动’原则，坚决拒绝‘活动本身’或‘自我活动’的唯心主义立场。”② （3）“人的感性活动”原则本质上体现了一种辩证的生成性思维方式。“人的感性活动”构成马克思哲学的存在论基础，实际上就意味着，一种辩证的生成性思维方式的形成。在马克思看来，人类的生产主要包含两种情况：一是物质生活资料的生产，二是在这一过程中所实现的人自身的生产。但实质上，还包含着一个更为至关重要的生产，那就是人类历史的生产。因为，正是在作为最基本的生存方式的“人的感性活动”中，自然变革为属人的自然，而历史也得到创造。因此，正如恩格斯所说的，“历史什么事情也没有做，它‘并不拥有任何无穷尽的丰富性’，它并‘没有在任何战斗中作战’！创造这一切、拥有这一切并为这一切而斗争的，不是‘历史’，而正是人，现实的、活生生的人。‘历史’并不是把人当做达到自己目的的工具来利用的某种特殊的人格。历史不过是追求着自己的目的的人的活动而已。”③ 因此，历史也就是人类的生成史，就是在人与世界的否定性统一关系中变革的历史。在这个意义上，“人的感性活动”不但是存在论

---

① 张汝伦：《德国哲学十论》，复旦大学出版社 2004 年版，第 52 页。

② 吴晓明：《思入时代的深处》，北京师范大学出版社 2006 年版，第 278—279 页。

③ 《马克思恩格斯全集》第 2 卷，人民出版社 1957 年版，第 118—119 页。

基础，还构成解释原则和思维方式，即“辩证的、生成性”的解释原则和思维方式。(4) 作为马克思哲学的存在论基础，“人的感性活动”原则本质上是“实践”的。诚如马克思所言：“理论的对立本身的解决，只有通过实践方式，只有借助于人的实践力量，才是可能的；因此，这种对立的解决绝对不只是认识的任务，而是现实生活的任务，而哲学未能解决这个任务，正是因为哲学把这仅仅看作理论的任务。”① 因为，“全部社会生活在本质上是实践的。凡是把理论引向神秘主义的神秘东西，都能在人的实践中以及对这个实践的理解中得到合理的解决”②。这就意味着，“人的感性活动”不仅仅是存在论的，还是真理论的。它在本质上构成检验认识是否具有客观性的“标准和尺度”。

综上所述，马克思在借鉴费尔巴哈“感性—对象性”原则的基础上，通过引入近代形而上学的“活动”原则，从而彻底地回答了哲学的基本问题，由此将其所创立的世界观奠基于一个坚实的基础之上，这个基础既不是“感性直观”，也不是“思想的能动性”，而是建立在上述基础上的“人的感性活动”。

三　作为存在论基础的“人的感性活动”

通过对“人的感性活动”的揭示，马克思科学地回答了思维和存在的关系问题，并由此实现了对一切旧唯物主义世界观和传统西方形而上学世界观的超越，从而最终确立了历史唯物主义世界观。在这个意义上，这一存在论基础的确立，对于我们深入理解马克思的世界观，具有重大的理论意义。

其一，这一存在论基础的确立，科学地解决了困扰历代哲学家们的哲学基本问题。正如前面我们所讲到的，思维和存在的关系问题，并不是一开始就存在的问题，到近代这一问题才被哲学家们提了出来，它标志这种哲学意识的觉醒。至此，人们不再追问世界何以可能，而是开始追问，认识何以可能？自由何以可能？这是人的理性的觉醒和主体性的确立的结果。在这个意义上，哲学基本问题

---

① 马克思：《1844年经济学哲学手稿》，人民出版社2000年版，第88页。
② 《马克思恩格斯选集》第一卷，人民出版社2012年版，第135—136页。

的提出本身就标志着人类迈进一个新的世纪。不论是笛卡尔的“我思故我在”，还是康德的“人为自然立法”；不论是培根的归纳法，还是洛克的“白板说”、莱布尼茨的“单子论”，总体而言，都试图实现对世界的必然性认识。大致来讲，这主要包括两条路径：经验论和唯理论。以往人们总是把这两个派别放在“对立”的层面来思考，但是，只要仔细研究，就会发现，两者其实是相互渗透、相互支撑的。它们本质的区别在于，在认识中究竟是“经验”占主导地位还是“理性”占主导地位，而不是仅仅依赖于“经验”或“理性”来实现对世界的真理性把握，由此来贯通思维和存在的二元对立。康德以经验为基础，看到了知性的“先验统觉能力”，但是却“止于理性”。黑格尔弘扬理性的至上性，但却在“思维和存在的统一”中把一切都归结为“绝对精神”的产物。即使我们所看到的历史，也被他视为“哲学家头脑的产物”，结果是，“人类的历史变成了抽象的东西的历史，因而对现实的人说来，也就是变成了人类的彼岸精神的历史”①。与此不同，在马克思看来，“全部社会生活在本质上是实践的。凡是把理论引向神秘主义的神秘东西，都能在人的实践中以及对这个实践的理解中得到合理解决”②。这就决定了，思维和存在的关系问题，不是从思维出发，把存在视为思维的产物，也不是从人的“感性—对象性”出发，把对存在的把握视为对其“直观的、客观的”反映，而是把存在理解为“人们的存在”，把思维理解为“人们的意识”，并由此通过人们的“感性活动”，使人们的存在和人们的思维辩证地统一起来。

其二，这一存在论基础的确立，为马克思超越一切形而上学，实现历史唯物主义的世界观革命奠定了坚实的基础。罗蒂曾指出，“自希腊时代以来，西方思想家们一直在寻求一套统一的观念，……这种观念被用于证明或批评个人行为和生活以及社会习俗和制度，还可为人们提供一个进行个人道德思考和社会政治思考的框架。

① 《马克思恩格斯全集》第2卷，人民出版社1957年版，第108页。

② 《马克思恩格斯选集》第一卷，人民出版社2012年版，第135—136页。

‘哲学’（‘爱智’）就是希腊人赋予这样一套映现现实结构的观念的名称。”[①] 由此导致的结果是，“思维至上”的基本原则深入人心，在人们看来，只要人类能够探寻到一套“统一的观念”，那么，人类就可以“一劳永逸地”安享“已捕获的真理”所带来的福利。因此，“形而上学的历史是一部关于这种普遍的或一般类别的概念的批判史，是一部致力于系统表述这些概念的体系的历史……我们也许可以这样总结这种历史，即把形而上学定义为‘表述和分析各种概念、对存在的原理及存在物的起源和结构进行批判性、系统性探究的事业’”[②]。但是，事实表明，并不存在一个独立于人的活动之外的“客观的、独立的真理”。任何真理或规律都是建立在“人的感性活动”基础之上的，是在人与世界的否定性统一关系中所发掘的。不仅如此，伴随着人类实践活动的进一步展开，原有的观念、认识会发生“重大的变革”。因此，不是“抽象的思维”，而是“人的感性活动”构成了人类探寻真理、享有真理的基本源泉，并由此构成“马克思哲学存在论基础的枢轴，……构成终结全部形而上学之哲学革命的全新地平线”[③]。在这个意义上，传统形而上学只能是：断言的天真、反思的天真、概念的天真。[④] 它无法为真理本身的获得找到真实的根源，更无法解释真理的“历史性和暂时性”，因而，它只能陷入“思想的泥沼”。

其三，这一存在论基础的确立，最终使马克思以此为基础通过对“现实生产过程”的剖析，从而为分析一般人类历史的发展找到了现实的基础。恩格斯曾指出，“黑格尔把历史观从形而上学中解放了出来，使它成为辩证的，可是他的历史观本质上是唯心主义的。现在，唯心主义从它的最后的避难所即历史观中被驱逐出去了，一种唯物主义的历史观被提出来了，用人们的存在说明他们的

① 理查德·罗蒂：《哲学和自然之镜》，李幼蒸译，商务印书馆 2003 年版，中译本作者序，第 6 页。

② 瓦托夫斯基：《科学思想的概念基础——科学哲学导论》，范岱年等译，求实出版社 1989 年版，第 20—21 页。

③ 吴晓明：《思入时代的深处》，北京师范大学出版社 2006 年版，第 97 页。

④ 伽达默尔：《哲学解释学》，夏镇平、宋建平译，上海译文出版社 2004 年版，第 121 页。

意识，而不是像以往那样用人们的意识说明他们的存在这样一条道路已经找到了。”[①] 从根本上来说，“人们的存在”实际上就是“人的感性活动”。这就是说，新的世界观不是从“人们的意识”（即思想）去说明“人们的存在”，而是从“人的感性活动”去解释人们的意识。而之所以能发生这样的变革，原因就在于，“人的感性活动”原则的提出。在马克思看来，历史的第一前提就是现实的人，正是这些现实的人的生活资料的生产本身，生产了人们“现实生活”（即人类社会本身），并由此生产了人类自身的历史。这就决定了，马克思的历史观和唯心主义历史观的不同，“它不是在每个时代中寻找某种范畴，而是始终站在现实历史的基础上，不是从观念出发来解释实践，而是从物质实践出发来解释观念的东西”[②]。换句话说，这种历史观和唯心主义历史观的不同就在于，从“人的感性活动”出发去解释“各种观念的东西”，解释人类的历史。正是依赖于这一基本原则，马克思把对历史的考察推进到对“现实生产过程”的考察之中，从而科学地揭示了历史发展的基本规律。

综上所述，正是通过对“人的感性活动”的揭示，马克思科学地回答了哲学的基本问题，从而实现了对一切旧唯物主义和唯心主义世界观的超越，由此实现了其哲学存在论基础的变革。不仅如此，“人的感性活动”的存在论基础的发现，使马克思找到了进一步阐释人类历史的新途径——现实的生产过程。在这个意义上，“人的感性活动”的提出，无疑具有重大的意义。诚如有学者所指出的，“马克思哲学在‘存在论’问题上的重大贡献在于实现了对传统哲学的实体本体论的变革，改变了理解‘存在’问题的解释原则和思维方式，开辟了‘存在论’的现代哲学范式”[③]。这一现代哲学范式，就是历史唯物主义的世界观。

---

① 《马克思恩格斯选集》第三卷，人民出版社 2012 年版，第 796 页。

② 《马克思恩格斯全集》第 3 卷，人民出版社 1960 年版，第 43 页。

③ 贺来：《马克思哲学与“存在论”范式的转换》，《中国社会科学》2002 年第 5 期。

第三节　现实的生产过程

——历史唯物主义世界观的现实基础

在《晚期海德格尔的三天讨论班纪要》中，海德格尔曾指出，“马克思以他的方式颠倒了黑格尔的观念论，这样他就要求给予存在先于意识的优先地位”①。而且，“对于马克思来说，存在就是生产过程。这个想法是马克思从形而上学那里，从黑格尔的把生命解释为过程那里接受来的。生产之实践性概念只能立足于一种源于形而上学的存在概念上。”② 由此可见，海德格尔已经敏锐地捕捉到了马克思思想的核心。因为，在《德意志意识形态》中，马克思就曾指出，“意识在任何时候都只能是意识到了的存在，而人们的存在就是他们的现实生活过程”③。因此，“不是意识决定生活，而是生活决定意识”④。这样，在马克思这里，“意识”不再是虚假的观念，而是现实的人在其生活过程中的产物；“存在”也不是无人身理性的抽象概念或思想为自身所设定的对象，而是现实的生产过程。在这个意义上，马克思科学地回答了哲学基本问题，把现实的、历史的“人的感性活动”推进到“现实的生产过程”。

正是从“现实的生产过程”出发，马克思最终对人类历史的发展作出了不同于“历史编纂学”和“思辨历史学”的“唯物主义”解释，科学地回答了哲学基本问题，并由此确立了历史唯物主义的世界观。这样，作为存在论基础的“人的感性活动”同“劳动对象化”一起，让位给了生产，即一般意义的人类生产活动。从而，以“现实的生产过程”拓展“人的感性的活动”的内容，就构成马克思历史唯物主义世界观确立的根本立足点。

---

① 海德格尔：《晚期海德格尔的三天讨论班纪要》，《哲学译丛》2001 年第 3 期。

② 同上。

③ 《德意志意识形态：节选本》，人民出版社 2003 年版，第 16 页。

④ 同上书，第 17 页。

一 现实的人与现实的生产过程

在《德意志意识形态》中，马克思提纲挈领地指出："我们要谈的前提不是任意提出的，不是教条，而是一些只有在想像中才能撇开的现实前提。这是一些现实的个人，是他们的活动和他们的物质生活条件，包括他们已有的和由他们自己的活动创造出来的物质生活条件。因此，这些前提可以用纯粹经验的方法来确认。"① 这说明，新世界观的前提就是：可以通过纯粹经验的方法来确认的"现实的个人"，正是这些现实的个人的活动和他们的物质条件，包括已有的和创造出来的条件，构成了以"现实生产过程"为基础的人类历史发展的基本前提。因此，对"现实的人"的分析构成我们思考马克思历史之思的基本着眼点。

那么，马克思为何要从"现实的个人"出发来展开对人类现实生产过程及其历史的分析呢？原因在于，随着研究的深入，他逐渐意识到，费尔巴哈虽然把宗教的本质归结为人的本质，从而在宗教的批判中发现了人自身的感性存在。但是，在他那里，人要么是撇开历史过程的个体的人，要么就被归结为类，即一种内在的、无声的、把许多个人自然地联系起来的普遍性，而不是理解为社会性的存在抑或社会关系的总和。这样，在费尔巴哈那里，人依旧是抽象的存在，他并不能为我们理解"人"提供任何新的东西。而在黑格尔那里，人被"汩没"在精神的自我发展、自我实现之中，因此，人只能是自我意识的精神存在物。因此，只有重新理解人自身，才能超越以往形而上学的桎梏，在批判资本主义人的生存方式中重新理解世界历史，重新为人类的未来构图。这一对人的分析，首先就是从人的自然性的研究出发的。

在马克思看来，"人直接地是自然存在物"②。作为自然存在物，而且作为有生命的自然存在物的人，一方面具有自然力、生命力，是能动的自然存在物，是欲望的存在物，即人是依赖吃、喝、住、穿等而存在的生命存在物。这就决定了，人只有从自然界获得

① 《德意志意识形态：节选本》，人民出版社2003年版，第10—11页。

② 马克思：《1844年经济学哲学手稿》，人民出版社2000年版，第105页。

生存的必需物，才能维持生命本身。但是，另一方面，人又是一种受动的和受制约的存在物，同动植物一样，人作为自然的、肉体的、感性的、对象性的存在物，他受制于对象本身。这样，人要生存就必须克服这种受动性，把自然的存在“对象化”为自为的存在，即人类所认识、驾驭的存在物。可能有人会认为，这不是一个非常浅显的事实吗？这算什么伟大的发现？但是，只要我们回顾一下当时的德国哲学，就会发现，这却是一个人人都能想到，但人人都不愿意去想的问题，而正是这个问题的破解，孕育着新哲学的核心观点。近代哲学的发展，高扬了人的主体理性，至黑格尔，这一理性即绝对的思想被推至顶峰。在这一思想的影响下，“理性”、“精神”、“自我意识”变成人的代名词，这一对人的“抽象化”直接影响到了人们对现实、历史、政治、法律的思考。最具代表性的就是黑格尔把对历史的理解建立在“精神自我发展的基础之上”。但是，这些伟大的思想家们却忽略了这样一个基本的事实：人首先是自然存在物。正如张曙光所指出的：“马克思通过人的吃喝住穿这一最基本的日常现象，发现的不止是人的存在的肉身性即感性特质，甚至也不止是人类历史的世俗基础，而且是人类在这个基础上站立起来并掌握自己历史命运的途径，——不无粗糙的生产劳动对于人和人的感性世界形成与发展的奠基、推动作用，以及这一活动自身的不断改变与超越。”① 这表明，恢复对人的自然本性的理解，虽然不是什么高明之举，但是对于身处思辨哲学统治时代的人们来说，只要指出人是自然的存在物，就为理解现实及其历史发展提供了最根本的基点。

更为关键的是，这种基于人的自然生存本性对人的理解，破除了近代以来哲学愈来愈将人抽象化、逻辑化的“神话”。犹如卡西尔所言，“传统的逻辑与形而上学本身就不适于理解和解开人这个谜，因为它们的首要和最高的法则就是不矛盾律。理性的思想，逻辑和形而上学所能把握的仅仅是那些摆脱了矛盾的对象，只是那些

① 张曙光：《马克思主义哲学研究应有的现实性与超越性——一种基于人的存在及其历史境遇的思考与批评》，《中国社会科学》2006 年第 4 期。

具有始终如一的本性和真理性的对象。然而，在人那里，我们恰恰绝对找不到这种同质性。哲学家无权构造一个人造的人，而必须描述一个实在的人。任何所谓关于人的定义，当它们不是依据我们关于人的经验并被这种经验所确证时，都不过是空洞的思辨而已。要认识人，除了去了解人的生活和行为以外，就没有其他途径了。……人类生存的基本要素是矛盾。人根本没有'本性'——没有单一的或同质的存在。人是存在与非存在的奇怪混合物，他的位置是在这种对立的两极之间。"① 在这个意义上，马克思对人的自然本性的讨论，不仅仅是重新实现了对人的理解，关键的是，还由此开创了哲学研究的新路径。卡西尔把人定义为"符号的动物"即为现代哲学的尝试。在这一点上，马克思和卡西尔同时意识到传统形而上学的"症结"之所在。

因而，马克思主张，人不仅是自然存在物，还是人自身的存在物，即自为地存在着的存在物，因而是社会存在物。在他看来，"自然界的人的本质只有对社会的人来说才是存在的；因为只有在社会中，自然界对人来说才是人与人联系的纽带，才是他为别人的存在和别人为他的存在，只有在社会中，自然界才是人自己的人的存在的基础，才是人的现实的生活要素。只有在社会中，人的自然的存在对他来说才是自己的人的存在，并且自然界对他来说才成为人。"② 在这个意义上，人的自然本性和社会本性是一个有机的统一体。并且，人也是关系性的存在，在人与自然、人与社会、人与他人、人与自我的多重关系中，人类社会才不断被推动和发展。

这样，作为集自然性、社会性以及关系性于一身的"现实的人"，就必然构成人类生产和历史发展的基本前提。在这个意义上，这种现实的人"不是某种处在幻想的与世隔绝、离群索居状态的人，而是处在一定条件下进行的、现实的、可以通过经验观察到的发展过程中的人。只要描绘出这个能动的生活过程，历史就不再像那些本身还是抽象的经验论者所认为的那样，是一些僵死事实

---

① 卡西尔：《人论》，甘阳译，上海译文出版社2004年版，第17页。
② 马克思：《1844年经济学哲学手稿》，人民出版社2000年版，第83页。

的搜集，也不再像唯心主义者所认为的那样，是想像的主体的想像的活动。”① 由此，作为历史前提的“现实的人”，必然是集自然性、社会性以及关系性于一身的人，它才是真正意义上的生产活动的主体和历史的主体。

二　一般生产与现实生产过程

在前面的论述中，我们在存在论的意义上对马克思的生产已经做了较为全面的分析，这一分析表明，创造物质生活资料和物质生活本身的生产，构成了“人的感性活动”的真实内涵。在这里，我们将在前面研究的基础上进一步分析生产与现实生产过程、生产与人类历史的问题。

在日本学者广松涉看来，马克思在《关于费尔巴哈的提纲》中所提出的“对象性活动”就是生产：“所谓‘生产’，……在本源上是‘对象性活动’。生产劳动是实践的谋划，是对象改变 = 自我改变的一种创造性活动。”② 因此，生产活动就不是在“真空”中进行的活动，必然要“受到‘创造的活动’的样式、自然条件和历史条件的制约，然而从生产劳动的谋划本身来看，与其称之为内发的志向，毋宁说是为了生存而不得不如此这样一种被投的、被决定的生存状态中而进行的创造。但不管怎样，人们是通过这个作为被投的、谋划的生产这种对象性活动，通过不断进行自然的历史化、‘历史的自然化’的‘创造’这种方式而此在地存在。”③ 在这个意义上，生产本质上就是现实的人通过“谋划”来创制历史的活动。一方面，生产是作为社会主体的人把自然视为对象，并改造对象以获得生产资料的活动；另一方面，生产是人作为历史性的存在，不断地谋划自己的未来，创造人类的文明的活动。在这个意义上，现实的人及其历史本质上是生产的历史。诚如张盾所言，在马克思的著作中，对生产的论述已经包含着两个不同的层面，“一个是对生产的一般性理解，强调生产是

① 《马克思恩格斯全集》第3卷，人民出版社1960年版，第30页。

② 广松涉：《唯物史观的原像》，邓习议译，南京大学出版社2009年版，第52页。

③ 同上书，第52—53页。

人在历史中生存下去的第一基本前提，可称之为生产的存在论概念；另一个是对生产的批判性理解，侧重于对生产的资本主义安排条件的批判，可称之为生产的社会批判理论。”① 在这个意义上，马克思所研究的“生产”也就不再是简单地内在于实践的哲学范畴，而是一个独立的、具有存在论意义的范畴，对这一范畴的理解攸关马克思世界观的命运。

正是在马克思思想发展的历程和世界观变革的过程中，在其思想发展的不同阶段及其思想所体现的不同的著作中，马克思赋予生产概念以“历史性”的内涵。大致来讲，包含四重内涵：（1）人类物质生活资料的生产和物质生活本身的生产；（2）人类自身的生产；（3）生产一般；（4）以资本为基础的生产，即资本主义的生产。这集中地表现为：意识形态批判视域的生产和政治经济学批判视域的生产。② 在我们看来，在意识形态批判的视域内，“生产”构成理解马克思历史唯物主义的第二个核心范畴，它和“人的感性活动”一样具有重要的价值：使马克思哲学在存在论基础上发生了变革，以新的理论形式表现了出来。大致来讲，这一具有存在论意义的生产概念包含以下几个方面：

（1）物质生活本身的生产

基于对作为历史的前提的“现实的人”的考察，马克思首先对历史的第一个前提——物质资料的生产作出了详尽的阐释。在他看来，这个前提是：“人们为了能够‘创造历史’，必须能够生活。但是为了生活，首先就需要吃喝住穿以及其他一些东西。因此第一个历史活动就是生产满足这些需要的资料，即生产物质生活本身。”③ 这集中地包含两个方面的内容，一是为了生存所需的生活资料的生产；二是生产物质生活本身。而正是生产物质生活本身决

① 张盾：《重新辨析马克思创立历史唯物主义的理论本意》，《哲学研究》2005年第6期。

② 这里，出于主题和篇幅的考虑，我们将主要分析第一种意义上的生产，即德意志意识形态批判视域内的生产。政治经济学批判视域内的生产的分析将在其他章节加以阐述。

③ 《德意志意识形态：节选本》，人民出版社2003年版，第22—23页。

定了，人类的生产从一开始就将人与动物区别开来。这样，生产就不只是物质生活资料的生产，还包括在物质交往和精神交往过程中所形成的精神的生产。[①] 物质的生产和精神生产的结合，则是现实社会本身的生产，即人类不仅生产着自身生存所需的物质生活资料，还生产着社会及人自身，这样一来，生产就造就了人及人类历史本身。

（2）满足新的需要的生产

按照马克思的理解，人类历史发展的第二个事实是，已经得到满足的第一个需要本身、满足需要的活动和已经获得为满足需要而用的工具“又引起新的需要，而这种新的需要的产生是第一个历史活动”[②]。这表明，单单是第一需要的满足，即获得基本的生存资料尚不构成历史的活动，因为，生产意味着不仅仅是满足自己的需要的生产，与之相伴随的是——在分工条件下——生产其他人的生活资料的需要的生产。在这个意义上，“新的需要”的生产才是真正具有人类性的历史活动。不仅如此，这一生产活动本身还是一个连续的过程，这种生产的连续性和时间性，铸就了生产的社会历史性。不同于黑格尔把历史的发展解释为“人类的热情和理念自身的经纬线交织的结果”，马克思从“需要”出发，构建了一个不断满足需要又不断引起新的需要，不断创造新的需要的体系。这也就为马克思进一步研究资本主义社会生产、消费、分配、交换的经济学体系作了前提的准备。但不论如何，在历史发展的过程中，“需要”的满足无疑构成一种毋庸置疑的内在驱动力。

（3）人类自身的生产——种的繁衍与意义的创造

按照马克思的理解，“一开始就进入历史发展过程的第三种关系是：每日都在重新生产自己的生命的人们开始生产另外一些人，即繁殖”[③]。在一些人看来，马克思所指的人类自身的生产就是生育，即种的繁衍。但是，如果仔细研究，就会发现，这种人类自身

① 马克思意识形态批判所要做的就是破除“观念统治世界”的意识形态，从而探寻意识的真正起源。而这种揭示恰恰是通过对现实生产过程的分析而实现的。

② 《德意志意识形态：节选本》，人民出版社2003年版，第23页。

③ 同上书，第24页。

的生产不仅仅是"种的繁衍"，从本质上讲，这种"每日都在重新生产自己的生命的人们"实际上指的就是在生产的过程中，人类不断超越自我并创造自我以赋予自身的生活以意义。进一步讲，不同于物，人不仅是生命的存在，还是文化的存在、历史的存在，正是在生产的过程中，人不但改变着外在的世界，还改变着自我，这是一个"双向互动的过程"。而"人们开始生产另外一些人"，这不仅是"种的繁衍"，在更为深刻的意义上，它是指人们在生产的过程中，为他人的生存提供了必要的条件，同时也为他人创造新的环境。在这个意义上，"第三种关系"的真实意义就在于，人们在历史的发展过程中既在改变着自我，也在改变着周围的环境，从而为他人的存在提供了必不可少的条件。相应的，其他人的存在也为"我"的存在创造了条件，在这个意义上，人类自身的生产就不单单是"种的繁衍"，而是价值的再现，它的意义在于，揭示了人是生物性存在以及人是超越性存在的本质。这种超越性集中体现在："人无法忍受'单一的颜色'；人无法忍受'凝固的时空'；人无法忍受'存在的空虚'；人无法忍受'自我的失落'；人无法忍受'彻底的空白'。"① 而要超越这一切，只能诉诸现实的生产过程，即人自身的生产过程。

（4）社会关系的生产

在马克思看来，伴随着物质生产和人的生产过程的是第四种历史关系的生产：社会关系的生产。人类的生产活动，首要的必然是同自然打交道，这是由人作为生命存在的本性所决定的；在生产的过程中，也不得不与他人发生这样或那样的接触与"交往"，这是由人的社会性存在的本性所决定的。这两者集中地表现为，"生命的生产，无论是通过劳动而达到的自己生命的生产，或是通过生育而达到的他人生命的生产，就立即表现为双重关系：一方面是自然关系，另一方面是社会关系；社会关系的含义在这里是指许多个人的共同活动，至于这种活动在什么条件下、用什么方式和为了什么

① 参见孙正聿《孙正聿哲学文集》第二卷，吉林人民出版社2007年版，第1—5页。

目的而进行，则是无关紧要的。”[①] 在这个意义上，也可以说，人本身就是一种“关系性”的存在。正如马克思所指出的，“凡是有某种关系存在的地方，这种关系都是为我而存在；动物不对什么东西发生‘关系’，而且根本没有‘关系’；对于动物来说，它对他物的关系不是作为关系存在的。”[②] 这说明，现实的生产过程不仅仅是物质资料和物质生活的生产过程，在其深刻意义上，还是整个社会有机体的生产，它构成一个关系性的“系统性”的存在。

需要指出的是，上述四个方面的生产，并不仅仅是一个个独立的“历时态”的存在，而是在“同时态”的意义上的共存。这四个方面相互观照，相互缠绕，共同组成了人类社会有机体。在这个意义上，马克思所指的生产必然是“全面生产”：“一方面，这种全面的生产是物质生活资料的生产和再生产；另一方面，也是关于整个人类社会的生产和再生产。具体地讲，这种生产包含四个方面的内容：一是物质生活资料的生产，即‘物质生产’；二是人的生产，即人的生育；三是精神生产；四是社会关系的生产。”[③] 由此也不难看出，从生产出发理解历史，就意味着，赋予生产以存在论的意义，而这种生产也就“无外乎成为了人们的‘生活’，以及人类社会乃至‘历史’得以存在的前提条件的东西”[④]。由此，在马克思的新世界观中，人类的历史并非单纯的概念史和观念史，而是基于人的自然性、社会性存在的现实生产史。具体言之，在物质生活本身的生产、满足新的需要的生产、人类自身的生产、社会关系的生产，在这四种（方面）生产中，人类创造了属于自己的历史。在这个意义上，不是“存在”，也不是“意识”，更不是“绝对精神”，而是“生产”构成了马克思新世界观的核心范畴。

---

① 《德意志意识形态：节选本》，人民出版社2003年版，第24页。

② 同上书，第25页。

③ 俞吾金：《重新理解马克思》，北京师范大学出版社2005年版，第383—384页。

④ 广松涉：《唯物史观的原像》，邓习议译，南京大学出版社2009年版，第53页。

三　交往—分工—现实生产过程

现实的生产过程，本质上是人类社会历史的发展过程。在这一过程中，人类不仅创造着物质生活资料，还创造着人类的生活本身，创造着人类的历史。尤其是伴随着交通工具的改进和现代化大工业的发展，这一过程与历史的互动越来越集中地体现出来。在这个意义上，现实的生产过程必然是伴随着分工、交往、协作、大机器化生产等的不断变迁和发展的过程。

（1）交往与世界历史

在马克思对人类历史的思考中，劳动、生产、交往共同构成其分析社会发展的突破口。较之于劳动、生产，交往是一个更为广泛的概念，它内在地包含着对人与自然的关系（物质生产）、人与社会、人与人、国家与国家、组织与组织、组织与国家等各个层面。从人的历史发展来看，一切皆根源于交往。交往创造了人类历史，并由此开创了世界历史的到来。因此，在历史唯物主义世界观中，交往占据着重要的地位。

马克思对交往的分析主要包含三个方面的内容：一是在存在论的层面对交往的本源性分析；一是在人类社会发展史的意义上对交往的讨论；一是在政治经济学批判意义上对交往异化的探讨。作为前两个层面，在马克思看来，人类社会的发展过程，本质上是现实的生产过程，因此，交往构成这一过程不可或缺的环节。作为后一个层面，在他看来，交往虽然创造了人类历史，但在资本主义社会，一旦交往关系存在于资产阶级和工人阶级之间，一旦交往变成交换，就意味着人与人之间关系的异化，即交往异化。在我们看来，正是通过对交往的这些维度的研究，马克思赋予交往以新的意义。①

在1846年12月28日致帕·瓦·安年科夫的信中，马克思就指出："社会……是人们交互活动的产物。"② 这表明，交往是和人

---

① 这里，基于主题及篇幅的考虑，我们主要讨论第一、二种意义上的交往，即交往与人类社会发展史的关系问题。

② 《马克思恩格斯选集》第四卷，人民出版社2012年版，第408页。

类社会的形成、发展有着密切的联系。在原始社会，交往限于部落内部成员之间，而后才拓展到部落之间。之后，伴随着人类驾驭自然、改造自然的能力的发展，尤其是交通工具的改进和发展，使交往变得日益便利和广泛，以至于各个互相影响的社会活动的范围在这一历史进程中愈来愈扩大，各民族的原始封闭状态则由于日益完善的生产方式、交往以及因此自发地发展起来的各民族之间的分工而消灭得愈来愈彻底，“历史就在愈来愈大的程度上成为全世界的历史。”① 这样，在整个社会的发展中，交往的扩大化直接导致的结果就是通过空间的扩大消灭了时间所造成的对社会发展的障碍，从而直接导致了世界历史的形成。在这个意义上，人类历史由民族和国家历史变革为世界的历史过程，就是交往日益扩大并成为主宰人类发展的世界史。

正是基于上述科学认识，在对人类历史发展规律的探索中，马克思世界观的原则高度给予交往以特别关注：交往以交通工具的改善为前提，即以生产力的发展为前提；交往使全球化市场到来，原来封闭的民族、国家都纳入全球化的格局之中；交往使得世界历史呈现为一体化的格局。因此，人类历史的发展，只能以解放交往而不是束缚交往为根本路径，世界历史的变革根本性的就是要破解资本主义生产方式、社会制度等对人类的交往所造成的各种束缚，从而把人从资本主义的交往异化之中解放出来。在这个意义上，马克思所谓的人类解放必然地包含着交往的解放。这正是历史唯物主义世界观的高明之处。

（2）分工与社会发展

按照马克思的理解，在人类社会初期，分工起初只是“性”层面的，后来才是由于天赋（例如体力）、需要、偶然性等等而形成自发的或“自然地产生的”分工。之后，伴随着生产能力的提高和社会财富的增加，一部分人开始不再从事直接的生活资料的生产，而是从事其他的生产活动，如生产工具的生产、商品的贩卖、艺术品的创作等，而真正意义上的分工“只是从物质劳动和精神

① 《马克思恩格斯全集》第3卷，人民出版社1960年版，第51页。

劳动分离的时候起才开始”[1]。这种分工，本质上既是城市和乡村的分离，也是商业和生产的分离。它的直接的后果是，工场手工业的兴起以及不以生产而是以商品的交换为营生的商人阶级的出现。“一方面工场手工业在生产过程中引进了分工，或者进一步发展了分工，另一方面它又把过去分开的手工业结合在一起。但是不管它的特殊的出发点如何，它的最终形态总是一样的：一个以人为器官的生产机构。”[2] 这种“一个以人为器官的生产机构”的诞生标志着资本主义大工业的兴起。

在资本主义大工业中，分工毫无疑问构成其生产的必然手段。我们看到，大型机器设备的投入使用，流水线的生产方式的采用，都使得分工和协作日益成为资本主义大工业生产的不可或缺的环节。这种以普遍性的分工和协作为生产方式的大工业生产，使得原有的生产效率成倍增加，它降低了成本并使竞争普遍化，它帮助人类创造了交通工具，形成了现代化的世界市场，并控制了商业，把所有的资本都变为工业资本，从而使流通加速（发达的货币制度）、资本集中。这表明，分工赋予了资产阶级强大的创造力。不仅如此，它“首次开创了世界历史，因为它使每个文明国家以及这些国家中的每一个人的需要的满足都依赖于整个世界，因为它消灭了以往自然形成的各国的孤立状态。它使自然科学从属于资本，并使分工丧失了自己自然形成的性质的最后一点痕迹。它把自然形成的关系一概消灭掉（只要这一点在劳动范围内可能做得到的话）；它把这些关系变成金钱的关系。”[3] 大工业还造就了现代城市的崛起、造成了社会各阶级之间大致相同的社会关系、消灭了各民族的特殊性等等。可以说，分工不仅导致生产力的极大解放，它还导致了整个社会的历史变迁。在这个意义上，分工和现实的生产过

---

① 《马克思恩格斯全集》第3卷，人民出版社1960年版，第35页。
② 《马克思恩格斯全集》第44卷，人民出版社2001年版，第392页。
③ 《马克思恩格斯全集》第3卷，人民出版社1960年版，第68页。

程、现代大工业的发展、人类社会的发展乃至人的发展紧密相关。①

由此，我们看到了一种新的阐释人类历史发展并揭示其发展规律的研究方式：面向现实的阐释逻辑，这既是马克思所开辟的新的研究范式——从抽象到具体的研究范式。在这种逻辑的视域中，现实的人、人的感性活动、物质生活的生产、社会生活的创造、交往、分工等都被纳入研究的范畴。这是一种不同于黑格尔的逻辑的、思辨的、思维的生产史的研究范式。马克思的研究将表明，人类的历史实际上就是人类的生产史，就是现实的生产过程。

（3）由现实生产过程到资本主义生产过程

以“人的感性活动”为基础的现实的生产过程，本质上也就是人类历史生成和发展的过程。但是，马克思对人类历史的研究，并不仅仅着眼于揭示一般意义上的历史发展的过程，而是通过对整个历史发展过程的探索，尤其是对资本主义生产过程的考察，探索人类历史发展的规律，从而为人类社会未来的发展寻找新的出路。

第一，通过对资本主义社会的生产过程的考察，把握其基本的结构和关系，使我们能够透视一切已经覆灭的社会形式的结构和生产关系，从而实现对整个人类社会历史的理解。在马克思看来，资本主义社会具有人类最为成熟的生产方式，只有通过对以资本为基础的资本主义生产方式、剩余价值产生过程、资本的流通过程以及资本主义总过程的剖析，我们才能发现隐藏在其身上的之前的全部人类历史。因此，分析资本主义生产过程实际上就意味着对整个人

① 马克思还考察了分工与人的发展的关系，在他看来，“只要分工还不是出于自愿，而是自发的，那末人本身的活动对人说来就成为一种异己的、与他对立的力量，这种力量驱使着人，而不是人驾驭着这种力量”。因为，分工实际上意味着每个人就有了自己一定的特殊的活动范围，这个范围是强加于他的，他不能超出这个范围。而只有到了共产主义社会，才能彻底打破这种分工对人的奴役，到那时，“任何人都没有特定的活动范围，每个人都可以在任何部门内发展，社会调节着整个生产，因而使我有可能随我自己的心愿今天干这事，明天干那事，上午打猎，下午捕鱼，傍晚从事畜牧，晚饭后从事批判，但并不因此就使我成为一个猎人、渔夫、牧人或批判者”。（参见《马克思恩格斯全集》第3卷，人民出版社1960年版，第37页。）限于主题和篇幅的关系，我们不再进行详细的分析。

类历史的把握。正如马克思在阐释自己的“从后思索法”时所主张的，“对人类生活形式的思索，从而对这些形式的科学分析，总是采取同实际发展相反的道路。这种思索是从事后开始的，就是说，是从发展过程的完成的结果开始的”①。

不仅如此，在马克思看来，从表面上看，资本主义的生产过程只是产品的生产，但是，由于这一生产是在一定的特殊的、历史的和经济的生产关系中进行的生产，因此，这一生产的过程也是资本主义社会生产关系、再生产的条件等的生产。因此，对资本主义生产过程的考察实则就是对作为特殊类型的一般人类历史中社会关系、社会发展条件的考察。进一步说，资本主义的生产过程，一方面是人类物质生活条件的生产过程，另一方面也是资本主义生产关系不断产生的过程。因此，对资本主义生产过程的剖析本质上就是对资本主义生产关系的真实把握。而这一把握无论是对于理解资本主义社会本身还是理解人类社会的历史都有着重大的意义。在这个意义上，对资本主义生产过程的揭示并不单单是对一个特殊的历史阶段的考察，而是对以前一切历史阶段的思考和把握，通过对这些历史阶段的思考，为整个人类社会历史的发展寻找发展的规律和方向。

第二，通过对作为已经完善的英国资本主义社会的生产方式的分析，为西欧主要国家，尤其是德国如何在发展资本主义的同时避免“普遍的危机”提供借鉴。在马克思看来，一方面，在西欧各国，资本主义的生产尚处于初步发展的阶段，甚至还没有真正实现从封建手工作坊的生产方式到资本主义生产方式的转变。另一方面，资本主义方式又是暂时无法超越的历史发展的必然阶段。虽然当时的德国尚处于资本主义的萌芽阶段，但是，它不可避免地要陷入资本主义现代性的旋涡。因此，以英国为例来揭示现代资本主义社会的经济运行规律，无疑具有重大的历史借鉴和启示意义。恰如马克思所说：“一个社会即使探索到了本身运动的自然规律，……它还是既不能跳过也不能用法令取消自然的发展阶段。但是它能缩

① 《马克思恩格斯全集》第44卷，人民出版社2001年版，第93页。

短和减轻分娩的痛苦。”[①] 换句话说，虽然资本主义生产方式将成为历史必然并最终将走向灭亡，但是，只要人们能够透彻地理解和把握这一阶段发展的内在规律，就能较早地“发现其所存在的问题和弊端”，进而能够尽可能地“缩短和减轻分娩的痛苦”。因此，“问题本身不在于资本主义生产的自然规律所引起的社会对抗的发展程度的高低。问题在于这些规律本身，在于这些以铁的必然性发生作用并且正在实现的趋势。工业发达的国家向工业较不发达的国家所显示的，只是后者未来的景象”[②]。为了使人类在这一资本主义的发展阶段减少不必要的“问题”，就只能通过透彻地分析资本主义的生产过程，来实现对资本主义社会的全面把握，对人类社会发展的这一“特殊”阶段的把握，以达到防患于未然。

第三，通过对资本主义生产过程的分析，探索资本在资本主义社会所发挥的作用，由此揭示资本与生产、资本与流通、资本与消费、资本与积累等之间的矛盾，从而较早地预见资本主义的普遍危机，以推动共产主义社会的早日到来。

资本主义的发展，已经大大不同于以往的自然社会乃至封建社会，它不仅变革了整个社会的历史面貌，还变革了人们的生存方式和生活方式。但是，现实却表明，在生产力发达的资本主义社会，工人在从奴役中获得身份自由的同时，却不得不受雇于资本家，因此，这种自由只是工人决定把自己出售给哪个资本家的自由。因而，资本主义的发展在人们获得政治权利的同时，却失去了人作为人的基本的尊严。“总而言之，它用公开的、无耻的、直接的、露骨的剥削代替了由宗教幻想和政治幻想掩盖着的剥削。”[③] 这种现状促使马克思不得不追问这样一些问题：资本主义社会制度是否是人类获得自由和全面发展的理想制度？我们能否超越资本主义社会，建立一个“更合乎人性的”的社会主义社会？由此引发了马克思对资本主义生产过程的揭示和批判。这集中地体现为马克思对

① 《马克思恩格斯全集》第44卷，人民出版社2001年版，第10页。

② 同上书，第8页。

③ 《马克思恩格斯选集》第一卷，人民出版社2012年版，第403页。

以资本为基础的生产、资本和流通、资本和消费、资本和积累之间存在的重重矛盾的揭示之中。

上述的问题都表明，不仅要彻底地考察人类社会的现实的生产过程，更为重要的是，要对已经到来的资本主义的生产过程进行剖析和批判。由此才能更为透彻地实现对资本主义生产方式、所有制以及人的生存方式的全面把握和彻底批判，从而为人类社会未来的发展找到新的出路。

四　资本主义的生产过程

马克思终其一生所追求的是实现人类的自由和解放。这必然包含着对人类社会历史规律的探索和发现，其所生活的时代境遇决定了，要深层地把握一般意义上的社会历史，就必须对作为历史发展阶段之特殊意义上的“资本主义阶段”做出科学的分析。在这个意义上，马克思的历史唯物主义世界观是基于现实历史——人类处于资本主义阶段——而对未来历史做出的分析与阐释。由此，劳动—生产—分工—交往等共同构成历史链条中的现实环节；“感性—对象性活动”、“人的感性活动”、“现实的生产过程”等则构成其哲学分析的存在论基础。这一切都继而汇聚在马克思对资本主义社会制度、生产方式、社会关系等的批判和反思上。因此，揭示资本主义的现实生产过程构成其理论之必然。

前面的分析表明，在意识形态批判的视域内，现实的生产过程无疑构成马克思世界观革命的现实基础。但是，这只是马克思哲学理论旨趣的一个方面，而不是全部。马克思所要做的是实现“对现存的一切进行无情的批判”，进而在“批判旧世界中发现新世界”。在这个意义上，从对“现实生产过程”的考察转向对“资本主义生产过程”的考察，就成为马克思拓展和发展历史唯物主义的真实现实基础。通过对资本主义生产过程的揭示，马克思和海德格尔一样，洞见到了现代性对人的奴役和压迫。

在海德格尔看来，马克思所理解的存在实际上就是生产过程，而这一生产，本质上表现为社会生产。“马克思把社会生产设想为：社会之社会性生产（gsellshaftliche Produktion der Gesellshaft）——社会生产其本身——与人作为社会存在体（soziales

Wesen）的自身生产。既然马克思主义这么想，它就正是当今之思想，在当今进行统治的就是人的自身生产和社会的自身的生产。”[①] 而恰恰就是这种“人的自身生产带来了自身毁灭的危险”[②]。为什么这样说？按照海德格尔的理解，通过人的自身生产，它所造成的结果就是，人类从对象性的时代进入“可订造性的时代”。即再也没有“对象”了，只有为了每一位消费者的“消费品”，而消费者自己也已经被置于生产与消费的运转之中。由此海德格尔感叹，人类不再有“家”，因为一切都被强制性地纳入“生产和消费的运转”之中，能与人共存的只有工业化的产物。海德格尔甚至通过进一步对“座架”的语言学解释，论证了人与自然之间的关系。“强制的存在论规定，……我现在在座架中发现了。座架（Ge－stell）是什么？从严格的语言科学观点来看，它至少有以下的含义：前缀 Ge－说的是所有安排方式的集中、统一与集聚。……此间安排的意思是迫使（Herausfordern）。与此相应可以说，‘就其能量安排自然界’。或者：自然界被迫供应其能量。”这就意味着，自然不再是人的和谐性对象，而变成“压榨”的对象。犹如近代哲学所倡导的：拷问自然，让自然说出自己的秘密。这样的结果只能是，“自然界的迫使越严重，人自身遭受的迫使也就越严重”[③]。在这个意义上，“人的自身的生产和社会的自身的生产”恰恰体现了人的主体性的“狂妄”，它必将最终导致“技术理性的泛滥”，促使“图像化时代”的到来，使人在技术的“座架”中沦为无家可归者。

其实，如果站在政治经济学“批判”的意义上来思考马克思对资本主义生产过程的剖析，就不难发现，海德格尔真正触及了马克思分析资本主义生产过程的真实目的。以机器化大生产为例。在马克思看来，“机器的资本主义应用，一方面创造了无限度地延长工作日的新的强大动机，并且使劳动方式本身和社会劳动体的性质

---

① 海德格尔：《晚期海德格尔的三天讨论班纪要》，《哲学译丛》2001 年第 3 期。

② 同上。

③ 同上。

发生这样的变革，以致打破对这种趋势的抵抗；另一方面，部分地由于使资本过去无法染指的那些工人阶层受资本的支配，部分地由于使那些被机器排挤的工人游离出来，制造了过剩的劳动人口，这些人不得不听命于资本强加给他们的规律，由此产生了现代工业史上一种值得注意的现象，即机器消灭了工作日的一切道德界限和自然界限。由此产生了经济学上的悖论，即缩短劳动时间的最有力的手段，竟变为把工人及其家属的全部生活时间转化为受资本支配的增殖资本价值的劳动时间的最可靠的手段。”① 因此，资本主义的生产过程最终导致的结果并不是使人越来越自由，越来越幸福，而是使人变得更不像人。这也就是海德格尔所指认的“技术座架”中人的失落。

但遗憾的是，在西方马克思主义者那里，上述理解却被以“创新和发展马克思主义”的名义而歪曲。其中最具代表性的是鲍德里亚的消费符号学。按照鲍德里亚的理解，马克思建立在生产分析基础上的政治经济学批判实际上只不过是一种“生产浪漫主义”②。因此，在现代社会，不是生产而是“符号”起着支撑的作用。这就是说，马克思所描述的生产过程、生产方式的所有概念“也只是说明了生产内容的辩证的、历史的谱系，并未触及生产的形式。这个形式以理性化的方式重新出现，隐藏在资本主义生产方式批判的背后。”③ 不仅如此，在鲍德里亚看来，马克思试图对资本主义生产过程的揭示，并由此实现对资本主义生产方式的批判实际上已经不再具有实际的效力。因此，“以生产和生产的革命性公式的名义，对表现秩序进行激进批判已毫无意义”④。由此，他主张，在新的时期不再是对以生产为基础的政治经济学的批判，而是对以消费为基础的符号政治经济学的批判，才构成现代性社会批判的关节点。

那么，问题是不是这样的呢？回答必然是否定的。我们看到，

---

① 《马克思恩格斯全集》第44卷，人民出版社2001年版，第469页。

② 鲍德里亚：《生产之镜》，仰海峰译，中央编译出版社2005年版，第1页。

③ 同上书。

④ 同上书，第5页。

现代社会的确发生了巨大的历史变迁。在发达资本主义社会，我们看到的更多是“符号”性的消费。人们追求名牌、进行炫耀性消费，这些构成现代人的基本生活方式。因此，似乎对消费的批判才能切中现代社会。但是，就生产方面来说：生产一方面为消费提供材料、对象；另一方面，它还在为消费创造对象的同时，也给予消费以消费的规定性、消费的性质，使消费得以完成。不仅如此，生产不仅为需要提供材料，而且它也为材料提供需要。因此，正如马克思诙谐地指出的，“饥饿总是饥饿，但是用刀叉吃熟肉来解除的饥饿不同于用手、指甲和牙齿啃生肉来解除的饥饿。因此，不仅消费的对象，而且消费的方式，不仅在客体方面，而且在主体方面，都是生产所生产的。所以，生产创造消费者”①。上述事实表明，不是消费，而是生产构成资本主义社会的原则性活动，不仅如此，这种以资本为基础的生产，恰恰构成资本主义走向危机和灭亡的根本性因素。这个我们可以从今天实体经济的萎缩和金融产业的发展所导致的次贷危机看出来。

在上述意义上，马克思对资本主义生产过程的剖析，就不单单是对资本主义生产过程本身的剖析，而是通过这一剖析揭示掩盖在物与物背后的人与人的关系，揭示人的资本主义的存在方式以及资本对人的奴役和抽象统治。就像洛维特所指出的：“在迄今为止的历史中，有一个不可否认的事实，那就是个人，随着他们的活动扩大为世界历史的活动，越来越受到异己力量的支配，即受到资本的支配，或者更确切地说，受到资本主义生产方式的支配；资本主义生产方式在现代世界所扮演的角色，就如同古代的命运一样。这种决定命运的力量变得越来越强大了，人们无法摆脱它。”② 而瓦解这一资本逻辑的强制构成马克思分析资本主义生产过程的核心任务。在这个意义上，马克思从“现实生活过程”转向“资本主义生产过程”，实际就是从一般人类历史转向“现实历史”的过程，

---

① 《马克思恩格斯全集》第30卷，人民出版社1995年版，第33页。

② 卡尔·洛维特：《世界历史与救赎历史：历史哲学的神学前提》，李秋零等译，上海人民出版社2005年版，第61—62页。

这一转向意味着，研究越来越接近“事情本身”。

综上所述，历史唯物主义世界观的诞生本质上是哲学存在论的变革。我们只有站在存在论革命的高度去审视这一变革，才能真正理解马克思所创建的事业。在哲学基本问题的回答中，马克思指认了社会存在决定社会意识的永恒真理，并由此揭示了意识的本源——人的感性活动——以及现实的生活过程。在对劳动、交往、分工等的分析与阐释中，马克思为我们揭示了人类历史发展的基本过程和规律。回顾马克思思想变革的历程，我们会发现，这一过程与其对辩证法的批判和继承是分不开的，因此，重新审视历史唯物主义世界观与辩证法的关系，就构成了我们在基础理论层面上思考马克思世界观革命的又一重要内容。

第六章

历史唯物主义世界观与辩证法

在马克思的整个思想体系中，辩证法理论占据着重要的地位。马克思的世界观革命，不仅意味着从费尔巴哈为代表的旧唯物主义以及黑格尔为代表的唯心主义的转变，更意味着在方法论原则上从思辨辩证法到历史辩证法的变革。更为关键的是，历史唯物主义世界观的创立和辩证法思维方式的确立有着本质的一致性：如果没有历史唯物主义的世界观，辩证法也就只能是思维客观运动的理论；同样，如果没有“否定性辩证统一”的辩证法，也就无法真实地确立历史唯物主义的世界观。在这个意义上，历史唯物主义世界观和辩证法唇齿相依，二者共同构成马克思哲学思想的重要部分。

纵观改革开放三十多年来的辩证法研究，学术界对辩证法的理解大致经历了物质辩证法（自然辩证法）、实践辩证法和历史辩证法三个主要阶段。这三种与时代相关联的对辩证法的理解，极大地促进了马克思主义辩证法理论的发展，有效地指导了中国特色社会主义事业。但是，这些理解也在一定程度上遮蔽了辩证法思想的本来面貌。最具代表性的是，人们只是在辩证唯物主义世界观的层面理解马克思的辩证法思想，因此，它就必然地被理解为关于“客观世界发展规律、自然界和人类社会的发展规律”的客观辩证法和关于“人的主观世界的发展规律、人的认识和思维的发展规律”

的主观辩证法。[①] 应该说，这一理解在一段时间内对于普及马克思的辩证法理论，引导人们掌握马克思主义的科学方法起到了一定的作用。但是，由此导致的结果是，辩证法被滥用和不加区分地套用，从而使辩证法越来越远离其最初的本意。因而也大大遮蔽了马克思辩证法的合法性和真理性。因此，在我们看来，要实现对马克思辩证法思想理解的重大突破，必须从世界观的变革来理解这一问题，即从历史唯物主义世界观出发理解马克思的辩证法思想。

在之前的研究中我们已经指出，马克思的历史唯物主义世界观，是以“人的感性活动”为基础，以“现实的人及其历史发展”为内容，以“人与世界的否定性统一关系”为出发点，以历史为解释原则，以追求人类自由和解放为旨趣的科学理论。它根本地来源于马克思对包括费尔巴哈在内的一切旧唯物主义世界观和以黑格尔“思想的内涵逻辑”为代表的一切唯心主义的世界观的批判和继承。正是在这一过程中，历史唯物主义与辩证法理论的相互支撑，才使马克思真正地实现了世界观的革命。在这个意义上，马克思的历史唯物主义和辩证法并不是截然不同的两种理论，而是内在统一的学说，“历史”的唯物主义也就是辩证法。

从历史唯物主义世界观出发理解马克思的辩证法思想，就意味着，辩证法不再是以“思维过程”为基础的思想的内涵逻辑，而是以“现实生产过程”为基础的历史的内涵逻辑；辩证法不是揭示思想内在矛盾的辩证法，而是以揭示“人与世界的否定性统一性关系”为内容的辩证法；辩证法不再是根源于人的理性的矛盾性的辩证法，而是根源于“人的感性活动”的本原性存在方式的辩证法；辩证法不再是与人类自身的发展、社会的发展无关的辩证法，而是关于如何在“人与世界的辩证统一”中实现人的自由和解放的辩证法。更为关键的是，“马克思的创造性就在于不再将感性和现象形态的社会现实作为唯物主义的客观本质，而是将以颠倒、神秘方式存在着的统治人的资本力量和资本逻辑作为社会最深

① 参见李秀林等主编《辩证唯物主义和历史唯物主义原理》，中国人民大学出版社 1995 年版，第 277 页。

刻的现实，通过从抽象上升到具体的辩证方法，提供了颠倒、摧毁资本主义世界的辩证想象。”① 一言以蔽之，只有作为历史唯物主义的辩证法或者辩证法的历史唯物主义才真实、完整地构成马克思的新世界观。

第一节　辩证法的思想史逻辑及其真实内涵

恩格斯指出：“自从黑格尔逝世之后，把一门科学在其固有的内部联系中来阐述的尝试，几乎未曾有过。官方的黑格尔学派从老师的辩证法中只学会搬弄最简单的技巧，拿来到处应用，而且常常笨拙得可笑。对他们来说，黑格尔的全部遗产不过是可以用来套在任何论题上的刻板公式，不过是可以用来在缺乏思想和实证知识的时候及时搪塞一下的词汇语录。”② 恩格斯的这段话，主要是针对当时的官方黑格尔学派所说的，但是，时隔一百多年后，这样的断言却不幸成为对我们今天辩证法研究现状的辛辣讥讽。由于缺乏对辩证法理论的发展史的梳理和真实内涵的理解，在今天，辩证法已经在不同程度上变成了“可以用来套在任何论题上的刻板公式”和“用来在缺乏思想和实证知识的时候及时搪塞一下的词汇语录”。辩证法就是“变戏法”，几乎成为人们的口头禅。无疑，这必将严重影响我们对包括黑格尔、马克思在内的整个辩证法理论的理解。因此，恢复辩证法的原初内涵、反思其思想发展的逻辑，就成为我们阐释历史唯物主义世界观的当代意义的一个重要问题。只有在此一维度中，我们才能理解：辩证法思想究竟经历了怎样的历史变革？其真实的原初内涵是什么？黑格尔意义上的辩证法是什么？马克思究竟继承了黑格尔辩证法的什么东西？马克思是在何种意义上以自己的历史唯物主义变革了黑格尔的辩证法，从而创建了历史唯物主义的辩证法？这些问题构成我们思考的原初动因和不断

① 刘怀玉、章慕荣：《马克思辩证法的一元本质与多元化探索》，《南京大学学报》2014 年第 2 期。

② 《马克思恩格斯文集》第 2 卷，人民出版社 2009 年版，第 600 页。

反思的内在动机。在这一节，我们主要是通过考察柏拉图—亚里士多德、康德—黑格尔意义上的辩证法思想的发展历程，来揭示辩证法思想如何从古希腊走到现代，并成为马克思世界观理论不可分割的一部分。

一　辩证法的原初意蕴：柏拉图—亚里士多德

辩证法起源于古希腊，这是一个不争的事实。按照学者们的研究，古希腊时期的辩证法主要形成四个派别：（1）智者学派的辩证法；（2）作为反证法的辩证法；（3）苏格拉底的“对话”辩证法；（4）柏拉图的辩证法。在这当中，尤以苏格拉底的“对话”辩证法和柏拉图的形而上学辩证法最具代表性。

（一）从对话辩证法到形而上学辩证法

苏格拉底对话辩证法的形成源于其对真理的追求。在他看来，人们可以通过谈话、辩论、对话的方式来获得对事物的普遍定义，并由此把握真理。在希腊文辩证法（dialektikos）一词中，其前缀dia是“通过”的意思，lek就是“说话”的意思，所以辩证法的最初含义就是“通过说话、谈话、辩论来寻求真理本身”。苏格拉底以为：“只要彼此互相讨论，不同的意见互相控制，经过辩驳，减少矛盾冲突，达到一致。苏格拉底相信在每个人的心中都有这种绝对的真理，不过他自己不知道，要经过讨论才能慢慢回忆起来。”[①] 因此，这个方法主要有两方面内容：（1）从具体的事例发展到普遍的原则，并使潜在于人们意识中的概念明确呈现出来；（2）使一般的东西，通常被认定的、已固定的、在意识中直接接受了的观念或思想的规定瓦解，并通过其自身与具体的事例使之发生混乱。[②] 苏格拉底把这种方法称为“助产术”，其实质就是在对话中消解特殊的东西，使其解体，以破除意见的幻想，从而形成共相的观念，即达到真理。但是，在黑格尔看来，这种辩证法还不是真正的辩证法。因为“辩证法在苏格拉底手中，与他的哲学探讨

---

① 汪子嵩、王太庆编：《陈康：论希腊哲学》，商务印书馆2011年版，第219页。

② 黑格尔：《哲学史讲演录》第2卷，贺麟、王太庆译，商务印书馆1960年版，第53页。

的一般性格相一致，仍带有强烈的主观色彩，叫做讽刺的风趣。”① 这种讽刺的伟大之处，就在于它能使抽象的观念具体化，使抽象观念得到发展。但从根本上讲，这种以“对话”为形式，以破解意见为目标，以寻求善为目的的辩证法，依然是一种“形式的辩证法”，它无法使辩证法建立在坚实的地基上。

按照黑格尔的理解，柏拉图才是真正意义上的“辩证法的发明者”。因为，在比较严格的形而上学对话中，柏拉图运用辩证法，指出了“一切固定的知性规定的有限性”②，并由此找到一条通过辩证法来把握“存在”的康庄大道。诚如策勒尔所说，“辩证法，顾名思义，起初是指辩论的艺术，后来成为以问答的方式发展科学知识的艺术，最后成了从概念上把握那存在者的艺术。因此，在柏拉图那里，辩证法成为了一种科学理论，一种认识事物的真正实在的手段”③。那么，柏拉图是如何使辩证法成为一门科学，并首次和形而上学并肩而立的呢？这主要体现为：

（1）柏拉图区分了辩证法和诡辩术，从而使辩证法获得了新的意义。在他看来，苏格拉底的问答谈话式的方法并不是简单地提出问题和回答问题，而是在问答中揭露矛盾和承认矛盾，由此引导出真理本身。虽然“对话”的辩证法很容易使特殊的东西解体，即通过谈话迫使他人在谈话中暴露自身存在的矛盾，但是，这种问答式的辩证法并没有一个真实的“根基”，正如柏拉图所批评指出的：“智者的技艺是制造矛盾的技艺，来自一种不诚实的恣意的模仿，属于制造相似的东西的那个种类，派生于制造形象的技艺。作为一个部分它不是神的生产，而是人的生产，表现为玩弄辞藻，这样的血统和世系可以完全真实地指定给真正的智者。”④ 这样的智者也就无法把“从特殊的东西的解体中产生的共相”思考为一个“矛盾体”，即“共相在自身之内规定自己，但又在自身之内消解

---

① 黑格尔：《小逻辑》，贺麟译，商务印书馆 1980 年版，第 178 页。

② 同上书，第 178 页。

③ E. 策勒尔：《古希腊哲学史纲》，翁绍军译，山东人民出版社 2007 年版，第 137—138 页。

④ 柏拉图：《柏拉图全集》第 3 卷，王晓朝译，人民出版社 2003 年版，第 82 页。

自己的对立”，而这种对于矛盾的消解既是一个肯定的过程，也是一个否定的过程。所以“共相就被规定为在自身中消解着并且消解了矛盾和对立的东西，同时也就被规定为具体的或本身具体的东西”①。这就是“一”和“多”的辩证法，是综合和划分的辩证法。正像他所指出的，“我本人就是一名划分和综合的热爱者，因此我可以获得讲话和思想的力量。要是有人能觉察出事物的一与多，我就敬重他，追随他，就像‘追随神的足迹’。进一步说——这样说是对的还是错的，只有神知道——当前那些拥有这些能力的人，我称之为‘辩证法家’”②。这样一来，柏拉图意义上的辩证法完全区别于那种诡辩论的辩证法，更为关键的是，在这种分析中，“共相”自身内在存在的矛盾才是辩证法的真实来源。这样，柏拉图就将辩证法与存在（理念）内在地关联在了一起，使得辩证法有了形而上学的根基。在这个意义上，辩证法不可能是无所依凭的对话辩证法，而只能是基于“共相”的理念辩证法或形而上学辩证法。

（2）在柏拉图看来，作为科学形态的辩证法，是不同于其他科学的科学。这种区别首先体现为：其一，它是最高的学问，只有它才能认识真正的存在以及事物的最高本质。例如，在《国家篇》中，柏拉图主张教育是一个伴随着受教者年龄而循序渐进的过程，起初主要是学习体育和音乐，然后才是算数、平面几何、立体几何、天文学、谐音学，最后才能学习辩证法——一门把灵魂从可见世界逐步上升最后达到最高层级的哲学理论。这样，作为一门科学的辩证法就像墙头石一样，被放在他所设计的教育体制的最上头，再不能有任何别的学习科目放在它的上面是正确的，而人们的所有的学习课程“到辩证法就完成了”③。而且，不是所有的人都可以学习辩证法，只有那些经过筛选，具有辩证法天赋的人才能担此重

① 黑格尔：《哲学史讲演录》第2卷，贺麟、王太庆译，商务印书馆1960年版，第202—203页。

② 柏拉图：《柏拉图全集》第2卷，王晓朝译，人民出版社2003年版，第185页。

③ 柏拉图：《理想国》，郭斌和、张竹明译，商务印书馆1986年版，第302页。

任。通过辩证法的学习，他们能够不用眼睛和其他的感官，就能“跟随着真理达到纯实在本身”，即最终把握唯一的理念——“善”。其二是，其他的学科主要是依靠假设来推出结论，而辩证法则不是，它寻根究底，探索假设的根据，进而寻找到第一原理。因此，“辩证法是唯一的这种研究方法，能够不用假设而一直上升到第一原理本身，以便在那里找到可靠的根据”①。其三是，辩证法家具有学习别的科学的人所没有的能力，这就是，具有辩证法能力的人能够看到“实在”，并准确地把握“实在”，以最终依靠辩证法达到绝对的“善”，达到可知世界的顶峰。因此，辩证法家就是“一个能正确论证每一事物的真实存在的人”②，“能在联系中看事物”的人。由此可见，柏拉图所指认的辩证法其实就是哲学，它并不是简单的方法论原则，而是一门真实的科学。正是在这个意义上，黑格尔才说，柏拉图是古代辩证法的发明者，因为“在柏拉图哲学中，辩证法第一次以自由的科学的形式，亦即以客观的形式出现”③。

由此可见，柏拉图赋予辩证法以新的内容和意义。在他这里，“对话”辩证法被改造为思维的辩证法、形而上学的辩证法。如果说，赫拉克利特的贡献就在于，揭示了万事万物充满矛盾并不断运动变化的客观辩证法；芝诺的贡献在于揭示了主观辩证法的话④，那么柏拉图对辩证法的贡献就在于，将二者有机地结合起来，并使之和形而上学结为一体，使辩证法获得科学的地位。这为其后黑格尔在辩证法视域内重建形而上学提供了重要的理论资源。

---

① 柏拉图：《理想国》，郭斌和、张竹明译，商务印书馆1986年版，第300页。

② 同上书，第301页。

③ 黑格尔：《小逻辑》，贺麟译，商务印书馆1980年版，第178页。

④ 关于芝诺的辩证法，我们在这里需要多作一些说明。按照黑格尔的理解，芝诺是辩证法的创始人，因为，“在他那里，爱利亚学派的纯思维成为概念自身的运动，成为科学的纯灵魂”（黑格尔：《哲学史讲演录》第1卷，贺麟、王太庆译，商务印书馆1960年版，第273页）。这就是芝诺的主观辩证法。他不仅看到一和多、有限与无限、运动和静止等等是相互矛盾的，而且还看到，多、运动、有限本身也包含着矛盾。这样，他把对矛盾的解决诉诸理性的思维，即认为只有理论思维才能揭露对象本质中的矛盾，而且只有思维才能认识和逐步解决这种矛盾。在这一点上，他远远超越于赫拉克利特和苏格拉底。芝诺的辩证法产生了深远的影响，这一点，我们不论是在柏拉图—亚里士多德辩证法体系中，还是在康德—黑格尔辩证法体系中，都能清晰地看到。

（二）从形而上学的辩证法到语义逻辑学的辩证法

亚里士多德继承了柏拉图对辩证法的理解，不同于柏拉图把辩证法直接看作哲学、看作把握实在的科学、划分与综合方法，他创造性地通过对逻辑范畴（其实是语义逻辑）的辩证论证，找到了一条探索“作为存在的存在”的科学的道路。这为后来康德的先验范畴论的形而上学和黑格尔思辨逻辑的形而上学都提供了思想的源泉。这些最终以辩证法、逻辑学、形而上学的统一的形式在黑格尔的哲学中体现了出来，也使黑格尔哲学达到形而上学之巅峰。当然，这是后话。

在亚里士多德看来，“存在着一种考察作为存在的存在，以及就自身而言依存于它们的东西的科学。它不同于任何一种各部类的科学，因为没有任何别的科学普遍地研究作为存在的存在，而是从存在中切取某一部分，研究一部分的偶性，例如数学科学。”[①] 按照亚氏的理解，这个科学就是形而上学。它以消除意见、追求真理为己任。最为主要的是，它主要依赖于逻辑的证明来实现对真理的把握。这种证明的原则就是产生科学知识的“三段论”：“所谓科学知识，是指只要我们把握了它，就能据此知道事物的东西。”[②] 但是，要保证获得的科学知识是真知识，就必须满足两个基本的条件：一是保证作为证明知识的出发点的前提是真实的、首要的、直接的，是先于结果、比结果更容易了解的，并且是结果的原因。二是论证过程的正确性。即论证过程必须符合“同一律”的基本原则。但是，论证的前提是关键，只有前提正确，才能在论证过程符合逻辑要求的情况下得到满意的结果。这样，在形而上学的真理的追求中，“前提”至关重要。

按照亚氏的理解，从原初的和真实的前提，即“那些不因其

① 亚里士多德：《形而上学》，苗力田译，中国人民大学出版社 2003 年版，第 58 页。

② 亚里士多德：《工具论》（上），余纪元等译，中国人民大学出版社 2003 年版，第 246 页。

他而自身就具有可靠性的东西”[1]出发，毫无疑问能够得到必然性的科学知识。但是，在现实中，存在着这样一些前提：它不是“无知”，也不是“谬误”，而是意见；它不是普通的意见，而是一些普遍接受的意见，即“那些被一切人或多数人或贤哲们，即被全体或多数或其中最负盛名的贤哲们所公认的意见”[2]。这样的意见一旦被作为前提，就有可能通过推理得到真实的知识，但也有可能导致谬误的产生。那么，如何避免后一个问题的产生呢？那就是要“寻求一种探索的方法，通过它，我们就能从普遍接受所提出的任何问题来进行推理”[3]。而且，通过这种方法，能够帮助人们训练自己的智力，从而较好地在论证中提出有关问题；在交往会谈中判断是非，纠正错误；在研究哲学知识中洞察真理和错误；并且人们能够较好地研究各门具体学科的初始原理。亚里士多德认为，“辩证法恰好特别适于这类任务，因为它的本性就是考察，内含通向一切探索方法的本源之路”[4]。

按照亚里士多德的理解，真理的追寻实际上就是通过推理来进行，推理就是一种论证。大致来讲，“当推理由以出发的前提是真实的和原初的时候，或者当我们对于它们的最初知识是来自于某些原初的和真实的前提时，这种推理就是证明的。从普遍接受的意见出发进行的推理是辩证的推理”[5]。这样，推理就可以分为两种：证明的推理和辩证的推理。因为证明的推理是从真实的或原初的前提出发，所以不存在任何问题。而辩证的推理则不行，它必须借助于辩证法来实现对“意见”命题进行“提纯”，以使其达到普遍命题所需的标准。只有这样，才能保证最终真理的获得。因此，辩证法实际上只是适用于辩证推理的方法。

那么，适合用辩证法来进行分析的“意见”命题究竟有多少

① 亚里士多德：《工具论》（下），余纪元等译，中国人民大学出版社 2003 年版，第 351 页。

② 同上。

③ 同上。

④ 同上书，第 353 页。

⑤ 同上书，第 351 页。

种？明白这一点，无疑是分析的前提。据亚里士多德考察，辩证的命题主要有三种：（1）辩证的命题存在于一切人或多数人或贤哲们，即所有或多数或其中最负盛名的贤哲所提问题的意见中，而不是与这种意见相悖；（2）与普通意见相似的看法、与那些同普遍意见相反的看法对立的命题，以及得到认可的技艺性学科相一致的看法，都属于辩证法的问题；（3）在推理方面有冲突的种种疑问也属辩证法的问题。[①] 综合来看，辩证的命题实际上就是“意见”的命题。其实，作为这样一些“意见”的命题，它们并不是一无是处的。它们或者对于选择和避免有用，或者仅仅对人们的认识有用，或者虽然是对自身的目的是无用的，但却有助于解决相关的其他某些问题。这并不意味着这些处于“辩证、意见状态的命题”就能够扮演普遍命题所能扮演的角色，而要使这些命题“上升”为普遍命题，即必须借助于辩证的论证。

在亚里士多德看来，辩证的论证实际上就是指“从被广泛接受的意见出发进行推理，最后得出一个矛盾命题的论证”[②]。它主要包括归纳和推理。相比较而言，亚里士多德更看好归纳，这是因为归纳更有说服力也更清楚，更容易为感觉知晓，因而能够被多数人运用。因此，辩证的论证首先可以借助于归纳来进行。当然，在亚里士多德看来，真理之追求还可以从前提入手，即对辨证论题所依据的前提所蕴含的矛盾进行揭示；或者也可以在论证中通过训练，提高自身的辨别真理与谬误的能力。“从辩证法的训练中，必须力图得到或者关于某物的推理，或者解决问题的办法，或者命题，或者反驳，或者是否由自己或别人正确或不正确地提出问题的某个问题，以及此外的其他东西。因为能力来于这些，而训练就是为了获得能力尤其是有关命题和反驳的能力。概括地说，善于提出命题和反驳的人是辩证法家。”[③] 这样，在辩证论证的过程中，辩证能力的训练和普遍命题的确立构成一个双向互动的过程。只有不

① 亚里士多德《工具论》（下），余纪元等译，中国人民大学出版社 2003 年版，第 361—363 页。

② 同上书，第 554 页。

③ 同上书，第 547—548 页。

断地参与辩证论证，才能提升辩证能力；而只有具有较强的辩证能力，才能较好地完成辩证推理的任务。

不仅如此，“辩证的论证同时也是一种检验的方法。因为检验的技术并不是一种和几何学相同的技术，而只是即使没有任何知识时也都具有的一种技术”①。这也就决定了，辩证论证的目的就不是单纯地确定普遍命题，而在于通过这一过程，使人们习知辩证法本身。在亚里士多德这里，对语义逻辑的掌握、对三段论的熟练应用和辩证法一起，构成其辩证法的核心内容。在这个意义上，亚里士多德的“辩证法并不是完全拒斥柏拉图后期辩证法中哲学范畴分析的意义，也不是简单地回复苏格拉底的对话的辩证法即在论辩中揭露思想矛盾以求普遍性定义。在某种意义上说，他的辩证法综合、吸取了苏格拉底辩证法中的逻辑分析思想和柏拉图后期辩证法中范畴意义分析的这两种合理的内容”②，从而，他使辩证法完全地和形而上学结合在一起。

（三）古希腊辩证法的贡献及启示

上述的考察表明，古希腊的辩证法经历的过程可以大致概括为“对话”辩证法—形而上学辩证法—语义逻辑学辩证法。承继赫拉克利特的客观辩证法和芝诺的思维辩证法，苏格拉底把辩证法引入对话之中，试图通过对话中矛盾的揭示，得到关于善的真理。柏拉图第一次把辩证法引入形而上学，他使辩证法不局限于对话的领域，而是进入到整个形而上学的领域，即理念论领域。不论是作为全部学科之最高学科的辩证法，还是作为综合与分析的方法的辩证法，最终都是为了实现对理念及其分有问题的解决。不同于柏拉图的理念论的辩证法，亚里士多德通过对逻辑范畴（实质是语义逻辑范畴）的分析，从哲学的层面上找到了寻求真理的真实路径：语义逻辑的分析和三段论。虽然，他没有将三段论作为自己分析的主要工具，但是，他赋予其“最为艰巨的使命”——寻求真理。

① 亚里士多德：《工具论》（下），余纪元等译，中国人民大学出版社2003年版，第577页。

② 汪子嵩等：《希腊哲学史》第3卷，人民出版社2003年版，第231页。

因而，在他这里，辩证法就变革为从辩证命题寻求普遍命题的方法论。在这个意义上，亚里士多德的“辩证法更有重大的意义更新，那就是以他本人的范畴论的意义分析当基础，结合四谓词的逻辑分析，使辩证法成为一种同逻辑相统一的探求哲学和各门学科知识的普遍方法，可以说它本身的主要内容就是一种语义分析逻辑，它同形式化的三段论并行不悖、互为表里、相辅相成”[①]。而这种通过逻辑范畴和命题来寻求真理的方法为黑格尔所继承，他用思想的内涵逻辑取代了作为证明原则的形式逻辑，用思辨的逻辑范畴取代了语义学意义上的范畴和先验逻辑范畴，从而使逻辑学和辩证法、辩证法和形而上学实现了真实的统一。正如王天成所指出的：“辩证法从古希腊以来就经历了这样三种形态：意见的逻辑、幻相的逻辑和思辨的逻辑。只有思辨逻辑真正实现了辩证方法、辩证形式与辩证之体（内容）的统一，它即是真理在形式之运演中的自身证明，又是真理在其内容之发展中的自我完善或自我证成。也就使辩证法在思辨逻辑的形态上第一次成为形上真理的确定性的形式，成为‘真理的逻辑’。”[②] 在这个意义上，可以说，黑格尔的辩证法与形而上学、辩证法与逻辑学、逻辑学与形而上学的统一无疑都来自古希腊对辩证法的探索和理解。

二　辩证法的劫后重生：从康德到黑格尔

通过梳理古希腊的辩证法思想，我们不难看出，在古希腊时期，辩证法不仅是自然界的运动的客观辩证法，它还是奠基于“努斯”或理性的思维辩证法。不论是柏拉图通过辩证法对形而上学的追问，还是亚里士多德基于语义逻辑学对辩证推理的剖析[③]，都使辩证法和形而上学有机地统一起来。这为辩证法在德国古典哲学中的复兴与发展奠定了坚实的基础。这集中地体现在康德的“消极”辩证法和黑格尔的概念辩证法之中。

---

① 汪子嵩等：《希腊哲学史》第3卷，人民出版社2003年版，第231页。

② 王天成、曾东：《辩证法的三种形态》，《社会科学战线》2007年第4期。

③ 这一路径以亚里士多德的语义逻辑意义上的范畴论形而上学为起始，经历康德的先验范畴论形而上学，终结于黑格尔的概念形而上学（或者说思辨形而上学）。

（一）康德的“消极辩证法”[①]

按照黑格尔的理解，在近代康德促使人们再次注意辩证法，并使其“重新回复它光荣的地位”[②]。其内容集中地体现在他对理性矛盾（二律背反）问题的分析之中。

众所周知，在康德以前，人们对于真理的追求实则是拷问“思想的确定性”，即“我们的认识是应符合外在的客观事物”。但在康德看来，我们必须对此问题进行新的阐释，这集中体现为新的理解方式的提出，即不是我们的认识符合客观事物，而是客观事物必须符合我们的认识，只有这样才能得到“真理性认识”。这就是康德意义上的“哥白尼革命”。由此，他把人们的认识划分为三个层面：感性、知性和理性。在他看来，认识来源于经验是确定无疑的。认识实际上是知性能力的体现。通过感性直观形式（空间和时间）和（与感性直观直接关联）的先天知性范畴，人们能够把感性的杂多条理化，即在“统觉的综合统一”中实现对事物的真理性把握。但是，这并不意味着理性可以实现对所有存在的“无障碍性”认识。因为，知性以有限的和有条件的事物为对象，而理性则是以无限的和无条件的事物为对象，这就决定了，人们只能依靠理性来实现对“自由、上帝、灵魂”等的把握。在康德看来，人的理性的应用大致有两种：理性的逻辑应用和理性的先验应用。作为前者，主要表现为理性的推理能力，这种应用是合理的，也不会引起辩证法；而作为后者，由于理性企图借助于知性范畴去把握“自在之物”，必然会形成二律背反，从而造成理性自身的矛盾，并导致“辩证幻相”的出现，这就是康德所说的“理性的辩证法”。从根本上来讲，辩证法被奥伊则尔曼指认为“消极的辩证法”，即“致力于找出在认识过程中必然发生的矛盾，认为矛盾似

① 按照苏联学者奥伊则尔曼的看法，康德辩证法是一种“消极的辩证法”，“‘消极辩证法’是这样一种辩证法，它致力于找出在认识过程中发现的矛盾，认为矛盾似乎证明了认识无力达到的真理。”（捷·伊·奥伊则尔曼主编：《辩证法史：德国古典哲学》，徐若木、冯文光译，人民出版社 1982 年版，第 46 页）。

② 黑格尔：《小逻辑》，贺麟译，商务印书馆 1980 年版，第 178—179 页。

乎证明了认识无力达到真理”[①] 的辩证法。

作为消极的辩证法，它的积极性在于，看到了思想自身的矛盾本性，即思维规定的内在否定性。其消极性则在于，它停留在已发现的存在于思维本性中的“矛盾”中，并对其采取了“温情主义”的态度。不仅如此，在康德看来，理性超验地把握“物自体”的辩证法是思想的一种“自发倾向”：“纯粹理性有一种自然的和不可避免的辩证论，它不是某个生手由于缺乏知识而陷进去的，或者某个诡辩论者为了迷惑有理性的人而故意编造出来的，而是不可阻挡地依附于人类理性的身上的，甚至在我们揭穿了它的假象之后，它仍然不断地迷乱人类理性，使之不停地碰上随时需要消除的一时糊涂。”[②] 客观地讲，康德的这一发现是伟大的，他找到了辩证法产生的真实根源。用黑格尔话来说就是：“康德曾经把辩证法提得比较高——而且这方面是他的功绩中最伟大的方面之一，——因为按照普通的想法，辩证法是有随意性的，他从辩证法那里把这种随意性的假象拿掉了，并把辩证法表述为理性的必然行动。”[③] 因此，辩证法在本质上就是认识到的“思维本身的本性”即“认识到思维作为理智必然陷入矛盾、必自己否定其自身。”[④] 恰如康德自己所言：“纯粹理性有一种自然的和不可避免的辩证法。它……是不可阻挡地附着于人类理性的辩证法，甚至在我们揭露了它的假象之后，它也仍然不停地迷惑人类理性，不断地将人类理性推入任何时候都需要予以消除的一时糊涂。”[⑤]

康德清醒地认识到理性思维必将陷入自身矛盾的问题，但是，他只是简单地将之归结为思维的矛盾和“幻象的辩证法”，却没有沿着这个思路继续加以追问。用黑格尔的话来说，康德拒斥矛盾，并对其采取了坚决的抵制。因而，诚如阿多诺所言，“康德的辩证

---

① 捷·伊·奥伊则尔曼主编：《辩证法史：德国古典哲学》，徐若木、冯文光译，人民出版社 1982 年版，第 47 页。

② 康德：《纯粹理性批判》，邓晓芒译，人民出版社 2004 年版，第 261 页。

③ 黑格尔：《逻辑学》上卷，杨一之译，商务印书馆 1966 年版，第 39 页。

④ 黑格尔：《小逻辑》，贺麟译，商务印书馆 1980 年版，第 51 页。

⑤ 康德：《康德全集》第 3 卷，李秋零译，中国人民大学出版社 2004 年版，第 232 页。

法遵循亚里士多德模式表现为诡辩学者的辩证法，但它让每一正题以及每一反题都是无矛盾地在自身之中发展起来的。它决不能轻松地打发掉对立性，毋宁说将证明对立性的不可避免性。只有在更高的反思阶段，作为对待事物的逻辑理性的假说，对立性才可以说是‘可解决的’。矛盾对人类理性来说是不可逃避的，这表明矛盾超出了这种理性及其逻辑”①。康德并没有走完这一步，当然他的哲学决定了他也无法走出这一步。真正走完这一步的，是黑格尔在思辨逻辑的平台上实现的。借助于消极辩证法所揭示的“思维的矛盾本性”，黑格尔在思辨哲学的意义实现了辩证法的“涅槃”，它集中地体现为辩证法、逻辑学、形而上学的三者统一。

（二）黑格尔的概念辩证法

在康德的基础上，黑格尔对古希腊以来的辩证法思想进行了全面的改造，并以逻辑学为基础，最终实现了逻辑学、辩证法与形而上学的统一。大致来讲，黑格尔的辩证法主要包括这么几个方面的核心思想：思辨的思维方式；矛盾的普遍性与客观性；否定性原则。

（1）思辨的思维方式

在西方的知识谱系中，人类成知的方式主要有四种：印证、实证、论证和论辩。而且，按照思维经济原则，印证先于实证，实证先于论证，证明先于论辩。基于此种原则，能够印证的不要去实证，能够实证的不要去论证，能够证明的不要去论辩。② 但传统形而上学以追求“最高的统一性原理”为目标，以“无条件者”为对象，以“寻求思想的客观性”为理论旨趣的特点决定了，它既不能依靠表象思维，也不能依赖形式推理，而只能依靠辩证思维来实现对真理的追求。

作为表象思维，按照黑格尔的定义，就是“一种物质的思维，一种偶然的意识，它完全沉浸在材料里，因而很难从物质里将它自

① 特奥多·阿多尔诺：《否定的辩证法》，张峰译，重庆出版社 1993 年版，第 236 页。

② 王天成、曾东：《辩证法的三种形态》，《社会科学战线》2007 年第 4 期。

身摆脱出来而同时还能独立存在。"① 这也就决定了，表象思维虽然能够从表面上实现对事物的"常识性"把握，能够为我们认识事物提供原初的质料，但最终我们无法凭借它来实现对潜藏于事物之中的本质的认识，更不用说实现对事物的"概念式"把握。

在人们把握世界的过程中，还形成了另一种思维方式，即形式推理。自亚里士多德以来，形式推理一直成为人们追捧的"科学方法"，按照亚氏的理解，只要三段论的大前提没有问题，按照形式推理的方式，人们便可获得真知识。因而，形式推理是"以脱离内容为自由，并以超越内容而骄傲"。但是，只要稍加分析就会发现，一方面，形式推理是一种无内容的推理，它只涉及推理的形式，而不顾及推理的内容，因为，"形式逻辑关心的是，根据一般的逻辑原则，从假定的前提出发进行有推理的规则。它不关心确定的真理。"② 这决定了，形式推理实则是一种"空虚的手段"；另一方面，形式推理依赖"同一律"，但"同一律"的本性决定了，形式推理过程中不能有任何矛盾的出现，因而，它本质上受到一种"非此即彼"的二元对立思维的牵制，因为它本身无法化解"矛盾和对立"。因此，在面对同一命题的"二律背反"时，拒斥矛盾的形式推理便显得束手无策。这也是康德最终拒斥辩证思维的根本原因。这从根本上决定了，形式推理（或者说形式逻辑）无法承担把握真理的重任。

与表象思维、形式推理不同的，则是另一种思维的方式：思辨思维。不同于表象思维只是局限于内容，形式推理只注重形式，思辨思维是一种形式和内容相统一的思维形式。按照黑格尔的理解，作为思辨思维并不拒斥内容，也不排斥思维的矛盾本性，它不以脱离内容为自由，也不以超越内容而骄傲，它"真正值得骄傲的是努力放弃这种自由，不要成为任意调动内容的原则，而把这种自由沉入内容，让内容按照它自己的本性，即按照它自己的自身而自行

---

① 黑格尔：《精神现象学》上卷，贺麟、王玖兴译，商务印书馆 1979 年版，第 40 页。

② 斯蒂芬·霍尔盖特：《黑格尔导论：自由、真理与方法》，丁三东译，商务印书馆 2013 年版，第 42 页。

运动，并从而考察这种运动。"① 不仅如此，思辨思维承认思想的矛盾，并认为只有思想能够突破它的矛盾，并在自身的否定中超越自身而实现思想的真实自由。因此，它坚信"思想必须独立，必须达到自由的存在，必须从自然事物里摆脱出来，并且必须从感性直观里超拔出来。思想既然是自由的，则它必须深入自身，因而达到自由的意识。哲学的真正起始是从这里出发，即绝对已不复是表象，自由思想不仅思维着绝对，而是把握住绝对的理念了：这就是说，思想认识思想这样的存在是事物的本质，是绝对的全体，是一切事物的内在本质。"② 这些都决定了，只有追求形式与内容相统一，并承认矛盾的思辨思维才能构成黑格尔重建形而上学的基本思维方式。

（2）矛盾的普遍性与客观性

思辨思维之所以优越于表象思维和形式推理，一个最重要的原因就在于，这一思维以承认思维的矛盾本性为前提，并将"矛盾"视为推动思想和事物发展的关键因素。按照康德以前的形而上学的理解，倘若知识陷于矛盾，这乃是一种偶然的差错，即基于推论和说理方面的主观错误。在康德看来，矛盾并不是偶然的存在，而是思维自身的本性，即当理性借助先天知性范畴去认识"无限者和无条件者"的时候，其自身必然陷于矛盾。不仅如此，他还主张，这种知性的范畴所引起的理性世界的矛盾，乃是本质的，并且是必然的，也就是无法克服的。

在黑格尔看来，虽然康德为考察人类的认识能力，破除独断论形而上学做出了卓越的贡献，尤其是发现了思维自身的矛盾本性："康德曾经把辩证法提得比较高，——而且这方面是他的功绩中最伟大的方面之一，——因为按照普通的想法，辩证法是有随意性的，他从辩证法那里把这种随意性的假象拿掉了，并且把辩证法表述为理性的必然行动……他所奠定并加以论证的一个一般看法，就

① 黑格尔：《精神现象学》上卷，贺麟、王玖兴译，商务印书馆1979年版，第40页。

② 黑格尔：《哲学史讲演录》第1卷，贺麟、王太庆译，商务印书馆1959年版，第93页。

是假象的客观性和矛盾的必然性，而矛盾是属于思维规定的本性的。”① 但是，康德出于对世界的“温情主义”的态度，因而并没有借此继续前进，换句话说，没有把矛盾的破除视为走向真理的必由之路。因此，在他那里，现象界和物自体、知性和理性的矛盾只能陷入绝对的对立，陷入“不可知论”的境地。但是，在黑格尔看来，矛盾不仅不是阻碍思想把握真理的“障碍”，反而是思想追求真理不可或缺的一个环节。因为，“理性矛盾的真正积极意义，在于认识甚或把握一个对象，正在于意识到这个对象作为相反的规定之具体的统一”②。不仅如此，无论我们的知性如何去反对辩证法，它都无法因此而消除矛盾的存在，因为，“它是一种普遍存在于其他各级意识和普遍经验里的法则”③。在这个意义上，矛盾的存在并不是偶然的、主观性的东西，而只能是客观的和普遍的。

从根本上讲，矛盾存在的客观性和必然性根源于人的本性和客观世界的本性。按照黑格尔的理解，人不同于动物的根本之处就在于，人是会思维的动物或者说是有思想的存在。为了把握真理，思想需要不断地超越自我，即在否定中不断肯定，在肯定中又不断地否定，因此，矛盾的客观性和普遍性就不是外在的东西，而是内在于人的求知本性的。在精神世界，矛盾促使思想实现自我的内在超越，并在自身的内在否定中实现对真理的把握。同时，在自然世界亦存在着矛盾。在自然世界，有限物的存在、运动、变化发展是矛盾的结果。因此，作为辩证法根本特性的矛盾是一个客观的、普遍的存在，它在本质上决定着辩证法的超越本性，即作为一种内在超越的辩证法，必然是以承认矛盾、消解矛盾为本性的辩证法。

（3）否定性原则

黑格尔非常崇尚斯宾诺莎的“实体即自因”、“规定即否定”的理论。因此，在他看来，一方面，矛盾构成思想的本性，另一方面，矛盾本质上就是思想自身的否定性，或者说，思想自身的运动

---

① 黑格尔《逻辑学》（上），杨一之译，商务印书馆 1966 年版，第 38—39 页。

② 黑格尔：《小逻辑》，贺麟译，商务印书馆 1980 年版，第 133 页。

③ 同上书，第 179 页。

完全依赖于概念自身的内在否定性。这种内在否定性集中地体现在思想自身运动、概念自己构成自己的过程之中。

在黑格尔看来，辩证法之所以是发展的推动力，根本的原因就在于，辩证法是一种内在的超越。“由于这种内在的超越过程，知性概念的片面性和局限性的本来面目，即知性概念的自身否定性就表述出来了。”① 但问题在于，这种内在超越的动力来自哪里？或者说，究竟是什么造成了对知性概念的超越？按照黑格尔的理解，这是人类思想的本性使然。人类总是不满足于对现有的东西的真实把握，总是试图获得对事物的真理性认识和把握，为了达到这一目的，必然要不断地去追求思想的确定性。因此，人们对事物进行着规定和界定。表面上看，规定一个事物似乎给予这一事物一个确定性的理解，但是，本质上，却是对这一事物的否定，即斯宾诺莎所说的“规定即否定”。但是，不论是规定也罢，否定也好，都来自对事物的“客观性”把握。在这个意义上，“否定”首先是思想反思自身的结果，是思想对思想自身的理解的结果。因而，“否定”是一切具有生命的东西都具有的本性。黑格尔以“花蕾和果实”来比喻这一本性：花朵开放的时候，人们会说花蕾是被花朵否定了的；同样的，当结果的时候花朵又被解释为植物的一种虚假的存在形式，而果实是作为植物的真实形式出现而代替花朵的。“这些形式不但彼此不同，并且互相排斥互不相容。但是，它们的流动性却使它们同时成为有机统一体的环节，它们在有机统一体中不但不互相抵触，而且彼此都同样是必要的；而正是这同样的必要性才构成整体的生命。”② 因而，“否定”来自生命有机体的自然本性。

不仅如此，正是思想或生命的这一否定本性决定了，任何事物的发展必然都要经历从肯定到否定，再从否定到肯定的过程。正如黑格尔所说，“存在着的东西的运动，一方面，使它自己成为他物，因而就是使它成为它自己的内在内容的过程，而另一方面，它

① 黑格尔：《小逻辑》，贺麟译，商务印书馆 1980 年版，第 176 页。

② 黑格尔：《精神现象学》上卷，贺麟、王玖兴译，商务印书馆 1979 年版，第 2 页。

又把这个展开出去的他物或它自己的这个具体存在收回于其自身，即是说，把它自己变成一个环节并简单化为规定性。在前一种展开运动中，否定性使得实际存在有了区别并建立起来，而在后一种返回自身的运动中，否定性是形成被规定了的简单性的功能。”① 因而，“否定性”构成思想和事物不断超越自身，又不断回到自身的源动力。在这个意义上，黑格尔所谓的全体的自由性和环节的必然性的统一，实质上就是以否定性为源动力的辩证运动。

按照黑格尔的理解，否定并不是一个“一次性”的过程，而是一个连续不断的过程，是思想和事物对其自身不断否定的过程。从一个片段上来讲，在否定中，还包含着一个最重要的东西：否定之否定。因为，“否定如果贯彻到底，如果要成为一条规定了的普遍原则，它就必然要包含其反身关系，否定本身作为原则来看就必然是否定之否定——一条肯定的、具有自身存在的单纯原则”②。如此看来，否定必然要发展为否定之否定的原则。正是由于否定之否定的存在，思想才真正获得了自身的丰富性和完整性，这就是人类思想运动的辩证法。这一辩证法不是“把思维的内在否定性仅仅理解和描写为对‘虚无性’的否定，即不是把思维的内在否定性仅仅看作思维规定的丰富和建构过程；而是特别把思维的内在否定性理解和描述为对‘规定性’的否定，即把思维的内在否定性看作规定性的批判和反思过程，把思维的否定性理解和描述为思想在逻辑层次上自我跃迁的过程。”③ 在这个意义上，思想要获得最终的确定性和客观性，只能依靠思想对其自身的不断否定。但是，这一否定并不意味着，否定只是思想消解自身的过程，因为，“否定的东西也同样是肯定的；或说，自相矛盾的东西并不消解为零，消解为抽象的无，而是基本上仅仅消解为它的特殊内容的否定；或说，这样一个否定并非全盘否定，而是自行消解的被规定的事情的否定，因而是规定了的否定；于是，在结果中，本质上就包含着结

① 黑格尔：《精神现象学》上卷，贺麟、王玖兴译，商务印书馆 1979 年版，第 35 页。

② 邓晓芒：《思辨的张力》，商务印书馆 2008 年版，第 210 页。

③ 孙正聿：《马克思辩证法理论的当代反思》，人民出版社 2002 年版，第 50 页。

果所从出的东西。”[①] 这表明，在黑格尔那里，辩证法不仅仅是思辨的思维方式抑或矛盾的解释原则，更是以“否定性”为核心原则的形而上学。

“否定性”原则构成辩证法的核心原则，它在本质上揭示了辩证法的生命本性。在上述意义中，“否定”源于概念自身、生命自身，因而，否定并不是外在的否定，而是思想对其自身的否定。在这个意义上，否定就只能是“自否定”，辩证法也就是“否定的辩证法”[②]。

思辨的思维方式、矛盾的普遍性和客观性以及否定性原则，共同构成黑格尔辩证法的核心内容。这就决定了，在他这里，辩证法不再是通过对话来揭示矛盾以获得真理的对话辩证法，也不是理性的僭越所造成的“消极辩证法”，而只能是范畴自身运动并辩证发展不断走向真理的辩证法，即概念的辩证法。这一概念辩证法根本性的奠基于对亚里士多德范畴论和康德先验范畴学说的批判性改造。因而，在本质上，这一辩证法也就是黑格尔的形而上学。在这个意义上，辩证法构成黑格尔改造逻辑学、重建形而上学的有力武器。正因为如此，黑格尔给予辩证法以无以复加的赞赏：辩证法既是“现实世界中一切运动、一切生命、一切事业的推动原则”，又是“知识范围内一切真正科学认识的灵魂”[③]。

当然，这里需要看到的是，黑格尔所论证辩证法的真实目的不仅仅是要揭示思想的辩证逻辑（概念的辩证逻辑），还要揭示社会历史运动的辩证逻辑。在黑格尔看来，任何规律都不是外在于事物自身的，而是内在于事物。哲学的目的就是“面向事情本身”，即

---

① 黑格尔：《逻辑学》上卷，杨一之译，商务印书馆 1966 年版，第 36 页。

② 对此，阿多尔诺曾质疑：“把否定之否定等同于肯定性是同一化的精髓，是带有最纯粹形式的形式原则。在黑格尔那里，在辩证法的最核心之处一种反辩证法的原则占了优势，即那种主要在代数上把负数乘以负数当作正数的传统逻辑。这种传统逻辑是从黑格尔极其厌恶的数学中借来的。”（特奥多·阿多尔诺：《否定的辩证法》，张峰译，重庆出版社 1993 年版，第 156 页）但是，不论如何，无法否认的是，否定性原则构成黑格尔辩证法的核心原则，而马克思也正是在继承这一原则的基础上，实现了自己的世界观革命。这一点，我们将在本章第二节做出阐释。

③ 黑格尔：《小逻辑》，贺麟译，商务印书馆 1980 年版，第 177 页。

揭示"同思想的内在逻辑相一致的客观世界的逻辑"。因此，揭示人之本性自由，并希望实现人之自由就成为黑格尔辩证法研究的终极目标。为了实现这一目标，黑格尔迈出了第一步：揭示思想的思辨逻辑。并由此出发，走出第二步，阐明人类社会运动变化的规律。在这个意义上，黑格尔的辩证法就是人类历史的辩证法。恰如奥伊则尔曼所言："黑格尔注意的中心始终是人类历史的辩证法。建立关于作为特殊的基本社会矛盾的异化的辩证法学说，这是黑格尔很大的功绩。"① 由此我们或许可以洞察到黑格尔思辨哲学的真实目的：在思想中把握纷繁芜杂的现实背后所隐藏的人类历史的真正联系和发展趋势，通过揭示人之作为精神的存在，使人类意识到，"他们的本质就在于自由和自我规定"②，从而为人类之走向自由与解放奠基。

沿着黑格尔开辟的道路，马克思把黑格尔"作为推动原则和创造原则"的否定性、"批判性和革命性原则"、"思辨思维方式"、"历史的思维向度"以及"活动原则"等纳入对人类社会及其历史的思考之中，从而从现实的人出发，以"人与世界的否定性统一关系"为关节点，创立了历史唯物主义的辩证法。正如卢卡奇所指出的，"由于马克思采纳了黑格尔方法的进步方面，即作为认识现实的方法的辩证法，他不仅使自己与黑格尔的继承人分道扬镳，而且把黑格尔哲学本身也分裂为两部分。他把黑格尔哲学中的历史倾向推到了它的逻辑的顶点：他把无论是社会的还是社会化了的人的一切现象都变成了历史问题，因为他具体揭示了历史发展的真正基础，并使之全面开花。"③ 这一"全面开花"的结果是，马克思以对黑格尔的概念辩证法和"历史"辩证法实现了"唯物主义的拯救"，并在此基础上使辩证法变革为历史唯物主义的辩证法，使

---

① 捷·伊·奥伊则尔曼主编：《辩证法史：德国古典哲学》，徐若木、冯文光译，人民出版社1982年版，第222页。

② 斯蒂芬·霍尔盖特：《黑格尔导论：自由、真理与方法》，丁三东译，商务印书馆2013年版，第37页。

③ 卢卡奇：《历史与阶级意识——关于马克思主义辩证法的研究》，杜章智等译，商务印书馆1996年版，第66页。

历史唯物主义升华为辩证法的历史唯物主义。

第二节　历史唯物主义的辩证法

长期以来，学术界已经达成基本的共识，马克思的辩证法是“批判地”继承黑格尔的辩证法的结果。这集中地体现为，他从唯物主义的视角出发颠倒了黑格尔“唯心主义”的辩证法，从而建立了“唯物主义”的辩证法。如果不仔细加以研究，这种断言大致是没有问题的。但是，只要细加思考就会发现，这一理解存在着诸多的问题：马克思是以何种“唯物主义”颠倒了黑格尔的思辨辩证法？是以费尔巴哈式的唯物主义世界观实现的“颠倒”，还是以“历史唯物主义”为世界观实现的“颠倒”？正因为人们对这个“自明性”的问题不加以追问，也就使“在何种意义上马克思实现了对黑格尔辩证法的颠倒”这一重大的理论问题陷入晦暗不明的境地。在我们看来，这个问题的解决不仅关乎对马克思和黑格尔的关系的理解，也关乎对辩证法理论的深层理解和其理论自身的发展。

英国学者斯蒂芬·霍尔盖特曾指出：“马克思对历史辩证法的构想以及他对资本主义的分析都从黑格尔那里受益良多。”不仅如此，“整个现代对于历史性理解的关切全都深深地受到了黑格尔的影响”①。那么，事实究竟是不是这样，这需要我们进行全方位的分析。

在我们看来，马克思对黑格尔辩证法的彻底颠倒，是以“历史”的唯物主义世界观为基础所实现的对形而上学辩证法（或概念辩证法、“历史”的辩证法）的颠倒。如果以马克思历史唯物主义世界观的确立为“原点”，那么，这一“颠倒”大致可以划分为两个阶段：（1）世界观变革前的“劳动辩证法”。这集中体现为马克思对黑格尔辩证法的“作为推动原则和创造原则”的否定性的

---

① 斯蒂芬·霍尔盖特：《黑格尔导论：自由、真理与历史》，丁三东译，商务印书馆2013年版，第2页。

批判与继承。（2）世界观变革后的历史唯物主义的辩证法。这集中地体现为马克思借助于辩证法的“批判性、革命性”，以“现实的人的现实生产过程”的辩证法取代“作为独立主体思维过程”的辩证法。而正是通过这两个阶段的发展，马克思才彻底地实现了对黑格尔辩证法的彻底颠倒。

不仅如此，这一颠倒在本质上也就是对黑格尔整个形而上学思想的彻底批判。众所周知，黑格尔的辩证法在本质上是以思想自身的运动为内容的概念辩证法。它的贡献就在于：通过改造古希腊的对话辩证法和康德的“消解辩证法”，通过改造亚里士多德以来的语义逻辑和康德先验逻辑，从而实现了辩证法和逻辑学的同步变革，进而使逻辑学、辩证法和形而上学最终统一起来。这样，形而上学就被架构在一个坚实的基础之上。在这个意义上，辩证法也就是黑格尔的形而上学。但是，在黑格尔那里，不论是现实的人，还是真实的自然，都被抽象化为“无人身的理性”（即概念），而这种“无人身的理性”的自我运动，构成了其辩证法的内在本质。因此，辩证法只能是以思想自身即“概念”为内容的思想的内涵逻辑。作为思想的内涵逻辑，尽管是以概念为内容的逻辑，但却无法真实地揭示人与世界之间、人与社会乃至人与历史之间的真实关系，因而必然要被以“现实的人及其历史发展”为内容、以历史为解释原则的“历史的内涵逻辑”所取代。这一过程，就是历史唯物主义科学地实现对传统形而上学的批判和拯救辩证法的过程，即对辩证法的历史唯物主义的拯救过程。

一　“作为推动原则和创造原则”的否定性辩证法

在《黑格尔法哲学批判》中，马克思运用黑格尔的辩证法原则，从“中介”出发，对家庭、市民社会与国家的关系进行了详尽的分析。虽然之前马克思在患病期间，“从头到尾读了黑格尔的著作，也读了他大部分弟子的著作”①，但是，从这一时期马克思的著作来看，他所关心的只是出于对社会现实批判的需要而对黑格尔《法哲学原理》的思考。因此，马克思真正展开对黑格尔辩证

① 《马克思恩格斯全集》第47卷，人民出版社2004年版，第15页。

法及其哲学的反思，则集中地体现在《1844 年经济学哲学手稿》中，在这篇集政治经济学批判和形而上学批判为一体的著作中，马克思对作为“形而上学之一切的黑格尔哲学”作了深入的批判。

在此一时期，由于深受费尔巴哈唯物主义的影响——费尔巴哈通过对黑格尔思辨神学的批判而对辩证法得出了独特的见解①，马克思对黑格尔的思辨哲学作出了费尔巴哈式的批判。马克思认为：“对于现代的批判同黑格尔的整个哲学，特别是同辩证法的关系问题是如此缺乏认识，以致像施特劳斯和布鲁诺·鲍威尔这样的批判家……还是拘泥于黑格尔的逻辑学。”② 与此形成鲜明对比的是，费尔巴哈却是“惟一对黑格尔辩证法采取严肃的、批判的态度的人；只有他在这个领域内作出了真正的发现，总之，他真正克服了旧哲学”③。这表明，只有费尔巴哈才超越了青年黑格尔派对黑格尔哲学的批判，在对辩证法的批判中，“真正克服了旧哲学”。那么，费尔巴哈对辩证法的真实贡献是什么呢？这就是通过对黑格尔思辨神学的批判，揭示了其辩证法的实质所在——“否定之否定的原则”。费尔巴哈的贡献在于：（1）指出黑格尔的哲学是从宗教和神学出发；（2）黑格尔扬弃了无限的东西，设定了现实的、感性的、实在的、特殊的东西。这实际上就是对实证神学的扬弃。（3）黑格尔重新扬弃了肯定的东西，重新恢复了抽象、无限的东西。即实现了哲学和神学的合一，从而把绝对精神归结为上帝。④这样，“费尔巴哈把否定的否定仅仅看作哲学同自身的矛盾，看作在否定神学（超验性等等）之后又肯定神学的哲学，即同自身相对立而肯定神学的哲学”⑤。因而，在费尔巴哈那里，黑格尔的辩证法就是神学的辩证法，其核心就是“否定之否定的原则”。

无疑，费尔巴哈基于神学批判对于辩证法的理解已经触及其本

① 一个值得注意的问题是，由于受到费尔巴哈的绝对性影响，马克思这一时期对黑格尔的批判无疑是站在费尔巴哈立场上的批判。尽管其中有很多马克思自己的新思想。

② 马克思：《1844 年经济学哲学手稿》，人民出版社 2000 年版，第 94 页。

③ 同上书，第 96 页。

④ 同上。

⑤ 同上。

性。这一点被马克思精辟地归纳为："作为推动原则和创造原则的否定性"。由此一原则出发，马克思首次实现了对黑格尔辩证法的"颠倒"：从思维自身运动的辩证法到人自身形成自己的"劳动辩证法"。

按照马克思的理解，"黑格尔的《现象学》及其最后成果——辩证法，作为推动原则和创造原则的否定性——的伟大之处首先在于，黑格尔把人的自我产生看作一个过程，把对象化看作非对象化，看作外化和这种外化的扬弃；可见，他抓住了劳动的本质，把对象性的人、现实的因而真正的人理解为他自己的劳动的结果"[①]。这表明，在黑格尔那里，辩证法并不只是思想的内涵逻辑，在其中，包含着唯物主义的成分。马克思敏锐地看到了黑格尔思辨辩证法的这一唯物主义因素。在他看来，黑格尔之所以"抓住了劳动的本质"，关键就在于，它不是单纯地把辩证法视为思想自身辩证发展的逻辑，而是把人通过"对象化的劳动"而不断扬弃自身又成就自身的过程视为辩证的过程。一方面，劳动的过程是为人创造生活资料的过程，是人对自然界的否定的过程；另一方面，这一过程也是人不断形成自身的过程。质言之，劳动的过程，是一个双重的辩证过程。进一步讲，此过程一方面表现为人对自然界的否定过程，是人们创造历史的过程；另一方面则是人对自身的"否定过程"，即人不断超越现实、不断超越自我的过程，也就是实现"人与世界的否定性统一"的过程。在这个意义上，劳动的辩证法本质上就是"作为推动原则和创造原则"的否定性辩证法。正如科耶夫所理解的，并不存在什么思维的辩证法，而只有"一种实在的辩证法"[②]，即人们通过语言的方式描述事物的辩证法。而"现实之所以是辩证的，仅仅是因为它包含着一种更否定的因素：即对给定物的主动否定，基于一切流血斗争和一切体力劳动的否定。"[③]这表明，马克思已经彻底地洞穿了黑格尔辩证法的真实本原。它表

① 马克思：《1844 年经济学哲学手稿》，人民出版社 2000 年版，第 101 页。

② 科耶夫：《黑格尔导读》，姜志辉译，译林出版社 2005 年版，第 550 页。

③ 同上书，第 549 页。

明，辩证法并不是空无的思想自身的矛盾，它本质上根源于人与世界、人与他人、人与社会以及人与自身的否定性统一关系之中。诚如贺来所言："辩证法的自我推动和自我创造原则及辩证法的否定性本质在实质上都奠基于同一个基础，那就是人的现实生命活动及其历史发展。"① 在这个意义上，所谓的作为"推动原则和创造原则的否定性"，根本上只能是存在于以"人的感性活动"为基础，以"人与世界的否定性统一关系"为内容人的本源性存在方式之中。

二　批判的、革命的辩证法

在历史唯物主义世界观的形成过程中，黑格尔无疑最大限度地影响了马克思。正如在1858年1月14日致恩格斯的信中所说："完全由于偶然的机会……我又把黑格尔的《逻辑学》浏览了一遍，这在材料加工的方法上帮了我很大的忙。"② 也正是因为如此，马克思在撰写《资本论》关于价值理论的论述中，在有些地方甚至卖弄起黑格尔特有的表达方式。但这并不意味着，马克思"照搬"了黑格尔的辩证法，而是在批判中实现了继承。"辩证法在黑格尔手中神秘化了，但这决没有妨碍他第一个全面地、有意识地叙述了辩证法的一般运动形式。在他那里，辩证法是倒立着的。必须把它倒过来，以便发现神秘外壳中的合理内核。"③ 按照这一思路，马克思站在历史唯物主义世界观的高度，对黑格尔的辩证法做了全面的改造。

在1873年《资本论》的第二版跋中，马克思指出："我的辩证方法，从根本上来说，不仅和黑格尔的辩证方法不同，而且和它截然相反。在黑格尔看来，思维过程，即甚至被他在观念这一名称下转化为独立主体的思维过程，是现实事物的创造主，而现实事物只是思维过程的外部表现。我的看法则相反，观念的东西不外是移入人的头脑并在人的头脑中改造过的物质的东西而已。"④ 这表明，

① 贺来：《辩证法的生存论基础》，中国人民大学出版社2004年版，第172页。

② 《马克思恩格斯〈资本论〉书信集》，人民出版社1976年版，第121页。

③ 《马克思恩格斯全集》第44卷，人民出版社2001年版，第22页。

④ 同上书，第22页。

在黑格尔那里，辩证法本质上根源于“独立主体的思维过程”，这一过程实则也就是现实事物运动发展的过程。“独立主体”即人之思维就是世界的表征。因而，在黑格尔的视域中，人类社会不断发展的根本依据就在于思想自身的否定性，即概念的否定性。一方面，思维不断地否定自己的虚无性，从而不断丰富自己的内容；另一方面，思想又不满足于已经获得的规定，从而不断反思、批判自己已有的“规定性”，从而在新的意义上丰富自己；这两个方面共同构成了思想自己运动的逻辑过程，即精神实体的思维过程。在这一过程中，思想实现了“环节的必然性”和“全体的自由性”的内在统一，这就是黑格尔的概念辩证法的全部内容，也是其对人类历史发展规律的观念表达。

不同于黑格尔立足于历史唯物主义的世界观，马克思认为，不是社会意识决定社会存在，而是社会存在决定社会意识。因而，“观念的东西不外是移入人的头脑并在人的头脑中改造过的物质的东西”，在这个意义上，辩证法就不是独立人的纯粹思想的运动，而是基于人的本源性的生存的，“人与世界否定性统一关系”在观念中的体现。在此一维度中，辩证法所表征的就不是思维自身的对立统一，而是现实社会发展中人与世界的辩证统一。正如海德格尔所揭示的，“‘辩证法’的全部积极的意义在于：不是先验的、批判地限制着的甚或论战性的思想方式，而是对作为精神本身之生产过程的对立面的反映和统一”①。至此，我们可以清晰地看到“颠倒”的本质：马克思以“现实的生产过程”的辩证法彻底地颠倒了黑格尔“独立主体的思维过程”的辩证法（概念的辩证法或“历史”的辩证法）。

作为现实的生产过程的辩证法，一方面，它承认了辩证法产生的真实本原；另一方面，它把人与世界的否定性统一关系纳入到“现实的生产过程”之中。正是在现实的生产过程中，生产的主体取代了思维的主体，因而，对对象、现实、感性就不再是以客体的或直观的形式去加以理解，也不是以单纯的“精神的能动性”去

① 海德格尔：《路标》，孙周兴译，商务印书馆2000年版，第507页。

加以解释，而是立足于“人的感性活动”，在以此为基础的现实生产活动中实现对对象“革命的、实践性的批判和改造”。因而，马克思坚决主张，“思辨终止的地方，即在现实生活面前，正是描述人们的实践活动和实际发展过程的真正实证的科学开始的地方”①。换句话说，就是从“直接生活的物质生产”出发来考察“现实的生产过程”，并把与这种生产方式相联系的、它所产生的交往形式，即各个不同阶段的市民社会，理解为整个历史的基础，并在此基础之上，来描述“市民社会的活动”，同时从市民社会出发来阐明各种不同的理论产物和形式，如，宗教、哲学、道德等等，并在这个基础上追溯它们产生的过程。② 在这个意义上，辩证法实则就是揭示现实的生产过程以及人类历史发展过程的内在矛盾及其运动的学说。在这种历史唯物主义的辩证法看来，一方面，人们在现实的生产过程中所形成的生产关系的总和，即由此所构成的经济结构成为法律、政治等上层建筑的现实基础。另一方面，这种现实的基础决定着整个的社会生活、政治生活和精神生活的基础。因此，不是人们的意识决定人们的存在，相反，是人们的社会存在决定人们的意识。这既是人类现实生产过程的辩证法，也是人类社会历史发展过程的辩证法。由此我们可以看出，所谓辩证法在本质上是“批判的、革命的”，实际上就意味着，辩证法“在对现存事物的肯定的理解中同时包含着对现存事物的否定的理解，即对现存事物的必然灭亡的理解；辩证法对每一种既成的形式都是从不断的运动中，因而也是从它的暂时性方面去理解”③，因而，对人类社会发展历史的把握，就不能用消极的辩证法和逻辑概念的辩证法，而只能用历史唯物主义的辩证法。

由此可见，马克思对黑格尔辩证法的变革，是从黑格尔思想的内部实现的“突围”，它是建立在对黑格尔辩证法思辨逻辑的透彻理解之上的继承与批判。之所以能做到这一点，关键就在于，马克

---

① 《马克思恩格斯全集》第3卷，人民出版社1960年版，第30—31页。

② 同上书，第42—43页。

③ 《马克思恩格斯全集》第44卷，人民出版社2001年版，第22页。

思在批判一切旧唯物主义世界观和唯心主义世界观的基础上，建立了历史唯物主义的世界观。这样，虽然马克思的辩证法和黑格尔辩证法具有诸多相同的地方，例如，否定性原则、矛盾原则，但是，由于其所依赖的世界观不同，存在论基础不同，就在本质上决定了，他们理论的深度上存在着差异。至此，我们完全可以这样理解马克思的辩证法，它是以历史唯物主义世界观为基础的科学理论，它真实地揭示了辩证法的根源和本质，从而把辩证法的根本原则运用到对人类社会历史的分析之中。在这个意义上，马克思的辩证法就是历史唯物主义的辩证法，即真正革命的、批判的辩证法。

三 “历史”的辩证法

在之前的论证中，我们已经指出，黑格尔的辩证法是单纯的概念辩证法，深层的它还是“历史”的辩证法。正如，奥伊则尔曼所说的，黑格尔主义的中心始终是人类历史的辩证法，它“贯穿着深刻的历史主义”[①]。恩格斯亦指出，“黑格尔的思维方式不同于所有其他哲学家的地方，就是他的思维方式有巨大的历史感做基础。……他是第一个想证明历史中有一种发展、有一种内在联系的人”[②]。这两位思想家的判断，准确地揭示了黑格尔辩证法中的历史维度。

按照黑格尔的理解，世界历史就是精神自身发展的历史过程，也就是精神辩证发展的过程。他曾指出：“世界历史可以说是‘精神’在继续作出它潜伏在自己本身‘精神’的表现。如一粒萌芽中已经含有树木的全部性质和果实的滋味色相，所以‘精神’在最初迹象中已经含有‘历史’的全体。”[③] 这表明，世界历史的发展过程，就是由“潜在”实现为“现实”的过程，也就是建立在不断的“否定”基础上的自我跃迁，这是一个自我否定的过程，即发展的过程。因此，不是现实的人的劳动，而是精神自身的“否定性”原则构成了精神发展的历史。由此，在黑格尔这里，世

① 捷·伊·奥伊则尔曼主编：《辩证法史：德国古典哲学》，徐若木、冯文光译，人民出版社 1982 年版，第 222 页。

② 《马克思恩格斯选集》第二卷，人民出版社 2012 年版，第 12 页。

③ 黑格尔：《历史哲学》，王造时译，上海书店出版社 2006 年版，第 16 页。

界历史就是精神自我否定、自我完善，并走向自由的历史，它以最精致的方式实现了对世界历史的把握。遗憾的是，虽然他所“注意的中心始终是人类历史的辩证法”①，但是由于他对历史只是作了抽象的理解，因此，历史在他那里，只能是服从于逻辑的历史，而不是现实的人在现实的生产过程中所创造的历史。

黑格尔所理解的历史服从于逻辑的解释方式，集中地体现为，把世界历史视为精神追求自由并不断实现自我否定和超越的历史。因而，它所揭示的只不过是绝对精神自我发展的历史，而不是现实历史发展的过程。首先，这一点是由其历史观的前提——抽象的或绝对的精神——所决定的。在他那里，“人类的历史变成了抽象的东西的历史，因而对现实的人说来，也就是变成了人类的彼岸精神的历史”②。不仅如此，因为黑格尔根据否定的否定所包含的肯定方面把否定的否定看成真正的和唯一的肯定的东西，而根据它所包含的否定方面把它看成一切存在的唯一真正的活动和自我实现的活动，所以，“他只是为那种历史的运动找到抽象的、逻辑的、思辨的表达，这种历史还不是作为一个当作前提的主体的人的现实历史，而只是人的产生的活动、人的形成的历史”③。因此，一言以蔽之，黑格尔以绝对精神为前提，把历史的发展过程视为“辩证”的过程，但是，由于他的历史的主体是“独立主体的思维”，因而历史发展的过程也就只能是“思维自身运动”的过程，而不是现实的人的生产过程。

不同于黑格尔，在马克思看来，“现实的人”才是历史发展的第一前提，因而，历史的发展本质上是现实的人参与生产的过程并创造历史的结果。因为，“‘历史’是人的有目的的活动过程，是实现人的目的的过程；‘历史’作为人的存在方式，它的特殊性就在于，人是自身存在的‘前提’和‘结果’；‘历史’，它实现了人类生活的自我发展，它构成了人类世代延续的对世界的否定性统

① 捷·伊·奥伊则尔曼主编：《辩证法史：德国古典哲学》，徐若木、冯文光译，人民出版社1982年版，第222页。

② 《马克思恩格斯全集》第2卷，人民出版社1957年版，第108页。

③ 马克思：《1844年经济学哲学手稿》，人民出版社2000年版，第97页。

一关系。它奠定了辩证法的现实基础。"[①] 并且，通过对现实生产过程的揭示，一方面，马克思看到了历史发展的现实基础：生产关系的总和所构成的经济结构；另一方面，他也看到了与现实的基础相辅相成的上层建筑。二者的对立和矛盾共同决定了，历史的发展过程不是单纯的"思维过程"，而只能是"现实的生产过程"。正是在这一过程中，人们以自己的方式实现了对现实历史的创造。正如科耶夫所说的，实在的历史完全不同于哲学的"讨论"，它是一方用大棒、刀剑或大炮，另一方用镰刀、锤子或机器进行"讨论"。[②] 这种基于战争和劳动的方法，就是以斗争和劳动来说明历史的发展。在这个意义上，历史是辩证发展的，并不是黑格尔所说的"思维是辩证的"，而是因为，历史是斗争和劳动的结果，是人类在与现实、与人类自身的"否定性统一关系"中的结果，即将自在的世界变革为属人的或历史的世界。

综上所述，马克思对黑格尔辩证法的唯物主义的拯救，实际上是从根本上变革了黑格尔辩证法的存在论基础，即把独立思维主体的"思维过程"的辩证法变革为以现实的人的感性活动为基础的"现实生产过程"的辩证法。这也就从根本上实现了对黑格尔辩证法的颠倒，诚如孙利天所言："只有马克思的唯物史观以'生产过程'的物质主体性取代'思维过程'的主体性，才颠倒和超越了黑格尔的辩证法。"[③] 为了彻底地理解这一点，我们有必要透彻地理解黑格尔的历史之思中所蕴含的"思想的内涵逻辑"。

第三节　从思想的内涵逻辑到历史的内涵逻辑

在《马克思传》中，梅林曾指出，黑格尔"比其他哲学家高明之处，就在于他从历史发展的观点来考察事物。这种观点使他有

---

① 孙正聿：《马克思辩证法理论的当代反思》，人民出版社 2002 年版，第 152—153 页。

② 科耶夫：《黑格尔导读》，姜志辉译，译林出版社 2005 年版，第 549 页。

③ 孙利天：《马克思的历史唯物主义对黑格尔辩证法的颠倒》，《马克思主义与现实》2008 年第 2 期。

广泛的可能来理解历史，尽管这种理解所具有的唯心主义形式好像通过一面凹镜来反映事物，把全部历史进程仅仅设想为观念发展的实际例证。……马克思承受了黑格尔哲学的这个最可贵的因素，但是他把黑格尔翻转过来，使得他的出发点不再是‘纯粹思维’，而是现实这个无情的事实。这样，马克思就给唯物主义带来了历史辩证法，并因而使唯物主义获得了那种‘能动的原则’，这种原则不仅要求说明世界，并且要求变革世界”①。他的这一指认，精准地把握到了马克思和黑格尔在“历史”问题上的承继性和异质性，而由此也展示出马克思历史唯物主义的真实理论内涵。

遗憾的是，学术界对黑格尔与马克思思想继承关系的考察，一直以来似乎只是把问题仅仅聚焦于“辩证法”，结果使“马克思和黑格尔的全部关系都被拴在辩证法上面”②，却没有看到马克思的“历史”的唯物主义与黑格尔思辨历史哲学之间的内在关联，即使触及了这一点，也只是简单地从“唯物主义和唯心主义的对立”中去言说马克思和黑格尔的外在性思想关联。在我们看来，在历史唯物主义的确立过程中，黑格尔思辨哲学中所蕴含的历史观对马克思思想的发展产生了深刻的影响。这集中地体现为马克思以“历史的内涵逻辑”取代黑格尔的“思想的内涵逻辑”。这一过程既是对其思辨历史哲学的批判，也是对其思辨辩证法的批判，质言之，是对其整个形而上学的批判。诚如孙正聿所言，马克思恩格斯“是以黑格尔的历史观——思想的内涵逻辑——为重要理论资源，以现实的（真实的）‘历史’——追求着自己目的的人的活动——作为自己的新世界观的解释原则，揭示了人自身的存在方式、人以自己的存在方式所构成的人与世界无限丰富的矛盾关系，人以自己的存在方式所实现的人自身的发展。这就是以唯物主义的‘历史’观念所构成的存在论、真理论和价值论相统一的马克思主义哲学的内涵逻辑——历史的内涵逻辑。”③ 这一奠基于“思想的内涵逻辑”

---

① 弗·梅林：《马克思传》，樊集译，人民出版社 1965 年版，第 168 页。

② 路易·阿尔都塞：《哲学与政治：阿尔都塞读本》，陈越编译，吉林人民出版社 2003 年版，第 187—188 页。

③ 孙正聿：《历史唯物主义的真实意义》，《哲学研究》2007 年第 9 期。

的“历史的内涵逻辑”其实就是马克思辩证法的历史唯物主义，或者历史唯物主义的辩证法。从这个意义上来说，马克思是黑格尔最好的“学生”，也是对黑格尔批判得最为彻底的“学生”。这一点我们完全可以从黑格尔历史之思中的“思想的内涵逻辑”看出。

一　黑格尔：思想的内涵逻辑

哲学关注历史，肇始于维柯。但是，真正实现对历史的“哲学”思考的，则是黑格尔。正是《历史哲学》使“历史学第一次充分成熟地走上了哲学思想的舞台”[①]。黑格尔之所以要给予历史以哲学的反思，从根本上来说，主要源于对现实人类社会历史发展（即世界历史）的思考。在黑格尔的哲学之思中，他使“历史服从于逻辑”，对历史做出了思辨的理解，从而为我们理解世界历史和人类社会的发展提供了一条新的路径。诚如洛克莫尔在论述“黑格尔和康德原则性的区别”时所指出的，“康德与黑格尔之间的主要差别在于后者转向历史。黑格尔不同于康德的地方在于坚决地对认识、哲学和社会持有一种历史性的看法。黑格尔在工业革命之后从事创作并且深深地洞察到了工业革命。”[②] 因此，虽然黑格尔对现实的社会和历史作出了“思辨”的理解，但这一理解对于我们理解人类社会有着巨大的理论价值和意义。

因此，我们首先来看看黑格尔历史哲学所包含的丰富的思想，并由此为我们理解马克思是在何种意义上实现对黑格尔在历史之思中的“思想的内涵逻辑”的超越做出铺垫。

（一）世界历史是一种合理的过程

黑格尔的哲学之思，与其对人类历史的探索密切相关。在黑格尔看来，哲学的内容就是现实，就是对人类历史之必然性的把握。因此，我们应找到不同于以往的观察历史的方法，而从哲学的角度来审视历史。在他的视野中，“‘历史哲学’只不过是历史的思想的考察罢了”[③]。这主要是由于，人与动物的不同就在于人是理性

① 柯林武德：《历史的观念》，何兆武等译，商务印书馆 1997 年版，第 172 页。

② 汤姆·洛克莫尔：《论在马克思主义之后恢复马克思》，载聂锦芳《清理与超越——重读马克思文本的意旨、基础与方法》，北京大学出版社 2005 年版，第 246 页。

③ 黑格尔：《历史哲学》，王造时译，上海书店出版社 2006 年版，第 7—8 页。

的存在，人能够进行思想。但是，这并不意味着我们能够通过思想来把握历史。因为，作为外在于人的思维的历史事实和历史材料，似乎并不是哲学研究的范围。如果我们一意孤行去对其加以考察，难免把历史当作一种消极的材料。因此，对历史的哲学把握，并不是把哲学和历史对立起来，而是把历史自身就看成是哲学的，把哲学也看成是历史的。这一焦点就在于“理性”。在他看来，世界乃是理性所统治的世界，“‘理性’是世界的主宰，世界历史因此是一种合理的过程”[①]。这表明，（1）在黑格尔这里，历史并不是常识意义上的“现实的历史”，而是“纯粹的历史”，即受理性支配和驾驭的历史。（2）所谓世界历史是“合理”的，乃是指世界历史的发展合乎理性自身，也就是合乎现实自身。因为“凡是合乎理性的东西都是现实的；凡是现实的都是合乎理性的”。[②]（3）在“过程”的意义上，世界历史实际上就是理性“活动”的产物。这实际上就意味着，世界历史属于精神的领域，它在本质上是理性在自然宇宙和精神宇宙中的展开和实现。因而，世界历史所欲趋向的，实际上也就是理性所欲趋向的。而这样的理性实际上就是那个自己决定自己的“思想”或“精神”。如此，在黑格尔这里，世界历史的发展过程本质就是理性合乎自身的拓展过程，是精神自觉自身的过程。一部人类历史也就是一部精神的自觉史。

（二）世界历史是自由实现自身的过程

在黑格尔看来，作为我们所考察的对象的世界历史，实则是属于精神的领域。从“世界”的概念来看，这个名词包括物理的自然和心理的自然两方面。但是，由于精神自身的本性决定了，这里对世界历史的考察，主要的对象并不是物理的自然，而是心理的自然。因为，凡是在自然界里发生的变化，无论它们的种类多么庞杂，永远只是表现为一种周而复始的循环。只有在“精神”领域——即心理的自然——的那些变化之中，才有新的事件发生。这样，对于世界历史的考察，实际上就是从心理的自然出发观察精

① 黑格尔：《历史哲学》，王造时译，上海书店出版社2006年版，第8页。

② 黑格尔：《法哲学原理》，范扬、张企泰译，商务印书馆1961年版，第11页。

神，就是看精神如何在世界历史的舞台上表现其自身最具体的现实。

按照黑格尔的理解，从精神和物质的区别来看，不同于物质，精神的本性就是自由。这种区别集中体现为：（1）物质的实体是重力或者地心吸引力，而精神的实体或者本质就是自由。因此，"'自由'是'精神'的惟一的真理"[①]。（2）物质因有趋向于中心点的趋势，所以有重力。这也就决定了物质在本质上是复合的，它的各个组成部分是互相排斥的。因此它要实现自己的"统一"只会导致自身的毁灭，以趋向于它的反对物。而如果它竟然能够获得了这一点，它也就不再是物质了，它将消灭；精神正相反，它刚好在它自身内有它的中心点。它在它自身以外，没有什么统一性，"它已经寻到了这个统一性：它存在它本身中间，依靠它本身存在"[②]。（3）物质的实体是在它自身之外，"精神却是依靠自身的存在，这就是自由"[③]。因为精神从不依附于他物而生存，它自己能够独立存在，因而，依靠自己而存在的精神，必然是自由的。由此可见，世界历史的形成与精神自身息息相关。诚如黑格尔所言，"世界历史可以说是'精神'在继续作出它潜伏在自己本身'精神'的表现。如像一粒萌芽中已经含有树木的全部性质和果实的滋味色相，所以'精神'在最初迹象中已经含有'历史'的全体。"这也就决定了，世界历史必然是具有自由本性的人的精神的自觉史，是精神彰显自己的自由本性并克服内在的矛盾而走向自由的历史。

（三）世界历史是自由的观念和人类的热情的经纬线交织的产物

既然世界历史是精神发展的历史，也就是自由实现的历史，那么，自由发展成为一个世界所用的手段究竟是什么呢？在黑格尔看来，自由的精神虽然是一个内在的观念，它所用的手段却是外在的

---

① 黑格尔：《历史哲学》，王造时译，上海书店出版社2006年版，第16页。
② 同上。
③ 同上。

和现象的，它们在历史上直接呈现在我们的眼前。集中地表现为：

（1）自由的观念。在黑格尔看来，精神自由的本性决定了精神必然是一个自我意识到自己、并不断实现自己的存在。因此，“自由本身便是他自己追求的目的和‘精神’的惟一的目的。这个最后目的便是世界历史”①。这样，“世界历史—精神—自由”构成了一个有机的整体：一方面，世界历史是一种合乎理性的过程，也就是精神发展的过程；另一方面，精神的使命以及整个世界的目的就是精神对于自己的自由的意识，也就是自由的实现。在这个意义上，“世界历史—精神—自由”在本质上是同一个东西，它们最终统一于“精神”。因而，自由的观念作为自由实现的手段，实际上把自由的观念当做精神的本性和历史的绝对的最后目的。

（2）人类的热情。对于推动历史发展的动力问题，历史学家众说纷纭。理性主义者认为，是人类对美好生活的向往促使其创造历史，利益决定一切。感性主义者则认为，人们的需要、热情、兴趣才是一切行动的源泉。当然，诸如正义、爱国心、仁心等这样一些“积极”的东西也发挥了巨大的作用。但在黑格尔看来，“个别兴趣和自私欲望的满足的目的却是一切行动的最有势力的泉源”②。因为，为了达到目的，它们会全然不顾法律和道德加在它们上面的种种限制，凭借自身自然的冲动，毫无顾忌地冲破一切热情实现的“障碍”和“栅栏”。因此，在黑格尔这里，真正推动历史发展的人类的“热情”，实际上指的是“从私人的利益，特殊的目的，或者简直可以说是利己的企图而产生的人类活动，——是人类全神贯注，以求这类目的的实现，人类为了这类目的，居然肯牺牲其他本身也可以成为目的的东西，或者简直可以说其他一切的东西。”③因此，真正决定人们行动的东西就是人类的需要、本能、兴趣和热情。这种热情和自由的观念一起“交织成为世界历史的经纬线”④。因而，在黑格尔看来，自由的观念和人类的诸种欲望、兴趣和活

① 黑格尔：《历史哲学》，王造时译，上海书店出版社2006年版，第16页。

② 同上书，第19页。

③ 同上书，第21—22页。

④ 同上书，第21页。

动，“便是‘世界精神’为完成它的目的——使这目的具有意识，并且实现这目的——所用的工具和手段，这个目的只是要发现它自己——完成它自己——并且把它自己看作是具体的现实。”①

按照上述的理解，作为合乎理性的世界历史的过程，实际上就是自由精神观念以人类的热情、需要、兴趣和欲望为动力，以活动为中介作用于客观的物质世界，进而实现自己的目的的过程。在这一过程中，人类的各种热情得到满足，“它们依照它们天然的趋向，来发展它们自己和它们的目的，并且造成了人类社会这个建筑物，这样却给‘公理’和‘秩序’造成了力量来对付它们自己”②。由此可见，世界历史并不是快乐和幸福的园地，它充满了斗争，它就是一个“无目的的合目的性”的产物。

（四）世界历史的行程——历史的辩证发展

按照黑格尔的理解，世界历史的发展过程实际上就是精神自我发展的过程，也就是精神的本性——自由——的实现过程。并且，这一过程也不是一个“平缓的过程”，而是充满了“斗争”的、辩证的过程。

首先，这是由精神的本性所决定的。同有机的自然事物一样，精神也具有发展的原则，它们都表现为，它们的生存不是依赖于任何外在的事物，不受外界的变迁的影响，而是根据自己内部的不变的原则来扩张自己、发展自己。但是，与有机的自然物不同，(1）精神的发展从它的使命到实现是以意识和意志作为媒介，虽然它一开始被埋没在直接的自然生活中，但是这种使命是受着精神的鼓舞的，因此，也就拥有无限的吸引力、强大的力量和道德的丰富性。所以，精神的发展就是一个反抗自己的艰苦卓绝的斗争过程。因为“‘精神’真正欲望的便是要达到它自己的概念”③。(2）这种精神“非己所愿的、反对自己的过程”，“它不但表示那只是自己发展的形式，而且还表示着要获得一个有确定内容的结

① 黑格尔：《历史哲学》，王造时译，上海书店出版社2006年版，第23页。
② 同上书，第25页。
③ 同上书，第51页。

果”[①]。这个目的就是，精神依照自己的自由本性实现自己的自由本性，依照自由的概念实现自由。因此，作为人类精神自我意识到自身的发展过程的历史，也是一个“自由概念”的发展史。

同时，在黑格尔看来，精神之所以能实现自由的目标，另一个核心的因素在于，精神自身的“活动”本性。精神的独特性就在于它的生命原则。作为生命的存在，出于自身的生存的需要，就要不断地突破内在的制约，以实现对外在环境和内在自我的超越。为了这样的目的，精神拿自身做自己的事业，并且“拟想自身为一种‘有限的生存’”[②]。从而，在生命延续中，精神在矛盾的破解中不断地追求着自由。更为关键的是，就连精神本身也在本质上是它自己活动的结果：“它的活动便是要超越那种直接的、简单的、不反省的生存——否定那种生存，并且回归到它自己。”[③] 这种发展原则和活动原则的双重效果就是，精神同历史一起经历辩证的发展过程。这实则既是历史的发展过程，也是精神发展的过程，即历史与逻辑的统一。

在黑格尔看来，这种历史与逻辑的统一过程实质上表现为三个主要的阶段：第一阶段是“精神”汩没在“自然”之中，尚未实现出来，它最初的对象和目的便是它们自然使命的实现；第二阶段是“精神进展到了它的自由意识”[④]。但是这种和“自然”的第一次分离是片面的、不完全的，因为它是从直接的自然的状态里分出来的，因此它必然和自然有着千丝万缕的联系；第三个阶段是“从这个仍然是特殊的自由的形式提高到了纯粹的普遍性，提高到了精神性本质的自我意识和自我感觉”[⑤]。这个阶段表明，精神已经从外在物的羁绊之中“超越出来”，从而实现了自己的自由本性。因此，精神的发展就不是简单的“重复性回归”，而是“凤凰涅槃式”的“重生”。即“当‘精神’脱却它的生存的皮囊时，

① 黑格尔：《历史哲学》，王造时译，上海书店出版社2006年版，第25页。

② 同上书，第68页。

③ 同上书，第72—73页。

④ 同上书，第52页。

⑤ 同上书，第67页。

它并不仅仅转入另一个皮囊之中，也不从它的前身的灰烬里脱胎新生。它再度出生时是神彩飞扬、光华四射，形成一个更为纯粹的精神”①。

在上述意义上，历史过程在根本上只能是一个逻辑过程。人类的历史不只是精神自我肯定的历史，而且也是精神自我否定的历史，在肯定与否定的矛盾运动中，精神与历史同步并进，最终走向自由，这既是精神的辩证法，也是历史的辩证法。因此，黑格尔的历史辩证法本质上就是理性的辩证法、精神的辩证法。就像柯林武德所说的，黑格尔的逻辑学不过是历史学的钥匙，“即历史学所研究的那些人们的思想和行为都在遵循着一个模式，那个模式就是由逻辑学已经以黑白勾好了模式的一个彩色套版”②。换句话说，黑格尔的历史辩证法其实就是精神辩证法的历史“翻版”，这才是黑格尔思想的内涵逻辑的真实本性。

在黑格尔那里，历史虽然表现为“世界历史个人”的热情和理性共同作用的结果，但实际上，历史不过是“理性的狡计”和“上帝的筹划”，不过是精神的发展史。就像马克思所批判的，黑格尔的历史之思，“只是为那种历史的运动找到抽象的、逻辑的、思辨的表达”。因而，“历史还不是作为一个当作前提的主体的人的现实历史，而只是人的产生的活动、人的形成的历史”③。因此，这种发展的、辩证的历史观，其缺点就在于，“把一切现实事物都归结为精神，使一切事物和本质都成了精神活动的产物，一句话，它用虚构的世界取代了具体的世界。”④ 从而，所谓的要实现对社会现实的关怀，实现对现实历史的把握也就变成一句空话，变成“概念的神话”。

二　马克思：历史的内涵逻辑

实现人的解放和自由，是黑格尔和马克思哲学共同关注的问

---

① 黑格尔：《历史哲学》，王造时译，上海书店出版社2006年版，第67页。

② 柯林武德：《历史的观念》，何兆武等译，商务印书馆1997年版，第186页。

③ 马克思：《1844年经济学哲学手稿》，人民出版社2000年版，第97页。

④ 奥古斯特·科尔纽：《马克思的思想起源》，王瑾译，中国人民大学出版社1987年版，第12页。

题。在黑格尔看来，人的自由的实现的根本在于使人发掘自己是自由的存在——精神自由，因此实现人的自由的途径就是精神自觉其自身。与之不同，在马克思看来，人是现实的关系性存在物。因此，人的自由的实现根本在于变革现有束缚人的社会制度和社会关系乃至生产方式。这种差异决定了，在黑格尔那里，历史的发展本质上是精神实现其自由本性的过程，因此，历史发展的过程就演变为"无人身的理性"的发展过程。在马克思这里，历史本质是"现实的人"在"现实的生产过程"中所创造的历史，即人类不断走向解放和自由的历史。这一出发点以及对历史根源思考的差异决定了马克思历史之思的独特之处。

（一）历史的主体

在黑格尔看来，历史的主体就是"精神"。因此，人类的历史就是精神自身发展的过程。与此不同，在马克思看来，历史的主体就是"现实的人"——人民群众。在《神圣家族》中批判鲍威尔的时候，马克思就指出："历史活动是群众的事业，随着历史活动的深入，必将是群众队伍的扩大。"[①] 在《路德维希·费尔巴哈和德国古典哲学的终结》中，恩格斯也强调，"如果要去探究那些隐藏在——自觉地或不自觉地，而且往往是不自觉地——历史人物的动机背后并且构成历史的真正的最后动力的动力，那么问题涉及的，与其说是个别人物、即使是非常杰出的人物的动机，不如说是使广大群众、使整个整个的民族，并且在每一个民族中间又是使整个整个阶级行动起来的动机；而且也不是短暂的爆发和转瞬即逝的火光，而是持久的、引起重大历史变迁的行动。"[②] 因此，历史既不是"理性的狡黠"，也不是作为世界历史代言人的"英雄人物"产物，而是广大人民群众和整个民族行动的产物。因此，虽然"早在黑格尔那里，历史的绝对精神就在群众中拥有它所需要的材料，并且首先在哲学中得到它相应的表现"，但是，"哲学家只不过是创造历史的绝对精神在运动中完成之后用来回顾既往以求意识

① 《马克思恩格斯全集》第2卷，人民出版社1957年版，第104页。

② 《马克思恩格斯选集》第四卷，人民出版社2012年版，第255—256页。

到自身的一种工具。……因为真正的运动已被绝对精神无意地完成了。所以哲学家是 post festum〔事后〕才上场的。”① 这也就决定了，在黑格尔那里，历史就是“无主体”的精神的自我运动，而包括哲学家在内的人，所能做的只是在历史事件发生之后对历史的追溯和思想总结。在马克思看来，人与动物的不同就在于，人能在生产生活资料的过程中生产人类的一切社会关系，因此，历史并不是精神的产物，而是“群众”行动的产物，是“现实的人”在“现实生产过程”的产物。不仅如此，同黑格尔一样，马克思坚持“历史总是不断走向进步和发展”的观念，并认为作为“人类”自身的发展和历史的发展保持着一种良性的互动。在这个意义上，历史就不是独立于人之外的“精神”发展史，而是人民群众参与其中并在现实的社会历史发展中，实现人类自身解放并走向自由的过程。

（二）历史的动力

卢卡奇指出：“黑格尔和马克思是在现实本身上分道扬镳的。黑格尔不能深入理解历史的真正动力。一部分原因是，在黑格尔创造他的体系时，这种力量还不能完全看明白。结果他不得不把民族及其意识当作历史发展的真正承担者。……一部分原因是，他自己虽然极力想要突破，但仍然禁锢在柏拉图和康德的观点中，仍然禁锢在思维和存在、形式和内容的两重性中。”② 那么，从“现实本身”出发的马克思是怎样理解历史动力的？

按照黑格尔的理解，人类的热情和自由的概念构成历史发展的经纬线，因此，历史的动力直接来自精神的本性，即精神向往自由并追求自由的本性。马克思其实也意识到了这点，但是，在他看来，要实现对这一问题的真实理解，必须透彻地分析、批判社会现实。因此，他主张，应该从被一般哲学家所忽略的人的“吃、喝、穿、住、行”等生存本性出发去思考历史，从对现实的批判和未

① 《马克思恩格斯全集》第 2 卷，人民出版社 1957 年版，第 108 页。

② 卢卡奇：《历史与阶级意识——关于马克思主义辩证法的研究》，杜章智等译，商务印书馆 1996 年版，第 67 页。

来的展望来思考历史。这决定了，对历史动力的思考必然伴随着对整个传统形而上学的批判。回顾黑格尔哲学会发现，由于拘泥于传统形而上学的总问题，因此，在他那里，“自由何以可能”构成其哲学思考的总问题。黑格尔追求思想的自由、精神的自由、理性的自由，并力求首先在“理念”的层面实现对自由的真实理解，因而以此为“标准和尺度”来观照“现实”。在马克思看来，要实现人的自由，只能诉诸对人所生存的现实世界的无情批判，即揭示作为“现实”的资本主义社会发展的基本矛盾和人类社会发展的一般规律，具体言之，就是探索何种社会制度促进人类历史的发展？在历史的发展中，生产力、生产关系、经济基础、上层建筑、人民群众等等，究竟扮演着何种角色？由此决定了，马克思对历史动力的考察并不是理论意义的对世界的揭示，而是在“实践层面”上对世界的变革。正如霍克海默所说：“因为我们可以归于马克思而不能归于黑格尔的，不仅是历史哲学，而且是应称为历史理论的东西，历史理论不是从远处对发生的事情的一种思辨解释，而是理解历史的内在动力。黑格尔对历史整体和特殊社会的理解，只是一种解释，一种对我们有吸引力的说明。而马克思所作的不仅是解释，而且是某种更精确的东西的开端。生产力和经济结构的概念（不像意识和文化那些概念）不仅是用来表达一种想象，而且是准备作为一种历史理论的最重要的概念。”① 这种本质性的差异决定了，在对历史的动力问题的思考中，马克思必须对黑格尔思辨哲学有所超越并作出理论创新。

（三）历史发展的过程

黑格尔对历史的主体和历史动力的解释决定了，在他那里，历史发展的过程只能表现为精神发展的过程。世界历史的进展本质上是一种合理的过程，即世界精神合理发展的必然过程，因此，世界历史的过程和世界精神的本性是永远同一的，即使作为现实的经验的历史也不过是这一合理过程的表现而已。例如，黑格尔认为，东

---

① 马克斯·霍克海默等：《启蒙辩证法》，洪佩郁等译，重庆出版社 1990 年版，第 29 页。

方各国所知道的自由是一个人的自由；而古希腊罗马人所知道的自由是少数人的自由，而不是人人自由；现代德国人知道，人类之为人类是自由的。因此，“世界历史无非是‘自由’意识的进展，这一种进展是我们必须在它的必然性中加以认识的”①。在这个意义上，黑格尔所理解的历史过程，本质上就是思维的发展过程，就是精神追求自身自由的过程。

马克思以现实的人所进行的“现实的生产过程”取代了黑格尔的思维过程。因此，在他看来，历史本质上就是“现实的生产过程”的结果。这是因为，正是在现实的生产过程中，人类不仅生产了自己的物质生活资料，还生产了他们的关系本身——包括制度文明和精神文明。这个“关系本身”就是构成整个历史的文化、政治、经济的全部因素。不仅如此，马克思敏锐地意识到，“现实的历史”即资本主义社会本身并不是适合人的发展的社会制度，它内在地包含着“否定性”的原则，它必将走向灭亡。这也就决定了，马克思必须将对历史发展过程的思考从对一般历史的考察推进到对“现实历史”的批判。其目的就在于，通过剖析资本主义的生产过程，揭示其走向“危机”的根源。以资本的积累为例，在马克思看来，伴随着资本主义社会的发展，资本越来越集中到个别的资本家手中，尤其是科学技术的发展、生产过程的机械化和一体化以及世界交往的扩大化，资本的垄断便成为一个不争的事实。而“随着那些掠夺和垄断这一转化过程的全部利益的资本巨头不断减少，贫困、压迫、奴役、退化和剥削的程度不断加深，而日益壮大的、由资本主义生产过程本身的机制所训练、联合和组织起来的工人阶级的反抗也不断增长。资本的垄断成了与这种垄断一起并在这种垄断之下繁盛起来的生产方式的桎梏。生产资料集中和劳动社会化，达到了同它们的资本主义外壳不能相容的地步，这个外壳就要炸毁了。资本主义私有制的丧钟就要敲响了。剥夺者就要被剥夺了”②。这意味着，“资本垄断”必将导致一种新的社会制度取代

① 黑格尔：《历史哲学》，王造时译，上海书店出版社2006年版，第17页。

② 《马克思恩格斯全集》第44卷，人民出版社2001年版，第874页。

现有的资本主义制度。马克思的这一揭示表明，人类历史的发展过程并不是单纯的思想发展的过程，而是实实在在的人类创造自己的历史的过程，即现实的生产史。

（四）历史发展的决定性因素

按照西方学者科恩的理解，马克思的历史观保留了黑格尔历史观的结构，但却赋予它新的内容。他指出，黑格尔的历史观的结构可以概括为“历史是世界精神（进而言之，是人的意识）的历史，它经历了自我认识的发展，它的促进因素和载体是一种文化，当这种文化激发了超出它所能包含的更多的发展时，它就要灭亡”[①]。因此，在黑格尔那里，历史是以文化的样态呈现出来的。与此不同，在马克思这里，重要的形式不是文化而是经济结构，意识的作用也是由扩展着的生产能力来承担的。因此，在马克思那里，“历史是人类辛勤劳动的历史，它经历了生产能力的发展，它的促进因素和载体是一种经济结构，当这种经济结构激发了超出它所能包含的更多的发展时，它就要灭亡”[②]。科恩的这一理解无疑抓住了马克思对历史发展决定因素的剖析。但是，这一“经济结构”占据历史发展的主导因素的看法却往往为人们所误解。这其中最大的误解就是第二国际学者所做的“经济一元论”阐释。

在第二国际的学者们看来，马克思历史观实则就是经济决定论，即经济是历史发展的唯一因素，它决定历史发展的全部过程，应该说，这些学者们似乎已经找到了马克思的立场所在，但是，却也误解了其本意。在后来的国外马克思主义学者那里，这种把马克思主义完全归结为“经济决定论”的理解受到了全面的抨击。不论是卢卡奇对“总体性”问题的思考，还是阿尔都塞的“多元矛盾论”，抑或是贝尔对资本主义文化矛盾的揭示，其实质都是对“经济一元论”的真实回应。在卢卡奇看来，“由于马克思和恩格斯认识到‘历史过程中的决定性因素归根到底是现实生活的生产

① G. A. 科恩：《卡尔·马克思的历史理论——一种辩护》，段忠桥译，高等教育出版社2008年版，第41页。

② 同上书，第42页。

和再生产’，他们才获得了清算一切神话的可能性和立足点”[①]。因此，在马克思那里，“具体的总体范畴”才是真正现实的范畴。同样，在阿尔都塞看来，那种认为在历史发展过程中起决定作用的只是经济因素的说法只不过是一种“毫无内容的、抽象的、荒诞无稽的空话”。由此，他主张“只有从社会的任何矛盾和构成成分都由多元决定这一观点出发”[②]，才能真实地理解决定社会历史发展的真正因素。其实这一点也早为恩格斯所注意，在1890年9月21—22日致约瑟夫·布洛赫的信中，他就坚决地指出，“我是这样来判定您的第一个主要论据的：根据唯物史观，历史过程中的决定因素归根到底是现实生活的生产和再生产。无论马克思或我都从来没有肯定过比这更多的东西。如果有人在这里加以歪曲，说经济因素是唯一决定性的因素，那末他就是把这个命题变成毫无内容的、抽象的、荒诞无稽的空话。”[③] 对此，他进一步指出，经济状况是基础，但是，这并不意味着它是唯一的决定因素，相反，它是和上层建筑的各种因素（如政治、法律、宗教和哲学理论等）一起构成了历史发展过程的影响因素。因此，“这里表现出这一切因素间的交互作用，而在这种交互作用中归根到底是经济运动中作为必然的东西通过无穷无尽的偶然事件……向前发展”[④]。

透过对上述论争的回顾，我们可以看到究竟何者才是影响历史发展的决定因素。纵然在马克思那里，经济在历史的发展过程中占据着重要的作用，但这并不意味着经济是历史发展的唯一因素。正如恩格斯所说的，人们自己创造自己的历史，但是他们并不是随心所欲地创造，并不是在他们自己选定的条件下创造。而是在直接碰到的、既定的、从过去承继下来的条件下创造。因此，历史的发展实质上就是在继承以往历史的成果基础上的发展。“无论历史的结局如何，人们总是通过每一个人追求他自己的、自觉预期的目的来

① 卢卡奇：《历史与阶级意识——关于马克思主义辩证法的研究》，杜章智等译，商务印书馆1996年版，第69页。

② 路易·阿尔都塞：《保卫马克思》，顾良译，商务印书馆2006年版，第106页。

③ 《马克思恩格斯〈资本论〉书信集》，人民出版社1976年版，第499—500页。

④ 同上书，第500页。

创造他们的历史，而这许多按不同方向活动的展望及其对外部世界的各种各样作用的合力，就是历史。”① 这样，在马克思的历史唯物主义世界观中，真正决定历史发展的不是经济，而是作用于历史发展过程的各种因素的合力。

（五）历史的辩证发展

在黑格尔看来，世界历史的发展本质上是一个辩证的过程，即精神不断实现对自然和自我的超越，并把“特殊的自由”实现为“普遍的、纯粹的自由”的过程。因此，世界历史的发展就是“精神”辩证发展的过程。对历史理解而言，这种理解无疑是个贡献。因为他以精神为主线，赋予精神以巨大的“历史感”，从而实现了对“历史的统一性理解”。诚如科尔纽所说：“在黑格尔看来，精神的发展具有双重特性：逻辑性和历史性；历史具有重要地位，活动的思维同具体现实的统一是在历史中达到主体和客体的同一的。逻辑性和历史性的结合乃是黑格尔体系的独特性。”② 这为马克思所继承，即需要将历史理解为辩证的发展过程。但在他看来，虽然历史是一个“辩证统一的过程”，但是，这一过程并不是精神发展的过程，而是“现实的生产”矛盾的发展过程。

在马克思的历史之思中，黑格尔的思辨哲学及其辩证法构成其重要的思想资源。更为重要的是，通过对思辨哲学的批判，马克思所创立的历史唯物主义世界观构成其拯救唯心主义辩证法的重要方法论原则。因而，正如施密特所言，虽然马克思一开始就对辩证法采取真正批判的态度，但是，要彻底地“解除它在黑格尔那里所具有的神秘外壳”却是一件非常困难的事，因此，在马克思看来，“这个任务不是通过把辩证法变成关于世界观论断的汇集所能完成的，而只有通过使辩证法内在于人类世界的历史过程中，并在单个的事物中揭示它，才能使这个任务完成。因此，他拒绝‘排除历史过程的、抽象的自然科学的唯物主义’，只有从历史的展望出

---

① 《马克思恩格斯选集》第四卷，人民出版社 2012 年版，第 254 页。

② 奥古斯特·科尔纽：《马克思的思想起源》，王瑾译，中国人民大学出版社 1987 年版，第 18 页。

发，才能完全把握到研究中每度提出的问题与成果。”① 这表明，马克思对思辨辩证法的颠倒和对思辨历史观的批判是同一个历史的过程，正是在这一过程中，马克思实现了对黑格尔思辨哲学的彻底批判，由此既实现了对辩证法的唯物主义拯救，又实现了对思辨历史观的唯物主义变革。

应该说，实现对辩证法的颠倒和将其引入对历史的分析是一个内在关联的过程。在马克思看来，历史的发展并不是一个“单纯”的“线性”过程，而是一个“辩证”的过程。它集中地体现在人与世界的否定性统一关系中。

人类所处的世界并不是适合人类发展的世界，它首先是一个自在的世界，使自在的世界变革为自为的世界，就是一个历史的创制过程。推动历史发展的动力实则就是，自在世界变革为自为世界过程中的人与世界、生产力与生产关系、经济基础与上层建筑等的对立统一的矛盾。正因为如此，马克思认为，“一切历史冲突都根源于生产力和交往形式之间的矛盾”②。而正是这种矛盾推动了历史的发展。同时，在他看来，“社会的物质生产力发展到一定阶段，便同它们一直在其中运动的现存生产关系或财产关系（这只是生产关系的法律用语）发生矛盾。于是这些关系便由生产力的发展形式变成生产力的桎梏。那时社会革命的时代就到来了。随着经济基础的变更，全部庞大的上层建筑也或慢或快地发生变革”③。这种经济基础和上层建筑之间的矛盾决定了，社会历史的发展本质上根源于其自身结构的内在矛盾的辩证运动。

在资本主义的“现实历史”中，历史“辩证”的过程则进一步表现为，由于资本的内在矛盾所导致的资本主义生产方式的自我毁灭。在马克思看来，资本主义的生产方式并不是永恒的，相比较于原来的封建的生产方式，这一方式具有无可比拟的优越性，但是，由于资本主义的生产是以“资本”为基础的生产，这就决定

① 参见 A. 施密特《马克思的自然概念》，欧力同等译，商务印书馆 1988 年版，第 208—209 页。

② 《马克思恩格斯全集》第 3 卷，人民出版社 1960 年版，第 83 页。

③ 《马克思恩格斯全集》第 31 卷，人民出版社 1998 年版，第 412—413 页。

了——其实是由资本的增殖本性决定的——资本主义的生产必将面临诸多的问题：生产的过剩、平均利润的下降、生产的社会化与生产资料的私人占有、资本的积累和垄断等等。这些都根源于资本的内在矛盾。因而，资本主义的生产方式只不过是社会所有制的“中介”阶段。在这个意义上，马克思的辩证法既是人类一般历史的辩证法，也是“现实历史”的辩证法，就是历史唯物主义的辩证法。

上述的分析表明，历史唯物主义世界观的建立，既是马克思对一切旧唯物主义世界观变革的结果，也是对一切唯心主义世界观变革的结果。更主要的是，这一世界观的建立，是马克思对整个黑格尔哲学继承和批判的结果，正如海德格尔所说，没有黑格尔，马克思是无法改变世界的。这一改变世界的历史唯物主义世界观最终只能凝聚为这样一种原则：历史的解释原则。

三　历史的解释原则

在1890年8月5日致康拉德·施米特的信中，恩格斯指出，“对德国的许多青年作家来说，‘唯物主义的’这个词只是一个套语，他们把这个套语当作标签贴到各种事物上去，再不作进一步的研究，就是说，他们一把这个标签贴上去，就以为问题已经解决了。”而一些年轻的德国人“只是用**历史唯物主义**（黑体为笔者所加）的套语（一切都可能变成套语）来把自己的相当贫乏的历史知识（经济史还处在襁褓之中呢!）尽速构成体系，于是就意味非常了不起了。”① 其实，为恩格斯所批判的这样一种“理论的态度”时至今日在我们的学术界依旧存在：人们似乎认为，只要给马克思的哲学贴上“唯物主义”的标签就“万事大吉”了，根本不需要去追问这种“唯物主义”究竟是何种意义上的。这种“贴标签式”理解的最经典说法是，把马克思用以变革黑格尔唯心主义世界观的唯物主义指认为费尔巴哈的人本学唯物主义，而不能理解为历史的唯物主义；同样，习惯性地将马克思的辩证法同黑格尔的辩证法“画等号”，将辩证法局限在认识论的层面。在我们看来，马克思

① 《马克思恩格斯〈资本论〉书信集》，人民出版社1976年版，第496—497页。

的世界观革命，首先是对费尔巴哈唯物主义的变革；并且是以历史唯物主义拯救唯心主义辩证法的变革。正是基于此一思考，我们更要彻底地梳理历史唯物主义世界观的真实内容，从而为发展马克思的哲学作出贡献。

第一，历史的解释原则集中地体现在对“人”的理解之中。

按照黑格尔在《历史哲学》中的划分，人类观察历史的方法大概可以分为三种：原始的历史方法，反省的历史方法，哲学的历史方法。作为原始的历史方法，实际上就是对历史事件的记载。历史学家所叙述的大部分是他们亲眼所见的行动、事变和情况，并与其时代的精神有着休戚与共的关系。作为反省的历史方法，它研究的范围不限于历史学家所生活的时代，而是超越其所生存的时代，对已经发生的历史事件进行还原和研究。因此，它也就是对于各种历史记述的一种批判以及它们的真实性、可靠性的一种检查。在黑格尔看来，这两种研究历史的方式都很容易陷入“史料的辨伪”、“历史事件的堆积”，因而也就无法实现对历史真实的把握。由此，他认为：“‘观念’正是各民族和世界的领袖，而‘精神’，就是那位指导者的理性的和必要的意志，无论过去和现在都是世界历史各大事变的推动者。要认识在这方面的领导推动的‘精神’，就是我们这番研究的目的。”① 从而，他把历史哲学直接定义为对“历史的思想的考察”②，这实际上也就是哲学的历史。客观来讲，黑格尔的这三种划分，尤其是对前两种研究历史的方法的总结和批判是有道理的。尽管第三种分析有着明显的思辨哲学的痕迹，但他的“人作为精神性的存在”、“历史是人类思想的考察”等论断却蕴含着丰富的思想内容，也为我们研究人类历史开辟了一条新的道路：将上帝主导的历史引向人类精神主导的历史，借用洛维特的说法，它标志着从“神义论的历史观”到“人义论的历史观”的转折。这复兴了伏尔泰、维柯以来把整个历史的—民政的世界归因为人的创造的思想。正如亨利希·库诺所说：“黑格尔的历史观尽管有着

---

① 黑格尔：《历史哲学》，王造时译，上海书店出版社2006年版，第7页。

② 同上书，第8页。

唯心主义结构形式，然而较之于康德、费希特或谢林，他对历史进程的观察却是无与伦比的尖锐而现实，甚至可以毫不夸张地说，在某种程度上，黑格尔的历史哲学已从抽象问题的思辨天空回到了现实，是力图把握历史运动及其中因果规律性的大胆创举。"① 这种历史回归"现实"的诉求首先应该归因于黑格尔对作为"理性的、精神性存在"人的发现。

维柯在其《新科学》中指出："民政社会的世界确实是由人类创造出来的，所以它的原则必然要从我们自己的人类心灵各种变化中就可以找到。"② 同样，在马克思看来，历史并不是独立于人之外的存在，而是现实的人的活动的结果。因此，他强调历史的第一前提就是现实的人。不仅如此，他还看到，人作为自然的存在同时也就是社会性的、历史性的存在。因而社会历史的发展和人的发展之间存在着必然的关联。他强调："一个人的发展取决于和他直接或间接进行交往的其他一切人的发展；彼此发生关系的个人的世世代代是相互联系的，后代的肉体的存在是由他们的前代决定的，后代继承着前代积累起来的生产力和交往形式，这就决定了他们这一代的相互关系。总之，我们可以看到，发展不断地进行着，单个人的历史决不能脱离他以前的或同时代的个人的历史，而是由这种历史决定的。"③ 这表明，个人的发展与历史的发展相辅相成。

依据对整个人类历史的发展过程的研究，马克思把现实的人的发展和历史的发展归结为三个主要的阶段："人的依赖关系"阶段、"以物的依赖性为基础的人的独立性"阶段以及"建立在个人全面发展基础上的人的自由个性"阶段。④ 这种依据人在社会历史中的地位对历史阶段的划分为我们思考历史提供了新的思路。它表明，人的全面发展并不是自然的过程，而是历史发展的结果，同样，现实的历史的发展过程也是人的发展过程。例如，马克思着重

① 亨利希·库诺：《马克思的历史、社会和国家——马克思社会学的基本要点》（第一、二卷），袁志英译，上海译文出版社2006年版，第218页。

② 维柯：《新科学》（上），朱光潜译，商务印书馆1989年版，第154页。

③ 《马克思恩格斯全集》第3卷，人民出版社1960年版，第515页。

④ 《马克思恩格斯全集》第30卷，人民出版社1995年版，第107—108页。

考察了“以物的依赖性为基础的人的独立性”的第二阶段。在他看来，与早期的“人的依赖关系”阶段不同，在第二阶段，个人虽然在政治上实现了自由，个人也拥有了更多的独立性，但是，个人同时作为社会性存在，或者用黑格尔的表达方式，即作为市民而存在。因此，它本质上就是处在一定社会关系中的人。不仅如此，这种个人的独立实际上是建立在对“物的依赖性基础上”。尤其是在资本主义阶段，物的世界的增值和人自身的贬值形成鲜明的对比，在这里，个人现在受资本的抽象统治。因此，在现代社会，不是“消解神圣形象”，而是“消解非神圣形象”构成实现人在历史中的全面发展的根本诉求。对于历史的这样的理解，本质上与马克思对人的现实性的理解是分不开的。

由此可见，马克思对历史的理解，首先就在于把“现实的人”理解为历史的第一前提，并由此把人理解为历史性的存在。“黑格尔虽然承认历史的重要性，在维柯之后又一次将历史引入哲学，但他却使历史成为精神的剧本，而不是精神的舞台；不是精神融入历史，而是历史归结为精神。”[①] 因此，在黑格尔那里，历史就成为“无人身的理性”自身发展的过程，就成为“精神实现其自由本性的”过程。与之不同的是，马克思在继承黑格尔巨大的“历史感和现实感”的哲学的基础上，发现了“现实的人及其历史发展”，并以此为基点，对人类历史发展的阶段进行了新的划分，对促进社会历史发展的问题做出了新的探索。

第二，历史的解释原则集中地体现在对“历史”概念的理解之中。

在《神圣家族》中，恩格斯指出：“历史不过是追求着自己的目的的人的活动而已。”[②] 在《德意志意识形态》中，马克思也强调：“历史不外是各个世代的依次交替。每一代都利用以前各代遗留下来的材料、资金和生产力；由于这个缘故，每一代一方面在完全改变了的条件下继续从事先辈的活动，另一方面又通过完全改变

---

① 张汝伦：《德国哲学十论》，复旦大学出版社2004年版，第47页。

② 《马克思恩格斯全集》第2卷，人民出版社1957年版，第118—119页。

了的活动来改变旧的条件。"[①] 这说明，历史并不是像黑格尔所说的"精神自我发展的过程"，而是现实的人在其活动中所创造的历史。因此，对于马克思的历史解释原则的理解，必然涉及对"历史"的理解，对人与自然、人与社会以及人与历史的关系的理解。

在黑格尔看来，自然是没有历史的，因为凡是在自然界里发生的变化，无论它们怎样的种类庞杂，永远只是表现为一种周而复始的循环。与此不同，只有在"精神"参与的变化，即只有人的参与其中的自然才有历史可言。因此，"人类的使命和单纯的自然事物的使命是全然不同的，——在人类的使命中，我们无时不发现那同一的稳定特性，而一切变化都归于这个特性。这便是，一种真正的变化的能力，而且是一种达到更完善的能力——一种达到'尽善尽美性'的冲动"[②]。在继承黑格尔这一理解的基础上，马克思进一步提出，参与自然变革的并不是"精神"，而只能是现实的人，人与自然的关系构成人与历史的关系的基本前提。因为，作为肉体存在的人，首要的就是通过劳动从自然获得自己生存的必需品。这样，人与自然的关系构成历史的第一个关系。但遗憾的是，"过去的一切历史观不是完全忽视了历史的这一现实基础，就是把它仅仅看成与历史过程没有任何联系的附带因素。"因此，在他们那里，"历史总是遵照在它之外的某种尺度来编写的；现实的生活生产被看成是某种史前的东西，而历史的东西则被说成是某种脱离日常生活的东西，某种处于世界之外和超乎世界之上的东西。这样就把人对自然界的关系从历史中排除出去了，因而造成了自然界和历史之间的对立。"[③] 正是看到了这一点，马克思强调，应该把"自然"理解为历史的基本前提，并由人与自然、人与社会、人与历史的否定性统一关系出发，通过分析现实生活的生产过程来理解"历史"。

以"现实的人"为前提，以"自然"为基础的现实的生产过程实际上也就是历史的发展过程。这是马克思的历史的解释原则的

① 《马克思恩格斯全集》第3卷，人民出版社1960年版，第51页。

② 黑格尔：《历史哲学》，王造时译，上海书店出版社2006年版，第50页。

③ 《马克思恩格斯全集》第3卷，人民出版社1960年版，第44页。

基本立足点。由此出发，马克思对人与历史的关系作出了新的阐释。在他看来，任何人类历史的第一个前提无疑是有生命的个人的存在，而作为现实的个人，并不是“对立的个人”，而是“历史性存在的个人”，在每个人身上都积淀着历史。因此，“人们自己创造自己的历史，但是他们并不是随心所欲地创造，并不是在他们自己选定的条件下创造，而是在直接碰到的、既定的、从过去承继下来的条件下创造”①。这表明，人们创造历史的活动本身也是具有历史性的。因而，人的历史性存在、人的活动的历史性以及历史自身的继承性共同构成“历史”的基本内涵。在这个意义上，对“历史”的理解包含着对人、人与自然、人与历史以及人自身的历史性、人的活动的历史性等的基本判断。马克思正是因为对上述问题有了清晰的判断，才创立了历史唯物主义的世界观。

第三，历史的解释原则集中地体现在对“历史与现实世界”的辩证关系的理解中。

在维柯看来，“民政社会的世界确实是由人类创造出来的，所以它的原则必然要从我们自己的人类心灵各种变化中就可以找到。任何人只要就这一点进行思索，就不能不感到惊讶，过去哲学家们竟倾全力去研究自然世界，这个自然界既然是由上帝创造的，那就只有上帝才知道；过去哲学家们竟忽视对各民族世界或民政世界的研究，而这个民政世界既然是由人类创造的，人类就应该希望能认识它。”② 由此，他开创了对人类历史的新理解，现实的人类历史并不是所谓的“神”创造的产物，而是“人”创造的结果，是人类创造属于自身的世界的历史。这样，历史并不是作为“产生于精神的精神”消融在“自我意识”中，“历史的每一阶段都遇到有一定的物质结果、一定数量的生产力总和，人和自然以及人与人之间在历史上形成的关系，都遇到有前一代传给后一代的大量生产力、资金和环境，尽管一方面这些生产力、资金和环境为新的一代所改变，但另一方面，它们也预先规定新的一代的生活条件，使它

---

① 《马克思恩格斯选集》第一卷，人民出版社 2012 年版，第 669 页。

② 维柯：《新科学》（上），朱光潜译，商务印书馆 1989 年版，第 154 页。

得到一定的发展和具有特殊的性质"[①]。因此，历史与现实世界的关系，就体现为，一方面，人们正是基于现实世界的状况（如生产力状况、社会发展条件等）来变革历史；另一方面，已经变革的历史为进一步改造和推动现实世界的进步提供条件和基础。由此可见，在历史与现实世界的关系中理解历史的解释原则，实际上就意味着，一方面必须把当下的现实世界视为历史发展的前提；另一方面，又必须把当下的现实世界理解为以往历史发展的结果。在这个意义上，现实世界就是对人的历史性生成，而历史则是现实世界的历史地发展。因而，"历史"就不是简单的"历史事件的堆积"和"历史材料的编撰"，而是对人的"意义的生产"。正是在历史的发展中，现有的世界变成对人来说更有意义的世界，而历史也变成承载着政治、经济、文化等具体历史内容的历史。

第四，历史的解释原则集中地体现在对"历史的活动与规律"的辩证关系的理解中。

在马克思、恩格斯看来，历史不过是追求着人的目的的活动。因此，历史的规律也就蕴含在人的活动之中。其实，在人类的世界之外，并不单独存在一个"高高在上的"、"独立于人的活动之外的"规律。任何规律都是蕴含在人的活动之中的。因此，在马克思看来，历史唯物主义世界观和唯心主义历史观不同，"它不是在每个时代中寻找某种范畴，而是始终站在现实历史的基础上，不是从观念出发来解释实践，而是从物质实践出发来解释观念的东西"[②]。在这个意义上，对历史规律的探索也就是站在"现实历史"的基础上，从"物质的实践"即人们现实的生产过程出发去发现规律并解释和推动历史的发展。

历史活动与规律的关系深层地体现为历史与逻辑的关系。应该说，是历史服从于逻辑还是逻辑服从于历史的问题，构成马克思和黑格尔历史之思的"分水岭"。在黑格尔看来，"世界历史不过是

① 《马克思恩格斯全集》第3卷，人民出版社1960年版，第43页。

② 同上。

‘自由的概念’的发展”[①]。因此，在他那里，历史的发展过程和规律已经“潜在”于自由的概念之中，历史也就只是思维发生的过程。正如马克思所说：“黑格尔认为，世界上过去发生的一切和现在还在发生的一切，就是他自己的思维中发生的一切。因此，历史的哲学仅仅是哲学的历史，即他自己的哲学的历史。没有‘适应时间次序的历史’，只有‘观念在理性中的顺序’。他以为他是在通过思想的运动建设世界；其实，他只是根据自己的绝对方法把所有人们头脑中的思想加以系统的改组和排列而已。”[②] 这决定了，黑格尔“只是为那种历史的运动找到抽象的、逻辑的、思辨的表达，这种历史还不是作为一个当作前提的主体的人的现实历史，而只是人的产生的活动、人的形成的历史”[③]。这表明，黑格尔所理解的历史与规律、历史与逻辑的统一只不过是建立在“无人身的理性”基础上的统一。

在马克思看来，不是历史服从于逻辑，而是逻辑服从于历史。这是由历史的主体——“现实的人”所决定的，历史的发展不是逻辑范畴的展开，而是现实的人及其历史过程的创造性活动的结果。以对政治经济学范畴的分析为例。在1846年12月28日致帕·瓦·安年科夫的信中，马克思指出，由于缺乏历史知识，蒲鲁东没有看到：“人们在其发展生产力时，即在生活时，也发展着一定的相互关系；这些关系的形式必然随着这些生产力的改变和发展而改变。他没有看到：经济范畴只是这些现实关系的抽象，它们仅仅在这些关系存在的时候才是真实的。这样他就陷入了资产阶级经济学家的错误之中，这些经济学家把这些经济范畴看做永恒的规律，而不是看做历史性的规律——只是适用于一定的历史发展阶段、一定的生产力发展阶段的规律。”[④] 由此可见，不论是经济范畴还是历史的规律，都只不过是人们基于现实的历史活动而“抽象”得到的东西。正如恩格斯所说，“逻辑的方式是唯一适用的方

---

① 黑格尔：《历史哲学》，王造时译，上海书店出版社2006年版，第426页。

② 《马克思恩格斯全集》第4卷，人民出版社1958年版，第143页。

③ 马克思：《1844年经济学哲学手稿》，人民出版社2000年版，第97页。

④ 《马克思恩格斯选集》第四卷，人民出版社2012年版，第413页。

式。但是，实际上这种方式无非是历史的方式，不过是摆脱了历史的形式以及起扰乱作用的偶然性而已。历史从哪里开始，思想的进程也从哪里开始，而思想进程的进一步发展不过是历史过程在抽象的、理论上前后一贯的形式上的反映；这种反映是经过修正的，然而是按照现实的历史过程本身的规律修正的，这时，每一个要素可以在它完全成熟而具有典型性的发展点上加以考察"①。这说明，并不存在超越于社会现实和人类活动的历史规律。在人类知识体系或文明中所蕴含的关于自然、人类社会的发展过程的规律，实则是人类自身探索的结果，是社会存在作用于人类意识的产物。在人类历史发展的进程中，人类的活动和社会规律有机互动，共同促进社会的发展和历史的变迁。

第五，历史的解释原则内含于对"历史的进步和人类的文明"的辩证关系的理解之中。

人类的历史不是历史事件的堆积，也不是人类思想的进步史，它深层地表现为人类自身活动所创造的文明和所表征的意义。在历史的发展与进步中，在历史的更迭与变迁中，历史本质上就是不断向着人类自身生成并赋予其价值和意义的过程。在这个意义上，历史不仅记录着人类社会发展过程中的事件，更为主要的是承载着人类的文明。正如恩格斯所说："一切已死的先辈们的传统，像梦魇一样纠缠着活人的头脑。当人们好像刚好在忙于改造自己和周围的事物并创造前所未有的事物时，恰好在这种革命危机时代，他们战战兢兢地请出亡灵来为自己效劳，借用它们的名字、战斗口号和衣服，以便穿着这种久受崇敬的服装，用这种借来的语言，演出世界历史的新的一幕。"② 实质上，历史的解释原则所包含的恰恰就是揭示这种隐藏在世界历史发展背后的不为人们所觉察的"传统"、"名字"、"战斗口号"和"帽子"，这一揭示不断地提醒人们：人类的历史发展并不是"空壳式的无内容的发展"，而是在已经形成的历史条件和基础上的"有内容"、"有意义"的发展。因而，对

① 《马克思恩格斯选集》第二卷，人民出版社 2012 年版，第 14 页。

② 《马克思恩格斯选集》第一卷，人民出版社 2012 年版，第 669 页。

人类历史发展规律的探索，就必须关注其所蕴含的解释原则。

历史的解释原则主要体现为，通过对历史发展过程的探索，寻求影响历史发展的主要因素和规律，从而为人类继续创造有意义的世界提供“指南针”。在马克思看来，历史的解释原则出发点就在于，从现实的人出发，通过对现实的生产过程的揭示和剖析来理解历史。恩格斯将其具体化为：“每一个历史时代主要的经济生产方式和交换方式以及必然由此产生的社会结构，是该时代政治的和精神的历史所赖以确立的基础，并且只有从这一基础出发，这一历史才能得到说明。”[①] 这表明，马克思的历史唯物主义不是单纯的历史观，而是作为解释原则的世界观，它真实地触摸到揭示人类社会历史发展的基本原则。在这个意义上，“马克思的整个世界观不是教义，而是方法，它提供的不是现成的教条，而是进一步研究的出发点和供这种研究使用的方法”[②]。即以历史为解释原则的方法。

综上所述，马克思的历史唯物主义之所以具有世界观的地位和意义，其核心在于确立了历史的解释原则。正是由于这一原则的确立，马克思实现了对黑格尔唯心史观及其辩证法的实质超越，由此也就实现了对一切形而上学的超越，创建了凝聚人类文明的当代哲学。正如吴晓明所指出的：“由于历史唯物主义的确立，黑格尔历史原则的虚妄的一面已经被马克思和恩格斯无可辩驳地指证出来了。”[③] 在这个意义上，马克思的唯物主义既不是所谓的“物质本体论”的辩证唯物主义，也不是“实践本体论”的实践唯物主义，而是以历史为解释原则的“历史”的唯物主义，即辩证的历史唯物主义，它也就是马克思的世界观！

---

① 《马克思恩格斯选集》第一卷，人民出版社2012年版，第385页。

② 《马克思恩格斯〈资本论〉书信集》，人民出版社1976年版，第575页。

③ 吴晓明：《思入时代的深处》，北京师范大学出版社2006年版，第259页。

下编　拓展当代价值

历史唯物主义世界观是发展着的理论。要实现历史唯物主义世界观的当代阐释和发展，核心在于以其为方法论原则，回答当代重大的学术理论问题和现实问题，进而丰富其时代性的内涵，拓展其理论关注的视野。在我们看来，在思想史和现实的层面，历史唯物主义当代阐释的核心在于，在当代中国语境中，对中国特色社会主义事业发展中的重大理论和现实问题，如，马克思主义哲学的创新、发展21世纪中国的马克思主义、当代中国学术发展的未来道路、当代中国哲学的构建、当代中国发展道路等作出探索。惟其如此，才能创建中国特色、风格、气派的马克思主义哲学，构建中国特色哲学社会科学。

第七章

马克思主义哲学创新的当代反思

学术理论的生命力在于，通过不断地回答重大学术理论和现实问题来实现自身的发展与创新。那么，如何在历史的境遇中不断开拓创新马克思主义哲学？对于这个问题，需要我们客观地分析和研究。在我们看来，马克思主义哲学创新实则就是不断推进马克思主义中国化，着力打造贯通中外文明的新概念新范畴新思想，创立中国特色、中国风格和中国气派的当代中国哲学。具体言之，就是以基础理论研究为根基，以思想史的探索为关节点，在中西马哲学会通中开拓马克思主义哲学的新境界，推动当代中国哲学的构建。

第一节　以基础理论研究推进马克思主义哲学创新

——兼论《马克思主义基础理论研究》

推进马克思主义的理论创新，是新历史时期包括马克思主义学者在内的所有哲学社会科学研究工作者的重要任务和历史使命。实践证明，只有作为指导思想的马克思主义理论不断迸发出新的生命力和活力，马克思主义的文学、史学、经济学、政治学、社会学、新闻学、法学等哲学社会科学才能有所发展和推进。正因为如此，学术界对这一问题给予足够的重视。孙正聿等著《马克思主义基础理论研究》（以下简称《基础理论研究》）正是基于上述思考进行理论探索的结果。

在我们看来，《基础理论研究》一书最大的贡献就在于，它为我们正在进行的马克思主义理论创新探索出一条新的道路：必须以基础理论研究作为突破口，以马克思恩格斯等经典文本为依托，以问题为切入点，在不断深入理解马克思主义理论真谛的过程中来实现马克思主义理论的创新。具体言之，就是把深入研究马克思主义的基础理论作为推进理论创新的前提，沿着马克思主义创始人所承担的历史使命及其开辟的理论道路，通过对作为马克思全部研究工作的“总的结果”的《资本论》的价值重估，来实现对马克思主义理论的思想内容、理论旨趣和当代价值的理解和把握。

一　基础理论研究与马克思主义理论创新

自20世纪80年代以来，伴随着改革开放的深入，我国的学术研究也迎来了一个新的机遇期。学者们意识到，要切实推动社会主义现代化的建设，就必须不断推动作为指导思想的马克思主义理论的创新，这集中体现为马克思主义理论的现代化、时代化和大众化。回顾改革开放三十多年来马克思主义理论的发展道路，我们就会发现，不论是关于“真理标准问题”的大讨论，还是实践唯物主义的讨论；不论是对传统教科书的改革问题的思考，还是对“哲学究竟是什么”的追问；不论是讲坛哲学与论坛哲学的划界，还是“生存论转向”“以海解马”“以黑解马”“以外马解马”等研究新动向的出现，都没有离开这样一个永恒的主题：基础理论研究与马克思主义中国化的互动。

概括起来，近三十多年马克思主义理论的创新呈现出两种路径：一是通过对马克思主义基础理论的研究，深入挖掘其思想的真实内容和理论旨趣，从而在学理上巩固马克思主义的理论基础。一是用马克思主义的立场、观点和方法研究时代问题，从而在分析和解决重大现实问题的过程中，丰富和发展马克思主义的理论内涵，充实其理论的内容，由此推进其理论的创新和发展。应当说，这两种路径都具有重要的价值和意义。但遗憾的是，学者们更为关注后者，而不是前者。为何会出现如此的景象？一个根本的原因是，人们只是一味地强调，要将马克思主义与社会现实相结合，不断推进马克思主义的大众化、时代化和现代化；反而忘记了，理论要指导现实，首先理论自身要透彻和有说服力。正如马克思所言：“理论只要说服人［ad hominem］，就能掌握群众；而理论只要彻底，就能说服人［ad hominem］。所谓彻底，就是抓住事物的根本。”[①] 因此，理论能否说服人，能否实现对现实的观照，关键就在于理论自身是否“彻底”。那么，怎样的理论才是彻底的理论？单就马克思主义而言，必然是体现马克思主义经典作家真实思想、理论旨趣的理论才是彻底的理论。那么，如何才能做到这点？唯有通过基础理论的研究才能实现。也许正是真切地意识到这一问题，《基础理论研究》一书“明知其不可而为之”，明确地指出，坚持和发展马克思主义，一个极为重要的理论任务，是推进马克思主义的基础理论研究。[②]

以基础理论的研究推动马克思主义理论创新，看似是一个简单的口号，实际上，这绝不只是个口号的问题，而是个原则的问题，因为它根本地规定了我们进行马克思主义的理论创新的指导原则。换句话说，它规定了，对于马克思主义的创新，不是简单地给其贴上所谓的“时代”的标签，也不是牵强附会地为其“添加”某些时代性的内容，更不是简单地挖掘其所蕴含的“某些时代要义”，而是要真实地弄清楚，马克思恩格斯等经典马克思主义思想家们是在何种时代背景中创建了马克思主义？这一理论的创建经历了怎样的思想变革和斗争？为此他们又撰写了哪些代表性的著作？这些著作的思想内容在整个马克思主义的理论中占据着怎样的位置？具有怎样的价值和意义？马克思恩格斯创建马克思主义的初衷和目的是什么？其理论的旨趣是什么？作为马克思主义理论核心的马克思主义哲学、政治经济学、科学社会主义的关系如何？三者是独立的、自成体系的还是作为“一整块钢铁”而存在的？等等。对上述每一个问题能否给予科学的回答，实际上都决定着我们对于马克思主义进行创新的成败。可以说，《基础理论研究》的价值就在于，意

① 《马克思恩格斯选集》第一卷，人民出版社 2012 年版，第 9—10 页

② 孙正聿等：《马克思主义基础理论研究》，北京师范大学出版社 2011 年版，第 1 页。

识到上述问题并给予科学的回答。

因此，《基础理论研究》一开始就对目前学界所从事的马克思主义研究路径做了划分，在它看来，目前国内关于马克思主义研究有两种基本路径，一是把马克思主义分解为若干学科，在进行各学科研究的基础上，从各自学科的角度展开对某些共同问题的研究；二是对马克思主义进行总体性研究，并把这种总体性研究聚焦于马克思主义自身的根本性问题的研究："前一种研究路径，可以称为'跨学科'研究；后一种研究路径，则可以称为'超学科'研究。"①《基础理论研究》毅然选择了后者，即把马克思主义作为"一整块钢铁"进行"超学科"研究，由此迈出了基础理论研究的第一步。

把马克思主义作为"一整块钢铁"进行"超学科"研究，这就意味着，在"超学科"的层面把马克思、恩格斯等经典思想家们所创立的马克思主义哲学、政治经济学和科学社会主义看作"一整块钢铁"，进一步讲，就是既不"简单地以学院化的学科角度去理解马克思主义"，也不"简单地以学院化的学科角度去'创新'马克思主义"，而是"沿着马克思主义创始人所承担的历史使命及其开辟的理论道路去创新马克思主义"。② 即必须站在"一整块钢铁"的高度上追问：马克思恩格斯等经典作家创立马克思主义的最终目的是什么？是为了创立一门以"马克思"的名字命名的理论体系，还是仅仅为了创立各自独立的马克思主义哲学、政治经济学和科学社会主义？抑或是为了全人类的解放？

在《基础理论研究》看来，要透彻地回答上述问题，首要的是从马克思的身份出发，即从马克思的"革命家"身份出发去理解马克思主义，去理解作为"革命家"的马克思创立马克思主义的真实目的。在它看来，"革命家"的身份对于马克思具有"首要性"。因为，作为伟大的思想家，马克思并不是学院化的学者，而

---

① 孙正聿等：《马克思主义基础理论研究》，北京师范大学出版社 2011 年版，第 1 页。

② 同上书，第 2 页。

是“为全人类而工作的革命家”；对他来说，创建马克思主义的目的并不在于要创建某些学科化的理论体系，更不是要“照着说”西方的传统哲学，而是要“接着说”哲学的最终使命，即要在“为全人类而工作的过程中”探索和发现人类历史和解放的道路。正如恩格斯所说的，马克思“毕生的真正使命，就是以这种或那种方式参加推翻资本主义社会及其所建立的国家设施的事业，参加现代无产阶级的解放事业，正是他第一次使现代无产阶级意识到自身的地位和需要，意识到自身解放的条件”①。这一判断一语中的。

由此可见，从马克思“革命家”身份出发，将马克思主义作为“一整块钢铁”加以研究的价值和意义就在于，我们能够在“超学科”的层面，而不是在“分学科”的层面实现对马克思主义真实理论旨趣和意义的挖掘。这一理解的结果就是，在马克思那里，作为“一整块钢铁”的马克思主义并不是“为了理论而理论”的学院化理论，更不是脱离人类文明的某种宗派主义，而是为了通过对资本主义现实的批判，揭示资本主义的发展规律，揭示人类社会的发展规律，追求人类解放的“学说”，是人类精神的活的灵魂，是人类文明的结晶。

二　《资本论》与马克思主义哲学理论创新

同其他的马克思主义的研究者一样，《基础理论研究》依然是在回答着同样的问题：我们如何真实地理解马克思主义？但与众不同的是，由于其对文本的扎实研究，因此，在常人“忽视之处”，《基础理论研究》找到了“新大陆”，它真实地赋予“老问题以新活力”，真正实现了马克思主义的“再度青春化”。这点我们只要看看其对《资本论》的解读就会很快找到答案。

长期以来，《资本论》一直被学界视为马克思主义政治经济学的经典著作。因此，人们已经形成了这样的常识性看法：《资本论》只是马克思的政治经济学著作。这一看法所隐含的意思是，作为“大写的逻辑学”的《资本论》既不是马克思的哲学著作，也不是科学社会主义的杰作。这些观点根深蒂固地扎根于每一个马

① 《马克思恩格斯选集》第三卷，人民出版社2012年版，第1003页。

克思主义研究者的头脑之中，从来没有人，也不会有谁会对之提出反对的意见抑或发出质疑的声音。《基础理论研究》并没有停滞于“常识”理解，而是向常识挑战，实现了真正意义的“返本开新”。依据列宁对《资本论》的经典判断——“虽说马克思没有留下‘逻辑’（大写字母的），但他遗留下《资本论》的逻辑……在《资本论》中，唯物主义的逻辑、辩证法和认识论（不必要三个词：它们是同一个东西）都应用于一门科学。”① ——《基础理论研究》要做的是，重估《资本论》的价值，并在这种重估中探索马克思主义理论的真实旨趣。

在马克思主义的中国化过程中，对文本的重视是我国马克思主义研究的一个优良的传统。曾几何时，《关于费尔巴哈的提纲》备受追捧，《1844 年经济学哲学手稿》红极一时，《德意志意识形态》“众星捧月”，但惟独《资本论》没有纳入学者的“法眼”。谁都不愿意去碰这个看似正规但又不很规范的政治经济学的著作。于是，就出现了这样的景象：研究马克思主义哲学的学者从来不碰《资本论》，这就像研究马克思主义政治经济学的人向来不关注《德意志意识形态》一样，研究科学社会主义的人不管不问《1844 年经济学哲学手稿》一样，固有的对文本的偏执与偏见制约了研究的界限，同样，研究的界限为文本研究套上了“紧箍咒”，谁都不敢“越雷池一步”。但在《基础理论研究》看来，《资本论》表明，“马克思主义的哲学、政治经济学和科学社会主义，是作为‘超学科’的‘一整块钢铁’而存在的；马克思在每一个领域的精湛研究和‘独到’的发现，结晶为他的全部工作的‘总的结果’，这就是关于人类历史发展规律和人类解放的马克思主义。而这个‘总的结果’的理论内容就集中体现为《资本论》”②。这样，一切都豁然开朗：《资本论》在马克思主义理论中占据着重要的地位。不论是关于马克思主义世界观的研究、辩证法的研究，还是关于马

① 列宁：《哲学笔记》，人民出版社 1993 年版，第 290 页。

② 孙正聿等：《马克思主义基础理论研究》，北京师范大学出版社 2011 年版，第 4 页。

克思主义自然观、社会观和历史观的研究，不论是关于马克思主义发展观的研究，还是马克思主义科学社会主义的研究，都应站在《资本论》的高度上来进行。在这个意义上，重估《资本论》的价值就意味着，通过重新理解《资本论》来理解马克思主义的全部理论。那么，马克思的《资本论》究竟为我们揭示出什么东西？它对于我们在整体上推进马克思主义基础理论的研究，推动了马克思主义的理论创新意味着什么？这些问题都在《基础理论研究》中找到了答案。

首先，通过对《资本论》的研究，《基础理论研究》揭示出马克思思想变革中的哲学批判、政治经济学批判和空想社会主义批判的内在关联性，由此实现了对其内容的“整体性”把握。在马克思的思想历程中，哲学批判、政治经济学批判和空想社会主义批判构成其思想变革的三个主要方面。在传统的观点看来，这三大批判是彼此分离、各自独立的方面；不仅如此，马克思在这三大批判的基础上所创立的马克思主义哲学、政治经济学和科学社会主义也是各自独立的。但是，在《基础理论研究》看来，通过研究《资本论》我们就会发现，马克思为之付出毕生心血的《资本论》是哲学批判、政治经济学批判和空想社会主义三大批判的结晶。这是因为，“马克思的革命家身份和其理论的旨趣表明，这三个看似不同层面的批判、三种看似不同的理论却服务于同一个主题：批判资本主义的生产方式、所有制形式乃至生产关系，把人从资本的抽象统治中解放出来，最终实现无产阶级的解放和全人类的解放。”① 在这个意义上，我们可以说，马克思主义理论就是其在哲学批判、政治经济学批判和空想社会主义批判基础上创立的马克思主义哲学、政治经济学和科学社会主义，这三大理论是浑然一体的，是作为“一整块钢铁”而存在的科学理论。

其次，通过对《资本论》的研究，《基础理论研究》实现了对《资本论》的价值重估。总体而言，这一重估的结果就是，“作为

---

① 孙正聿等：《马克思主义基础理论研究》，北京师范大学出版社 2011 年版，第 725 页。

‘一整块钢铁’的马克思主义集中地体现在马克思的理论巨著《资本论》之中，《资本论》是马克思主义哲学批判、政治经济学批判和空想社会主义批判的理论结晶，不仅展现了‘人类历史的发展规律’，而且特别地展现了‘现代资本主义’的发展规律。”[①] 这表明，《资本论》绝不仅仅是所谓的政治经济学著作，在深层上，它就是列宁所说的“大写的逻辑”。这一重估的结果集中体现为对《资本论》的四个新定位：（1）作为“三大批判”的《资本论》，即在长达四十多年的政治经济学批判中，马克思彻底地将哲学批判和空想社会主义批判融入对国民经济学的批判之中，由此实现了其对形而上学与资本主义社会的双重批判。（2）作为“大写的逻辑”的《资本论》，即通过对政治经济学的批判，马克思破解了“存在”的秘密：存在就是“现实历史”的存在。因此，《资本论》的使命就是在资本的运动逻辑中揭示历史运动的逻辑，揭示隐藏在“物与物背后的人与人的关系”，揭示“资本对人的抽象统治”。在这个意义上，“《资本论》就是关于‘现实的历史’的存在论”[②]。（3）作为“瓦解的逻辑”的《资本论》。《基础理论研究》表明，马克思的《资本论》就是揭示出资本的内在本性：资本一方面无限增殖，同时又不断“否定”。这样，资本的增殖并不是一个永恒的历史过程，由于其自身的“否定性”，它必将导致资本逻辑的自我否定和自我瓦解——最终将是资本逻辑的瓦解和资本主义的灭亡，与之伴随的，就是资本主义非历史性的神话终结和共产主义社会的到来、人类的自由解放。（4）作为“工人阶级圣经”的《资本论》。这表明，作为“工人阶级圣经”的《资本论》真正的价值在于，它使工人阶级意识到自身被奴役、遭唾弃和受屈辱的真实根源，也使工人阶级第一次“意识到自身的地位和需要，意识到自身解放的条件”。

最后，通过对《资本论》的研究，《基础理论研究》最为深刻

① 孙正聿等：《马克思主义基础理论研究》，北京师范大学出版社 2011 年版，第 809 页。

② 同上书，第 827 页。

地揭示出马克思主义理论创建的真实目的和理论旨趣。任何理论的创建，都是基于理论或者现实目的，要么是要解决理论所遇到的困难，要么是要解决现实遇到的问题。马克思主义理论也不例外。作为革命家的马克思，他所要做的并不是构建一个纯粹的哲学理论体系，更不是去回答经院哲学的问题，而是要应对现实问题，即为何在被标榜为“文明”的资本主义社会，资本具有独立性和个性，而作为现实的人，却没有独立性和个性？因此，马克思提出，新哲学的任务就在于，要彻底“推翻使人成为被侮辱、被奴役、被遗弃和被蔑视的东西的一切关系”①。为此揭示资本的矛盾，揭示资本主义制度下人的生存状态，推翻资本主义的社会主义运动，使人从资本的奴役中解放出来，就成为马克思一生矢志不渝的追求。《基础理论研究》敏锐地把握到了这一问题并客观地提出，“马克思对资本主义的全部批判最终指向一个政治目标：就是把全人类从资本主义体制下解放出来”②。这也就决定了，作为政治经济学批判“鸿著”的《资本论》并不是一部政治经济学的科学的著作，而是一部“人的解放何以可能”的哲学著作。它的目的在于，要求“把人从‘抽象’的统治中解放出来，从‘物’的普遍统治中解放出来，也就是从‘资本’的普遍统治中解放出来，把‘资本’的独立性和个性变为人的独立性和个性”③。伴随着这一过程的展开，必将产生一个新的联合体，它将代替那存在着阶级和阶级对立的资产阶级旧社会，“在那里，每个人的自由发展是一切人自由发展的条件”④。而到那时，“作为目的本身的人类能力的发挥，真正的自由王国，就开始了”⑤。或许，这才是马克思一生矢志不渝追求的东西。

由此可见，正是基于对《资本论》价值的重估，《基础理论研

---

① 《马克思恩格斯选集》第一卷，人民出版社2012年版，第10页。

② 孙正聿等：《马克思主义基础理论研究》，北京师范大学出版社2011年版，第663页。

③ 孙正聿：《怎样理解马克思的哲学革命》，《吉林大学社会科学学报》2005年第3期。

④ 《马克思恩格斯选集》第一卷，人民出版社2012年版，第422页。

⑤ 《马克思恩格斯全集》第46卷，人民出版社2003年版，第929页。

究》看到了马克思的三大批判理论的内在关联，所创立的三大理论的“整体性”及其理论的最终旨趣。这为我们分析马克思主义的世界观、辩证法、科学观、社会观、历史观和发展观、科学社会主义理论提供了独到的视角，由此带来的必将是对作为“一整块钢铁”的马克思主义理论的创新。

三 马克思主义哲学基础理论的新探索

20 世纪 90 年代，受西方马克思主义的影响，在国内马克思主义哲学的学术界兴起了一股“回到马克思”、“走进马克思”、“走近马克思”的潮流，在这一潮流的影响下，“回到马克思”成为一个方向性的口号。可以说，这一口号提出的初衷是好的，“回到马克思”并“不是出于‘顽强的崇古意识’，‘退回到马克思的原典上去’，而是要对教条体制合法性的预设，消除现成性的强制，通过解读文本实现中国人过去所说的‘返本开新’”[①]。遗憾的是，人们往往对之没有认真对待，反倒逐渐演变成远离初衷的“回到马克思”现象。尤其值得注意的是，在这一过程中，“‘回到马克思’……被泛化成为一种集合不同观点的哲学用语”[②]。其实，如果我们仔细加以考察就会发现，所谓“回到马克思”并不是要简单地“回归”马克思所说的每一句话，更不是让我们去教条地理解马克思的文本，而是要通过这种“回到”来实现马克思主义理论的“返本开新”，这背后隐藏的，实质是人们对于创新马克思主义理论的渴望与渴求。遗憾的是，随着时间的推移，被人们寄予厚望的“回到马克思”并没有完全达到目的，反倒“使马克思主义的创新流于形式，甚至变成了一种标语和口号，变成了可以任意制造‘马克思哲学’的手段，一些既没有文本依据，亦没有马克思主义哲学史根据的概念被‘创造’出来，强加于马克思，而马克思主义哲学史上对马克思哲学的各种各样的解释全被斥之为教条，错误而抛在了一边”[③]。于是乎，阐释取代经典，文本考据取代了思想

① 张一兵：《“回到马克思”的原初理论语境》，载叶汝贤、孙麾主编《马克思与我们同行：新世纪马克思哲学研究》，中国社会科学出版社 2003 年版，第 134—135 页。

② 何萍：《论“回到马克思”现象》，《学习与探索》2004 年第 5 期。

③ 同上。

创造，学问家登场思想家退场，创新陷入“新的泥沼”。那么，如何才能彻底地摆脱这一困境？在笔者看来，《基础理论研究》为我们提供了新的思路。

第一，马克思主义的理论创新，根本在于基础理论研究。

《基础理论研究》一书给予我们最大的启示就在于，学术理论的创新，并不是简单的“加减乘除”，更不是随意的“添砖加瓦”，而是对基础理论的创新。进一步讲，理论的创新不仅要赋予理论以时代的内容，还要回到理论形成的“源头”，回到理论创建的历史语境，分析其理论的背景，追问其思想的来源和理论的旨趣，从而充分挖掘理论的真实内涵和思想内容，进而在对基础理论的开掘中揭示理论的真实意蕴。单就马克思主义的理论创新而言，就是要弄清楚：马克思所生存的时代究竟是怎样的一个时代？马克思究竟面对怎样的时代？马克思主义理论的思想来源是什么？马克思主义创立过程中所经历的哲学批判、政治经济学批判和空想社会主义之间的关系如何？由此所创立的马克思主义哲学、政治经济学和科学社会主义究竟是什么关系？应该如何看待马克思主义经典文本的解读等等一系列基础性的问题。《基础理论研究》将这些问题归纳为马克思主义创新的九大“前提性问题”，即马克思主义理论的称谓和定位的问题、学说与学科的问题、整体与部分的问题、经典与阐释的问题、文本与解读的问题、理论与实践的问题、学术与学养的问题、坚持与发展的问题。① 并在此基础上展开了对马克思主义的世界观、辩证法、科学观、自然观、社会观、历史观、发展观、资本主义批判、科学社会主义等的研究，由此真正实现了通过基础理论研究对马克思主义理论的创新。

第二，马克思主义的理论创新，核心在于问题意识的自觉。

任何理论的创新，最根本的不仅在于要研究基础理论，更主要的是要从问题入手，实现问题意识的自觉。所谓从问题入手，就是从理论自身所要“回答”和“解决”的问题出发，追问这一理论

① 参见孙正聿等《马克思主义基础理论研究》，北京师范大学出版社 2011 年版，第 1—27 页。

究竟要解决什么——理论的或现实——的问题，从而在此一问题的解决中借鉴了什么理论？创建了什么理论？实现了怎样的理论突破？因此，从问题入手的一个关键就在于问题意识的自觉，这种自觉既是研究者自身的问题自觉，也是对“被研究者”的问题的自觉，即研究者要自觉到“被研究者”在其所生活的时代究竟遇到了何种理论的或现实的困境，找到“被研究者”问题提出根源，才能在不断的“回顾”和“返回”中真正揭示出“被研究者”创建其理论的真实意图和其所创建的理论的价值。这种问题意识的自觉，我们在《基础理论研究》中随处可见。例如，在对马克思主义辩证法的研究中，《基础理论研究》一开始针对的就是人们将辩证法视为“变戏法”的现状。因此，在学理上对辩证法进行研究，并还其“清白”便成为首要的“问题”。正如其所言，从学理上说，我们对“辩证法”提出的首要问题就是：“辩证法”是不是一种可以脱离思想内容而到处套用的“方法”?[①] 正是从这一首要问题出发，《基础理论研究》通过对辩证法的当代反思、对辩证法五个经典命题、辩证法的发展学说、辩证法的精神家园、辩证法的现实基础以及辩证法与后形而上学等问题做了深入的理解，从而实现了对马克思的历史唯物主义的“否定辩证法”思想内涵的揭示。这样的问题意识还体现在对马克思主义发展观、科学观、自然观等的研究中。这启示我们，在一个“学问家出场、思想家退场”的时代，要想真正实现理论的创新，就必须树立问题意识，从而在“历史的经线”和“思想的纬线”中内窥到时代性的理论问题和现实问题，这不仅适合于对理论的分析，也适合于新理论的创建。

第三，马克思主义的理论创新，重点在于对经典文本的研究。

任何理论的创新，都离不开文本。对于我们而言，马克思、恩格斯、列宁等马克思主义创始人都已经作古。他们留给我们唯一的理论遗产就是承载着其思想的“文本”。这就决定了，我们要挖掘经典作家的思想，创新其理论，就必须从其“文本”出发，在文

① 孙正聿等：《马克思主义基础理论研究》，北京师范大学出版社 2011 年版，第 111 页。

本的阅读中与伟大的思想家面对面地交谈与对话。《基础理论研究》就是注重经典文本研究的范例。在目前，人们关于马克思主义经典作家文本的解读，主要集中于两个方面，一是侧重于文本的“内容”研究，一是侧重于文本的“版本考据”的研究。《基础理论研究》选择了后者。在它看来，在人们反思国内相继存在的三种解读模式（“以恩解马”“以苏解马”“以西解马”）的基础上所提出的“以马解马”的核心在于，强调向马克思的回归，即“向经典马克思主义回归，并不是简单地回到马克思恩格斯本人说过的某些‘话语’，而是回到马克思恩格斯自己的理论旨趣和实践道路”①。正是基于这一认识，《基础理论研究》认为，我们要实现对马克思主义理论的创新，就是要坚决地反对这样一种趋势：以“阐释”超越或取代“经典”。因此，《基础理论研究》选择了这样一条新的路径：通过对马克思主义经典文本的解读来重新理解、阐释、解读马克思。这一点，尤其体现在对《资本论》的解读中。例如，通过对《资本论》的研究，《基础理论研究》发现了“超学科”的视角，给予马克思主义以新的理解——“马克思主义本身是‘一整块钢铁’，而不是各个学科体系的组合，是‘超学科’的理论体系，而不是‘分学科’的概念系统”②，而类似的例子在《基础理论研究》中比比皆是。

在上述意义上，《基础理论研究》之所以能够通过基础理论的研究实现理论的创新，其根本原因就在于，它不仅仅揭示出基础理论的真实内涵和意义，它还给予我们以理论创新的“方法论原则”：重视基础理论研究；梳理问题意识；深研经典文本等。这些原则必将引导着我们不断地推动马克思主义理论创新，推动其时代化、大众化、现代化，最终使我们构建出有中国特色、风格、气派的马克思主义的理论，从而为社会主义的现代化建设提供强大的思想武器。

---

① 孙正聿等：《马克思主义基础理论研究》，北京师范大学出版社 2011 年版，第 13 页。

② 同上书，第 1 页。

第二节 中西马哲学会通语境中的当代中国哲学

21 世纪初以来，构建中国特色、中国风格、中国气派的当代中国哲学日益成为我国哲学研究者和工作者的理论自觉。从根本上来讲，这一理论自觉深层地表达了我国哲学理论界力图将改革开放三十多年来的历史经验提升为当代中国哲学的内在内容的理想，伴随发表的学术论文和出版的论著就是明证。在这当中，自 2003 年以来，每四年一届，连续举办三届的中西马哲学对话会和关于中西马哲学会通的研究最具代表性。我们看到，在中西马哲学会通的语境中，中国传统哲学、西方哲学和马克思主义哲学的研究者都从各自的学科背景出发，围绕重大理论和现实问题，借重不同的理论资源，提出了诸多独到的见解，这对于当代中国哲学建构无疑具有重要的价值和意义。那么，在中西马哲学会通的语境中，马克思主义哲学将有何作为？这个问题事关马克思主义哲学的创新，也事关当代中国哲学的构建。这里，我们对此一问题加以研究。

客观地讲，改革开放三十多年来，我国的马克思主义哲学研究取得了辉煌的成就。不论是关于“真理标准问题”的大讨论，还是对于市场经济的思考；不论是对发展问题的反思，还是对文化大繁荣大发展的倡导；不论是对发展问题的追问，还是对体制改革的思考；不论是对环境问题的求索，还是对生存问题的观照，马克思主义哲学都走在前面，充分发挥理论之于实践的推动作用。在这一过程中，马克思主义哲学因熔铸了时代性的内涵而得以创新和发展。但是，我们也应看到，在这一过程中，马克思主义哲学也面临着诸多的问题和困境。例如，学者们仅仅局限于自己的理论解释模式和研究方式；仅仅局限于阅读和解读马克思主义的经典文本，对其他文本不闻不问；仅仅关注本学科的研究成果而忽略对其他学科成果的借鉴和学习等等。可以说，这些都严重阻碍着马克思主义哲学的创新。那么，我们将如何突破这一困境？在我们看来，中西马哲学会通无疑为我们提供了新的契机。

在中西马哲学会通中实现马克思主义哲学的创新，实际上意味着，马克思主义哲学研究者摘去了“有色眼镜”，认真地审视中国传统哲学和西方哲学；走出了自我臆造的“神坛”，客观地思考马克思主义哲学的特性；抹去了神圣的“光环”，客观地看待马克思主义哲学在整个哲学生态圈中的地位；勇敢地抛却企图独霸天下的“幻相”，真实地面对和思考当代中国哲学的出路与未来。在我们看来，至少以下三点是目前我们应当加以重视并及时开展研究的：

第一，在中西马哲学会通的语境中，马克思主义哲学的创新应该从马克思主义哲学史的研究走向人类思想史的研究。

哲学就是哲学史，就是思想性的历史。离开哲学史，我们就不能专业地研究哲学，也无法真实地面对现实，更不能进行理论的创新。因此，“哲学思想的开放和创新，从根本上说，就是以‘历史性的思想’的理论自觉不断地创新‘思想性的历史。”①但是，这并不意味着，我们就可以不顾一切地沉浸在哲学自身的历史之中，更不能固执地认为只要研究了哲学史，就必然完全把握了人类思想的全部。因为，哲学是时代精神的精华，是思想中所把握到的时代。因此，哲学理论的创新，总是与时代息息相关，总是和整个人类的思想相关。试想，脱离了哲学家所面对的整个人类的思想，脱离了哲学家所面对的现实生活境域，脱离了哲学家所面对的历史背景，我们怎样进行哲学的创新？中西马会通为马克思主义哲学创新所提供的契机也许正在于此。它启示我们，应该从单纯的马克思主义哲学的“历史性”研究中走出来，将其放到整个人类思想史中加以思考，即将其放到东西方文明史中加以思考。

对于我们来说，马克思主义哲学的创新，从实质来讲就是不断在破解学术和现实问题中推进马克思主义哲学的中国化。要真正实现“中国化”，我们不能离开中国传统哲学，更不能离开中华民族数千年的文明。梁启超曾指出，“凡研究一个时代思潮，必须把前

---

① 孙正聿：《“哲学就是哲学史”的涵义与意义》，《吉林大学社会科学学报》2011 年第 1 期。

头的时代略为认清，才能知道那来龙去脉”。[①] 因此，在中西马哲学的会通中实现马克思主义哲学的创新，实际上就是要求我们应该从单纯马克思主义哲学史的研究中走出来，认真地研究中华民族的文明史和思想史，思考承载了中华民族命运的中国传统哲学究竟讲了什么？思考何谓“仁义礼智信”，求索何谓“理与气”，追问何谓“修齐治平”？在今天它们有着何种价值和意义？它们对于我们真诚地面对现实，为人类创造美好的生活有着何种启迪？它又存在着何种弊端？等等。理解了这些，我们才能真实地懂得，在思想纷繁的20世纪为何中国革命者和思想家的“天平”会倒向马克思主义，我们才能明白为何我们今天依然需要马克思，也就能找到马克思主义创新以及当代中国哲学发展的道路。

不可否认的是，马克思主义哲学是诞生于西方思想史和现实语境中的哲学。我们要实现马克思主义哲学的创新，也不能仅仅停留在马克思的时代，更不能只是单纯地研究马克思的哲学思想，而是要将其放到整个西方的哲学史、思想史乃至文明史中去研究。在中西马哲学会通中，我们可以认真地梳理西方哲学的历史，从古希腊哲学到中世纪哲学，从经验论到唯理论，从康德到黑格尔，从思辨哲学到分析哲学，乃至后形而上学等等，我们也可以借此研究西方思想和社会发展的历史进程，并由此对整个西方文明史发展的脉络做出梳理，进而在“大尺度”的历史背景中理解马克思的哲学变革和思想革命不仅仅是对西方，而且是对整个人类的价值和意义。例如，我们只有真正理解了黑格尔哲学，才能真实地思考马克思为何要彻底批判思辨哲学；我们只有透彻地把握马克思生活时代的德国和整个资本主义世界的社会现状，才能真正明白马克思为何要迫不及待地进行社会现实的批判；我们只有洞见国民经济学的实质，才能弄懂马克思为何将批判的矛头瞄准资产阶级的政治经济学并写下“大写逻辑”的《资本论》；我们只有深刻体会到西方的基督教精神，才能把握马克思为何要进行宗教的批判等等。所有这一切都明白无误地告诉我们，要进行马克思主义哲学的创新，不能离开对

① 梁启超：《中国近三百年学术史》，人民出版社2008年版，第2页。

西方哲学史、思想史乃至整个西方文明史的梳理及其精神的把握。

在上述意义上，中西马哲学对话为我们所开辟的道路就不是简单的技术性路径，而是一种原则性的方法论，它启示我们，应该跳出只是“就马克思言说马克思”的“自我迷恋型”的研究道路，而应走一条从整个人类文明史的层面审视马克思主义哲学，进而在对马克思主义哲学的发展中为整个人类发展探索新的发展道路的学术研究之路。只有站在这条大路上，我们才能清晰地看到，马克思主义哲学究竟是宗派主义的产物，还是人类文明的活的灵魂；究竟是“过了时”的经济决定论，还是依然与我们同行的智慧学说；究竟是仅仅适用于欧洲的暴力革命理论，还是带领人类走向自由与解放的科学学说。

第二，在中西马哲学会通的语境中，马克思主义哲学的创新应该从纯理论研究走向现实观照。

哲学是时代精神的精华，是思想中的时代。这就要求任何哲学都必须努力使思想穿透现实，在对现实的把握中，实现思想对时代的反思和表征。这是因为，在日常的生活中，只有思想才能赋予现实以确定性。在漂浮不定的现实面前，任何被给予的经验都不是一成不变的，而唯独具有洞见性的思想理论，因其深刻而具有恒久性。但是，这并不意味着，思想可以完全离开现实而独立存在。

近些年来，在“学术凸现、思想淡出”的精神引领下，所谓的“纯粹学术”研究甚嚣尘上。在一些学者看来，学术研究就是从概念到概念、从理论到理论的逻辑推演，因此，学术研究与现实无关，学术研究要远离现实，以至于形成这样一种景象：生造概念成为时尚，自创理论成为潮流。但是，问题在于，学术研究是否能够离开现实？换句话说，离开现实的学术是否还具有生命力？对这个问题的回答，我们只要看看正在进行的如火如荼的“文本研究”，就会找到答案。自 20 世纪 80 年代以来，伴随着学术研究的繁荣，学术界兴起了“回归文本”的潮流，在一些学者看来，要真实地把握某一重要思想家的思想，就必须回归其思想的原初语境，通过对文本的解读来还其思想以本来面目。这一初衷本来是好的。但是伴随着时间的推移，这一问题被推向了极致，以至于有些学者认为“离开文本的学术是伪学术”，由此将学术研究与现实观照完全对立起来。在这一背景下，文本考证、文本解读、史料发掘和流派的介绍逐渐占据上风。但是，问题在于，我们可以从文本解读到什么？倘若没有对思想产生的历史背景的分析，没有对思想呈现的时代的把握，所谓的文本解读只能是“为思想做注脚”，所谓的“还原本真思想”也只不过是解读者的一相情愿：“一千个人心目中有一千个哈姆雷特。”这样的例子我们在今天的马克思主义哲学研究中能看到，在国外马克思主义哲学的研究中同样能够看到。因此，当一些人把文本解读，而不是关注现实视为马克思主义哲学发展的突破口的时候，实际上找错了方向。正如有些学者所指出的：“马克思主义哲学研究的困境不是一个文本及其解读的问题，文本解读的最高境界至多是在历史语境中复原马克思的肖像。”因为“回归文本的旨趣……这种理论活动看起来很学术，实质上，在马克思的神圣肖像面前，除了对某个至高无上的思想顶点仰望以外，就无事可做了。这一境界恰恰意味着思想悲剧的诞生。”① 那么，马克思主义哲学的创新的道路究竟在哪里？在笔者看来，就在于对社会现实的观照。

中西马哲学会通的最大特点在于，中西马哲学的研究者不再“专业地”就某个属于本学科的“专业问题”进行交流，而是在面对一个“大家都能谈，都可以谈，又都可以谈出成果”的“公共”话题进行对话。这样的话题可以是重大的理论问题，也可以是重大的现实问题。但在笔者看来，这两者都源于社会现实。社会现实是思想的源泉。任何一种理论，要实现自身的发展和创新，就不能脱离现实。理论是对现实的反拨，正是在对现实问题的回答中，理论才能实现对自身的反思，才能摆脱自身的桎梏，才能实现自我超越和创新。马克思指出：“理论在一个国家实现的程度，总是取决于理论满足这个国家的需要的程度。”② 这句话的真实含义在于，理论只有真实地表达了一个国家的社会现实，引领并塑造了这个国家

① 孙麾：《写在稿纸的边上》，中国社会科学出版社 2011 年版，第 23 页。

② 《马克思恩格斯选集》第一卷，人民出版社 2012 年版，第 11 页。

的民族精神，这种理论才能真正满足其所生成的国家的需要。在这个意义上，在中西马哲学会通的语境中实现马克思主义哲学的创新，最为关键的是，哲学要从“自话自说”语境中挣脱出来，从固守一隅、老死不相往来的态度中走出来，从坚守的“一亩三分地”中跳出来，打破学科的壁垒，积极面对现实问题，借鉴不同理论资源，对现实做出“理论”的回答。例如，对于当下的资本主义主权债务危机问题、一些诸如金融资本和实体经济之间的矛盾问题、大众民主与资本主义之间的矛盾问题、超福利与社会发展的矛盾问题、文化的意识形态化的问题等，在理论的层面怎么看？怎么办？这些问题其实就已经为我们今天创新马克思主义哲学提供了契机。因此，理论的创新问题，本质并不在于理论自身怎么发展的问题，而是理论在无力解释现实，无法回答现实问题的时候怎么走出困境的问题。回答对了，就能走出困境；回答不对，只能在原有的解释框架内绕圈圈，始终无法走出自己的“迷宫”。

其实，自创立以来，马克思哲学的创新问题摆在了研究者的面前。如何创新马克思的哲学思想，恩格斯选择了忠实地继承，列宁将其与苏联的革命和建设相结合，毛泽东将其与中国进行的新民主主义革命和社会主义建设相结合，邓小平将其与中国的改革开放结合了起来，党的第三代领导集体将其与中国特色社会主义现代化建设相结合，将其与和谐社会的建设相结合。十八大以来，全面深化改革则为发展21世纪中国的马克思主义提供了时代基础，以习近平总书记为核心的领导集体结合时代需要，提出了一系列治国理政的思想。马克思主义中国化的上述历史启示我们，马克思主义哲学的创新，关键在于和现实时代相结合，即在解决现实的重大理论和现实问题的过程中，实现理论的发展，彰显理论自身的价值和魅力。

因此，正在进行的马克思主义哲学创新，不是简单地“照着讲”，而是要“接着讲”，即在对当下正在进行的社会主义现代化建设、对中国的道路、对全球化与中国的关系等一系列问题做出理解和阐释中，扩展马克思哲学的理论视域，提升马克思哲学的理论境界。这也就要求我们，应该从简单的专业学术史的研究内容中走出来，从教条主义的研究方式中走出来，面向重大现实和理论问题，发挥马克思哲学理论魅力，为中国社会的发展不断提供新的理论资源。在这个意义上，马克思主义哲学的生命力，不仅在于我们是否对其思想有透彻把握，更为关键的是，我们能否在其思想和精神的指导下，对重大现实问题做出恰如其分的阐释。

第三，在中西马哲学会通的语境中，马克思主义哲学的创新应从学科综合走向问题综合。

一个时期以来，进行交叉学科研究成为理论研究的热门话题。如，心理学和脑科学的结合、社会学和教育学的“联姻”、哲学和人类学的“牵手”、语言学和认知科学的“联手”等，总而言之，学者们认为，这种学科的交叉，能够带来意想不到的东西。实际上，这种交叉研究也的确获得了很多成果。在这一潮流的影响下，在哲学的内部，摆脱由于历史原因造成的中西马哲学的学科对立，大力倡导其对话与会通也就成为主流的话语。但对于怎么进行对话，怎样进行会通，学者们各抒己见，很难达成共识。因此，就有了这样的情景，有学者认为，要进行中西马哲学的对话与融通，首先必须做的工作就是要找到“同中之异”和“异中之同”；也有学者认为，在现时代，中西马哲学对话，并不是简单地从概念到概念地进行理论研究，而是要发挥各自学科的优势，对中国的道路做出探索。那么，究竟是从理论的自我反思入手还是从对中国重大现实的观照入手来进行中西马哲学的对话？笔者认为，不论是理论的反思还是对重大现实问题的观照，都必须从“问题”入手，这个“问题”可以是源于理论的，也可以是源于现实的，关键是“问题”要是“真问题”。因此，在我们看来，中西马哲学的会同更有助于我们从简单的学科综合，走向问题的综合。

很长时间以来，很多学者都试图打通中西马哲学，来构建一个“有我的哲学体系”，但是，只要认真研究我们就会发现，所谓在学科综合层面上的打通中西马哲学实际上是一件非常不切实际的想法。因为，中国传统哲学、西方哲学、马克思主义哲学都有自己独特的理论概念、理论框架和思维方式，要让这些整合在一起，实在是一件“比登天还难”的事情。试想，在西方哲学和马克思主义哲学研究者的眼中，传统中国哲学的“天”、“理”、“气”的概念究竟意味着什么？同样，在中国传统哲学和马克思主义哲学研究者的眼中，西方哲学的“理念”、“实体”、“形式和内容”的概念又意味着什么？等等，这意味着，在专业的层面，中西马哲学的对话其实是很难进行的。那么，这是否意味着中西马哲学对话就是一个虚假的命题？其实不然。因为，对话的目的并不是在某一专业的问题上达成一致，而在于逐步打破原有的学科界限，跨越不同的理论框架和思维方式，在对重大理论问题或现实问题的回答中，借助不同的理论资源，从学科整合走向问题整合，从思想模仿走向思想创造，进而实现基础理论的重大突破和创新。

在上述意义上，在中西马哲学会通的语境中，马克思主义哲学的创新就不再是简单的“专业”学术理论创新，即不再是对马克思主义哲学中某个学术理论问题提出新的观点和看法，而是要围绕重大理论或现实问题进行研究，即在面对同一“公共学术”话题时能够发出自己独特的声音，提出独到的见解。例如，对市场经济条件下人类生存状况的反思，对消费主义的批判，对图像化时代的思考，对环境问题的关注等等。这也就决定了，新时期马克思主义哲学的创新不能只是简单地依托概念的辨析、文献的考证和理论的澄清，而是要在对重大理论和现实问题的观照和回答中，展现马克思主义哲学的理论魅力和价值。这同时也就对我们的马克思主义哲学研究者提出了要求，即不再“纯粹学究式”地钻研学问，而是承担起历史的使命和责任，要在重大理论和现实问题的思考中，进行理论的创新和思想的创造。

那么，什么才是重大的理论和现实问题？在我们看来，这个问题就是哲学家所生活时代的老百姓最为关心的问题，就是每个时代都面临的人类性问题：人类的自由和解放问题。这个问题不仅是中国传统哲学关注的，也是西方哲学所关心的，更是马克思主义哲学所关切的。中国传统哲学强调“修齐治平”，主张“格物致知”，要求“仁者爱人”，倡导“以德治天下”，其所确立的伦理原则就是为了最大限度地使人成为人。正如冯友兰先生所言，哲学，就是对于人生的有系统的反思的思想。这点也就决定了，中国传统哲学的“功用不在于增加积极的知识（积极知识，我是指关于实际的信息），而在于提高心灵的境界——达到超乎现世的境界，获得高于道德价值的价值”[①]。同样，在西方哲学看来，人类是有限的存在者，那么，我们何以能够实现对“无限者”的把握？苏格拉底说，我知道我一无所知。正是在这种谦逊中，希望学者时刻保持对知识的渴求、对真理的向往。因此，黑格尔才说：“追求真理的勇气，相信精神的力量，乃是哲学研究的第一条件。”[②] 这也就决定了，全部西方哲学“所曾趋赴和所欲趋赴的目的就是关于真理的科学知识。”[③] 换句话说，就是在对真理的把握和追求中，最终实现人类的自由与解放。这样的理想和抱负也在马克思那里表现得淋漓尽致。在马克思看来，在资本主义社会，在一个“以物的依赖性为基础的人的独立性”[④] 的时代，资本具有独立性和个性，而人却没有独立性和个性，物的增值和人的贬值形成了鲜明的对照。因此，马克思终身矢志不渝的追求是“必须推翻那些使人成为被侮辱、被奴役、被遗弃和被蔑视的东西的一切关系”[⑤]，实现全人类的自由和解放。因此，英国哲学家伊格尔顿才满怀信心地说：“作为有史以来对资本主义制度最彻底、最严厉、最全面的批判，马克思主义大大改变了我们的世界。由此可以断定，只要资本主义制度还存在一天，马克思主义就不会消亡。只有在资本主义结束之后，马克思主义才会退出历史的舞台。”[⑥] 可以说，理解了这个问题，我们也就找到了包括马克思主义哲学在内的全部哲学理论创新的突破口。

毛泽东曾指出，对马克思主义的继承和发展，不能“只会片面地引用马克思、恩格斯、列宁、斯大林的个别词句，而不会运用他们的立场、观点和方法，来具体地研究中国的现状和中国的历

① 冯友兰：《中国哲学简史》，涂又光译，北京大学出版社 1996 年版，第 4 页。

② 黑格尔：《小逻辑》，贺麟译，商务印书馆 1980 年版，第 36 页。

③ 同上书，第 5 页。

④ 《马克思恩格斯全集》第 30 卷，人民出版社 1995 年版，第 107 页。

⑤ 《马克思恩格斯选集》第一卷，人民出版社 2012 年版，第 10 页。

⑥ 特里·伊格尔顿：《马克思为什么是对的》，李杨、任文科、郑义译，新星出版社 2012 年版，第 6—7 页。

史，具体地分析中国革命问题和解决中国革命问题。”[①] 这就要求我们，未来中国学术的发展将不再是简单的照本宣科，更不是低水平的“模仿和重复”，而是建立在学术自省、自觉、自信和自强基础上的“学术创作”和思想创造。进一步讲，中国传统哲学、西方哲学和马克思主义哲学学者应该承担起历史的责任和使命，围绕重大的理论和现实问题，在相互尊重、相互欣赏的基础上，借助各自不同的理论资源，展开平等、有尊严的讨论和思考。只有如此，我们才能摆脱那种简单地透过西方理论的针孔来看中国，戴着中国传统哲学的“有色眼镜”来看中国的境遇，才可以创建真正属于中国人自己的当代哲学。到那时，马克思主义哲学的创新也就不再成为问题。

第三节　在对话、融通中构建当代中国哲学新形态

打破学科壁垒，开展哲学对话，融会中哲、西哲、马哲三大学科资源，真实面对当下的中国现实问题，建构当代中国哲学的新形态，是近年来国内哲学界的共同心声和迫切使命。学术界只有通过对“中国道路：哲学的反思”、“中国哲学学者的历史使命与担当”、“哲学的未来与中国的未来”等议题的反思，才能真正构建当代中国哲学的新形态。

一　中西马哲学对话的当代语境

学术理论的发展与创新，既深层地根源于学术理论自身发展和创新的需要，又真实地来自其所植根于其中的时代对理论的要求。改革开放三十多年来，面对共同的现实基础，中哲、西哲和马哲以各自的概念体系和话语方式实现了对中国道路的真切表征。但伴随着时代的变迁，中西马哲学专家日益明显地意识到，单凭某一个学科已经无法表达正在发展的中国，因而，打破学科的壁垒，推动学科对话，是重大的理论问题。

---

① 《毛泽东选集》第3卷，人民出版社1991年版，第797页。

正是基于上述考虑，学者们对中西马哲学对话的必要性予以高度的重视。基于对改革开放三十多年中国学术发展史的回顾，有学者指出，由于历史的原因，我们国家的中西马哲学被划分为各自独立的二级学科，这严重阻碍了我国哲学理论的发展与创新。因此，中西马哲学对话的必要性就在于，为推动哲学理论的发展和创新开辟新的道路。也有学者提出，严格地说，当今的中国哲学还没有形成具有自身特色的哲学形态，更多的是来自各种不同形态的哲学资源的思想混合体。因此，要摆脱目前的中西马哲学“三足鼎立”的状态，就必须打破已有的学科划界，着力推动三大哲学形态之间的对话。

在研究者看来，理论发展和创新的需要实际上只是中西马哲学对话“动力”之一。更为关键的是，中西马哲学对话是当代中国社会历史发展的需要。有学者就提出，客观地讲，我们正处于一个“经济发展、政治停滞、文化缺失”的时代，在这样的历史境遇下，哲学家不应该仅仅是现实的影子，而应该关心现实，对当代世界、生活世界做出回应，做现实世界的思考者和引领者。中西马哲学的对话实际上就是在呼唤当代哲学家的意识自觉，敦促哲学研究者承担摆脱学科的偏见，承担起应有的历史使命和责任。

由此看来，中西马哲学对话不仅具有理论的价值，还具有现实的意义和历史的价值。这一价值集中地体现为，在中西马哲学对话中创建当代形态的中国哲学，为中华民族的伟大复兴作出贡献。对此，有学者不无担忧地提出，目前中国哲学状态，或未经充分融合的中哲、西哲、马哲之杂拌形式，显然难以承担起时代的重任，也不足以代表全面开放、走向世界新纪元的中国哲学之整体。因此，加强中西马哲学之间的沟通与融合，不是简单的理论问题，而是关乎民族复兴和未来的事情。

正是基于对理论、现实和民族复兴的三重需要的思考，学者们基本达成了共识：在当下的时代，中西马哲学应该打破对立，融会三种理论资源，既实现哲学对现实的观照，又促进当代形态的中国哲学的建立，从而为伟大民族的复兴提供精神的支撑。

二　中西马哲学会通的前提批判

在研究中，我们欣喜地看到，学者们已经开始走出学科的偏见，认识到中西马哲学对话的必要性和紧迫性，并达成了共识。但是，在怎样展开中西马哲学的对话问题上学者们进行了热烈的争论。争论的焦点集中在这样一个深层的问题上：中西马哲学会通究竟是应该着眼于理论建设还是应该起步于实践观照。在一些学者看来，中西马哲学对话的前提是，各种形态哲学首先应该提升自己的理论水平，由此才能在平等对话的基础上，了解和把握彼此的思维方式、概念系统和表达方式，从而实现理论的会通和建设。只有在此基础上，才能进一步开拓哲学对重大现实问题的观照。如有学者提出，要实现中西马哲学之间的对话与融通，必须做的工作就是要找到三种哲学形态的“同中之异”和“异中之同”，在哲学形态的不可通约性和向上的兼容性之间保持必要的张力，在中西马哲学的对话中提升对哲学的理解，进而推动哲学对重大现实问题的聚焦。对此，一些学者持有不同看法。他们认为，在现时代，中西马哲学对话并不是简单地从概念到概念进行理论研究，而是要发挥各自学科的优势，对中国的道路做出探索。因此，中西马哲学对话的出发点必然是中国的重大现实问题。有学者亦强调，中西马哲学对话，必须从对那些琐碎的毫无意义的问题的争论中超脱出来，应从哲学的使命出发，以重大的现实问题为聚焦点进行问题的讨论。

应当说，从理论出发和从现实出发进行中西马哲学的对话，这实际上不过是一体之两翼。试想，没有坚实的理论基础作保障，理论怎样实现对现实的指导？反过来讲，如果缺乏对现实的观照，理论除了自我发展和创新外其价值又何在？其实，在我们看来，当中西马哲学的研究者坐在一起来讨论三种形态的哲学怎样会通的时候，就已经开始了“对话与会通”。在这个意义上，中西马哲学会通的前提必然是，相互承认各自理论的价值，并在各自理论的构建和对现实的观照中借重对方的理论资源，发挥各自的理论优势，从而真正树立问题意识，实现在对“问题”的聚焦中推动理论发展。因此，中西马对话的前提必然是“问题”，这个“问题”既可以是重大的理论问题，也可以是重大的现实问题。

三 中西马哲学对话与当代中国哲学新形态的建构

近年来，学术界对于中西马哲学对话的目标有着清晰的认识：构建当代中国哲学的新形态。学者们一致认为，伴随着当下中西马哲学理论研究的深入和对于中国道路的探索，中国学者应该树立自觉意识，即应该通过不同形态哲学的对话，在对中国道路的总结和中国经验的提升中，构建出具有中国特色、风格和气派的当代哲学。

围绕如何构建当代中国哲学的新形态，学者们有着诸多具有启发性的思考。有学者认为，哲学的使命就是概念的创造。当代中国的哲学家要实现当代中国哲学新形态的构建，必须基于对中国现实的“正确的感觉”，以敏锐的洞察力，把握现实世界中最为“坚硬实体性的东西”，以新话语、新观念、新体系来言说和表达当下的中国。对此，有学者认为，在西方文明逐渐暴露出其缺陷的当下，当代中国哲学家应当担负起开启新的时代和新文明的历史重任，即在中西马哲学的对话中构建一种新的精神形态，从而为推动人类文明的发展做出贡献。对此，有学者也强调，相同的生活环境和相同的社会实践活动，尤其是新中国成立以来的社会主义实践构成了中西马哲学对话的基础，当代中国哲学家应该在这个基础上有所作为。

不仅如此，学者们对新构建的当代中国哲学应该具有怎样的品性提出了自己的看法。有学者认为，在新的历史时期，中国应该在学术层面有自己的哲学。作为当代的中国哲学，应当立足当代中国的问题，应该以中国话语讲时代问题，也应该是中国哲学家自己创造的。更为重要的是，这种新形态的中国哲学应是具有世界意义的。

综上所述，朴素地追问我们的问题就会发现：中西马哲学会通并不是学者们心血来潮的产物，它深层地表达着中国哲学、西方哲学、马克思主义哲学研究者的意识自觉。学者们已经意识到，只有超越学科的界限，借鉴中西马哲学各自的理论资源，才能真正实现对重大的理论问题和现实问题的观照。在这个意义上，创建中国特色、风格、气派的当代哲学新形态并不是最终的目的，目的本身就蕴含在探索的过程之中。固然，这一探索的过程需要相当长的时间，我们也将面临诸多的困难，但通过学者们的努力，我们相信，我们正在一步步接近目标！

第八章

当代中国学术发展的未来道路

——基于历史唯物主义的视角

德国哲学家黑格尔1818年10月22日在柏林大学的“开讲辞”中曾指出，由于时代的艰苦，促使人们过多地关注物质生活，致使人们“精神上的内心生活不能赢得宁静”。[①] 虽然，黑格尔所刻画的情景发生在尚处在民族觉醒与振兴的德国，但是，仔细思索，这样的境况又何尝不是对今日中国的刻画与描述？实际上，经济的快速发展和国家的富裕并没有使城乡的差距缩小，也没有缩减富翁与贫者的差距，医疗问题、教育问题、房价问题等，使人们不得不反思，在“拯救国家民族生活上的政治上的整个局势”即取得社会主义革命成功，确立基本制度之后，我们依靠什么来赢得精神上宁静的内心生活？

思想是时代精神的精华，塑造和引领时代的精神，是哲学社会科学工作者义不容辞的责任和义务。铁肩担道义，作为学术理论工作者，必须也应当从“琐碎的事务”中抽身而出，从象牙塔中走出，面对当代中国的重大现实，敏锐地洞察当代中国的境况，由此以我们的语言讲述中国人续写历史新篇的“故事”。在我们看来，在学术层面实现上述目标就应当做到：在学术研究中实现学术性与思想性的贯通。

学术研究既在于学问的积累，也在于思想的创造。在一个

① 黑格尔：《小逻辑》，贺麟译，商务印书馆1980年版，第31页。

“学术凸显、思想淡出”的时代，我们迫切需要的不仅仅是“学富五车”的学问家，我们更需要具有独立的思考能力，能够以中国人自己的话语讲述中国乃至世界的“故事”的思想家。试想，一个民族，若无思想的高度，怎样与世界对话？在西风劲吹的当下，倘若没有自己的学术话语体系，我们就只能简单地停留于对西方学术思潮、学术人物和学术理论的介绍，只能跟在西方学术的屁股后面亦步亦趋，唯西学马首是瞻，遑论与西方学术理论思潮“分庭抗争”以及中国学术走出去。这启示我们，必须凸显思想的价值，要让中国的学者讲述自己的“故事”，重写中国人自己的现代性，而不是把讲中国人“故事”的权利交给西方学者。这在我们看来，关键就在于在学术研究中，实现学术性与思想性的贯通，惟其如此，我们才能真正找到中国学术的未来道路。

第一节　当代中国学术研究的视域转换

纵观近现代以来的学术发展史，学术研究大致存在着两种主要的趋势：一是学术研究的专业化；一是学术研究的交叉化和综合化。就前者而言，这种专业化既呈现为人文社会科学与自然科学的分化，又表现为在某一学科领域研究的理论、问题、概念、范畴日益专业化。就后者来说，主要表现为学术研究逐步打破固有的学科界限，而以多学科交叉、综合的方式发展。应该说，这两种学术理论的研究样态，是伴随着时代和历史的变迁而发生的，不论是对于学术理论的发展，还是对于推动当代社会的发展都具有重要的价值和意义。但是，我们也可以看到这样的境况：专业研究日益精深，从而使得学术日益成为小部分专业人士，甚至是极少数专家学者所“专有”，学术研究的碎片化愈演愈烈。学科的交叉和综合也似乎并没有人们所期待的那样火暴，不同专业背景、不同学术基础的人聚在一起，彼此的“承认”变得异常艰难，各说各话成为诸多交叉学科研讨会的常见场景，这样，交叉研究和综合研究似乎成了时髦的口号。

那么，这是否意味着已有的专业研究和交叉研究只能死守现状抑或是将陷入死胡同？在我们看来，突破上述困境的根本之路在于，要转变学术研究的视域，即不再拘泥于学科的限制，不再固守各自学科的界限，而是超越专业和学科领域限制，以学术理论和现实社会发展中所遇到的重大问题为核心，推动当代中国学术实现学术性与思想的贯通，实现学术理论的创新和发展。

一　专业研究与学术的积淀

纵观人类学术发展的历史，我们会发现，专业的划分乃是近代以来的事情。在古希腊，哲学是一切学科之母，各种学说、学科都脱胎于这个对于追问世界本原和认识何以可能的哲学。亚里士多德曾认为，存在着两种学科，一是“考察作为存在的存在，以及就自身而言依存于它们的东西的科学”，即实体哲学或形而上学；一是“从存在中切取某一部分，研究这一部分的偶性”[①] 的科学，即广义的物理学或自然哲学。同样，按照近代哲学家笛卡尔对人类知识之树的设计：哲学作为一个整体，就像一棵树，它的“根”是形而上学，它的“干”是物理学，那些由这些“干”发展而来的“枝”是全部其他科学。它们又归结为三门主要学科，即医学、机械学和伦理学。在康德的视域中，“整个形而上学系统就是由四个部分构成的。①本体论。②合理的自然之学。③合理的宇宙论。④合理的神学。”[②] 上述事实表明，学科的分化和专业化经历了一个漫长的历史过程。这一过程并不是在纯粹的思想领域发生的，它根本的是在社会历史的变迁中发生的，换句话说，学科的分化和专业化是社会现实历史变迁的产物。这也就决定了，在看待学科分化和学科交叉综合问题的时候，应当深入到历史和现实的维度中，而不是单纯地在思想的领域“兜圈子”。

近代以来的学科划分，既是学术发展的内在要求，也是社会发展的需要。仅以人文社会科学研究为例，由于诸多学科从传统哲学学科的束缚中挣脱了出来，这些分化出来的新兴学科开始“发明”

---

① 亚里士多德：《形而上学》，苗力田译，中国人民大学出版社 2003 年版，第 58 页。

② 康德：《纯粹理性批判》，邓晓芒译，杨祖陶校，人民出版社 2004 年版，第 638 页。

属于本学科的专业术语，“圈定”研究的领地，“划定”研究的范围，并形成了本学科独具特色的研究模式、思维方式和解释框架。更为重要的是，在这些学科自身发展的过程中，它们的研究方法，理论思维模式间接地影响到了其他学科，并渗透到其他学科，由此学科分化逐渐走向了学科交叉，并形成了“你中有我，我中有你”的格局。

从学科发展的意义上来讲，学科的独立化和专业化，大大促进了当代学术的发展。专业研究通过概念的界定、理论的论证和体系的建构来分析本专业领域的问题，从而能够对概念、理论或问题作出精深的研究。因此，专业研究的关键就在于“术业专攻”，即研究者立足于属于自己的专业问题，进行“专业”的研究。我们平日所说的“立足于自身的专业”，即学者从自己的专业，如哲学、法学、政治学、历史学等出发来研究问题。这决定了，不论是其研究的问题、思维的方式，还是采用的概念、论证的模式、语言的风格等，“专业”研究都是“专业化”的。当然，专业的划分是相对的。

学术研究的专业化，既是学术理论发展的需要，也是社会现实的需要。在学术理论的层面，伴随着当代学术的发展，学术研究的专业化趋势日益加强，以至于在一个学科内部都分类演化为不同的研究方向。更为主要的是，专业化研究使得其所研究的问题、所使用的术语、所采用的研究方式等都呈现出自己“独特”的一面。例如，其所研究的问题不再是本学科宏观的学术问题，而是本专业内一个“概念”或某个理论分支中存在的问题；其使用的术语也随之专而又专，不要说其他研究领域的学者，即便是与专业学者同一领域的人，也很难弄得懂其所使用术语的真实含义；可能源于其研究的特点，专业化研究在其方法上也呈现出独特的一面，注重文献研究，强调概念的剖析和理论的辨析，因此以微观研究见长。

专业研究的上述特征决定了，专业研究能够实现对理论的深度挖掘。遗憾的是，其也有不完美之处。由于专业研究仅仅局限于狭窄的专业性问题之中，就有可能使得研究的领域不够宏观，很可能会使研究者陷入到某一个细节性的问题之中。也许在研究者看来，这一细节性的问题的解决能够破解所研究的问题的全部的秘密，但实际上，问题并不是其所想象的那样，因为视野的局限，在研究中难免会导致“一叶障目”问题的出现。这在国内哲学研究方面就显得尤为突出。以对海德格尔的理解为例，有学者认为，对海德格尔思想的研究，重点是其前期，甚至是前期的某个概念，海德格尔全部思想都源于此；也有学者认为，海德格尔晚期的某个概念更为重要，在他们看来，早期海德格尔的思想尚未成熟，因此存在诸多不确定因素，只有到了晚期某个概念的提出，才标志着其思想的完全确立。由此，以某个“概念”来定位和透视海德格尔思想的纷争不断涌现。这里，我们暂且不做孰是孰非的评价。单就问题本身而言，是否我们需要做这样的思考：在整个现代西方哲学史中，海德格尔哲学研究所面临的真正的问题是什么？他本想和一直要破解的学术难题又是什么？海德格尔是怎样来破解这些学术难题的？海德格尔学术研究所针对的现实问题是什么？等等，这些问题的破解对于我们理解真正的海德格尔是否有帮助？回答显然是肯定的。因而，如果我们只是注重文本的考证、概念的辨析和所谓“早期海德格尔和晚期海德格尔哪个时期的思想更值得研究”这样的问题的辩论，我们可能已经远离了其思想的真谛。尤其可能会导致学术研究的问题意识被弃之一旁，慎思明辨的学术演变成某种“操作性”的东西，成了类似于“雕刻”的艺术品。因而，即使再华丽的辞藻也都无法掩盖学术的平庸。

倘若上述的情况尚具有价值的话，那么有些专业化的研究则令人多少有些义愤。在一些专业性的研究中，部分学者假借专业化的名义，故意生造概念，杜撰理论，用一些人人都听不懂的语言来诉说一个人人都知道的大道理。正如尼采当年在批评他的同行时所说的，“他们把水搅浑以便使其水显得更深”。[①] 更有甚者，以语言的晦涩来掩盖思想的平庸，在写作中“文白相间”、“英汉混杂”，故弄玄虚。以“文白相间”为例，胡适曾指出，“白话”有三个意

① 所罗门：《大问题：简明哲学导论》，张卜天译，广西师范大学出版社 2011 年版，第 408 页。

思，一是戏台上说白的“白”，就是说得出、听得懂的话；二是清白的“白”，就是不加粉饰的话；三是明白的“白”，就是明白晓畅的话。[①] 因此，在今天以白话文来表达的学术观点必然遵循的原则就是，不加粉饰地把话讲清楚，让人听得懂。但遗憾的是，很多研究者忘记了这样的原则，用佶屈聱牙的语言，用自己生造的概念、理论来表达本来就含混不清的思想。

应该说，上述问题的出现都不是直接由学术研究专业化所导致的，但毕竟是伴随着学术研究专业化的过程而产生的。我们不反对专业化，但我们旗帜鲜明地反对把学术研究“技术化”、“贵族化”和“高贵化”。本质上，任何学术研究都服务于人们的社会生活，只不过不同于一般的物质资料和社会关系的生产，学术研究的成果以精神的样态而存在，并为人类提供意义的世界并塑造着精神的家园。在这个意义上，学术研究的根本任务在于以理论的方式塑造和引领人类的生活。专业化的学术研究也不例外。学术的专业化，其根本并不在于使学术远离人们的生活世界，而是透过“术业有专攻”的方式来更好地服务于人类对知识的渴求、对美好生活的追求、对真善美的渴望，乃至对意义的追问。由此，破解专业研究的困境并不在于高高在上地、故弄玄虚地生造概念，而是让学术研究观照现实问题，在理论与现实的互动中找准“问题”，由此才能开辟学术研究的新天地。

在上述意义上，“问题”才是根本。任何学术研究，都不能离开“问题”而存在。这些问题可能有大有小，可能是理论的也可能是实践的，但只要是“真问题”，只要我们对其加以认真研究和关注，就能找到新的出路。

二　问题研究与思想的洞察力

实际上，当前真正对学术研究的创新构成威胁的不是外在环境，而是来自学术发展过程中所出现的专门化，即由其所导致的重大理论问题的碎片化。其主要的表现是，学科被划分得越来越细，研究的领域和问题越来越窄。在所谓的学术“精耕细作”中，“问

---

① 胡适：《白话文学史》，岳麓书社 2009 年版，第 7 页。

题”被淹没在细碎的、细枝末节的考据之中。概念考据的兴起，文本考证的泛滥，理论的“模棱两可”的解释，是其最集中的表现。由此造成的结果是，学术研究不再是“兴趣之使然”，而成为“谋生之必然”，当对真理的追求变成谋生的手段，当学术研究不再是时代精神的表达和塑造，当知识成为某些人获得利益的“特权”时，学术将必然丧失其应有的尊严，而“为真理而真理”的誓言也将随着时代的变迁而被遗忘。因此，在新的时代，我们更应倡导的是回归问题研究，以推动学术事业发展。

学术研究本应以“问题”为中心，这是学术界早已达成的共识。大致来讲，学术研究的“问题”主要源于两个方面，一是学术理论自身在发展中所遭遇到的学术难题，其主要表现为某一学术理论由于固有研究方式、思维方式和时代背景等的制约，在理论的发展和创新中所遇到的问题；另一个则是基于社会现实的矛盾运动中所形成的问题，即原有的理论无法解释和破解在社会历史变迁中所造成的矛盾，从而使得理论明显滞后于现实的发展。客观来讲，这两个方面的问题并不是独立的，向来是相互交织的。它们构成学术研究中的“问题”整体。

理解了上述学术“问题”形成的机制，我们对于怎样推动学术发展也就能够做到心中有数。在我们看来，要真正实现以“问题”为核心的研究方式的转变，最为主要的是要破解学术研究专业化所造成的碎片化，就必须唤醒问题意识，不仅要抓专业领域的“问题”，而且要跳出专业的固有思维，思考“公共问题”，即从自身的专业视域去审视“公共问题”，从而成为“公共话题”的研究者。因而，它要求研究者从闭门玄思的“知道分子”转身为心怀天下的“知识分子”。萨义德曾认为：“今天的知识分子应该是个业余者，认为身为社会中思想和关切的一员，有权对于甚至最具技术性、专业化行动的核心提出道德的议题，……此外，身为业余者的知识分子精神可以进入并转换我们大多数人所经历的仅仅为专业的例行做法，使其活泼、激进得多；不再做被认为是该做的事，而是能问为什么做这件事，谁从中获利。这件事如何能重新连接上个人的计划和原创性的思想。”[①] 尽管萨义德的这一观点存在诸多的偏颇，但有一点是值得肯定的，这就是，当代知识分子应该在问题的研究中“融学术于无形”，摆脱那种依靠概念罗列或依凭他人理论来分析问题的研究方式，让全部的学术术语和理论退入背景，围绕所遭遇到的“问题”，提出独到的见解，进而展现思想的力量！

在我们看来，“问题”研究的一个最重要的切入点是关注一个时代的社会思潮。梁启超认为：“凡时代思潮无不由‘继续的群众运动’而成。所谓运动者，非必有意识，有计画，有组织；不能分为谁主动谁被动。其参加运动之人员，每各不相谋，各不相知；其从事运动时所任之职役，各不相同；所采取之手段亦互异。于同一运动之下，往往分无数小支派，甚且相嫉视相排击。虽然，其中有一种或数种之共通观念焉，同根据之为思想之出发点；此种观念之势力，初时本甚微弱；愈运动则愈扩大，久之则成为一种权威。”[②] 由此可见，时代思潮并不是简单的学术理论发展的结果，深层的是社会现实和时代的理论性表达，由此也就决定了，在对现实问题的分析中，我们必须关注时代思潮，并且能在与各种社会思潮的对话中彰显真正有益于社会发展的思想。应该说，社会思潮是一个时代各种思想的最集中表现，它本质上是社会现实矛盾在人们思想中的集中表现，因而，我们经常会发现，社会越是进入转型期，各种思潮愈是纷繁芜杂，各种思潮左右着人们的思想，也就左右着时代变革的方向。因而，透视和对话时代思潮必然构成我们进行“问题”研究的可靠路径。

“问题”研究的另一个主要的切入点是，激发研究者固有的主观能动性。中世纪以来，人类最大的发现在于，相信人自身的力量，相信人类能够创造自己的物质生活。因此，马克思强调，我们研究历史的前提是“现实的个人，是他们的活动和他们的物质生活条件”。历史哲学家维柯亦强调，“民政社会的世界确实是由人

---

① 萨义德：《知识分子论》，单德兴译，生活·读书·新知三联书店 2002 年版，第 71 页。

② 梁启超：《清代学术概论》，岳麓书社 2009 年版，第 1—2 页。

类创造出来的，所以它的原则必然要从我们自己的人类心灵的各种变化中就可以找到。任何人只要就这一点进行思索，就不能不感到惊讶，过去哲学家们竟倾全力去研究自然世界，这个自然界既然是由上帝创造的，那就只有上帝才知道；过去哲学家们竟忽视对各民族世界或民政世界的研究，而这个民政世界既然是由人类创造的，人类就应该希望能认识它。”① 这就意味着，人类才是世界的主人，只要人类愿意并主动探索和研究人类的历史，始终坚持以“人”的目光而不是用“神”的目光看待整个现实社会和历史，就能真正发现在历史发展过程中所存在的“问题”，就能够在理论的探索中持之以恒地不仅专注某一重大理论问题，而且能在理论问题中发现时代的难题，从而在破解理论难题中实现对重大现实问题的突破。因而，我们依然坚信：人的力量是最为伟大的，人应该尊重他自己，并自视为最崇高的事情。

钱穆曾言，“任何一门学问，其最先则莫不由于某些问题而来”②。这表明，“问题”才是学术研究的风向标。在人类文明已经发展到如此辉煌的时代，学术研究者倘若仅仅局限于对类似“针尖上能够站几个天使”这样问题的研究，我们就永远无法实现学术服务社会，并最终实现人类解放的目标。因而，作为新时代的思想家、知识分子和学者，应该清醒地意识到，不是概念，也不是法则，而是“问题”才是学术研究的出发点和归宿。或许这样，我们才能从由于专业化而导致的碎片化和交叉研究浮于表面所遭遇到的“泥沼”中走出。

三　从学科综合到问题综合

雅斯贝尔斯曾说，“大哲学家并不是用他的思想来领会他所处的时代，而是借助这时代使他的思想接触到永恒”③。这决定了，任何大的思想家，其伟大之处在于能够超越时代的限制，实现对真理的把握。因而，大思想家向来不仅仅是解决了其所属专业领域的

① 维柯：《新科学》（上），朱光潜译，商务印书馆1989年版，第154页。

② 钱穆：《中国学术通义》，台湾学生书局1975年版，第310页。

③ 雅斯贝尔斯：《大哲学家》（上），李雪涛等译，中国社会科学出版社2009年版，第10页。

问题的人，更应是为所有学科的研究和发展提供了新的思维方式和研究范式的人。这点我们完全可以从中外诸多“大家”的多重身份看出。在我们看来，这些思想家之所以能够吸引人们的目光，在于他们能够突破固有的学科界限，实现了真正地从学科综合到问题综合，在“超学科”的意义上提出了“超历史”和“超时代”的重大理论。

近代以来的学科分化，大大推进了学术理论的发展，但是，也造成了壁垒森严的学科屏障。为破解这一问题，学科交叉研究逐渐被提上了议事日程，并成为一种趋势。由于多学科的介入，使得原来单一学科无法完成的事情，在多学科的视阈融合中得到了突破。在人文社会科学内部，哲学、社会学、政治学、经济学、法学、文学、新闻传播等学科的边界不断被突破，各个学科要么以自己的理论优势嵌入到其他学科之中，帮助其他学科发展，要么借鉴其他学科的研究方法和理论来发展自己的学科。因而出现了诸如经济哲学、宗教社会学、政治哲学、物理心理学等新兴的交叉学科。

交叉学科的兴起，是学科发展适应时代发展而做出的重大调整，这一调整使得原来的学术研究的边界被打破，学术研究的重合点越来越多，这大大推进了整个学术研究的进程。单以目前兴起的认知科学的研究为例，一直以来“人的认识何以可能”的问题是哲学研究的问题。近代认识论转向以后，对这一问题的研究进入白热化的阶段，理性主义和经验主义各领风骚数百年，终究以哲学的“语言学”转向而宣告终结。到了现代，这个问题再次被论及时，就成为包括语言学、逻辑学、心理学、脑科学等诸多学科关注的问题。在认知科学看来，人的认识能力的问题不是个抽象的思辨的哲学问题，而是一个“科学”的问题，因此，通过对人的脑电波的检测、对人的脑部的扫描、对人的心理相关机能的实验等，人们逐渐部分地解开了认知的奥秘：（1）在认知心理学方面，把人脑与计算机进行类比，将人脑看作是计算机的信息加工系统。（2）在人工神经网络方面，把人的认知看作是神经网络的活动，但这种神经网络活动是人工的，与真正的神经及其突触连接并不相同。（3）在认知神经科学方面，从真正的人的大脑的工作方式入手来研究认知。[①] 可以说，作为一门新型学科，认知科学意义重大。虽然一些研究的成果还有待于时间和实践的检验，像大脑高级整合、学习机制与规律、空间认知、语言认知、智能的机器实现等问题都需要我们做进一步的探索，但毕竟这为人类认识自身打开了一扇窗户。

从独立学科走向学科的交叉或学科综合，其所代表的是学术研究发展的必然趋势，但是，这趋势依然存在着诸多的问题，其中最具代表性的是，各个学科很难完全消除壁垒以投身到问题的研究中。如，一些学科非常注重质性（定性）的研究，而一些学科则比较重视量化（定量）的研究，一些学科发展得比较成熟，一些学科发展得不怎么成熟，因此学科之间的偏见就难以避免，学科交叉（或综合）中就会出现这样或那样的问题，从而也必然将影响学术的发展。以笔者所从事的职业为例，在一些涉及交叉学科的外审专家来审读具有交叉研究性质的论文时，如，一个出自伦理学研究者之手的经济伦理学的稿件，可能在经济学的外审专家那里，这篇稿子基本没有多大的价值，外审专家会提及这篇稿子所谈的东西太空洞，至少没有采用目前经济学常用的方法（模型）来进行问题的分析，因而认为，这个主题的稿子徒有其表，而无实质性的内容。但可能在伦理学的外审专家看来，这个稿子很有意思，他可能借鉴了伦理学的理论来分析当前最热点的经济问题。同样，如果这个稿子是出自一个经济学家之手，外审专家身份如果是伦理学家，他很有可能提出更多的意见，如，作者连基本的理论素养都没有，因为他没有沿用伦理学的术语、概念来分析和阐释问题，而只限于经验事实的罗列，缺乏必要的抽象分析等等。这当中肯定存在着比这还要复杂的问题。这表明，学科交叉研究依然是困扰学术研究的一大难题。

如何才能突破学科交叉的困境，真正实现在学科的综合中推动学术理论的发展？在我们看来，关键在于从学科综合走向问题

① 中国科学院心理研究所战略发展研究小组：《认知科学的现状与发展趋势》，《中国科学院院刊》2001 年第 3 期。

综合。

从学科综合走向问题综合，意味着在学术研究中，不再是以“学科”为重点，而是以“问题”为重心，即以围绕理论和实践中发现的重大“问题”，调动各个学科的力量，利用多学科的研究优势，以更为宽广的视野来审视和研究这一问题，由此来最大限度地解决“问题”。

在问题综合中推动学术发展，主要是要做到以下几个方面。

一是要找到真实的“问题”。“问题”向来不是自动呈现在研究者的面前的，而是隐藏在理论和现实的矛盾之后。因此，在从学科综合走向问题综合的研究中，必须找到真实的“问题”，就理论层面的问题而言，需要在“纵向和横向”两个维度来展开：在纵向上，需要研究学科理论发展的历史，即这一学科的起源、发展和现阶段的情况，其所讨论的问题，先后的承接等，由此来真实地发现理论的真实“困境”；在横向上，需要对同一历史时期的相关不同理论进行比较，以找到自身理论较之于其他理论的特点和缺陷，由此发现理论发展的“突破口”。在现实的层面，对于现实发生的重大事件（包括思潮），尤其是转折性的事件要从多学科的视野加以分析。由此在把握时代脉搏的基础上真正实现对现实的“真”问题的观照。在我们看来，找到真问题是实现从学科综合走向问题综合研究方式转化的关键环节，只有找到真问题，才能集结各个学科的“优势兵力”，群策群力来处理问题。

二是要充分调动各个学科的积极性，打破学科之间的壁垒，真正围绕“问题”进行研究。按照一般的理解，学科之间虽然有着诸多的共同性，但实际上学科之间依然存在着诸多的差异，这主要体现在每一个学科都有着自身概念术语、理论表达方式、研究方法、思维模式和解释的框架等，因此，学科之间的差异是走向学科综合和问题综合最为主要的壁垒。在我们看来，要真正打破学科之间的壁垒，关键在于学科对话，只有在对话中，各个学科的研究者才能互相倾听对方的观点和想法，并化解固有的分歧。应该说，各个学科都有自己的范围和界限，但在只有以“问题”为中心的学科对话中，才能使相关学科发挥自己的优势，提出切实可行的方案，同时，在思想的砥砺中，拓宽问题研究的视野。

三是要培养一批具有多学科背景的综合型人才。学术研究关键是靠人才。在当下这个时代，单一的知识背景的人才已经很难适应时代的发展和需要。在学术理论研究中，如果一个学者接受过多个学科的训练，就能在问题的发现、解决和处理的过程中自觉地应用多学科的研究方式和理论资源。以目前的心理学研究为例，今天的心理学研究，已经不再是弗洛伊德时代的人文心理学占据主导，心理学已经演变为生命科学、生物学、医学、计算机科学、脑科学等的综合学科的领域。在心理学的研究中，如果研究者仅仅具有理论的研究能力，是远远不够的，他还应该具有理工科的背景，能够借助于现代实验仪器，对诸多的心理现象进行实验分析，设计实验，展开实验，并自己来设计计算机程序进行实验的模拟等，只有这样，他才能在研究中游刃有余。其实，在今天，这种多学科背景的人才培养模式已经形成，如在逻辑学的博士招生考试中，已经开始考察研究者是否具有一定的计算机语言的程序编写能力，在科学哲学的招生中，注重考生的生物学、物理学等自然科学背景，等等，所有这些都是当代学术研究适应时代发展而作出的调整。

马克思曾指出：主要困难不是答案，而是问题。因此，真正的批判要分析的不是答案，而是问题。在这个意义上，问题是时代矛盾的集中反映，只要我们把握了问题，在思维中把握了问题所反映的时代，就能找到化解问题的突破口。今天，专业研究日益时髦，我们更应该倡导从专业研究走向问题研究，从学科综合走向问题综合，只有关注并提早意识到这一点，我们的学术才有未来可言，进而把中国学术推向新的思想高度才能成为现实。

第二节　当代中国学术研究的道路探索

经过改革开放 30 多年的发展，中国的学术理论已经获得了长足的发展：建立了一批新的学术理论研究机构，培养了一批“德才兼备”的学术理论人才，创建了一批结构合理的学科理论体系，等等。这些成绩似乎表明，我们已成为学术理论强国。但事实却表明，我们尚未完全打造出能够讲述中国人自己“故事”的学术话语体系，[①] 尚行走在建立中国特色、中国风格、中国气派的哲学社会科学体系的路上！

如何破解我们是学术研究的“大国”而不是学术理论的“强国”这一尴尬局面，并由此为当代中国学术研究找到新的出路？在我们看来，可行的路径之一就是贯通学术研究的学术性与思想性。

学术性和思想性是学术研究的一体两面，没有学术性的学术，只能是一堆无根且无所承载“朽木”；同样，没有思想性的学术，只能是概念的堆积和理论的框架搭建的缺乏灵魂的“骨肉”。因而，学术研究既需要学问的积累，也需要思想的创造。尤其是在“学术凸显、思想淡出”的时代，我们更需要能够以中国人自己的话语讲述中国乃至世界的“故事”的思想家。在这个意义上，对当代中国学术研究的未来道路的探索，实则就是思考学术研究中的学术性与思想性的贯通问题，具体言之，就是思考学问家与思想家、理论家与实践家、“知道分子”与知识分子的关系问题。

一　历史变革中的学问家与思想家

在“贞元六书”之一的《新理学》中，针对为何将自己的“理学”称之为“新理学”问题时，哲学家冯友兰曾强调，“我们现在所讲之系统，大体上是承接宋明道学中之理学一派。我们说‘大体上’，因为在许多点，我们亦有与宋明理学以来底理学，大有不同之处。我们说‘承接’，因为我们是‘接著’宋明以来底理学讲底，而不是‘照著’宋明以来底理学讲底。”[②] 由此，他提出了学术研究的“接着讲”和“照着讲”的原则。按照冯先生的意思，所谓“照着讲”就是规规矩矩地、原原本本地讲“史”，就是前人说了什么，我们忠实地将其说出来，阐发和揭示出来；所谓“接着说”，则是要求在前人的已有见解上，说出自己的见解、思

① 近年来，我国科研论文发表数量突飞猛进。最新的媒体数据显示，我国科技人员发表的期刊论文数量，已经超过美国，位居世界第一。然而据统计，这些科研论文的平均引用率排在世界 100 名开外。

② 冯友兰：《新理学》，生活·读书·新知三联书店 2007 年版，绪论，第 1 页。

想以及看法。虽然，冯先生的此番言论源于对为何要做新理学的反思，但实则却为我们在今天开展学术理论创新提供了新理念：学术研究不仅要“照着讲”，也要“接着讲”。

任何学术研究都是奠基在以往的学术传统基础之上的。因此，任何学术研究都必须经历“照着讲”的阶段。“照着讲”的必要性在于，它能最大限度地使研究者在历史的视域中忠实地继承以往的学术思想，由此实现学术理论的积累和传承。在这个意义上，“照着讲”是学术研究的前提。只有在“照着讲”的过程中，研究者才能看到概念、理论、思想演变的历史逻辑，从而洞察到学术理论发展的基本脉络，把握其思想演变的规律，并由此探索到学术创新和发展的道路。譬如，在西方哲学的研究中，对康德的研究就是一个典型的例子。我国著名哲学史家郑昕曾指出，超过康德，可能有新哲学；掠过康德，只能有坏哲学。① 叶秀山亦是强调，在西方哲学的学习中，柏拉图、康德、黑格尔是我们绕不过的“三座大山”。那么，为何会有如此的判断，难道以往的思想家及其理论不会随着时代的变迁而被“淘汰”么？要回答这个问题，我们必须审视康德与西方哲学乃至人类思想史研究的关系。答案显而易见，我们“不能绕过康德”的根本的原因在于，康德基于已有的哲学问题及其成果，根本地揭示了人的理性及其限度。我们知道，在康德的时代，其所面对的主要是经验论与唯理论的二元对立所导致的整个形而上学的危机问题。在《纯粹理性批判》中，康德开宗名义地提出：“人类理性在其知识的某个门类里有一种特殊的命运，就是：它为一些无法摆脱的问题所困扰；因为这些问题是由理性自身的本性向自己提出来的，但它又不能回答它们；因为这些问题超越了人类理性的一切能力。”② 因而，对纯粹理性进行批判并由此重建形而上学构成了康德哲学的总问题。在他看来，纯粹理性批判，不是对某些书或者体系的批判，而是“对一般理性能力的批

① 郑昕：《康德学述》，商务印书馆 1984 年版，第 1 页。

② 康德：《纯粹理性批判》，邓晓芒译，杨祖陶校，人民出版社 2004 年版，第一版序，第 1 页。

判，是就一切可以独立于任何经验而追求的知识来说的，因而是对一般形而上学的可能性和不可能性进行裁决，对它的根源、范围和界限加以规定，但这一切都是出于原则。”① 由此这一批判的核心就在于，对人自身的理性进行彻底的审视和考察。尽管康德得出的结论在今天看来并不怎么惊世骇俗，但倘若我们站在那个时代的境遇去看待这个问题，就会发现其价值之所在。康德这种对人的理性能力的透彻分析，最大限度地揭示了人的能动性，由此确立了人自身的价值。质言之，他给人以尊严。黑格尔曾说，“人应尊敬他自己，并应自视配得上最高尚的东西。精神的伟大和力量是不可低估和小视的。那隐蔽着的宇宙本质自身并没有力量足以抗拒求知的勇气。对于勇毅的求知者，它只能揭开它的秘密，将它的财富和奥妙公开给他，让他享受。”② 可以说，倘若没有康德，这种判断就可能要晚几个世纪。在这个意义上，康德哲学的价值或许就在于，使人重新认识已经交付给“上帝”的自己，确定人自身的地位并在意识自觉中“尊敬他自己”。因而，今天我们回头去阅读康德，就不再是单纯的概念梳理和理论盘点，而是对人类发现自身的思想逻辑的追溯。在这个意义上，我们今天依然需要“回归康德”并认真聆听康德的教诲。惟其如此，我们才能站在思想史的高度和历史的制高点上看待问题，进而实现学术的创新。

正因为如此，在通往学术圣殿的道路上，“照着讲”是必由之路。但是，仅仅停留、固守于“照着讲”的学术研究方式，是无益于学术的创新，更无助于人类实现对真理的追求。因而，我们必须立志于从“照着讲”走向“接着讲”，即从“学问家”转向“思想家”。人们常说，伟大的人可以塑造一个时代，一般的人只能被时代所塑造。我们应该树立这样的理想：以学术为志业，做可以塑造一个时代的人。

学问家和思想家，其实并不是简单的称谓的问题，本质上它代

---

① 康德：《纯粹理性批判》，邓晓芒译，杨祖陶校，人民出版社 2004 年版，第一版序，第 3—4 页。

② 黑格尔：《小逻辑》，贺麟译，商务印书馆 1980 年版，第 36 页。

表着不同的学术研究方式和范式。学问家，学富五车，才高八斗，固守专业领域，以思辨的概念和抽象的理论为内容进行专业的研究。思想家，则是在思想资源积淀的基础上，不仅对本专业领域的问题，而且对跨学科的问题有着深入研究；不仅对学术理论层面的问题，而且对现实社会中诸多的公共性话题都有自己独到的见解。这也就决定了，真正的思想家，应该是有着专业学术背景的、强烈问题意识的理论研究者。这也许就是很多思想家注重“一纵（史）一横（原理）”研究的原因所在。因为，只有在“纵”和“横”的研究中，才能找到思想创新的兴奋点和突破点。

所谓“纵向”的学术研究，通俗地讲，是指对一种思想从哪里来，到哪里去的研究，它的目标在于，揭示出思想在“历史上”传承与发展的基本脉络，由此勾勒出思想发展的“路线图”。这种研究更多地呈现为“以学术问题为中心”的思想探索。如，在中国传统哲学的研究中，对人性问题的思考，单就人性的本性而言，人性善还是人性恶，有各种各样的主张，孔孟主张人性善，荀子主张人性恶，也有人主张人性不善不恶，更有人主张人性既善又恶。从人性善恶的根源来说，有人主张人性本善，是因为受到了后天的污染，故而才表现出恶的一面；也有人认为，人性本善，之所以变恶，是因为受到了情感的左右；更有人认为，万物由气而生成，浊气为恶，清气为善，沾染的哪个多，就呈现出哪个方面。这样，关于人性善恶的问题，就在一个“纵向”的轴线中铺展开来，由此人们便可以真实地看到人性善恶理论变迁和思想跃迁的轨迹，对人性问题有深层的把握。正如徐复观所言：“一个东西的深度与厚度，是在长期历史中酝酿出来的。”① 但是，仅仅做到这点其实不够，我们还需要在“横向”的层面着力。

“横向”研究最大的特色在于，它是在比较的视野中思考问题。我们依然以人性问题为例，关于人性善恶的问题，人们不仅可以看到此问题在中国由古至今是怎么变化的，也可以做中西比较，

① 徐复观：《中国知识分子精神》，陈克艰编，华东师范大学出版社 2003 年版，第 152 页。

并由此探索有哪些相同之处，有哪些相异之处，为何会产生有异同，其深层的根源何在，其对各自的文明产生了何种影响等等。对于人性问题，或者可以在不同的思想家之间进行比较，如在宋明理学那里，周敦颐是怎么认为的，在二程那里，又是怎么看的，朱熹、陆九渊是怎么看的，王阳明又是怎么理解，等等。在此一比较中，逐步彰显出思想之间的差异，并勾勒出思想的基本框架。在这个意义上，“横向”研究同样具有重要的价值和意义。因此，思想创新的关键在于“纵向”与“横向”的立体建构。学问家和思想家的区别或许就在于能否把握到这点。当然，这种学术研究的立体建构根本上不仅来源于“纵”与“横”的思想史处理，深层地还体现为对现实的观照。这点我们将在后文加以详尽阐释。

任何理论只有在不断的创新中才能彰显自身的生命力和价值。对于今天乃至未来的中国学术研究来说，我们既要重视“照着讲”，也要关注“接着讲”，更要打通这两者之间的鸿沟，集“学问家”与“思想家”于一身，由此才能逐步从对他人学术思想的依赖中解脱出来，实现学术研究范式的转换，在学术层面实现对当代中国现实问题的思想表达。

二 时代变迁中的理论家和实践家

在《关于费尔巴哈的提纲》中，马克思曾指出：“哲学家们只是用不同的方式解释世界，问题在于改变世界。”① 其实，马克思是这样说的，也是这样做的。包括马克思在内的恩格斯、列宁等经典作家，都将这一信条贯彻始终。在思想斗争领域，他们同资产阶级的思想家们展开了激烈的辩论；在革命实践领域，他们把理论与实践相结合，甚或亲自参加和领导工人运动，并不断修正、完善自己的理论，在理论研究中总结和凝练实践经验，从而真正做到了理论研究与实践活动的有机统一，理论家与实践家身份的有机统一。就像拉萨尔所评述的：“只要实际行动的时机一到，他（指马克思——笔者注）就会心甘情愿地搁下笔来，不再写他所知道的事

① 《马克思恩格斯选集》第一卷，人民出版社2012年版，第136页。

了。”[①] 马克思、恩格斯深入工人阶级的反资本主义运动之中，列宁领导苏联人民所举行的十月革命，毛泽东领导的新民主主义革命和社会主义建设，邓小平领导中国人民展开伟大的改革开放的实践，等等，这些都表明，马克思主义经典作家们向来不仅仅是思想的“巨人”，也都是革命和建设实践的“领袖”。它启示我们，在当代中国的学术理论研究中，研究者应当立志于做理论家和实践家。

很多人也许会感到疑惑：做学术理论研究的人，怎么能要求他做实践家？在我们看来，产生这种疑惑的根源在于，人们对实践心存误解。弗·梅林在1918年撰写的《马克思传》中指出：“马克思之所以无比伟大，主要是因为思想的人和实践的人在他身上是密切地结合着的，而且是相辅相成的。同样无疑的是，在他身上，作为战士的一面是永远胜过作为思想家的一面的。”[②] 之所以如此，乃是因为，马克思认识到既要钻在书斋中进行纯粹理论思考，更要在理论的斗争中变革旧的思辨的、维护资产阶级利益的理论，探索包含着现实维度（反映时代精神和民众诉求、维护广大人民根本利益）的新理论。在这个意义上，倡导做学术理论研究的实践家，并不是让研究者去“做”或“干”某个具体的活（如做砌墙、开汽车、做家具等），而是要以实践的观点看问题，把现实的社会发展看作矛盾运动的过程。

以实践的观点看问题，这源于学术研究的根本旨趣。亚里士多德说：“不论现在，还是最初，人都是由于好奇而开始哲学思考。”[③] 倘若这里的“哲学”可以用“理论”来替换，那么，可以这样说，“人都是由于好奇而开始理论思考”。这种“好奇”就在于，世界为何如此这般？人的生命是有限的，那么人存在的意义何在？现实社会运动中为何存在如此多的矛盾？我们能否找到人类社会发展的基本规律，等等，对每一个问题的回答其实都包含着人类

---

① 弗·梅林：《马克思传》，樊集译，人民出版社1965年版，第4页。

② 同上。

③ 亚里士多德：《形而上学》，苗力田译，中国人民大学出版社2003年版，第5页。

对自身的探索，对人与社会、人与自然、人与他人、人与自身的关系的求索，以及对社会历史发展变迁的过程和未来走向的追求，对美好生活的向往。因此，学术理论研究本质上并不是“空想”的结果，而是基于现实的理论思考。其实，看似最远离现实的理论，只要它是“真的理论”，那么，它肯定是最关注且最深刻反映现实的。这决定了，我们在学术理论中不能只做理论家，更要做实践家，不能单纯地以理论的方式思考问题，还要以“实践”的观点看问题。以学术理论的发展传承人类文明，使人们所生活的世界更有意义。正如张载所言，“为天地立心，为生民立命，为往圣继绝学，为万世开太平”，这乃是所有学术之魂、学者之根本所在。在这个意义上，学术发展必然而且应当服务于人类的历史实践。

以实践的观点看问题，意味着要理解理论的阐释与发展的辩证关系，即懂得学术要承载并传承文明，既不能仅仅停留于对原有理论的阐释，又不能进行空洞的所谓创新；既不能坐在书斋中想象外在的万千世界，又不能沉浸在自娱自乐的“象牙塔”中，而应该结合时代的变迁，关注大众的诉求，通过对社会转型中所遭遇到的诸多重大现实进行理论的把握和观照，从而推动学术理论的创新和发展，由此在理论的发展中推动实践的发展，在实践的发展中丰富理论的内涵，使理论真正成为反映时代精神的精华，成为人类文明的活的灵魂。以毛泽东对近代中国社会性质的认识为例，自鸦片战争以来，面对中华民族的生死存亡，“中国社会向何处去”成为最为重要的问题。但要破解这一难题，关键就在于客观地判断中国社会性质和发展阶段。基于对当时中国境况的洞察，毛泽东敏锐地做出了“中国处于半殖民地半封建社会的”基本判断，在他看来，“中国的特点是：不是一个独立的民主的国家，而是一个半殖民地的半封建的国家；在内部没有民主制度，而受封建制度压迫；在外部没有民族独立，而受帝国主义压迫。”① 正是基于这一准确判断，他将马克思主义与当时的中国国情相结合，提出了“星星之火，可以燎原”“枪杆子里面出政权”“农村包围城市”等诸多中国化

① 《毛泽东选集》第2卷，人民出版社1991年版，第542页。

的马克思主义理论，在救亡中实现了启蒙，实现了民族的独立和解放，为当代中国的一切进步和发展奠定了根本的政治前提和社会制度，为新的历史时期开创有中国特色社会主义提供了宝贵经验、理论准备、物质基础。历史事实已经并将继续证明，只有以实践的观点从事学术理论研究，才会使理论之树常青。

以实践的观点看问题，意味着要懂得学者个体性存在与社会性存在的辩证关系。在马克思看来，人的本质在其现实性上是一切社会关系的总和。作为学者，并不是孤立的存在，必然是社会性的存在。因此，在学术研究中，固然有“修身养性、陶冶情操”的追求，但是并不能仅仅陶醉于自我的成就，而是要有强烈的现实关怀和实践精神，要能够在历史的关键时刻铁肩担道义，具有历史的使命感和责任感。事实上，历史上很多大学问家，并不是“一心只读圣贤书，两耳不闻窗外事”的书呆子，而是“风声雨声读书声，声声入耳；家事国事天下事，事事关心”的实践家和革命家。回首历史，正因为心系无产阶级和人类的解放，马克思才坐在大英博物馆展开了对资产阶级意识形态的政治经济学的批判，并写下了作为“完整艺术品”的《资本论》；正因为看到计划经济的弊端，邓小平才提出了发展社会主义市场经济的号召，并由此开启了中华民族伟大复兴的新道路。历史一再告诉我们：只有心里承载着苍生，才能挺起学术的脊梁。

在这个意义上，做超越学问家的思想家，实则就是做实践家，就是以实践的观点看待问题，就像马克思所说的，以“批判的和革命的”① 观点看问题，就是以促进人民的福祉和推动现实社会的发展的使命感来从事学术。因此也决定了，理论家和实践家并不对立。对于任何一位伟大的学者而言，在他那里，理论和实践必然是内在统一的。这样的学者才是现代意义上的“知识分子”而不是单纯的“知道分子”。

三　在思想前提批判与现实关怀之间

任何问题的研究，都植根于思想家所生活的时代和历史境遇。

① 《马克思恩格斯全集》第44卷，人民出版社2001年版，第22页。

因此，思想家同其所生活的时代紧密相关。在中国传统社会，知识分子秉承“达则兼济天下，穷则独善其身”的治学理念，志存“修身、齐家、治国、平天下”理想信念，使得中华文明源远流长。但近代以来，伴随着西方思想以及坚船利炮的入侵，中华民族生存的境遇发生了翻天覆地的变化，面对思想启蒙与民族救亡双重任务，中国知识分子演义了一幕幕悲壮的救亡图存之历史剧。

今日中国，国泰民安，且不说时局的安稳为学术研究提供了好的政治环境①，单就是物质条件和制度条件的充分具备也使得学术发展成为必然之事。交通的便利、电子设备的发明、信息技术的普及等，都使得原来诸多不可能之事在瞬间成为可能。最具代表性的是，大量书籍的印刷、互联网的出现、电子书籍等的异军突起，都使知识的产生方式和文明传承的路径发生了巨大的变迁。仅以互联网为例，借助于电子和通信技术，互联网的兴起变革了原有的知识生产方式、存储方式以及传播方式等，这既为学术研究提供了便利（大型数据库、电子文本的撰写等），也构成了挑战：一方面借助网络，人们可以得到任何想要寻找的答案（暂不考虑其内容是否涵盖全面，解释的是否透彻），另一方面，对传统研究者的合法性却造成了危机。由此所导致的结果是，学者、专家似乎不再成为人们崇拜的“学识渊博”之士，“网络”反倒成了一切知识的源泉，以“网络为师”逐渐成为时代的趋势。

那么，在网络化时代，面对继近代自然科学革命挑战哲学社会科学之后的新一轮“冲击波”，未来的学术研究，尤其是哲学社会科学存在的价值和意义何在？回答这个问题，不仅关乎当下的学术研究怎么办，更关乎未来的学术研究之路怎么走。

在我们看来，破解当代学术研究之危机的根本出路在于，研究者秉承反思批判精神，投身于火热的现实生活，并在时代的变迁中做引领和塑造时代精神的“知识分子”。

① 对此，单是看看梁启超对阳明学派的批评就足以窥见一斑：“他们不是为学问而做学问，是为政治而做学问。他们许多人都是把半生涯送在悲惨困苦的政治活动中，所做学问，原想用来做新政治建设的准备，到政治完全绝望，不得已才做学者生活。”（参见梁启超《中国近三百年学术史》，人民出版社2008年版，第15页）

反思批判精神是哲学社会科学的精神之一，它在本质上规定了其存在的合法性与合理性。在思想的前提反思批判中，人们重新对问题加以审视和判断，并由此为人类发现真理和追求自由，求索美好的生活规划出新的道路。在这个意义上，反思批判所提供的不是单纯的知识，而是思考和反思问题的思维方式。“在所有的文明之中，人们看待自己的方式从根本上规定了他们所发展出来的社会实践。”① 因而，从根本上讲，一切变革都根源于思维方式的变革，哲学社会科学存在的价值就在于，理论家们在思想的碰撞与交锋中为人类思考历史与未来提供新的思维方式，为改变世界提供思想的武器。以西方哲学史上久负盛名的“思想的客观性问题”为例。德国古典哲学家黑格尔曾认为：“思想的真正客观性应该是：思想不仅是我们的思想，同时又是事物的自身，或对象性的东西的本质。”② 应该说，较之于康德对思想客观性的唯心主义把握，黑格尔前进了一大步。但是，对这一问题马克思有着清醒的认识，“德国哲学家们在他们的黑格尔的思想世界中迷失了方向，他们反对思想、观念、想法的统治，而按照他们的观点，即按照黑格尔的幻想，思想、观念、想法一直是产生、规定和支配现实世界的”③。因而，在马克思看来，黑格尔所说的思想的客观性，实则是观念赋予自身以真理性，反倒忘记了，“意识在任何时候只能是被意识到了的存在，而人们的存在就是他们的现实生活过程。”④ 因而，不是观念决定生活，而是生活决定观念。正是这种基于思想前提的反思批判，才真正洞穿了“意识的内在性”，拨开了笼罩在思想客观性问题上的“迷雾”。由此，马克思为人类提供了变革世界的新思维方式：实践的思维方式。这启示我们，反思批判精神才是哲学社会科学的法宝，继承和秉承这一精神，中国学术的未来道路才会更为平坦。

---

① 霍尔盖特：《黑格尔导论：自由、真理与历史》，丁三东译，商务印书馆2013年版，第17页。

② 黑格尔：《小逻辑》，贺麟译，商务印书馆1980年版，第120页。

③ 《马克思恩格斯文集》第1卷，人民出版社2009年版，第511页。

④ 同上书，第525页。

学术发展的历史表明，只有在现实面前，理论才能在反思批判中彰显其存在的价值。因而，我们就不能简单地固守已有的理论和成就，而是要在对问题的反思批判中开拓思路，寻找思想创新的路径。

在反思批判中推进学术理论的创新，关键是要有一批具有反思批判精神并能够在实践中发现重大问题的知识分子。在网络化、信息化的时代，人类需要的不再是只顾学术积累，而全然不顾思想创造，只是简单地从事理论研究的学者，而是要能投身实践抑或是具有实践情怀，并在历史的洪流中以理论的方式来关注问题的知识分子。萨义德（Edward W. Said）曾认为："知识分子的代表是在行动本身，依赖的是一种意识，一种怀疑、投注、不断献身于理性探究和道德判断的意识；而这使得个人被记录在案并无所遁形。"[①]这决定了，当代意义上的知识分子必然是思想者和实践者。

萨义德曾不无担忧地指出，"当今世界更充满了专业人士、专家、顾问，总之，更充满了知识分子，而这些人的主要角色就是以其心力提供权威，同时获取巨利"[②]。因而，要在社会转型的历史时期做具有反思批判精神的"真"的知识分子绝非易事。这就要求我们，新时代的知识分子首先就必须要坚守道义，自觉到自己的使命与担当。孟子曾云：先立乎其大者，其小者不能夺也。这启示我们，作为社会良心的知识分子，应该心怀黎民百姓，向往美好的事物，追求"真善美"，并由此来为人类的未来开拓出新的疆域。

纵观人类的历史，实际上是从误认"上帝创造历史"到觉悟"人类创造历史"的过程。近代以来，伴随着人自身的历史的发现，人类开始自己掌握自己的命运。人类开始逐渐摆脱"神"的启示，而是依凭自身的理性来把握一切存在，在反思批判中探寻人类未来的新道路。在这当中，知识分子扮演了越来越重要的角色。当然，这并不意味着知识分子就是真理的唯一掌握者，而是表明，

---

① 萨义德：《知识分子论》，单德兴译，生活·读书·新知三联书店2002年版，第23页。

② 同上书，第6页。

在掌握已有人类历史和知识的基础上，知识分子能够站在时代的制高点和历史制高点上来审视在时代变迁中所发生的一切。这就要求，“知识分子既不是调解者，也不是建立共识者，而是这样一个人：他或她全身投注于批评意识，不愿接受简单的处方、现成的陈词滥调，或迎合讨好、与人方便地肯定权势者或传统者的说法或做法。不只是被动地不愿意，而是主动地愿意在公众场合这么说”①。这要求当代的知识分子更应真实地表达对现实生活的真切感受，审慎地审视时代的变迁，切身地体会人间之冷暖，为时代贡献自己的力量。

在上述意义上，要真正实现学术性和思想性的贯通，必然的道路只能是，顺应时代的要求，从学识渊博的传统学者逐渐转变为反思时代问题并进行思想创造，承担历史使命，仗义执言的“真”的知识分子。当然，这样的知识分子是否就能解决我们所面临的全部重大现实问题和理论问题，需要时代加以检验。

余　论

曾经，面对中国目前哲学研究的现状，吉林大学高清海痛心疾首地指出，我们的哲学研究存在的根本问题就在于，我们缺乏应有的自我创造，失落了我们的“哲学自我”。② 高先生的话虽然是针对哲学学科而言，但纵观今日中国学术研究的现状，这样的告诫依然适用于我们今天的哲学社会科学研究，它依然对于学术理论的创新具有重大启示意义。

对于今天的中国学术来说，寻找失去的“思想自我”，就是要在学术性与思想性的贯通中续写中国的现代性，就是抛弃那种不加辨别地引进西方的理论和概念，“囫囵吞枣”地以西方的理论来阐释和研究“中国问题”的研究方式，而在中西文明对话的基础上，

① 萨义德：《知识分子论》，单德兴译，生活·读书·新知三联书店2002年版，第25页。

② 高清海：《中华民族的未来发展需要有自己的哲学理论》，《吉林大学社会科学学报》2004年第2期。

注重学术积累，倡导公平对话，由此在长期学术积累的基础上，形成具有中国理论特色、理论传承和学统的学术话语体系。

马克思曾指出："每个原理都有其出现的世纪。……因而不是原理属于世纪，而是世纪属于原理。换句话说，不是历史创造原理，而是原理创造历史。"① 因此，要使当代中国学术不至于沦落为西方学术的"殖民地"和"跑马场"，就必须研究当代中国之"未竟的现代化"事业中所遇到的各种棘手的问题。例如，社会公正的问题，制度建设的问题，社会治理的问题，生态文明建设的问题，核心价值的引领问题，等等，只有在这些事关社稷和民生的话题的思考与解答中，当代中国学术才不至于迷失方向，学术的研究者才能迸发出激情，才能为人类找到生活的价值和意义。或许，我们今天意识到这点，已经代表着我们走上了探寻中国学术自我的新征程！

---

① 《马克思恩格斯文集》第1卷，人民出版社2009年版，第607页。

第九章

开创马克思主义哲学的新境界

学术理论是时代的风向标。钱穆先生在《中国历代政治得失》中提出了判断制度得失的标准：历史意见和时代意见。按照他的说法，所谓“历史意见”即指“要讲某一代的制度得失，必须知道在此制度实施时期之有关各方意见之反映。这些意见，才是评判该项制度之利弊得失的真凭据与真意见。……历史意见，指的是那制度实施时代的人们所能切身感受而发出的意见，这些意见比较真实而客观。”所谓的“时代意见”则是指，“待时代隔得久了，该项制度早已消失不存在，而后代人自己所处的环境和需要来批评历史上已往的各项制度，那只能说是时代意见。时代意见并非是全不合真理，但我们不该单凭时代意见来抹杀已往的历史意见。”① 虽然，钱穆是针对着如何判断制度的得失而言，但其所蕴含的方法论原则对于我们推进当代马克思主义哲学创新依然具有十分重要的启示意义。

对于我们来说，面向当代中国问题的马克思主义哲学创新，就在于结合时代发展，以理论的方式表征和塑造新的时代精神，大致来讲，这既包括构建当代中国整体文化观的问题，也包括马克思主义哲学创新与中国道路的问题，只有在这些问题的思考与反思中，才能在时代精神的表达中推动马克思主义哲学、历史唯物主义世界观的创新和发展。

---

① 钱穆：《中国历代政治得失》，生活·读书·新知三联书店 2001 年，前言，第 2—3 页。

第一节　构建当代中国的整体文化观

文化是民族的血脉，是人民的精神家园。一个民族的文化，体现着其发展的文明程度。对于处在全球化境遇和整个社会转型的当代中国人来说，在文化自觉、文化自信和文化自强中推动文化建设、文化发展、文化进步，实现文化大发展大繁荣意义重大。为此，学术界围绕“马克思的文化观与当代中国文化建设”的主题，并就“唯物史观的文化理论”、“西方马克思主义的文化批判理论”、“当代中国文化建设的思想路径”、“文化发展的哲学基础与经济动力”等议题展开了讨论，这无疑对于推进文化建设、文化创新和文化发展的问题具有重要意义。

一　以基础理论研究推动文化建设

在任何理论的发展中，基础理论的建设最为重要。只有在基础理论的层面使问题得到最透彻的分析，理论的创新才能成为可能。可喜的是，伴随着当代中国学术理论的发展和学术话语体系的建设，学者们已经自觉意识到了此一问题的重要性。

在学术界，学者们关注的焦点首先并不是如何建设社会主义文化的问题，而是文化的定义、内涵、本质、特性等基本理论问题。有学者主张，文化建设成功与否关键取决于我们对文化的理解。只有在全面深刻的意义上进一步理解文化的本质、特性以及意义，从而把对它的理解提升到一个新的高度，文化建设中的具体问题才能迎刃而解。他认为，文化就是“人化”和“化人”。“人化”是按人的方式改变、改造世界，使任何事物都带上人文的性质；“化人”则是反过来，再用这些改造世界的成果来培养人、装备人、提高人，使人的发展更全面、更自由。在这个意义上，衡量社会主义文化是否合理，关键就在于它是否适合人的生存和发展。基于对文化多样性的分析，有学者认为，文化的多样性是人类社会的一种客观存在。不同文化之间的交流与融合、碰撞与冲突，是各种文化共存、发展的基本条件和基本途径。因而，在全球普遍交往中，应该倡导文化之间的尊重与包容，承认和发展文化多样性，推动实现文化之间的交流、沟通、对话和合作，进而建设一个和平、公正、和谐的世界。也有学者认为，要真正推动文化建设，必须重新审视文化，从多种视角来看文化，即（1）从力量的转移看文化，我们已经从物的力量主导的时代转向文化的力量、人的力量来主导的时代；（2）从社会结构看文化，我们应该从生产力、生产关系、社会政治制度、社会心理和思想体系五个层面来审视文化；（3）从决定论看文化，我们对文化的理解必须观照三个要素：文化、价值、人，文化的核心是价值观，价值观的形成固化对人有引领作用；（4）从人化来看文化，研究文化要注重人化，研究人化要注重人的社会心理和社会性格的改造。通过分析文化的民族性和世界性特征，有学者强调，在全球化语境中，中国特色社会主义文化的建设，一方面，应当自觉坚守中华民族优秀的传统文化，适应时代和实践的需要，保持并彰显民族文化的特色，以强化人们的文化身份认同意识和文化归属感；另一方面，应当自觉对世界文化开放，积极与其他民族进行文化交流，吸收其他文化的精华，积极向世界传播中国文化，为人类文化的发展做出显著的贡献。

坦率地说，文化是一个非常广泛的概念，要给它下一个精确的定义并准确地阐释其特性，是一件几乎不可能之事。但是，这并不意味着我们不能或者无法来理解文化，不能用中国学者自己的语言来描述我们所理解的文化，来阐述我们的思想。相反，恰恰是通过重新阐释文化的概念、本质、特性等，赋予其“有我”的内涵，我们才能树立应有的理论自信，自觉摆脱西方理论的洋教条，重新讲述中国人关于文化建设的故事，它标志着我们朝着建设中国学术的自主话语体系迈进了一步。当然，我们的研究不能止步于此，理论建设和实践需要我们做出深层的思考：怎样才能在社会主义建设中推动文化的创新?

二　以资源整合推动文化创新

建设与中国的经济地位相匹配的、具有世界意义的社会主义文化，是我们的理想和目标。任何文化创新，都不是无所依凭的。因而，建设中国特色社会主义文化不是简单的平地起高楼，而是要对各种文化资源进行梳理、借鉴和整合。我们看到，这些文化资源既包括中华民族悠久历史积淀的中国传统文化，也包括近代以来传入中国的理性主义西方文化，既包括在马克思主义中国化过程中的新民主主义文化，还包括在社会主义建设时期，尤其是改革开放以来所形成的一系列现代文化等等，对于这些文化资源，怎么看？以谁为主？怎样整合？这是摆在哲学社会科学工作者面前的重大理论问题。

对此有学者指出，文化与社会发展紧密相关，在现代化建设过程中，强调文化的自觉、自信和自强非常必要。为此，在文化建设中必须重视传承和借鉴，这既包括对中国传统文化的批判地继承，也包含对外域文化的科学分析。尤其重要的是，要坚持马克思主义在文化领域的指导地位，从而在传承中国传统文化、借鉴外域文化的基础上，建设与现代化的大格局、大目标相匹配的中国特色社会主义文化。通过将中国传统文化分类（语言、宗教、科学、技术、哲学、艺术、规则七大构成部分）并评估，有学者提出，中国传统文化的世界影响力，在今天从整体上说，体现的只能是吸引力而非同化力，在需要也能够实现的文化同质化的文化构成中，即在科学、技术、制度、道德的领域，中国传统文化除中医之外，基本上已经不存在比包括西方和当代中国新文化在内的现代文化更先进的、更优越的东西。而在不需要文化同质化的文化构成中，即在语言、宗教、哲学、艺术和习俗的领域，中国传统文化还是有足够的吸引力的，因此，在社会主义先进文化的建设中，应当着力彰显的是那些能够体现中国传统文化的独特魅力的东西。有学者认为，推进文化的发展与繁荣，整合各种理论资源固然是必要的，但一些原则性的问题或基本理论问题必须弄清楚。这包括：在文化发展的基点上，应当立足现实谈文化；在文化发展的目标上，应该以建设中国特色社会主义的文化为目标；在文化发展的视野上，应该在“全球化—民族化”的视野或框架中来考察民族文化的问题；在文化发展的心态上，应该是开放的、发展的、平等的、互相尊重的。只有这样，才能推进文化的健康发展和创新。

客观地讲，将各种文化资源进行有机的整合并由此创建整体性的文化并非易事，因为，我们既不能简单地照搬中国传统文化，也不能"邯郸学步"式地模仿外域的文化，更不可能一味地固守与时代不相吻合的文化，因而，对于今日中国的文化建设来说，关键之处就在于，要在马克思主义的引领下，超越中西之争、古今之争、传统与现代之争，积极吸收中国历史传统文化、红色革命文化、民族民间文化、当代中国文化、西方先进文化等现代一切文明的成果，从当代中国正处在历史转型期这一客观现实出发，培育能够反映当前中国现实，又能引领未来中国发展的文化。当然，这个过程肯定异常艰难，但只要我们努力去做，就会有成绩。

三　以理论创新推动文化发展

创新是一个民族发展的不竭动力。对于今天的中国来说，文化的大发展大繁荣同样需要创新。哲学的本质在于批判，理论的特性不仅仅在于解释世界，还在于在应对现实社会的各类问题、矛盾的挑战的过程中不断实现自我的创新。因此，新时期文化发展的着力点就在于，客观评估我们所处的时代，并在认真思考当今中国各种文化博弈现状的基础上，以思想把握时代的方式，实现理念突破，即以理论创新推动文化发展。

任何理论的创新都不是来源于概念的推演和理论的思辨，更不是来自对现实的"隔岸观火"，而是源自对现实历史发展的内在逻辑洞察。因此，在一些学者看来，当前我们文化建设面临的最大问题是，全球化背景下的各种价值观的博弈与竞争。对此，有学者强调，要从中国文化软实力建设的层面思考此一问题：（1）把握中国文化建设的价值定位：以丰富的文化资源为依托推进文化整合，凸显现代中国文化要素在国家文化软实力中的核心地位；（2）凸显文化建设的重点领域：以普遍推进为氛围、以核心领域为重点，实行点面结合，构筑现代中国文化软实力的主体架构；（3）开辟文化建设的有效途径：以宏观倡导为引领，以文化建设的微观践行为途径，生动演绎和展现现代中国人的文化形象。有学者亦提出，当今中国文化建设的任务从理论上来讲能否取得成功的关键在于，我们能够在多大的程度上真正把握当代中国，切实把握正在进行中的中国特色社会主义现代化道路。因此，对于"讲汉语"的马克思主义的研究者来说，最基本的任务就是了解中国的社会，如果我们不能了解中国的社会，不能切中当今中国的社会现实，我们不论怎样谈文化建设，恐怕都是主观思想的表现。有学者主张，在当代中国文化发展的历史进程中，奠基于改革开放三十多年经验之上的科学发展观提出了中国未来发展的新理念，是马克思主义哲学中国化的最新成果。他们进一步指出，科学发展观以发展为第一要义，以人为本，以全面协调可持续发展为基本要求，实际上是以文化理性为理性基础，选择文化发展模式，坚持马克思主义的生态文明观，这三个方面构成科学发展观的哲学内涵，从而证明，科学发展观提出了21世纪中国发展的新理念，是中国特色社会主义理论体系的价值理念。

黑格尔说，精神的伟大和力量是不可低估和小视的。之所以如此，在我们看来，是因为思想自身的穿透力和超历史性。因此，立足于现实的理论创新必然能够为文化建设提供丰厚的养料。这就需要当代中国的学者不能简单停留在思想史的梳理和概念的辨析上，而应深刻把握中国的现实，学会用中国的语言表达中国发展的道路，讲述中国人的故事。惟其如此，我们的文化发展才不会停留于文化产业发展的层次，而会在发展中塑造具有时代内涵的民族精神。

在当今的中国，社会主义文化建设的确取得了丰硕的成果，也大大推进了中国特色社会主义现代化的建设，但是，客观地讲，这些成果的作用并没有完全发挥出来，这当中既有体制机制的问题，也有方法原则的问题，其中最为根本的是，处于社会转型期的中国正面临着有史以来最大的挑战，这既包括传统文化的断裂和西方文化的入侵，也包括封建文化的复苏和市井文化、大众文化的泛滥，它使得我们必须要敢于面对现实，要尽快建立一种基于现实洞察和思想创新上的整体文化观。这种文化观应当是符合中国发展需要和时代潮流的文化观，是能够统领和引导各种碎片化的文化观，是能够引领中国未来并为世界文明的发展做出贡献的文化观。尤为值得注意的是，在整体性文化观的建设过程中，在各种学术思潮交锋的舞台上，我们不能眼看着马克思主义的背影“离场”。我们应当从马克思的思想中寻找灵感，为建设当代中国文化提供思想资源。

第二节　让真正的历史照亮未来的道路

——兼论新版《画传》[①]

在人类历史发展的过程中，总有一些伟大的人物为人们指出未来发展的道路。有人会质疑这种判断，并认为这是一种“英雄史观”，因为它抹杀了人民群众在历史变迁中的贡献。但颇为吊诡的是，上述的质疑总会在滚滚的历史潮流中被冲散，因为它没有看到思想的巨人在历史变迁中的作用与贡献。深层的，这种质疑本质上是一种二元对立的思维方式在作祟，在他们看来，人类历史要么是伟人的奋斗史，要么就是群众的反抗史，而他们忘记了，历史并不是单一因素所造成的结果，而是多种因素共同作用的表现。因此，客观地描述历史，既不是简单的非此即彼，也不是轻佻的孰轻孰重，而是尽可能地发掘每一条影响历史的线索，从而为我们还原一个真实的历史，一个真实的思想创生史。

如何才能还原真实的马克思、恩格斯、列宁等马克思主义伟人的思想创生史，并由此为未来的人类历史找到新的起点，这是摆在我们面前的重大命题。以往，在马克思主义的研究和学习中，马克思、恩格斯、列宁等伟人的经典著作向来是学者和大众关注的重点和焦点。事实的确如此。正是在这些著作中，伟人们的思想得到了最为充分的展示，因而阅读、研究经典文本，几乎成为学术界和广大群众走近马克思主义的唯一路径。但新版《马克思画传》、《恩格斯画传》和《列宁画传》（以下简称新版《画传》）的出版，为我们开掘了一条新的路径，开辟了一条还原人类历史并走向未来的道路。

马克思曾指出：“每个原理都有其出现的世纪。”[②] 因此，对于

① 《马克思画传》、《恩格斯画传》、《列宁画传》，重庆出版社、中央编译出版社 2012 年版。

② 《马克思恩格斯文集》第 1 卷，人民出版社 2009 年版，第 607 页。

每种原理的分析和把握，都不能脱离其所产生的世纪。马克思恩格斯列宁所生活的时代，究竟是怎样的一个时代？他们所遭遇的时代和理论的重大问题是什么？要科学地回答这些问题，我们就必须回归“真实的历史”。对于今人而言，已经无法让时光倒流，更无法穿越历史，退回到伟人们所生活的时代。因此，唯一的路径是借助史料的“拐杖”。新版《画传》无疑为我们提供了除马克思主义经典著作之外的一根新“拐杖”。我们看到，一幅幅精美的、承载着历史事件的珍贵美术作品被囊括其中，在这些珍贵的史料面前，我们完全可以“身临其境”地感受到伟人们所遭遇的现实的和理论的困惑与问题。例如，翻阅新版《画传》“划时代巨著《资本论》的创作”一章的内容，我们就能真切地感受到马克思对资本主义的担忧与思索。在当时，马克思惊喜地看到：“资产阶级在它的不到一百年的阶级统治中所创造的生产力，比过去一切世代创造的全部生产力还要多，还要大。”① 同时，他更是敏锐地洞察到：“在资产阶级社会里，资本具有独立性和个性，而活动着的人却没有独立性和个性。”② 因此，当资产阶级理论家们在积极地预言，资本主义将代表人类的未来，人类的历史将“终结”于资本主义的时候，马克思冷静地看到，资本主义是暂时的、非永恒的，“代替那存在着阶级和阶级对立的资产阶级旧社会的，将是这样一个联合体，在那里，每个人的自由发展是一切人的自由发展的条件”③。在这个意义上，新版《画传》为我们提供了一把“打开真实历史之门”、“破解思想之谜”的金钥匙，它为我们再次完整地呈现了时代的历史景象。

任何思想的研究，不仅需要放到思想产生的时代背景之中，更要放到思想产生的思想史背景中。在思想史的背景中，我们能看到新的思想在其形成、确立和成熟过程中与以往的、当时的各种旧思想、思潮的交锋的场面，从而领略到新思想的魅力和力量。新版

---

① 《马克思恩格斯选集》第一卷，人民出版社 2012 年版，第 405 页。

② 同上书，第 415 页。

③ 同上书，第 422 页。

《画传》为我们精彩地呈现了伟人们面对资产阶级理论家们的思想围剿、理论批驳的真实场面，尤其是伟人们在面对自己思想被误读时的愤怒与不安。马克思说："哲学家们只是用不同的方式解释世界，问题在于改变世界。"①（包括马克思本人在内的恩格斯、列宁等经典作家，将这一信条贯彻始终。在思想斗争领域，他们同资产阶级的思想家们展开了激烈的辩论；在革命实践领域，他们把理论与实践相结合，在实践中不断修正、提升理论，在理论研究中总结和提炼实践，从而真正做到了"理论与实践的有机统一"。就像拉萨尔当年所评述的："只要实际行动的时机一到，他（指马克思——笔者注）就会心甘情愿地搁下笔来，不再写他所知道的事了。"② 这在新版《画传》中都能看到，马克思在大英博物馆呕心沥血地查阅、研究资产阶级政治经济学的材料，翻阅人类学的经典著作，恩格斯在马克思逝世后全身心地投入到《资本论》手稿的整理中，列宁在流亡和流放动荡年代，依然研究俄国的局势，思考其复兴的道路……当这一切以画传的形式体现出来的时候，我们不得不为之震撼与动容。

研究马克思主义，不同的地方在于，马克思主义的经典理论作家不仅是伟大的思想家，他们更是实践家和革命家。马克思、恩格斯深入工人阶级的反资本主义运动之中，列宁领导苏联人民发动的十月革命，毛泽东领导的新民主主义革命和社会主义建设，等等，这些都表明，他们不仅仅是思想的"巨人"，也都是革命和建设实践的"领袖"。因此，我们不能完全依赖他们写在纸上的"文字的东西"，而是要"设身处地"地了解这些伟人们所参与的革命实践活动，把他们的思想和实践活动有机地关联起来，这样，我们才能找到一个"完整的"马克思、恩格斯、列宁，才能真正地体悟到其思想的真谛。恩格斯《在马克思墓前的讲话》中曾指出，"马克思首先是一个革命家"③。这样的判断我们在弗·梅林 1918 年撰写

① 《马克思恩格斯选集》第一卷，人民出版社 2012 年版，第 136 页。
② 参见弗·梅林《马克思传》，樊集译，人民出版社 1965 年版，第 4 页。
③ 《马克思恩格斯选集》第三卷，人民出版社 2012 年版，第 1003 页。

的《马克思传》中同样可以看到："马克思之所以无比伟大，主要是因为思想的人和实践的人在他身上是密切地结合着的，而且是相辅相成的。同样无疑的是，在他身上，作为战士的一面是永远胜过作为思想家的一面。"① 对于他们所描述的马克思，我们在马克思的著作中可以隐约地读到，但要真实地体会到，实属难事。但新版《画传》为我们"破解这一难事"提供了路径。因为，在这个《画传》中，不仅仅记录了思想家们创作理论的过程，如马克思与恩格斯一起起草《共产党宣言》，还客观地描述了他们投身现实革命实践的活动，如，马克思和恩格斯到曼彻斯特深入工厂车间与工人阶级交流的场景。类似的情况在新版《画传》中比比皆是，它们从"整体上"为我们描绘了伟人们集"理论家与革命家"、"思想家与社会活动家"于一身的伟大之所在。在这个意义上，新版《画传》的意义就在于，不加修饰地、客观地为我们塑造了三位伟人的人生事迹、理论贡献和精神境界。

让真正的历史照亮未来的道路，在历史的深处展开想象的翅膀。戴维·麦克莱伦在撰写《卡尔·马克思传》时曾立下宏愿，要让这本传记"完整覆盖马克思生活的三个主要层面——个人的、政治的、精神的"②。今天，当翻阅新版《画传》的时候，我们会发现，他只是在文字上做了抽象的概括，却没有以更易于人们接受的方式实现这一夙愿，戴维·麦克莱伦没有做到的，新版《画传》做到了，我想，这或许才是我们最值得骄傲的事情！

第三节 马克思主义哲学创新与中国道路

对于今天的马克思主义研究者来说，面临的最大挑战也许在于，如何使马克思主义哲学在时代的变迁中依然具有解释力和生命力？因而，马克思主义哲学的创新依然是这个时代的重大命题。在

① 弗·梅林：《马克思传》，樊集译，人民出版社1965年版，第4页。

② 戴维·麦克莱伦：《卡尔·马克思传》，王珍译，中国人民大学出版社2005年版，"序言"，第4页。

我们看来，马克思主义哲学的创新，必须与中国道路的探索相结合，进而回答中国特色社会主义现代化建设中所遭遇到的重大理论与现实结合的问题。这包括马克思主义哲学与党的理论创新、马克思主义文化观与当代文化建设、马克思主义哲学创新与马克思主义哲学史、面向当代中国的马克思主义哲学等问题的分析。

一　马克思主义哲学与党的理论创新

自中国共产党成立以来，就以马克思主义作为指导思想，并在各个历史时期将马克思主义同中国国情相结合，在破解中国问题中实现了马克思主义的中国化，创立了毛泽东思想、邓小平理论和“三个代表”重要思想、科学发展观等时代化的成果，因此，在新的时期，研究和探讨马克思主义哲学与党的理论创新问题至关重要。在我们看来，需要做到以下三个方面。

第一，应结合中国共产党的发展历史，认真总结和回顾作为党的指导思想的马克思主义大众化、时代化、现代化的历史经验，继续推进马克思主义哲学理论的创新和发展。

回顾中国共产党 90 多年的发展史，我们可以发现，一部中国共产党带领人民实现伟大复兴的历史，也是一部马克思主义理论大众化、时代化和现代化的历史。

回首中国近现代历史，我们就更能深刻理解上述论断。从 1840 年鸦片战争开始，中华民族就处在风雨飘摇之中。因此，在此之后的百年历史中，救亡图存，实现中华民族的伟大复兴是每个有良心的中国知识分子义不容辞之事。要打倒封建统治，抵御帝国主义列强的侵略，关键就在于要找到好的思想武器。这个思想武器是什么？是从中国人自己的老祖宗那里学来的东西么？是从西方资产阶级革命的武器库学来的进化论、天赋人权论和资产阶级共和国等思想么？都不是。正如毛泽东所指出的，“这些东西也和封建主义的思想武器一样，软弱得很，又是抵不住，败下阵来，宣告破产了”①。这表明，不论是封建主义的“偏方”，还是西方资产阶级的“灵丹妙药”，都不能救中国，不能作为思想的武器，带领中国人

① 《毛泽东选集》第 4 卷，人民出版社 1991 年版，第 1514 页。

民推翻“三座大山”，实现民族的伟大复兴和昌盛。那么，什么才能作为思想武器，才能武装我们党，才能救民族于危亡之中？历史事实证明，是而且只能是马克思主义。

毛泽东同志曾指出：“自从中国人学会了马克思列宁主义以后，中国人在精神上就由被动转入主动。”[①] 这种“从精神上由被动转入主动”不论是在新民主主义革命时期，还是在社会主义建设时期；不论是在社会主义和谐社会的建设过程中，还是在中国特色社会主义的历史进程中，都体现得淋漓尽致。在中国现代历史的进程中，中国共产党选择了马克思主义作为指导思想，并将其作为思想的武器，由此实现了中华民族的繁荣昌盛，同时，马克思主义理论在中国生根、发芽、开花、结果，逐步发展为中国特色社会主义伟大理论体系，这才有毛泽东思想、邓小平理论和“三个代表”重要思想以及科学发展观的创立，从而在中华民族伟大复兴事业的进程中实现了理论的价值。马克思曾指出：“批判的武器当然不能代替武器的批判，物质力量只能用物质力量来摧毁；但是理论一经掌握群众，也会变成物质力量。”[②] 马克思主义理论一经中国共产党人掌握，就焕发出无限的魅力和光彩。历史事实进一步证明，马克思主义并没有因为时代的变迁而过时或失效，反倒因为我们不断赋予其时代的新内涵，而不断迸发出新的生命力和蓬勃的生机。

这也充分说明了，中国共产党选择马克思主义理论作为自己的指导思想，是历史的必然和时代的召唤。这就要求我们，必须认真总结90多年来我们党继承和发展马克思主义哲学的历史经验，勇于探索，善于思考，不断推进马克思主义理论的创新和发展。

第二，应紧密联系中国的实际和问题，认真研究马克思主义哲学，不断开拓马克思主义中国化研究的新范式、新思路，为解决中国的问题提供时代性的方案。

德国哲学家黑格尔曾指出：“就个人来说，每个人都是他那时

① 《毛泽东选集》第4卷，人民出版社1991年版，第1516页。

② 《马克思恩格斯全集》第3卷，人民出版社2002年版，第207页。

代的产儿。哲学也是这样，它是被把握在思想中的它的时代。”① 马克思亦指出：“任何真正的哲学都是自己时代精神的精华。”② 这些都表明，任何哲学理论都不能脱离其所处的时代，它都是哲学家以个人的风格表达民族的时代精神，哲学不仅表征着这个时代，还引领着和塑造着这个时代。这就决定了，对于马克思主义哲学理论的创新和发展，不能脱离其所在的时代。

回顾改革开放三十多年来的历史，我们可以清晰地看到，哪门学科能够紧密联系时代，哪门学科能够面向中国的问题，就能获得长足发展。真理标准问题大讨论与20世纪70年代末以来哲学学科的发展，市场经济与20世纪80年代以来经济学学科的发展，依法治国与20世纪90年代以来法学学科的发展，和谐社会与新世纪以来社会学学科的发展，无一例外地说明，马克思主义哲学的研究必须面向中国的实际和问题。只有在解决中国问题的过程中，不断地为国家发展和民族复兴贡献智慧，才能实现当代哲学的大发展和大繁荣。

马克思主义哲学不是学院化的学术，也不是离开人类文明的宗派主义，而是凝聚着历史和人类文明的结晶。因此，发展、创新马克思主义哲学，不能将其视为僵死的教条和呆板的命令，不能企图靠背诵几句马克思主义的经典语句来解决问题。恩格斯曾说：“我们的理论是发展着的理论，而不是必须背得烂熟并机械地加以重复的教条。”③ 邓小平同志在批评主观主义的时候也指出：“反对主观主义有两个方面，即反对教条主义和反对经验主义。教条主义，就是只知道马克思列宁主义的词句，不从具体情况出发来运用，……经验主义，就是只看到一些具体实践，只看到一国一地一时的经验，没有看到马克思列宁主义的原则。”④ 因此，要避免上述现象的发生，关键在于马克思主义研究者自身理论水平的提升和历史使命感的增强。

---

① 黑格尔：《法哲学原理》，范扬等译，商务印书馆1961年版，第12页。
② 《马克思恩格斯全集》第1卷，人民出版社1995年版，第220页。
③ 《马克思恩格斯文集》第10卷，人民出版社2009年版，第562页。
④ 《邓小平文选》第1卷，人民出版社1994年版，第259—260页。

如何提升我们的研究水平？是仅仅依赖于经典的解读，钻到故纸堆里寻求答案么？是简单地放弃马克思主义，以西学之是非为是非么？是简单地回到国学，依赖于封建学术来解决实际问题么？都不是。正确的做法是：信仰马克思主义，做坚定的马克思主义者；认真学习马克思主义，研读马克思主义的经典著作；把马克思主义的理论和中国的实践结合起来，丰富马克思主义的内涵，发展马克思主义，从而使其不断焕发出新的生命力；真实地面对我们目前的现实，认真总结新中国成立90多年来的历史经验，总结中国模式、中国道路和中国的经验，从而在理论的层面丰富了马克思主义的内涵，为中国未来的发展提供了理论支持，为世界提供中国的经验，向世界发出中国的声音。在理论层面为中国的现代化建设提供智力支持。

第三，应放眼看世界，不断丰富马克思主义哲学的理论内涵，从而进一步增强中国的文化软实力。

改革开放三十多年来，中国的经济实力发生了巨大的变化，我们的经济总量已经跃居世界前列，GDP的平均增长率常年保持在两位数，这表明，马克思主义理论和社会主义具有强大的生命力。但是，我们也应看到，以美国为首的西方资本主义国家实力依旧强劲，一超独霸的局面并没有发生实质性的改变，霸权主义和强权政治依旧大行其道，今天的世界依然是一个资本扩张主导的、人类整体的利益依然受制于资本的意志的世界。可能有人会认为，这意味着资本主义已经取得了决定性的胜利。事实恰恰相反，这点我们只要读读马克思的《资本论》就能找到答案。只要资本主义的制度存在，资本主义的生产方式就依旧存在，资本主义的所有制方式也不会发生改变，那么，资本主义的灭亡和社会主义的胜利就指日可待，马克思对资本主义的断言和判断就不会失效和过时。西方学者德里达在《马克思的幽灵》一书中就深刻地指出："不能没有马克思，没有对马克思的记忆，没有马克思的遗产，也就没有将来。"①

---

① 德里达：《马克思的幽灵：债务国家、哀悼活动和新国际》，何一译，中国人民大学出版社1999年版，第21页。

这里，有几种现象值得我们深思：一是学术上的崇洋之风盛行；一是传统民族文化研究中的复古主义和虚无主义的泛滥；一是马克思主义学者面对西方思潮，面对现实问题的缄默不语。三种现象看似没有关联，但却存在着千丝万缕的联系。崇洋媚外者试图借助西学来解决中国的问题；文化复古主义者则试图复兴封建学术来克服我们所面对的问题。在这两种势力的压制下，马克思主义学者对马克思主义丧失了自信，面对现实问题：要么空谈一气，要么闭门造车，要么沉默不语。在我们看来，这都是值得马克思主义研究者深思之事。依笔者之见，越是这个时候，越是要马克思主义学者站出来，铁肩担道义，承担起马克思主义学者应有的担当和历史使命：研究马克思主义、宣传马克思主义、发展和创新马克思主义，创建有中国特色、气派和风格的马克思主义理论，向世界发出中国马克思主义学者的声音。

二　马克思的文化观与当代中国文化建设

在1816年10月28日海德堡大学的开讲辞中，黑格尔曾指出："时代的艰苦使人对于日常生活中平凡的琐碎兴趣予以太大的重视，现实上很高的利益和为了这些利益而作的斗争，曾经大大地占据了精神上一切的能力和力量以及外在的手段，因而使得人们没有自由的心情去理会那较高的内心生活和较纯洁的精神活动，以致许多较优秀的人才都为这种艰苦的环境所束缚，并且部分地被牺牲在里面。因为世界精神太忙碌于现实，所以他不能转向内心，回复到自身。"① 在今天的中国，这样的景象似乎依然在上演，由于人们执着于眼前的"很高的利益"和忙于为了这些利益而作的斗争，由于人们"太忙碌于现实"，而不能"理会那较高的内心生活和较纯洁的精神活动"，因而，人们只能沉浸于自我狭小的意义世界之中，而忘却了有更为宏伟的目标需要去完成。在我们看来，这个"宏伟的目标"就是：建构当代中国的整体文化观。

建构当代中国的整体文化观，既是当下中国社会发展的要求，

① 黑格尔：《黑格尔哲学讲演录》第1卷，贺麟、王太庆译，商务印书馆1959年版，第2页。

也是中华民族伟大复兴的要求。改革开放三十多年的实践证明，在全球化的时代，我们今天所开辟的中国道路，已不再简单地具有本土意义，而已具有世界意义。因此，构建一种属于中国的整体文化观，为世界提供中国的智慧，是中国人义不容辞的使命。更为重要的是，伴随着近年来的思想大解放，中国的文化图景呈现出令人担忧的景象：传统文化断裂，西方文化入侵，封建文化复苏，以及市井文化、大众文化泛滥等，而且，各种文化相互冲突、涤荡，由此使得国人在面对各种不同价值主导的文化观时“六神无主”。由此，怎样使文化多元冲击下当代中国文化图景不再发生裂变，如何使这些碎片化的文化思想、观点能够被一种立足于中国现实，满足中国需要，符合时代潮流的新文化观所统领，就成为摆在朝着民族伟大复兴迈进的中国人面前的重大问题。

在我们看来，构建当代中国的整体文化观，首先要做的是要从马克思的思想中寻找灵感，寻求思想资源。

客观地讲，马克思从未撰写一本关于文化的专著，在马克思的经典著作中，也没有直接的关于文化的相关论证和阐释，但是，这并不意味着我们无法从中吸取思想的养料。在我们看来，马克思所给予最丰富的资源就是历史唯物主义的方法论原则。在《德意志意识形态》中，马克思指出：“可以根据意识、宗教或随便别的什么来区别人和动物。一当人开始生产自己的生活资料，即迈出由他们的肉体组织所决定的这一步的时候，人本身就开始把自己和动物区别开来。人们生产自己所必需的生活资料，同时间接地生产着自己的物质生活本身。”[①] 马克思在这里所揭示出来的，大致有两层意思：一是人和动物的不同就在于人能够进行物质生活资料的生产；二是人能够在物质资料的生产过程中生产出“物质生活本身”，即体现在器物、制度和精神等层面的文化。更为深刻的是，马克思由此洞见了文化的本质：文化向来不是什么独立于人的生活世界的玄而又玄的实体性抽象存在，而是现实的人在其现实的生活过程中所创造的产物，是人类本质力量的体现。因而，文化不是外

① 《马克思恩格斯文集》第1卷，人民出版社2009年版，第519页。

在于人类生活，而是内在于人类历史过程的；文化不是天然形成，而是可以加以塑造的；文化不是一经形成就一成不变的，而是随着历史和时代的发展而不断丰富、完善的。

无疑，马克思这一方法论原则，对于我们创建中国的整体文化观具有重大的价值。它至少可以启示我们，创建当代中国的整体文化观应面向现实。

文化是民族的血脉，是人民的精神家园。人类历史的发展证明，一个没有文化的民族，必将是一个没有未来的民族。雅斯贝尔斯在评价轴心时代的文化精神时指出，至今人类依然靠着那时所产生、所创造以及所思考的东西生活。每当新的飞跃产生之时，人们都会带着记忆重新回归到那轴心时代，并被它重燃激情。从此以后，情况就是这样：对轴心时代力量的回忆以及复苏—复兴—为我们提供精神的振奋。对这一开端的回归乃是在中国、印度和西方一再重复发生的事件。正是因为如此，中华民族才屹立于世界之林、延续至今。那么，今天建构当代中国的整体文化观是否需要这样的“回归”？文化复古主义的回答是：彻底地回归；全盘西化者主张，应当义无反顾地抛弃。在我们看来，不能丢掉中国优秀传统文化，我们依然需要吮吸其“营养”，但是，不能仅仅寄希望于中国优秀传统文化。我们需要在总结、反思中国道路的基础上，提炼和建构当代中国的整体文化观。这既需要我们立足现实，为现实把脉，又要求面向未来，为未来作筹划。因此，这种“整体文化观”必然是体现当代中国新变化、新发展，展示当代中国人的精神风貌，塑造有时代内涵的民族精神的文化观。只有这种文化观，才能最终引导我们形成民族核心价值的凝聚力。

那么，这是否意味着，面向现实的当代中国文化建设应舍弃形而上学的思考？回答显然是否定的。在我们看来，之所以今天我们依然没有建立起一种强有力的、能够统领（整合）引导各种碎片化的文化的当代中国的整体文化观，其根本的原因在于，我们缺乏对文化作出深层的形而上学的思考。这点只要反观身边所发生的事件就能看到。这些年来，我们党一直在致力于社会主义的文化建设，这一重视在 2011 年 10 月党的十七届六中全会上达到了历史的顶峰。“深化文化体制改革，推动社会主义文化大发展大繁荣”成为上至官员、学者，下至平民百姓所热议的话题。党的十八大报告进一步强调：“全面建成小康社会，实现中华民族伟大复兴，必须推动社会主义文化大繁荣大发展，兴起社会主义文化建设新高潮，提高国家文化软实力，发挥文化引领风尚、教育人民、服务社会、推动发展的作用。”①

遗憾的是，大多数人并未完全认识到这一顶层设计的深层命意，而是简单地将“文化大发展大繁荣”等同于“文化产业的大发展大繁荣”。其实，这一“等同”背后所隐藏的依然是“GDP主义”的思维模式。类似的例子比比皆是。它给我们的启示是，倘若对一种现象仅仅停留于经验的层面，而缺乏对其深层的理性思考，纵使下再大的工夫，也无法对之作出本质性的把握。黑格尔说，人既然是精神，则他必须而且应该自视为配得上最高尚的东西，切不可低估或小视他本身精神的伟大和力量。因此，构建当代中国整体的文化观，须臾不能离开和缺少人类性的尺度和担当。

一切历史都是人的历史，离开人，历史就无法书写。因此，在书写当代中国现代性的历史进程中，构建以马克思主义为指导，面向现实和未来的、基于形而上学反思的当代中国的整体文化观，需要我们对学术有热情，有使命和担当。恰如马克斯·韦伯在《学术作为志业》中所讲，“因此任何人，如果他不能给自己戴上眼罩，也就是说，如果他无法迫使自己相信，他灵魂的命运就取决于他在眼前这份草稿的这一段里所做的这个推断是否正确，那么他便同学术无缘了。他绝对不会在内心中经历到所谓的科学‘体验’。没有这种被所有局外人所嘲讽的独特的迷狂，没有这份热情，坚信‘你生之前悠悠千载已逝，未来还会有千年沉寂的期待’——这全看你能否判断成功，没有这些东西，这个人便不会有科学的志向，他也不该再做下去了。因为无论什么事情，如果不能让人怀着热情

① 胡锦涛：《坚定不移沿着中国特色社会主义道路前进　为全面建成小康社会而奋斗》，人民出版社2012年版，第30页。

去做，那么对于人来说，都是不值做得的事情。”①

三　马克思主义哲学史：经典与当代

在新的历史时期，推动马克思主义哲学史的研究，进而推动马克思主义哲学的发展和创新，是马克思主义学术界的重大任务和历史使命。通过对“马克思主义哲学史学科反思与方法论检讨”、“马克思主义哲学史上重要文本、人物和思想研究”、“马克思主义哲学史研究与马克思主义哲学理论创新”、“国际视野中的马克思主义哲学研究”等议题的反思与探讨，我们或许能对新时期实现马克思主义哲学与马克思主义哲学史研究的双向互动做出新的理解和阐释。

（一）在方法论原则的反思中推进马克思主义哲学史研究

在任何学术理论的研究中，方法论的自觉与理论创新都息息相关。对于马克思主义哲学史研究而言，这种方法论的自觉尤为重要。

改革开放三十多年来，我国的马克思主义哲学史研究取得了可喜的成绩：马克思主义哲学史学科从无到有，从小到大；教材体系、课程体系逐渐建立并日臻完善；相应的研究机构和学术团体相继成立并开展了一系列的活动；研究问题的范围和深度都有较大扩展，研究成果大量涌现。但是，也有学者指出，在这一研究中依然存在着诸多亟待研究的问题，如，怎样看待已有的马克思主义哲学史教科书？如何认识马克思主义哲学研究在马克思主义哲学创新中的地位和作用？是否要将西方马克思主义纳入整个马克思主义哲学史中加以研究？等等。因而，要破解这些问题，需要我们对马克思主义哲学史研究中的一些基本原则、路径问题予以正确的理解和把握。

基于对国内马克思主义哲学史研究现状的思考，有学者认为，在对马克思主义哲学史的研究中，应该严格遵循一条原则，就是要反对主观主义的解释学、反对单纯强调自我构建，研究必须以经典

---

①　马克斯·韦伯：《学术与政治》，冯克利译，生活·读书·新知三联书店2005年版，第23—24页。

原著为依据。原因在于，马克思主义的经典文本具有历史性的特性，这些经典文本为我们客观地呈现了马克思、恩格斯、列宁等无产阶级思想家在其所生活的时代，对资本主义是否是人类理想的社会制度，人类将走向何处，人类能否实现彻底的自由和解放等重大问题的思考和反思。通过对经典文本的研究，我们可以更为真切地体会到、感受到马克思主义经典作家们思考问题的出发点和立足点，进而把握其思想精髓。

马克思主义哲学史研究中的方法论原则自觉，要求我们必须对已有研究的方法论原则做出全面的梳理和客观的反思。有学者认为，这主要体现为，对以往基于苏联马克思主义哲学史模式尤其是苏联马克思主义哲学原理教科书影响下的中国马克思主义哲学史研究做出的反思。这种反思将能够使我们目前的研究站在新的历史起点上，为我们未来的研究提供新的方法论原则。

（二）在当代中国重大现实问题的解决中推动马克思主义哲学史研究

理论的作用就在于对现实社会发展中所遭遇到的矛盾和问题予以合理的阐释和解决。同时，要使这些问题得到完美的解决，就需要我们不断地回到理论产生的原初境地，寻找思想资源，进而为时代问题的解决提供新的方案。对于当代中国的马克思主义哲学史研究来说，正在进行的社会主义现代化建设无疑为其发展提供了契机。

在面对现代化建设中所遭遇到的重大问题时，在理论的层面，一般有两种路径：要么是结合时代新要求对现有的马克思主义哲学理论进行创新，要么是回到马克思主义哲学诞生的历史源头，去寻找思想资源。但从根本上来讲，只有在马克思主义哲学史的探索中，回归马克思主义经典作家的思想“源头”，我们才能在现实问题的解决中真正实现理论的创新。对此，有学者提出，当代中国现代化建设的实践要求，我们应不断梳理马克思主义哲学的发展历史和思想脉络，激活马克思主义经典思想，为现实社会重大问题的解决找到新的思想资源，提供理论支撑。

回归马克思主义哲学的思想源头，并不是马克思主义哲学史探索的唯一路径，中国现代化建设的现实，要求我们拓展马克思主义哲学史研究的范围和视野。客观地讲，就是把中国社会主义革命、建设过程中形成的中国化的马克思主义——中国特色社会主义理论体系纳入到马克思主义哲学史的研究中来，以此丰富马克思主义哲学史学科的内容，为马克思主义哲学的创新提供源源不断的思想资源。对此，有学者强调，在马克思主义哲学史的研究中，我们更应该结合现实对中国特色社会主义理论作出全方位的研究。进一步讲，应该将马克思主义哲学史研究的视野拓展到当代中国化的马克思主义，而不是局限于对马克思主义经典作家所创立的哲学思想历史的考察。

历史的经验告诉我们，在全球化时代和中国进入快速发展的历史时期，中国的马克思主义者只有在破解中国社会主义现代化建设过程中所遭遇到的难题中，才能不断书写马克思主义哲学史的新历史，丰富马克思主义哲学的基本原理，创建有中国特色、风格和气派的马克思主义理论体系。

（三）史论结合：马克思主义哲学史研究的未来道路

学术理论发展的规律告诉我们，任何学术理论都不是无源之水。对于马克思主义哲学理论来讲，其思想体系的形成经历了一个异常艰难和复杂的历史过程，因此，对这一过程的梳理和把握，有助于我们在历史的大尺度中真切地体会到马克思主义哲学理论诞生的时代背景、精神实质和伟大意义。在这个意义上，马克思主义哲学史的研究目的就不是单纯地“为了历史而历史”，而是在史论结合中推动马克思主义哲学理论的发展和创新，进而推动我们的现代化建设。

无疑，加强马克思主义哲学史的研究对于推动这个学科发展和建设具有重大的价值和意义，但是，这不是最终的目的，不是为史而史。有学者认为，强化马克思主义哲学史研究的根本的目标在于，在史论的互动中，通过马克思主义哲学史的研究来促进马克思主义哲学理论的发展和创新，进而为推动马克思主义的中国化以及重大现实问题的解决提供适应时代需要的理论。

对于“史论结合”的研究范式，马克思主义哲学史的研究者们已经达成共识，在他们看来，马克思主义哲学史的研究对于马克思主义哲学基本原理的发展创新具有两个方面的重大意义：可以帮助研究者更好地理解和把握马克思主义哲学的基本原理及其精神实质，有助于研究者更深刻地理解马克思主义的世界观和方法论。对此，有学者认为，这种“史论结合”的研究范式，实则是在马克思主义哲学研究中贯彻“思想的逻辑与历史的逻辑的内在统一”。即一方面不断地回到马克思、恩格斯等马克思主义创始人的经典文本中，研究其思想发展的历史脉络；另一方面，就是在历史的回归与梳理中，揭示马克思主义哲学的真实内容和精神本质，从而为我们今天的理论创新和现实问题的解答提供坚实的思想基础和方法论基础。

那么，如何在进一步推动马克思主义哲学史的研究中继续发展马克思主义哲学？回顾改革开放三十多年来我国马克思主义哲学史研究的历程，我们将发现，只有直面当代世界的新形势与当代中国社会发展中遇到的新问题，重新解读并激活马克思主义经典文本，进而不断创新马克思主义哲学史的研究，才能切实推进中国马克思主义哲学的创新，并为实现“两个一百年”的奋斗目标提供坚实的理论基础。

四　为人民做学问：马克思主义哲学创新的不竭动力

结合马克思主义哲学在近代中国的发展历史，我们可以清楚地看到，改革开放以来马克思主义研究的学术逻辑与中国道路的实践逻辑具有惊人的一致性。在全面推进改革开放的时代，揭示上述两种逻辑的一致性，开辟马克思主义中国化、时代化、大众化的新路径，构建当代中国学术话语体系，核心在于树立以学术服务人民的理想信念。在我们看来，要实现这一目标，就需要着力于如下几个方面：

第一，坚持和巩固马克思主义的指导地位，树立为人民做学问的理想信念。

近代以来的中国历史，是一部挽救民族危亡、开启现代启蒙、实现中华民族伟大复兴的历史。回顾这段历史，我们完全能够感受到马克思主义在其中所发挥的价值和作用：在马克思主义的指导下，中国共产党带领全国各族人民推翻了“三座大山”，将积贫积弱的旧中国引上了现代文明的道路，实现了国家的独立和富强。事实证明，只有马克思主义才能救中国，才能实现伟大的中国梦。因此，始终不渝地坚持和巩固马克思主义的指导地位是历史之必然。

坚持和巩固马克思主义的指导地位，就在于认识到，马克思主义是颠覆不破的真理，是凝聚着时代精神之精华的科学理论。在整个人类历史转向世界历史的变革中，马克思突破了长期以来人们思辨地理解世界的研究范式，把“改变世界”作为其哲学思想的立足点，把研究的使命规定为，“必须推翻使人成为被侮辱、被奴役、被遗弃和被蔑视的东西的一切关系”，[①] 即推翻整个看似民主实则专制、看似文明实则野蛮、看似恒久实则短暂的资本主义制度。马克思主义揭示出，在人类发展的大道上，资本主义并不能拯救世界，也不能使人类过上理想的生活，历史更不能也不会终结于“西方式”的社会发展模式。在这个意义上，我们坚持马克思主义不仅仅是为中国人的幸福探索一条新的道路，也在为世界各国人民的幸福以及人类的未来开辟一条新的道路。

从根本上讲，马克思主义的科学性和真理性就在于其人民性。有学者曾提出，为什么人的问题是哲学社会科学研究的根本问题?在笔者看来，为什么人的问题其实也是马克思主义是否具有真理性、科学性的根本所在。不同于其他各种社会思潮，马克思主义是超越了自身利益，而为人民大众谋福利的学问。马克思一生矢志不渝地追求“实现人类的自由和解放”，把“实现每个人的自由发展”作为其奋斗的目标。在这个意义上，坚持马克思主义，就在于认识到思想的真理性和科学性，认识到其“一切为了群众，为了群众一切”的人民本性。如果能清醒地认识到这一点，坚持和巩固马克思主义，树立为人民做学问的理想信念，也就成为自然之事。

第二，树立为人民做学问的理想信念，关键在于重视基础理论研究，关注现实问题，推动马克思主义的中国化、时代化和大众化。

---

① 《马克思恩格斯文集》第1卷，人民出版社2009年版，第11页。

马克思主义不是简单的口号和说教，它有着巨大的理论魅力和丰富的思想内涵，只有在基础理论的层面弄懂了马克思主义的精神实质，我们才能在现实中运用马克思主义的立场、观点和方法分析问题、解决问题，并由此构建中国化、时代化和大众化的马克思主义理论，真正实现理论服务群众的理想目标。

马克思主义理论凝结着老一辈无产阶级革命家对世界历史乃至中国的党情、世情、国情的判断和理解，作为时代精神的历史表达，马克思主义经典文本蕴含着丰富的思想。因此，我们需要回到马克思主义诞生的历史语境和时代背景，翻阅和钻研马克思主义经典作家的文本，对一些重大的基础理论问题做出深刻的理解和阐释。虽然时代发生了这样或那样的变迁，但马克思主义基础性原理和基本精神并不会随着时间的推移而蜕变，让马克思主义焕发生命力并保持永久的青春，关键就在于我们继续以学术的方式推进马克思主义的发展。我们依然要对马克思主义的一些基础性理论问题做出深入、扎实的研究，如所有权的问题、阶级斗争的问题、所有制的问题、社会历史形态论的问题、群众观的问题、意识形态的问题，等等，这些问题的研究和突破必将为我们未来的航行提供永不枯竭的动力。

当然，马克思主义不是铁板一块，我们依然需要在时代的变迁中及在对具有全局性、前瞻性、战略性的重大现实问题的阐释中，拓展和丰富其理论内涵。客观地讲，在世界历史和全球化的大格局中，我们面对的根本问题的不是简单的经济转型问题，也不是哪种技术难题的破解问题，而是文明的转型问题，即从传统儒家文明走向现代文明并实现现代化的问题。在这一过程中我们必然会遭遇到这样或那样的问题，如，经济体制改革的问题、文化体制改革的问题、城乡二元差距的问题、产业结构的调整问题、社会矛盾尖锐化的问题、生态危机的问题，等等，能否破解这些现实难题，考验着我们马克思主义的理论家和思想家。对于马克思主义的学者来说，只有根植于当代中国人民伟大实践的现实，我们才能真正实现马克思主义中国化、时代化和大众化。学术事业只有植根于人民群众的伟大实践，才有未来可言。

马克思说："理论只要说服人，就能掌握群众；而理论只要彻底，就能说服人。"① 因此，彻底的理论根源于对基础问题的扎实研究，对现实重大问题的破解，而只有彻底的理论才能真正地服务人民。

第三，树立为人民做学问的理想信念，核心是在马克思主义的指导下，推动中国学术话语体系的建构。

学术服务现实，理论服务群众，根本的就在于保持理论对现实的解释力。我们今天所开创的中国特色社会主义，是没有前例可循的事业，因此，我们要把这项事业从一个胜利引向另一个胜利，就必须构建有中国特色、中国风格、中国气派的学术理论体系，质言之，就是要建构中国的学术话语体系。

在全球化的时代，我们所面对的不仅仅是一体化所带来的经济、技术的竞争，更要面对世界历史格局变动所带来的思想的竞争。较之于经济、技术领域的竞争，思想领域的博弈或许才是根本性的。在 21 世纪，伴随着亚非拉等新的经济体的崛起和欧美老牌资本主义国家的衰退，世界总的格局在面临一次新的洗牌。在这个过程中，学术思想必受其影响，在这轮各种社会思潮竞相登场、各种理论话语"跑马圈地"的竞争中，谁要想赢得世界历史的主导权，就必须把思想的主导权和话语权紧握在手中。因此，在马克思主义的指导下，构建当代中国的哲学社会科学创新体系，使中国的学者和学术成果走向世界，从而在世界学术舞台上赢得话语权并占领制高点，就成为我们当前和今后一个历史时期的使命。

构建当代中国学术话语体系，核心是马克思主义的指导。我们要在马克思主义世界观、历史观、价值观和人生观的指导下，以宽容的态度吸纳世界各国优秀的文明成果，又要以自信自强的态度对待自己的传统文明，既不能简单地停留于对西方理论话语的模仿和复制，也要在思想理论的层面对中国的发展道路、历史经验进行提升和概括；既要着眼于当下如火如荼的社会主义现代化建设，也要前瞻于民主、富强、文明的小康社会的建立。"两个一百年"的目标、民族伟大复兴的中国梦的实现都离不开当代中国的学术话语体系。

---

① 《马克思恩格斯全集》第 3 卷，人民出版社 2002 年版，第 207 页。

余　论

中国学术的当代出场，必然依赖于作为其灵魂和旗帜的马克思主义哲学。近三十多年来，中国的马克思主义哲学研究的理论逻辑同中国道路的实践逻辑相互缠绕，以学术的方式书写了时代进步的华章。但是，这并不意味着，我们就可以躺在这样的“温床”上睡大觉。

我们的问题在于，在人类历史转向世界历史，在中国已然崛起成为东方大国，并以人类命运共同体的理念来引领人类发展的时代背景下，如何使作为人类文明的活的灵魂的马克思主义哲学依然保持蓬勃的活力和生命？如何在经历反思和批判之后，迎来新的思想时代？如何在阐释中国道路的独特意义时从话语的封闭性走向视域的开放性？这些是学术自身发展所面临的问题，是现实向学术提出的问题，也是学术必须严肃面对的问题。

如果不依靠经典文本，马克思主义哲学能否依然保持生命的活力？

我们所面对的问题是，仅仅依靠经典文本解读的马克思主义哲学研究能走多远？众所周知，对于马克思主义哲学的探索，近些年来形成诸多的方法论原则，例如，“回到马克思”、“走近马克思”、“文本考证”、“版本分析”、“思想史探究”、“现实观照”，等等，其中最具代表性的是文本解读的方法论原则。客观地讲，学术理论研究不可能离开经典文本，文本是学术理论的积淀成果，是承载着智慧和文明的载体，也是一切研究的思想之源。但是，如果我们在提出问题的方式上，从文本提出问题，而不是从理论自身或者现实提出问题；如果我们在分析问题的方式上，以文本中能否查到、找到相同的表述为依据，而不是借鉴文本提出问题的方式、分析问题的框架、研究问题的方法论原则；如果我们在解决问题的方式上，以文本有无对此问题的判断、结论为依据，而不是凭借独立思考找到解决问题的答案；如果我们在问题的讨论上，主要是局限于文本中所提及的问题，而不顾文本诞生的时代背景、问题指向以及现实逻辑的话，那么，我们的文本研究是否还有意义？学理化的马克思主义哲学是否要固守本本而终其一生？

面对国内学界甚嚣尘上的文本研究，孙麾在《写在稿纸的边上》中作出这样的反思："回归文本的旨趣，不管是从思维推向存在还是把存在改造成思维抑或根本就是在传统话语中兜圈子，这种理论活动看起来很学术，实质上，在马克思的神圣肖像面前，除了对某个至高无上的思想顶点仰望以外，就无事可做了。"① 这告诉我们，面对已然变化了的社会历史，如果我们依然固守教条化的文本解读方式，醉心于以这种方式来呈现变革的时代和时代中的精神，那么，学术研究只能如深秋之落叶，走向落寞与凋零。

如果不能直面纷繁的学术理论思潮，马克思主义哲学是否能依然坚守学术理论的制高点？

在我们看来，较之于诞生时的历史和思想境遇，马克思主义哲学在当代所面对的学术理论思潮和社会现实的挑战更为严峻。从当前学术发展的态势看，我感觉，真正对马克思主义哲学构成挑战的学术理论思潮主要有三种：以新自由主义为底色的西方学术思潮；以保守主义为核心的儒学复兴思潮；以所谓"回归马克思"为旨趣的"碎片化"马克思主义的理论思潮。

环顾当下的学术，我们可以看到一些这样的景象：混淆价值判断的各种西方理论都在中国"跑马圈地"，倡导西式道路的呼声一浪高过一浪；国学热甚嚣尘上，"穿着西装的跪拜"，"身着汉服的吟诵"，不断冲击着我们的视野；各种称谓的、千奇百怪的、改头换面的国外马克思主义理论被引入中国，马克思主义哲学理论被任意解读、碎片化理解的问题日益突出，"影子文章"一篇接着一篇，"人物考究"的专著一本接着一本。对这些问题，怎么看？怎么办？我们的马克思主义哲学能否"失声"、"失语"？在理论思潮对话的舞台上，只看到转身离去的背影？我们的问题是：不加反思批判地移植的西方新自由主义思想是否适合或有助于中国问题的解决？以农业文明和家族血缘关系为根基的儒家的伦理道德在当代能

① 孙麾：《写在稿纸的边上》，中国社会科学出版社 2011 年版，第 23 页。

否实现创造性转化和创新性发展？“从传统文化中提炼符合当今时代需要的思想理念、道德规范、价值追求”的思想原则是否值得被尊重？被众人打扮得“五颜六色”的、改头换面的、称谓杂多的马克思主义是否依然是我们所理解的马克思主义？这些都需要我们马克思主义工作者作出表态。

这里，请允许我向大家讲述孙麾曾告诉我的一个判断标准。他说，判断一个所谓的国外马克思主义学派或学者是否是真正的马克思主义学派或学者，有这么三个标准：一是，它是否以马克思主义的立场、观点分析问题（中国的或国外的）？二是，它是否依然保持着对资本主义制度的批判，并对人类在超越资本主义之后创造出新的文明样态充满信心？三是，它是否认同社会主义的道路，并将之视为人类走向美好未来的新大道？平心而论，我基本认同这一判断标准。

如果不能直面当代中国全面深化改革的现实，马克思主义哲学能否依然是引领当代中国走向美好未来的思想指南？

在人类思想的历史中，哲学的高贵源于其直接或间接地表征了人类所把握到的时代，以反思和前提批判的方式体现着时代精神的精华。因而，21 世纪中国的马克思主义哲学依然要成为表征时代的思想指南，就不能冷眼旁观火热的现代化建设，闭门臆造思想中的时代。

发展 21 世纪中国的马克思主义哲学不能离开对中国道路的学术表达。作为正在崛起的文明大国，中国以惊人的速度创造了人类历史的新进程，但同时，我们的现代化之路依然充满荆棘：社会转型的问题、从传统社会走向现代社会的问题、法制建设的问题、城乡差距的问题、收入分配的问题、贫富差距的问题、生态环保的问题、道德建设的问题，等等，对于这些问题，具有形而上本性的哲学怎么办？向往并致力于人类解放的马克思主义哲学怎么看？是经验地理解还是批判地反思？是在科学主义、实证主义的冲击下“举手投降”、“拱手相让”，还是要在反思批判中“昂首前行”？这些都值得我们深思。

习近平总书记《在纪念胡耀邦同志诞辰 100 周年座谈会上的讲话》中强调，“用发展着的马克思主义指导新的实践，用新的实践丰富和发展马克思主义，努力开创事业发展新局面、马克思主义发展新境界。”① 这表明，开创马克思主义发展的新境界，不能仅仅依靠对经典文本的解读，而是要面向当代中国重大理论和现实问题，把研究重大理论和现实问题作为共同任务，用中国理论回答中国问题，用中国话语解读中国道路。惟其如此，马克思主义哲学才能昂然立于世界学术之林。恰如高翔研究员所指出的，学术的生命力，从来都来自对重大现实问题的深切追问，来自对人类前途命运的终极关怀。学术不断地从现实中汲取创新的素材和灵感，而人类生活的现实也在学术的不断进步中获得提升和改善。事实的确如此。

如果没有形而上的抑或是对人类解放的渴望，马克思主义哲学是否会依然成为我们的理想信念?

中国古人常讲，学术乃是“为天地立心，为生民立命，为往圣继绝学，为万世开太平”。因而，人文社会科学向来不是把一切都沉入冰水之中的无情物，而是面向并畅想未来，为人类提供终极关怀的精神家园的思想理论。在此意义上，马克思的话值得我们重温：“代替那存在着阶级和阶级对立的资产阶级旧社会的，将是这样一个联合体，在那里，每个人的自由发展是一切人的自由发展的条件。”马克思主义哲学所具有的这种情怀为我们提供了牢不可破的理想信念，这就是追求人类的解放和自由!

在时代和历史的变迁中，人们似乎遗忘了马克思的教诲，因而学术研究也就成为“庖丁解牛”的技术活儿：经济学的数量模型化、社会学的计量化、法学的条款化、史学的考证化，都在把为人类提供精神家园的学术变革为充满“精致技术”的冰冷之物。可喜的是，在当代学术发展历程中，学者们意识到了这一学术研究倾向所存在的问题，开始在批判反思中探寻意义，即追问所属学科的价值取向和理论旨趣，追求学术研究的形而上关怀。人类精神之高贵，或许就在于此，恰如黑格尔所言：“我们所要反对的，一方面

① 《纪念胡耀邦同志诞辰100周年　中共中央举行座谈会习近平发表重要讲话》，http：//news. xinhuanet. com/mrdx/2015 -11/21/c_ 134839447. htm。

是精神沉陷在日常急迫的兴趣中，一方面是意见的空疏浅薄。”实际上，这两者互为因果。因而，“人应尊重他自己，并应自视能配得上最高尚的东西。”当经济学家在反思模型能否全然应用于复杂的、内嵌于整个社会系统的经济问题的解决的时候，当社会学家开始反思抽样调查、数理统计能否破解系统性的社会问题的时候，当法学家逐步审视干瘪的、无血肉的法律条款能否被用来打理鲜活的社会生活的时候，当人文社会科学家们反思是谁让本应“属人”的学科失去终极关怀和关心人类命运的温馨之色的时候，似乎人类正在开启走向未来的新航程！

无法忽略的现实是，倡导所谓“自由、民主”的西方理论的诱惑，渲染“修身养性”的正统儒学思想的羁绊，各式国外马克思主义理论的“花言巧语”，似乎正在迷惑着我们的马克思主义哲学研究者，沉迷于当下，而遗忘了自身的使命——实现人类的自由和解放。正如有些经济学家在观测近五年诺贝尔经济学奖的规律之后所感慨的：“经济学理论越来越偏重于对当下问题的解决，这已经是一个不争的事实，相比古典的亚当·斯密对人类经济秩序的深厚思考，相比哈耶克对人类未来命运痛心疾首的担忧，今天的经济学理论或许更加关心如何解决一个时代的就业问题，或者关心一个人、一个家庭的餐桌上是否摆放着足够多的面包。”① 难道今天的哲学不也是如此么？孙正聿教授说，理论是对实践的超越而非依赖。理论的超越本性就在于，以极具穿透力的思想为人类提供终极的关怀和精神的家园，用思想窥见澄澈的天光。因而，如果包括马克思主义哲学在内的当代中国学术理论缺少了对形而上的终极意义的追问，忽略了自身的价值取向，漠视人的自由与全面发展，当代中国学术是否能够为人类开辟新的文明类型提供不竭的思想动力？因而，我们倡导，任何学术理论，要想占领时代的制高点，都应秉持应有的立场、价值取向和理论旨趣。就中国的马克思主义哲学研究来说，应该确立为人民做学问、推动人类解放的价值关怀和取

① 苏小和：《为什么安格斯迪顿获得今年经济学诺奖?》，http：//blog. ifeng. com/article/37930228. html。

向，树立马克思主义的理想信念。

站在历史和时代的制高点上，我们可以看到这样的情景：不论你是否赞同托马斯·皮凯蒂在《21世纪资本论》中断言的“资本收益率显著高于经济增长率是一切不平等的根源”[①] 的论断，是否满意于弗朗西斯·福山在新著《政治秩序与政治衰败：从工业革命到民主全球化》中对于“如何到达丹麦，即实现人类童话般的美好状态——一个国家有法治、又民主、政府还高效而廉洁”[②] 这一问题所提供的答案；是否认同教皇方济各在《福音的喜乐》中批评现代资本主义是“一个新的专制”、“资本主义专制”将导致更广泛的社会动荡，由这个体制造成的不平等性将“不可避免地”导致崩溃和死亡；是否赞同国内一些学者所主张的“马克思主义中国化的关键在于儒学化”，等等，在个性张扬，思潮涌动的时代，我不知道我们的马克思主义哲学的研究者是否依然沉得住气？哲学的反思批判精神是否依然存在？哲学的形而上关怀是否依然保持？构建21世纪中国的马克思主义能否成功？对此，需要当代中国马克思主义研究者铁肩担道义，做出符合时代精神的哲学反思！

---

① 参见皮凯蒂《21世纪资本论》，巴曙松等译，中信出版社2014年版。

② 参见弗朗西斯·福山《政治秩序与政治衰败：从工业革命到民主全球化》，毛俊杰译，广西师范大学出版社2015年版。

参考文献

一　马克思主义经典著作

1.《马克思恩格斯选集》(第一—四卷),人民出版社 2012 年版。

2.《马克思恩格斯文集》(第 1—9 卷),人民出版社 2009 年版。

3.《马克思恩格斯全集》(第 1 卷),人民出版社 2002 年版。

4.《马克思恩格斯全集》(第 2 卷),人民出版社 1957 年版。

5.《马克思恩格斯全集》(第 3 卷),人民出版社 2002 年版。

6.《马克思恩格斯全集》(第 3 卷),人民出版社 1960 年版。

7.《马克思恩格斯全集》(第 4 卷),人民出版社 1958 年版。

8.《马克思恩格斯全集》(第 16 卷),人民出版社 1964 年版。

9.《马克思恩格斯全集》(第 30 卷),人民出版社 1995 年版。

10.《马克思恩格斯全集》(第 31 卷),人民出版社 1998 年版。

11.《马克思恩格斯全集》(第 32 卷),人民出版社 1998 年版。

12.《马克思恩格斯全集》(第 44 卷),人民出版社 2001 年版。

13.《马克思恩格斯全集》(第 45 卷),人民出版社 2003 年版。

14.《马克思恩格斯全集》(第 46 卷),人民出版社 2003 年版。

15.《马克思恩格斯全集》(第 47 卷),人民出版社 2004 年版。

16.《马克思恩格斯〈资本论〉书信集》,人民出版社 1976 年版。

17. 马克思:《1844 年经济学哲学手稿》,人民出版社 2000 年版。

18. 马克思、恩格斯:《德意志意识形态:节选本》,人民出版社 2003 年版。

19. 梅林:《马克思传》,人民出版社 1965 年版。

20. 列宁:《哲学笔记》,人民出版社 1993 年版。

21. 普列汉诺夫：《普列汉诺夫选集》（第3卷），三联书店1962年版。
22. 《联共（布）党史简明教程》，人民出版社1975年版。
23. 《列宁选集》第1卷，人民出版社2012年版。
24. 《毛泽东选集》（第一—四卷），人民出版社1991年版。
25. 《邓小平文选》（第一—三卷），人民出版社1994年版。

二　国内学者论著

1. 高清海：《高清海哲学文存》（第1—6卷），吉林人民出版社1997年版。
2. 高清海：《找回失去的哲学“自我”》，北京师范大学出版社2004年版。
3. 邹化政：《〈人类理解论〉研究》，人民出版社1987年版。
4. 孙正聿：《孙正聿哲学文集》（第1—9卷），吉林人民出版社2007年版。
5. 孙正聿：《哲学通论》，辽宁人民出版社1998年版。
6. 孙正聿：《马克思辩证法理论的当代反思》，人民出版社2002年版。
7. 孙正聿：《思想中的时代》，北京师范大学出版社2004版。
8. 孙正聿主编：《中国高校社会科学发展报告：1978—2008（哲学卷）》，广西师范大学出版社2008年版。
9. 孙正聿等：《马克思主义基础理论研究》，北京师范大学出版社2011年版。
10. 孙麾：《写在稿纸的边上》，中国社会科学出版社2011年版。
11. 孙利天：《论辩证法的思维方式》，吉林人民出版社2004年版。
12. 贺来：《辩证法的生存论基础》，中国人民大学出版社2004年版。
13. 张盾：《马克思的六个经典问题》，中国社会科学出版社2009年版。
14. 王天成：《直觉与逻辑》，长春出版社2000年版。
15. 吴晓明：《形而上学的没落》，人民出版社2006年版。
16. 吴晓明：《思入时代的深处》，北京师范大学出版社2006年版。

17. 吴晓明、王德峰：《马克思哲学革命及其当代意义》，人民出版社 2005 年版。

18. 吴晓明主编：《当代学者视野中的马克思主义哲学：西方学者卷（上、下）》，北京师范大学出版社 2007 年版。

19. 王南湜：《追寻哲学的精神》，北京师范大学出版社 2006 年版。

20. 俞吾金：《重新理解马克思》，北京师范大学出版社 2005 年版。

21. 俞吾金：《问题域的转换》，人民出版社 2007 年版。

22. 俞吾金：《意识形态论》（修订版），人民出版社 2009 年版。

23. 杨耕：《为马克思辩护》，北京师范大学出版社 2004 年版。

24. 张一兵：《文本学解读语境的历史在场》，北京师范大学出版社 2004 年版。

25. 张一兵：《回到马克思》，江苏人民出版社 1999 年版。

26. 张汝伦：《德国哲学十论》，复旦大学出版社 2004 年版。

27. 邓晓芒：《思辨的张力》，商务印书馆 2008 年版。

28. 侯才：《青年黑格尔派与马克思早期思想的发展》，中国社会科学出版社 1994 年版。

29. 聂锦芳：《清理与超越》，北京大学出版社 2005 年版。

30. 汪子嵩等：《希腊哲学史》（第一、二、三卷），人民出版社 1988、1993、2003 年版。

31. 李秀林等主编：《辩证唯物主义与历史唯物主义原理》，中国人民大学出版社 1995 年版。

32. 肖前主编：《马克思主义哲学原理》（上、下册），中国人民大学出版社 1998 年版。

33. 冯友兰：《中国哲学简史》，涂又光译，北京大学出版社 1996 年版。

34. 冯友兰：《新理学》，生活·读书·新知三联书店 2007 年版。

35. 梁启超：《清代学术概论》，岳麓书社 2009 年版。

36. 梁启超：《中国近三百年学术史》，人民出版社 2008 年版。

37. 徐复观：《中国知识分子精神》，陈克艰编，华东师范大学出版社 2003 年版。

38. 钱穆：《中国历代政治得失》，生活·读书·新知三联书店

2001 年版。

三　国外马克思主义学者论著

1. ［匈］卢卡奇：《历史与阶级意识——关于马克思主义辩证法的研究》，商务印书馆 1996 年版。
2. ［匈］卢卡奇：《青年马克思（选译）》，商务印书馆 1963 年版。
3. ［法］路易·阿尔都塞：《保卫马克思》，商务印书馆 2006 年版。
4. ［法］路易·阿尔都塞：《哲学与政治：阿尔都塞读本》，吉林人民出版社 2003 年版。
5. ［法］路易·阿尔都塞、埃蒂安·巴利巴尔：《读〈资本论〉》，中央编译出版社 2001 年版。
6. ［法］埃蒂安·巴利巴尔：《马克思的哲学》，中国人民大学出版社 2007 年版。
7. ［英］戴维·麦克莱伦：《青年黑格尔派与马克思》，商务印书馆 1982 年版。
8. ［英］戴维·麦克莱伦：《卡尔·马克思传》（第 3 版），中国人民大学出版社 2005 年版。
9. ［法］奥古斯特·科尔纽：《马克思的思想起源》，中国人民大学出版社 1987 年版。
10. ［英］约翰·B. 汤普森：《意识形态与现代文化》，译林出版社 2005 年版。
11. ［德］A. 施密特：《历史和结构》，重庆出版社 1993 年版。
12. ［德］A. 施密特：《马克思的自然概念》，商务印书馆 1988 年版。
13. ［德］卡尔·柯尔施：《马克思主义和哲学》，重庆出版社 1989 年版。
14. ［美］赫伯特·马尔库塞：《理性与革命》，上海人民出版社 2007 年版。
15. ［美］汉娜·阿伦特：《人的境况》，上海人民出版社 2009 年版。
16. ［美］悉尼·胡克：《对卡尔·马克思的理解》，重庆出版社

1989 年版。
17. ［法］鲍德里亚：《生产之镜》，中央编译出版社 2005 年版。
18. ［法］鲍德里亚：《符号政治经济学批判》，南京大学出版社 2009 年版。
19. ［日］广松涉：《物象化的构图》，南京大学出版社 2002 年版。
20. ［日］广松涉：《唯物史观的原像》，南京大学出版社 2009 年版。
21. 复旦大学哲学系现代西方哲学研究室编译：《西方学者论〈1844 年经济学哲学手稿〉》，复旦大学出版社 1983 年版。
22. ［美］卡尔·洛维特：《从黑格尔到尼采》，生活·读书·新知三联书店 2006 年版。
23. ［德］卡尔·洛维特：《世界历史与救赎历史》，上海人民出版社 2005 年版。
24. ［英］G. A. 科恩：《卡尔·马克思的历史理论》，高等教育出版社 2008 年版。
25. ［日］望月清司：《马克思历史理论的研究》，北京师范大学出版社 2009 年版。
26. ［德］费彻尔：《马克思与马克思主义》，北京师范大学出版社 2009 年版。
27. ［英］I. 梅扎罗斯：《超越资本（上、下）》，中国人民大学出版社 2002 年版。
28. ［德］亨利希·库诺：《马克思的历史、社会和国家》，上海译文出版社 2006 年版。
29. ［美］弗朗西斯·福山：《历史的终结及最后之人》，中国社会科学出版社 2003 年版。
30. ［美］丹尼尔·贝尔：《资本主义文化矛盾》，江苏人民出版社 2007 年版。
31. ［苏］捷·伊·奥伊则尔曼主编：《辩证法史·德国古典哲学》，人民出版社 1982 年版。
32. ［美］伯特尔·奥尔曼：《辩证法的舞蹈》，高等教育出版社 2006 年版。

33. ［德］特奥多·阿多尔诺：《否定的辩证法》，重庆出版社 1993 年版。
34. ［联邦德国］马克斯·霍克海默、特奥多·维·阿多诺：《启蒙辩证法》，重庆出版社 1990 年版。
35. ［英］特里·伊格尔顿：《马克思为什么是对的》，新星出版社 2012 年版。
36. ［法］德里达：《马克思的幽灵》，中国人民大学出版社 1999 年版。

四　西方学者论著

1. ［古希腊］柏拉图：《理想国》，商务印书馆 1986 年版。
2. ［古希腊］柏拉图：《柏拉图全集》（第 3 卷），人民出版社 2003 年版。
3. ［古希腊］柏拉图：《巴曼尼得斯篇》，商务印书馆 1982 年版。
4. ［古希腊］亚里士多德：《形而上学》，中国人民大学出版社 2003 年版。
5. ［古希腊］亚里士多德：《工具论（上、下）》，中国人民大学出版社 2003 年版。
6. ［德］E. 策勒尔：《古希腊哲学史纲》（第 2 版），山东人民出版社 2007 年版。
7. ［法］笛卡尔：《第一哲学沉思集》，商务印书馆 1986 年版。
8. ［德］康德：《纯粹理性批判》，人民出版社 2004 年版。
9. ［德］康德：《逻辑学讲义》，商务印书馆 1991 年版。
10. ［德］黑格尔：《精神现象学》（上、下卷），商务印书馆 1979 年版。
11. ［德］黑格尔：《小逻辑》，商务印书馆 1980 年版。
12. ［德］黑格尔：《哲学史讲演录》（第 1—4 卷），商务印书馆 1959、1960、1959、1978 年版。
13. ［德］黑格尔：《历史哲学》，上海书店出版社 2006 年版。
14. ［德］黑格尔：《法哲学原理》，商务印书馆 1961 年版。
15. ［法］科耶夫：《黑格尔导读》，译林出版社 2005 年版。
16. 瓦托夫斯基：《科学思想的概念基础》，求实出版社 1989 年版。

17. 张世英主编：《新黑格尔主义论著选辑》（下卷），商务印书馆 2003 年版。
18. [德] 费尔巴哈：《费尔巴哈哲学著作选集》（上、下卷），商务印书馆 1984 年版。
19. [德] 费尔巴哈：《基督教的本质》，商务印书馆 1984 年版。
20. [德] 海德格尔：《存在与时间》，生活·读书·新知三联书店 2006 年版。
21. [德] 海德格尔：《路标》，商务印书馆 2000 年版。
22. [德] 海德格尔：《海德格尔选集》（上、下卷），上海三联书店 1996 年版。
23. [德] 海德格尔：《现象学之基本问题》，上海译文出版社 2008 年版。
24. [德] 伽达默尔：《哲学解释学》，上海译文出版社 2004 年版。
25. [英] 柯林武德：《历史的观念》，商务印书馆 1997 年版。
26. [德] 哈贝马斯：《现代性哲学话语》，译林出版社 2004 年版。
27. [德] 哈贝马斯：《后形而上学思想》，译林出版社 2001 年版。
28. [德] 卡西尔：《人论》，上海译文出版社 2004 年版。
29. [美] 理查德·罗蒂：《哲学和自然之镜》，商务印书馆 2003 年版。
30. [德] H. 赖兴巴哈：《科学哲学的兴起》，商务印书馆 1966 年版。
31. [意] 维柯：《新科学》（上、下），商务印书馆 1989 年版。
32. [美] 马歇尔·伯曼：《一切坚固的东西都烟消云散了》，商务印书馆 2003 年版。
33. [法] 汤姆·罗克曼：《马克思主义之后的马克思》，东方出版社 2008 年版。
34. [美] 梯利：《西方哲学史》（上卷），葛力译，商务印书馆 1975 年版。
35. [英] 斯蒂芬·霍尔盖特：《黑格尔导论：自由、真理与历史》，丁三东译，商务印书馆 2013 年版。
36. [英] 罗素：《西方哲学史》（上卷）商务印书馆 1963 年版。

37. [法] 波德：《资本主义的历史：从 1500 年至 2010 年》，上海辞书出版社 2011 年版。
38. [美] 所罗门：《大问题：简明哲学导论》，广西师范大学出版社 2011 年版。
39. [美] 萨义德：《知识分子论》，单德兴译，生活 · 读书 · 新知三联书店 2002 年版。
40. [德] 雅斯贝尔斯：《大哲学家》（上、下），中国社会科学出版社 2009 年版。
41. [德] 马克斯 · 韦伯：《学术与政治》，生活 · 读书 · 新知三联书店 2005 年版。
42. [法] 皮凯蒂：《21 世纪资本论》，巴曙松等译，中信出版社 2014 年版。
43. [美] 弗朗西斯 · 福山：《政治秩序与政治衰败：从工业革命到民主全球化》，毛俊杰译，广西师范大学出版社 2015 年版。

五　期刊中析出的文献

1. 孙正聿：《怎样理解作为世界观理论的哲学》，《哲学研究》2001 年第 1 期。
2. 孙正聿：《怎样理解马克思的哲学革命》，《吉林大学社会科学学报》2005 年第 3 期。
3. 孙正聿：《历史唯物主义与马克思的新世界观》，《哲学研究》2007 年第 3 期。
4. 孙正聿：《历史唯物主义的真实意义》，《哲学研究》2007 年第 9 期。
5. 孙正聿：《辩证法：黑格尔、马克思与后形而上学》，《中国社会科学》2008 年第 3 期。
6. 孙正聿：《解放思想与变革世界观》，《中国社会科学》2008 年第 6 期。
7. 孙正聿：《关于马克思主义创新的思考》，《光明日报》2009 年 5 月 19 日，第 9 版。
8. 孙正聿：《“现实的历史”：〈资本论〉的存在论》，《中国社会科学》2010 年第 2 期。

9. 孙正聿：《历史唯物主义与哲学基本问题》，《哲学研究》2010年第5期。
10. 孙正聿：《“哲学就是哲学史”的涵义与意义》，《吉林大学社会科学学报》2011年第1期。
11. 陶德麟：《对马克思主义中国化研究中两个问题的理解》，《中国社会科学》2009年第1期。
12. 陈先达：《马克思主义哲学的当代性与文本解读》，《中国社会科学》2007年第5期。
13. 刘福森：《马克思主义哲学的主体性原则、实践性原则和社会历史性原则》，《社会科学战线》1991年第3期。
14. 孙利天：《马克思的历史唯物主义对黑格尔辩证法的颠倒》，《马克思主义与现实》2008年第2期。
15. 吴晓明：《回到社会现实本身》，《学术月刊》2007年第5期。
16. 吴晓明：《作为历史科学方法论的历史唯物主义》，《中国社会科学》2008年第1期。
17. 王南湜：《马克思的历史概念》，《哲学研究》2007年第10期。
18. 王南湜：《历史唯物主义何以可能》，《学习与探索》2009年第5期。
19. 贺来：《马克思哲学与“存在论”范式的转换》，《中国社会科学》2002年第5期。
20. 王天成、曾东：《辩证法的三种形态》，《社会科学战线》2007年第4期。
21. 王天成：《黑格尔形而上学维度的革新》，《吉林大学社会科学学报》2007年第4期。
22. 张盾：《在什么意义上黑格尔辩证法是马克思哲学变革的思想源头？》，《复旦学报》（社会科学版）2007年第3期。
23. 张盾：《重新辨析马克思创立历史唯物主义的理论本意》，《哲学研究》2005年第6期。
24. 张盾：《“历史的终结”与历史唯物主义的命运》，《中国社会科学》2009年第1期。
25. 张曙光：《马克思主义哲学研究应有的现实性与超越性》，《中国社会科学》2006 年第 4 期。
26. ［德］海德格尔：《晚期海德格尔的三天讨论班纪要》，《哲学译丛》2001 年第 3 期。
27. 何增科：《市民社会概念的历史演变》，《中国社会科学》1994 年第 5 期。
28. 韩立新：《〈德意志意识形态〉中的市民社会概念》，《马克思主义与现实》2006 年第 4 期。
29. 韩立新：《〈穆勒评注〉中的交往异化：马克思的转折点》，《现代哲学》2007 年第 5 期。
30. 蔡英田：《待建的哲学坐标——关于哲学基本问题演变的坐标》，《哲学研究》1997 年第 11 期。
31. 侯才：《哲学认识论基本问题不等同于哲学基本问题辨析》，《社会科学战线》1998 年第 6 期。
33. 高云涌：《“基本的哲学问题”与“哲学的基本问题”》，《学习与探索》2000 年第 4 期。
34. 陈先达：《哲学研究要以党和人民的最高利益为动力》，《中国社会科学报》2011 年 12 月 27 日，B01 版。
35. 何萍：《论“回到马克思”现象》，《学习与探索》2004 年第 5 期。
36. 衣俊卿：《关于国外马克思主义研究现状的审视》，《马克思主义与现实》2011 年第 5 期。

后 记

读书是我的习惯，买书则是爱好。但每次买书、读书我都有个习惯，就是先要去读其“后记”，感觉通过“后记”的阅读才能了解作者真实的想法，这或许是因为作者在“后记”中交代了学术之“外”的东西，这种交代弥补了书中“板着面孔”言说学术的不足，让干瘪的作品丰满，瞬间鲜活了起来，能让人穿透外表而洞察事情本身。因而，在我的专著的“后记”中，也将作这样一种尝试，这里不再言说书中的“学术观点”，因为在之前的正文中已作了全面的呈现。在这里，我将从另一个角度向读者交代学术之外的生活，透视或通过自身对这一生活的回顾，至少可以让自己明白：每个人自己创造自己的命运，但前提是，作为社会关系的个体，却需要他人的提携和帮助。常怀感恩之心，方是人间正道。

从事哲学的学习和研究完全是偶然的事情，但却是必然的选择。1999 年的夏天，我和父亲背着行囊踏上了南下昆明的列车，从此，离开故土，开始了寻找理想、探索世界的人生之旅。对于刚刚跳出“农门”的我来说，大学的生活既新奇而又充满坎坷。虽然在高中就以政治课的形式学习了哲学基本原理，但对于将要以之为专业或志业的哲学，我却处在懵懂之中。唯一能让我欣喜的是，经过一年的艰辛复读，跳出了“农门”，考上了大学。

作家史铁生说，生命的意义就在于你能创造这过程的美好与精彩，生命的价值就在于你能够镇定而又激动地欣赏这过程的美丽与悲壮。在我看来，生命的价值与意义在于，人能创造属于自己的世界。我从未想过会学哲学，更从未想过要读大学乃至读博士，以至于以学术为志业，因为，在父辈的眼中，我能成为“公家人”或者说成为“吃商品粮”的售货员已是奢望；在我的心目中，能成为一个有点技术的农民就是梦想（实话说，我的梦想一直是当个养羊或养猪的专业户）。但生活向来就是这样，只要你努力，总能给人以惊喜。也许，这就是人之为人的本质。人生可能就是这样，时刻充满了未知；正因为未知，我们才时刻保持着对未来生活的向往，人总是活在希望之中。

初进大学校门，我向往的是能够以大学的文凭为梯子，找一份“好”的工作。所谓的“好”，其标准是，不用在烈日或暴风雨中收割，更不用把生活完全交付给老天爷，至少不用像父辈那样，在雷雨交加的夜晚几番起床，担心颗粒无收；或者在干旱的季节，天气预报说要下雨，但是却一直没落下雨来而辗转反侧。对于出生于20 世纪 70 年代末，成长于八九十年代的我来说，对农村的生活有着深切的体验，以至于到现在很多朋友提起说，等有空了，咱也在农村弄点地，种点菜，养养羊或鸡养啥的，过过田园牧歌的生活，对此我都保持着怀疑和警惕，我都要反复地逼问对方，你干过农活吗？你是在农村长大的吗？你能在炎炎烈日下割麦子吗？你能半夜起床给羊添草，捏着鼻子打扫羊圈、收拾鸡舍？如果做不到，最好雇个佣人，或者干脆放弃。在我看来，20 世纪八九十年代那种单纯依靠务农来讨生活的日子，往往是美好与悲凉并存，幸福与艰辛同在。也正因为如此，我才懂得生活的艰辛，才有了高考复读时历史老师描述的那股子拼劲：宁叫累死牛，不叫打住车。常常萦绕在耳边的是，只要能跳出农门，吃啥苦都不是苦，受啥累都不叫累。时常想，干啥再苦，能有顶着 38℃ 的烈日割麦子苦？干啥再累，能有拉着架子车爬坡上坎累？干啥再憋屈，能有眼看着要收进粮仓里的麦子被雷雨冲走而颗粒无收憋屈……这可能是时至今日，每当遇到苦差事，遇到不顺心的事，我都能挺过来的直接原因。因为经历过，就不再畏惧。

因而，当踏进大学的门槛，虽然对于所学的专业——哲学所知甚少，但我依然努力，期望通过自己的努力去赢得新的生活。幸运的是，通过云南大学哲学系的老师们的谆谆教导，处于懵懂状态的我逐渐爱上了被常人视作深奥、神秘的科学——哲学，而且爱得一发不可收拾。时常感慨，我与哲学的关系，就是一场封建式的婚姻——先结婚，后谈恋爱。之后的事实证明了，学习哲学，让我找到了人生的新航向、收获了大学里的爱情，乃至之后的婚姻和家庭以及事业。

人生当中，很多事情其实是偶然也是必然的，我偶然地选择了哲学却必然地以此为业。依稀记得大一第一门课是由刘家志、李兵、曾健、陈宿建四位教授为99级哲学专业开设的“哲学通论”，更记得1999年12月1日去小西门新知图书城购买的第一本哲学著作——孙正聿教授《哲学通论》时的情景，那时谁能想到八年之后会到孙老师门下读博士？这可能就是缘分。客观地讲，在全国哲学学科的版图中，云南大学哲学系算不上重镇，但这里却有着一群好老师，他们平凡、真诚、友善，引导我逐步踏入哲学的殿堂，在学习上帮助我，在生活上关心我，使我顺利完成本科、硕士阶段的学习，为我踏入新的人生征程奠定了坚实的基础。这里请允许我一一提及他们的姓名并致谢，刘家志教授、高力教授、曾健教授、李兵教授、蒋颖荣教授、蒋红教授、卢云昆教授、陶晴教授、陈克清教授、李本书教授，等等，他们的言传身教让我受益良多。尤其是我的硕士导师李兵教授，为人正直、胸怀坦荡，“将生活学术化”，在人生的紧要关头，把我推荐给他的博士导师孙正聿教授，让我实现了梦寐以求的愿望，才有了今天的生活。李老师的夫人聂琴老师“将学术生活化”，她在生活上所给予的关照至今让人感动：她总是想方设法地提供挣取生活费的机会，让我自食其力，在衣食无忧中度过了快乐的硕士生活。这些年来，他们给予我的，是无法用言语本身来加以表达的。时常想起这样的情景，与同门的师姐赵曼，师兄谢青松、欧阳海灵、刘招明，师弟钟文龙、舒小青等一起，围坐在李老师和聂老师的身旁，谈天说地，好不自在。在此，感谢我的本科同学张红玲、杨宝富、何东、崔长健、陈文、包崇许、顾睿，等等；硕士同学宋静、王洪涛、杨雄、徐良中、李文婷、黄文丽、徐会中以及同级伦理学专业的朱玉福、张瑞成、王强，等等，他们对于学术的孜孜追求和对于生活的积极向上时刻感染着我，也鼓励着我一直前行。昆明是我的第二故乡，在那里，我度过了人生中最关键的八年，可以说，我的人生观、价值观和世界观的塑造就得益于这八年的学习和生活经历。其中，在云南大学丽江旅游文化学院工作的一年，更让我练就了读书之外的“本领”。感谢陈忠民、张汝毅、杨毅、杨伟等领导和老师“收留”了我，并手把手地教我从事行政、教学工作，使我较快地实现了从大学生到教师的身份转换，适应了丽江的生活。同事罗红霞、贺廷静、陈善江、范俊、宋伟斌、王淑玲、谭启鸿、康厚良、王鑫、李毅波，等等，让我在丽江过了学术孤寂但生活丰富、快乐的一年。七彩云南，永远是我的故乡，在那里，我有幸遇到了好老师、好同学和好朋友，可以说，倘若没有他（她）们的无私帮助与关怀，我的人生之路可能要走得更艰难一些。

我能进入吉林大学，师从孙正聿老师是我的福分。如果从拜读孙正聿老师的《哲学通论》算起，作孙老师的学生已有 17 年的时间；如果以 2005 年 4 月 14 日当面见到孙老师为节点，也有 11 年的时间。至今还记得陪孙老师和师母在滇池边云南民族村游览的情景，那时的我，初生牛犊，向孙老师问了很多“愚蠢”的问题，但孙老师都宽容地一一作出详细解答，“《哲学通论》的主旨可以用‘哲学不是科学’六个字来概括”、“马克思主义哲学是关于人的解放的学说”、“哲学是对理论思维的前提批判”，等等，这些振聋发聩的论断让我感觉听到了天籁之音，至今犹在耳边回响。至今依旧能找到这样一种感觉，那就是在云大银杏道漫步时向孙老师表达，我想考他的博士的愿望时，孙老师欣然允诺后，我心里乐开花的感觉。2007 年 4 月 30 日，我终于实现了自己的愿望。读博的三年，孙老师和师母更是给予我无微不至的关照。在我看来，孙老师给予我的，不仅仅是在知识层面的教导我如何理解哲学、如何理解马克思主义哲学，更是教会了我如何做人，如何做学问，做什么样的学问，为什么做学问。非常有幸，在读书期间，能够常常见到师母，每次见到她，她总是默默地坐在老师身后，听老师给我讲学问，临走总会问一句：缺啥不，常来家里坐啊。至今记得 2009 年冬天去帮老师修电脑，外面下着雪，临出门时，我随口说了句，要去沃尔玛买袜子，师母忙拉住我，愣是从衣柜翻出三双买给孙老师的袜子给我。写到这里，不禁潸然泪下。可以这么说，没有孙老师的栽培、师母的关爱，我就不会有今天的安稳生活。他们所给给予我的，只能用一生去回报。

考入吉林大学读书，是我人生的重大转折点。带着朝圣的心情步入吉大，三年后满载着对哲学的信仰离开，但至今却时常魂牵梦绕地想回去，不是因为我在那里待了三年，而是因为那里有着满满的回忆和至今依旧挂念的“亲人”。回过头去看，吉大读博的岁月，是人生中最惬意、最舒适的日子。在那些日子，按时按点地去图书馆、去经信楼上自习，到南校区西门的观澜湖公园散步，与同学结伴悠闲地逛学人书店、法律学者书店，搬着板凳去同学寝室聊天，约着去吃麻辣烫……一切似乎都像发生在昨天。那时候，买书是最幸福也是最痛苦的事情。说是快乐的，是因为总能遇到好书；说是痛苦，是因为老有买不起的书。正因为无法随心所欲地买书，买的每一本书都是经过仔细掂量的，拿起、放下、又拿起，魂牵梦绕，甚至要往书店跑几趟，总是要经历复杂的思想斗争之后才咬牙下手，那真是一种煎熬；正因为来之不易，买的每一本书都认真去读，摆在案头，揣在包里，字斟句酌地读。时常感触，吉大求学的岁月，才是真正“长本事”的日子。吉林大学哲学系是“有哲学”的哲学系，是有学术传统、学术理念、学术人物、学术影响和学术未来的哲学系，这个系学脉源远流长，大师云集，虽然没有当面聆听到刘丹岩、高清海、邹化政、舒炜光等老一辈学者的真知灼见，但从其后继弟子们的身上总能看到他们的影子，时常因为能够聆听到风采各异的老师们的真知灼见而兴奋不已。听孙正聿老师的课，心潮澎湃，总能让人“激动起来”；孙利天老师总是夹根烟卷，古今中外，在“问题”的追问中神侃；开口闭口柏拉图、黑格尔、康德的王天成老师总是以其“天真”的口吻诉说德国古典哲学；具有反思与批判精神的刘福森老师总是以“我与主流的理解不同”开始他的传道授业；践行生活并倡导珍爱生活的杨魁森老师娓娓道来他的生活哲学；思想史语境中的展开黑格尔与马克思比较，是张盾老师挚爱；精通外文，追问公平正义的姚大志老师，致力于当代全球文化发展与中国文化发展研究的邴正老师；透视和反思当代人类和中国人的生存状态的贺来老师，等等，“为学与为人，其道一也”，这一古训在他们身上得到了淋漓尽致的体现，至今我依然要勉励自己，做学问过日子，若能如他们一般，该是多好！

在吉林大学的岁月，总是能感受到哲学思考的激情与魅力，人生的真切与感动。罗克全、王福生、程彪、田忠峰、李慧娟、王庆丰、朱文君，等等，他们既是我的老师，也是我的师兄、师姐，无时无刻都能体会到他们的关爱与提携。漆思、白刚、韩志伟、李大强、王立等老师，他们对于吉林大学哲学精神的守护总是感召和激励着我，丝毫不敢懈怠。吴友军、王树松、郭艳君、隽鸿飞、邓晓臻、张文喜、侯小丰、高云涌、杨淑静、李红章、莫雷等师兄和师姐，虽然都奔赴外地，走上了不同的岗位，但他们对学术的执着和吉大哲学精神的坚守，是我学习的榜样。读博期间的同学，丁宁、杨晓、王成、高广旭、黄达安、孙旭武、白宇、杨山木、李岩等，他们教会了我学哲学应该多读“原著”而不是“教材”，把导师要称为“老师”而不是“老板”，买书要买“经典”而不是“大部头”……他们身上所体现的吉大哲学人的气质——规规矩矩做人，老老实实啃原著，踏踏实实做学问，总是“刺激”着我埋头前行，丝毫不敢懈怠，能够在短时间内从半道出场的“业余选手”越级为“正规选手”，能和他们同场竞技、一起奔跑，是我的幸运。周丹、陈永振、庄忠正、王英、赵江飞、付美玲、刘雄伟、聂元元、邹欣，等等，是同门的师弟师妹，携手三年，学术的切磋自不待言，相处的岁月总是令人流连忘返。时常想起，那时每遇教师节或孙老师生日，我们总是围绕在老师和师母身旁，谈天说地，聆听教诲，我们是一个学术共同体，但我们更像一个传统意义上的“大家族”。

读博的时候，总是能听到吉林大学的老师们提及《中国社会科学》，一旦有老师在这个刊物上发表文章，大家都要复印去读，对这份刊物的敬仰也就油然而生。但却从未想到会来承担出版这份刊物的中国社会科学杂志社来上班，以编辑为业。从内心来讲，能进入这个平台工作，成为当代中国学术界最权威、最具影响力的刊物的编辑，是我的荣耀。杂志社“忠诚、敬业、奉献”的社训，要做集“思想家、学问家、思想家”于一身的编辑家的要求，“编研一体”的传统，都时刻激励着我不断提升自己，为推动当代中国学术矢志不渝。张江教授、高翔研究员、王利民编审、余新华编审、孙麾编审、李红岩编审、李新烽研究员、柯锦华编审、魏长宝编审、冯小双编审，等等，杂志社的领导和老师、同事们都以自己的实际行动时刻感召着和激励着我。到杂志社工作前，我总是要问，为什么这个刊物这么牛气？正式加入这个团队以后我逐渐明白了，因为这里有这样一群人：一辈子、一条心、一件事。这个默默无闻的群体全身心致力于当代中国学术发展、用毕生的精力捍卫学术尊严，以心血铸就中国哲学社会科学事业。这群人，为了一篇文章的题目，在发稿会上“大吵大闹”；为了某个词的具体表达或用法，跟作者争得“脸红脖子粗”；为了某个观点，跟同事“闹翻了脸”……同时，他们又都不是简单的编辑工作者，也是各自学科领域的行家里手和生活的智者。因而，我很庆幸成为这群人的一分子，总能从他们身上学到意想不到的东西，能与他们一起工作、钻研，我很自豪。当然，也很惶恐。

在此感谢我的博士论文答辩会主席王南湜教授、论文评阅人杨耕教授，感谢中国社会科学出版社社长兼总编辑赵剑英教授、中国社会科学院近代史研究所党委书记周溯源教授、新华文摘杂志社的王善超编审、中国社会科学院的鉴传今编审，在我的人生路上对我的帮扶与提携。感谢我所编辑的文稿的诸位作者，在与他们交流中，我感受到了学者们思想的生命力和人格的魅力，他们的学识和为人让我敬佩也受益匪浅。

另外，还有很多帮助过我的同学、同事、朋友，这里不能一一提及他们的名字，但我知道，他们有恩于我，心存感激。

在此，感谢我的父母和姐妹，作为朴实的农民，父母向来不关注我学的是什么专业，目前从事的又是何种职业，但在人生的路上，他们所给予我的只能在以后的日子里慢慢回报。因为是家中唯一的男孩，我的“地位”要远远高于姐姐和妹妹，每每遇到一些事情，都是她们俩让着我，帮着我，有一点足以说明，那就是上大学之前我从没洗过自己的衣服，这些都是姐姐和妹妹的活儿。感谢我的爷爷，至今依然记得他伴读我上学前班的情景！感谢我的岳父岳母，他们在我是“五无青年”（无固定收入、无学位、无职业、无房、无车）的时候把独生闺女托付给我，特别是在孩子出生后，他们克服异地生活的种种不适应，帮我照顾小孩，我才能加班加点完成科研任务。

最后感谢我的爱人胡萨，我们相识、相知、相恋已有近 14 年的时间，她也从师妹、女友逐步“升级”为妻子、孩子的妈妈，一路走来，是她的包容让我们能够安居乐业，无论任何时候，生活多么艰辛，她都没有抱怨，只是默默地承受，反倒是我暴躁的性格和脾气让她受了很多委屈。儿子骆驼的到来，让这个家时刻充满欢乐，让我体会到做父亲的责任与担当，也时刻提醒我，要对父母如父母对我们一般好。养儿方知父母恩，可能每个人的成熟都需要经历这样一个过程。

屈指算来，离开家乡已经 17 年了。时常告诫自己：得之我幸，不得我命。从大西北出发，辗转大西南、大东北到大华北，其间的艰辛和苦涩只有自己知道，性格倔强和好强的我从不过多地去谈论这些，但在此刻，在我呈上人生中最重要的一份答卷时，我想把它写出来，呈现出来，这里既包含着对人生的感悟，也蕴含着对生活的理解，更记录着人生的轨迹，回首这段历程，不禁感慨万千。高中好友冯斌强曾对我的名字作了这样的解读，“海天尽头天作岸，山临绝顶我为峰”，我想他所期待的，是我值得努力和奋斗的。

本书的写作和出版得到国家社会科学基金研究项目、教育部人文社会科学重点研究基地——吉林大学哲学基础理论研究中心的资助。责任编辑王曦女士对此书的出版付出了很多，在此一并致谢。

2016 年 9 月 9 日

于北京恩济庄